中国语言资源保护工程

中国语言资源集·浙江　编委会

主任

朱鸿飞

主编

王洪钟　黄晓东　叶　晗　孙宜志

编委

（按姓氏拼音为序）

包灵灵　蔡　嵘　陈筱婣　程　朝　程永艳　丁　薇
黄晓东　黄沚青　蒋婷婷　雷艳萍　李建校　刘力坚
阮咏梅　施　俊　宋六旬　孙宜志　王洪钟　王文胜
吴　众　肖　萍　徐　波　徐　越　徐丽丽　许巧枝
叶　晗　张　薇　赵翠阳

教育部语言文字信息管理司
浙江省教育厅　　指导

中国语言资源保护研究中心　统筹

中国语言资源集

浙江

语音卷二

王洪钟 黄晓东
叶晗 孙宜志 主编

ZHEJIANG UNIVERSITY PRESS
浙江大学出版社
·杭州·

第四十五节　天台方音

壹　概况

一、调查点

1. 地理人口

天台县地处浙东沿海，位于长江三角洲经济圈东南部，台州市西北部，东连三门，南邻临海，西枕磐安，北界新昌，西南毗邻仙居，东北与宁海接壤。县境东西长 54.7 公里，南北宽 33.5 公里，总面积 1432 平方公里。辖 7 镇 5 乡 3 街道，分别是：白鹤镇、石梁镇、街头镇、平桥镇、坦头镇、三合镇、洪畴镇，三州乡、龙溪乡、雷峰乡、南坪乡、泳溪乡，赤城街道、始丰街道、福溪街道。人口总数 59.85 万。[①] 当地居民主要为汉族，有极少量少数民族人口，多系因工作、婚姻迁入。

2. 历史沿革

三国吴大帝黄武元年至黄龙三年（222—231）始置县，初名始平，隶属会稽郡。晋武帝太康元年（280）改名为始丰，隶属临海郡。隋文帝开皇九年（589）更名为临海，隶属括州，并始丰入临海。唐肃宗上元二年（761）改名为唐兴，隶属于台州。后梁开平二年（908）更名为天台，继而又改为台兴，属台州管辖。自宋太祖建隆元年（960）恢复天台名，一直沿用至今。

1949 年 5 月 24 日，天台解放，成立县人民政府，属台州专区。1954 年 6 月，台州专区撤销，天台划到宁波专区。1957 年 7 月，台州专区恢复，天台划归台州。1958 年 12 月，撤台州专区，天台又划到宁波专区。1962 年 4 月，重置台州专区，天台又划归台州（1970 年改称台州地区，1994 年 9 月改称台州市）。[②]

---

① 参见：《2017 年浙江统计年鉴》，http://tjj.zj.gov.cn/col/col1525563/index.html，2022 年 8 月 22 日获取。

② 参见：天台县人民政府网，http://www.zjtt.gov.cn/col/col21/index.html，2022 年 7 月 20 日获取。

3. 方言分布

天台方言属吴方言台州片，具有吴方言的典型特征，但与其他片区的吴方言又有明显的差异。南宋建都临安，北方移民为避难，涌入周围多山、相对闭塞的天台县，与当地居民融合后，在语言上形成了颇为独特的天台话。之后，受交通和经济发展的影响，人口流动速度缓慢，因此，天台方言里保留着大量的古音和古语词。天台方言按照口音分为西乡话方言小区（包括平桥、街头、白鹤三个镇），使用人口约 19.4 万；城关话方言小区（包括城关三个街道），使用人口约 18.4 万；东乡话方言小区（包括苍山和北山地区），使用人口约 18.6 万。随着普通话的推广和外来人口的增多，城关话受到普通话的影响较大，尤其是"90 后"的年轻人多数不会说地道的天台话。

4. 地方曲艺

天台词调（台州市级非物质文化遗产）在 20 世纪 30 年代曾风靡一时，其后渐渐受到冷落。2011 年，亭头村天台词调传人张贤湖等重组剧团，向年轻村民传授曲艺，使其更好地传承下去。此外，还有天台道情（台州市级非物质文化遗产）。天台街头镇文化站重视对天台道情的传承与保护，其根据古道情曲改编的作品获市曲艺展演"最佳传承奖"。另外，天台坐唱（台州市级非物质文化遗产）发源于清末，流行于天台三州乡、白鹤镇一带，会唱的人多达几百人。

二、方言发音人

1. 方言老男

袁相爱，1951 年 12 月出生于天台赤城街道，一直在本地生活和工作，驾驶员，初中文化程度，说天台城关话和不太标准的普通话。父母均为天台城关人，说天台城关话。

2. 方言青男

余波，1992 年 4 月出生于天台赤城街道，主要在本地生活和工作，基层干部，本科文化程度。说天台城关话和普通话。父亲为天台城关人，母亲为天台坦头镇人，说天台城关话。

3. 口头文化发音人

陈美玲，女，1945 年 10 月出生于天台赤城街道，职工，初中文化程度，说天台话和不标准的普通话。

潘祖来，男，1948 年 10 月出生于天台赤城街道，农民，初中文化程度，说天台话和不太标准的普通话。

梅碧婷，女，1950 年 11 月出生于天台赤城街道，职工，初中文化程度，说天台话和不标准的普通话。

张哲炎，男，1955 年 1 月出生于天台三合镇，农民，初中文化程度，说天台话和不标准的普通话，是天台词调传承人。

贰　声韵调

一、声母（28 个，包括零声母在内）

p 八兵	pʰ 派片	b 爬病肥	m 麦明味问	f 飞风副蜂	v 肥饭味问
t 多东	tʰ 讨天	d 甜毒	n 脑南		l 老蓝连路
ts 资早租争装纸	tsʰ 刺草寸拆初车	dz 祠茶		s 丝三酸山	z 字贼坐事床
tɕ 酒张竹主	tɕʰ 清抽春抄	dʑ 柱	ȵ 年泥热软月	ɕ 想双手书	ʑ 全谢船顺城
k 高九	kʰ 开轻	g 共狂	ŋ 熬	h 好灰响	
∅ 活县安温王云用药					

说明：

（1）唇齿音［f］［v］发音摩擦明显且较用力。

（2）舌面前音的发音部位略靠前。

（3）舌根音声母发音部位略靠前。

（4）浊擦音有较强的清化色彩。如奉母字"肥饭"，实际读作［f］，这里根据其阳调的属性记作［v］。其他如邪母字"谢"、船母字"顺"记作［ʑ］。崇母字"床"读作［z］。

（5）零声母逢阳调时，前头常常带有同部位的摩擦音及浊气流。

二、韵母（52个，包括自成音节的［m］［n］［ŋ］［əl］在内）

ɿ 猪师丝试	i 写米戏二飞	u 过苦	y 靴雨鬼
a 排鞋硬争	ia 茄响	ua 快横	
e 南山	ie 盐年	ue 关	
ø 半		uø 短官	yø 权
ɔ 糖床讲		uɔ 王	yɔ 双
o 歌坐茶牙瓦	io □叠	uo 挂	
ei 开赔对		uei 灰	
au 宝饱			
eu 豆走			
ou 多	iu 油		
əŋ 根寸灯	iŋ 心深新升病星	uəŋ 滚	yŋ 春云
		uŋ 东	yuŋ 兄用
		uʔ 国谷六绿	yʔ 出橘
			yuʔ 局
aʔ 白	iaʔ 药	uaʔ 骨	
ɔʔ 托壳学		uɔʔ 郭	yɔʔ 桌
eʔ 盒塔鸭法辣八	ieʔ 接贴热节	ueʔ 刮	
əʔ 北色	iəʔ 十急七一直尺锡	uəʔ 活	yəʔ 月
m 母			
n 儿			
ŋ 五鱼			
əl 儿			

说明：

［e］韵母及带［e］元音的韵母（如［eu］），［e］实际开口度略大。

三、声调（8个）

阴平	33	东该灯风通开天春
阳平	224	门龙牛油铜皮糖红
阴上	325	懂古鬼九统苦讨草

阳上	214	买老五有动罪近后
阴去	55	冻怪半四痛快寸去
阳去	35	卖路硬乱洞地饭树
阴入	5	谷百搭节急哭拍塔切刻
阳入	2	六麦叶月毒白盒罚

说明：

（1）阴平调单字调末尾略有上扬。

（2）阳平［224］与阳上［214］，调查者从听感上感觉这两类字声调差别不大，但发音人认为有细微差别。通过比字，淡≠弹，动≠洞，厚≠猴。

（3）阴上调实际是个中折调。

（4）阳入调值有一定音程，实际也可记作［24］。

叁　连读变调

天台方言两字组的连读变调规律见下表。表中首列为前字本调，首行为后字本调。每一格的第一行是两字组的本调组合；第二行是连读变调，若连读调与单字调相同，则此行空白；第三行为例词。同一两字组若有两种以上的变调，则以横线分隔。具体如下。

天台方言两字组连读变调表

前字 ＼ 后字	阴平 33	阳平 224	阴上 325	阳上 214	阴去 55	阳去 35	阴入 5	阳入 2
阴平 33	33 33 飞 机	33 224 开 门 ─── 33 224 / 0 清 明	33 325 工 厂 ─── 33 325 / 31 天 井	33 214 招 待 ─── 33 214 / 31 公 社	33 55 车 票	33 35 车 站	33 5 钢 笔	33 2 生 活
阳平 224	224 33 / 22 良 心 ─── 224 33 / 22 51 骑 车	224 224 / 0 眉 毛	224 325 / 22 门 口	224 214 / 22 朋 友	224 55 / 22 棉 裤	224 35 / 22 名 字	224 5 / 22 毛 笔	224 2 / 22 粮 食

续表

前字＼后字	阴平 33	阳平 224	阴上 325	阳上 214	阴去 55	阳去 35	阴入 5	阳入 2
阴上 325	325 33 / 32 火车 325 33 / 32 51 比方	325 224 / 32 水池	325 325 / 32 手表	325 214 / 32 管理	325 55 / 32 海带	325 35 / 32 写字	325 5 / 32 粉笔	325 2 / 32 体育
阳上 214	214 33 / 21 尾巴 214 33 / 21 51 老师	214 224 / 21 码头 214 224 / 21 51 象棋	214 325 / 21 老虎 214 325 / 21 31 老板	214 214 / 21 道理	214 55 / 21 买票	214 35 / 21 马路	214 5 / 21 美国	214 2 / 21 老实
阴去 55	55 33 / 33 汽车 55 33 / 33 51 背心	55 224 / 33 酱油	55 325 / 33 报纸	55 214 / 33 送礼	55 55 / 33 意见	55 35 / 33 救命	55 5 / 33 政策	55 2 / 33 中毒
阳去 35	35 33 / 33 地方	35 224 / 33 大门 35 224 / 33 51 问题	35 325 / 33 字典	35 214 / 33 味道	35 55 / 33 饭店	35 35 / 33 大路	35 5 / 33 外国	35 2 / 33 大学
阴入 5	5 33 / 1 国家	5 224 / 1 骨头	5 325 / 1 黑板	5 214 / 1 谷雨	5 55 / 1 节气	5 35 / 1 铁路	5 5 / 1 节约	5 2 / 1 作业
阳入 2	2 33 读书	2 224 石头 2 224 / 51 合同	2 325 日子 2 325 / 31 墨水	2 214 落后 2 214 / 31 活动	2 55 白菜	2 35 木匠	2 5 蜡烛	2 2 十六

（1）阳平［224］作前字时一般变读为次低平［22］：

农村 nuŋ$^{224\text{-}22}$tsʰəŋ^{33}　　　　　　　农民 nuŋ^{224}miŋ^{0}

门口 məŋ$^{224\text{-}22}$kʰeu^{325}　　　　　　　牛奶 ŋeu$^{224\text{-}22}$na^{214}

棉裤 mie²²⁴⁻²²kʰu⁵⁵　　　　　　　排队 ba²²⁴⁻²²dei³⁵

头发 deu²²⁴⁻²²feʔ⁵　　　　　　　同学 duŋ²²⁴⁻²²ɔʔ²

说明：

阳平 + 阳平，前字不变，仍读［224］调值，后字读作轻声。

（2）阴上［325］作前字时会变读为中降［32］：

火车 ho³²⁵⁻³²tsʰo³³　　　　　　　草鞋 tsʰau³²⁵⁻³²a²²⁴

手表 ɕiu³²⁵⁻³²pieu³²⁵　　　　　　管理 kuø³²⁵⁻³²li²¹⁴

写信 ɕi³²⁵⁻³²ɕiŋ⁵⁵　　　　　　　写字 ɕi³²⁵⁻³²zɿ³⁵

赌博 tu³²⁵⁻³²poʔ⁵　　　　　　　伙食 ho³²⁵⁻³²ʑiəʔ²

（3）浊上［214］作前字时会变读为低降［21］：

尾巴 mi²¹⁴⁻²¹po³³　　　　　　　码头 mo²¹⁴⁻²¹deu²²⁴

动手 duŋ²¹⁴⁻²¹ɕiu³²⁵　　　　　　道理 dau²¹⁴⁻²¹li²¹⁴

买票 ma²¹⁴⁻²¹pʰieu⁵⁵　　　　　社会 zo²¹⁴⁻²¹uei³⁵

犯法 ve²¹⁴⁻²¹feʔ⁵　　　　　　　老实 lau²¹⁴⁻²¹ʑiəʔ²

（4）阴去［55］、浊去［35］作前字时会变读为中平［33］：

唱歌 tsʰɔ⁵⁵⁻³³ko³³　　　　　　　酱油 tɕia⁵⁵⁻³³iu²²⁴

报纸 pau⁵⁵⁻³³tsɿ³²⁵　　　　　　跳舞 tʰieu⁵⁵⁻³³u²¹⁴

算账 sø⁵⁵⁻³³tɕia⁵⁵　　　　　　　救命 kiu⁵⁵⁻³³miŋ⁵⁵

政策 tɕiŋ⁵⁵⁻³³tsʰaʔ⁵　　　　　　中毒 tɕyuŋ⁵⁵⁻³³duʔ²

地方 di³⁵⁻³³fɔ³³　　　　　　　　大门 dou³⁵⁻³³məŋ²²⁴

字典 zɿ³⁵⁻³³tie³²⁵　　　　　　　味道 mi³⁵⁻³³dau²¹⁴

饭店 ve³⁵⁻³³tie⁵⁵　　　　　　　电话 die³⁵⁻³³uo³⁵

样式 ia³⁵⁻³³ɕiəʔ⁵　　　　　　　树叶 zy³⁵⁻³³ʑiəʔ²

（5）阴入［5］作前字时会变读为［1］：

北方 pəʔ⁵⁻¹fɔ³³　　　　　　　　铁门 tʰieʔ⁵⁻¹məŋ²²⁴

发火 feʔ⁵⁻¹ho³²⁵　　　　　　　黑马 heʔ⁵⁻¹mo²¹⁴

发票 feʔ⁵⁻¹pʰieu⁵⁵　　　　　　铁路 tʰieʔ⁵⁻¹lu³⁵

出血 tɕʰyʔ⁵⁻¹ɕyoʔ⁵　　　　　　节日 tɕieʔ⁵⁻¹n̠iəʔ²

需要说明的是，阴平［33］或浊入［2］作前字，不变调。后字变调有两种情形，一种是读作轻声，记作［0］。一种是读作变音，变音分为全降变音［51］和中降变音［31］两类。本音是平声和去声的，变音一般是全降变音［51］；本音是上声和入声的，变音是中降变音［31］。

肆 异读

一、新老异读

天台方言的新老异读，主要表现在新派部分字受到了普通话的影响，声韵调有了一些变化。

（1）声母方面：熏，老派读作［hyŋ³³］，新派读作［çyŋ³³］。

（2）韵母方面：胃，老派读作［y³⁵］，新派读作［uei³⁵］。开，老派读作［kʰei³³］，新派读作［kʰai³³］。越，新派受普通话影响，有了读撮口呼的字音［yəʔ²］。

（3）声调方面：危，新派受普通话影响，有了读阴平的字音［uei³³］。杜，定母上声字，老派读阳上［du²¹⁴］，新派受普通话影响读阳去［du³⁵］。此外，族，老派读作［ʑyuʔ²］，新派读作［zuʔ²］，声母和韵母都不相同。拖，老派有文、白两读，新派只有文读。

二、文白异读

由于调查字数有限，目前发现的天台方言的文白异读现象仍比较零碎，列举如下，下文中"／"前为白读，后为文读。

音韵地位	例字	读音	音韵地位	例字	读音
果开一平歌透	拖	tʰa³³/tʰo³³	止合三去脂云	位	y³⁵/uei³⁵
假开三去麻邪	谢	ʑi³⁵/ʑia³⁵	止合三平微奉	肥	bi²²⁴/vi²²⁴
假开三上麻以	野	i²¹⁴/ia²¹⁴	止合三上微微	尾	mi²¹⁴/vi²¹⁴
遇合三去鱼溪	去	kʰei⁵⁵/tɕʰy⁵⁵	止合三去微微	味	mi³⁵/vi³⁵
止开三平支日	儿	n²²⁴/əl²²⁴	臻合三去文微	问	məŋ³⁵/vəŋ³⁵
止开三上之日	耳	niəʔ²/zʅ²¹⁴	通合三入烛日	褥	ȵyuʔ²/ʑyuʔ²

伍　小称

天台方言的变音有两个调类：全降变音和中降变音。全降变音的调值是
[51]，中降变音的调值是[31]。本音是平声（包括阴平、阳平）和去声（包括阴
去、阳去）的，变音是全降变音；本音是上声（包括阴上、阳上）和入声（包括
阴入、阳入）的，变音是中降变音。天台方言的变音以名词为多，大都有指小、
表爱或表示亲切的意味。

陆　据《调查手册》之外的语料补充的声韵调音位

天台方言有一个俗字"冇"，是"没有"的合音形式，其字调不在基本调类的
调值内，记作[334]。

第四十六节 三门方音

壹 概况

一、调查点

1. 地理人口

三门县隶属于浙江省台州市，位于台州市东北部沿海地区。东濒三门湾，北接宁海，南界临海。全县总面积为 1510 平方公里，下辖 6 镇 1 乡 3 街道，分别是珠岙镇、亭旁镇、健跳镇、浦坝港镇、横渡镇、花桥镇、蛇蟠乡、海润街道、海游街道、沙柳街道。[①] 截止到 2019 年年底，户籍人口为 44.7 万，汉族占绝大多数。[②] 海润街道涛头村有畲族聚居，为百许人，该族群主要说三门话。

2. 历史沿革

三门春秋战国时期属越国。今三门县辖地在历史上基本上分属于临海、宁海两县。

1940 年，自宁海县析出 18 乡镇，临海县析出 5 乡镇，原南田县析出 6 乡镇，设置三门县。治建康塘，隶台州（第六）行政督察区。1949 年 2 月，三门解放，建立三门县人民政府，隶台州专区。1994 年 8 月，经国务院批准，台州撤地建市，三门县隶属台州市。2013 年 11 月，三门县辖区由原先的 10 镇 4 乡变为 6 镇 1 乡 3 街道。[③]

3. 方言分布

三门方言属于吴语台州片。各乡镇语音存在差异，但相互之间基本能听懂、

---

① 参见：三门县人民政府网，http://www.sanmen.gov.cn/col/col1519440/index.html，2020 年 8 月 10 日获取。
② 参见：《2019 年浙江统计年鉴》，http://zjjcmspublic.oss-cn-hangzhou-zwynet-d01-a.internet. cloud.zj.gov.cn/jcms_files/jcms1/web3077/site/flash/tjj/Reports1/2020-%E7%BB%9F%E8%AE%A1%E5% B9%B4%E9%89%B4/indexcn.html，2020 年 8 月 10 日获取。
③ 参见：三门县人民政府网，http://www.sanmen.gov.cn/col/col1519438/index.html，2020 年 8 月 10 日获取。

能对话。海游、海润两街道的语音差异不大。北部的沙柳街道、东部的健跳镇与宁海方言接近。西部珠岙镇与天台方言接近。南边浦坝港镇与椒江、黄岩方言接近，与海游语音差距较大。

4. 地方曲艺

本地流行道情、快板等地方曲艺。三门道情形成于清末，由一人或多人手击道情筒和竹板，边击边唱。曲调高亢豪放、激越明亮，唱腔自成一体，唱中夹白。三门道情于2009年入选浙江省第三批非物质文化遗产代表性项目名录。三门快板表演方式简单，表演时演员用竹板击打节拍，用三门话韵诵说理或抒情性较强的节目。

二、方言发音人

1. 方言老男

郑志青，1960年1月出生于三门海游街道，一直在本地生活和工作，职工，高中文化程度，说三门话和不太标准的普通话。父母、配偶均为三门海游街道人，父母只说三门话，配偶说三门话和不太标准的普通话。

2. 方言青男

郑寒文，1990年7月出生于三门海游街道，主要在本地生活和工作，教师，本科文化程度，说三门话和普通话。父母均为三门海游街道人，父母说三门话和不太标准的普通话。

3. 口头文化发音人

施甜甜，女，2010年6月出生于三门海游街道，学生，说三门话和普通话。

蒋智会，女，1962年2月出生于三门海游街道，一直在本地生活和工作，职工，初中文化程度，说三门话和不太标准的普通话。

章思营，男，1956年2月出生于三门海游街道，一直在本地生活和工作，农民，高中文化程度，说三门话和不太标准的普通话。

章丹葳，女，1990年6月出生于三门海游街道，主要在本地生活和工作，教师，本科文化程度，说三门话和普通话。

贰　声韵调

一、声母（28个，包括零声母在内）

p 八兵	pʰ 派片	b 病爬肥	m 麦明味问	f 飞风副蜂	v 肥饭味问
t 多东	tʰ 讨天	d 甜毒	n 脑南		l 老蓝连路
ts 资早租争装纸主	tsʰ 刺草寸拆抄初车	dz 祠茶柱		s 丝三酸租山书	z 字贼事床
tɕ 酒张竹九	tɕʰ 清抽春轻	dʑ 茄	ȵ 年泥热软月	ɕ 想双手响	ʑ 坐全谢船顺十城
k 高	kʰ 开	ɡ 共权	ŋ 熬	h 好灰	
∅ 活县安温王云用药					

说明：

（1）浊声母只是清音浊流，与低调相连，带有浊音色彩。

（2）零声母在阳调类前有较重的摩擦。

（3）见组声母与撮口呼相拼时，声母的实际读音为舌面中音。

（4）[v][z][ʑ]发音时带有较强的气流。

（5）一部分擦音（包括浊擦音）字（如"想、谢"等字）发音时带有舌尖音色彩，而另一些字则无，所以舌尖音色彩应该属于其自由变体，语音系统中仍处理为舌面擦音[ɕ][ʑ]。

二、韵母（50个，包括自成音节的[m̩][n̩][əl]在内）

ɿ 猪师丝试 ʮ 书	i 米戏二飞	u 过苦	y 靴雨鬼
a 排鞋	ia 写	ua 快	
ɛ 山硬争		uɛ 关	
ɔ 糖床讲	iɔ 双	uɔ 王	
e 开赔对	ie 盐年	ue 规	
o 茶牙瓦			

ʊ 歌	iʊ 坐		
ø 南半短		uø 官	yø 权
ɑu 宝饱	iɑu 笑桥		
ɤɯ 豆走	iu 油		
ã 猛			
	iã 响		
əŋ 根新寸灯横	iŋ 心深升病星	uəŋ 滚	yŋ 春云橘
oŋ 东	ioŋ 兄用		
aʔ 白尺	iaʔ 药	uaʔ 划	
ɛʔ 塔鸭法辣八七北色	ieʔ 接十急热节直一锡	uɛʔ 活刮骨	
ɔʔ 托郭壳学	iɔʔ 桌		
oʔ 国谷六绿	ioʔ 吃		
	əʔ 律	uəʔ 哭	yəʔ 月出局
m 母			
ŋ 五			
əl 耳			

说明：

（1）[ɑu]的实际音值为[ɑʊ]。

（2）[ɛ]发音时，舌位略低，音值近[æ]。

（3）[əŋ]在精组后音值近[eŋ]。

（4）[ŋ]尾韵的韵尾更接近于舌面中鼻音[ɲ]。

三、声调（8个）

阴平	334	东该灯风通开天春
阳平	113	门龙牛油铜皮红
阴上	325	懂古鬼九统苦讨草买老五有
阳上	213	动罪近后
阴去	55	冻怪半四痛快寸去
阳去	243	卖路硬乱洞地饭树

| 阴入 | 5 | 谷百搭节急哭拍塔切刻 |
| 阳入 | 23 | 六麦叶月毒白盒罚 |

说明：

（1）阳平［113］前部升得较缓，结尾处升得较急。

（2）阳去［243］前部升得较缓，结尾声带有时急剧放松。

（3）阴上［325］结尾声带有时急剧放松，从而带有一个降尾。

（4）"鹅、茄、簿"等一些常见的阳平、阳上字会变为高升降调［252］，"钩、姐"等一些常见的阴平、阴上字变为高降调［52］。

叁　连读变调

一、两字组连读变调表

三门方言两字组的连读变调规律见下表。表中首列为前字本调，首行为后字本调。每一格的第一行是两字组的本调组合；第二行是连读变调，若连读调与单字调相同，则此行空白；第三行为例词。同一两字组若有两种以上的变调，则以横线分隔。具体如下。

三门方言两字组连读变调

前字＼后字	阴平 344	阳平 113	阴上 325	阳上 213	阴去 55	阳去 243	阴入 5	阳入 23
阴平 334	334 334 33 飞　机	334 113 33　31 清　明	334 325 33 身　体 —— 33　52 天　井	334 213 33　45 兄　弟	334　55 55 车　票	334 243 55　55 车　站	334　5 33 铅　笔	334　23 33 中　药
阳平 113	113 334 11　334 农　村 —— 11　52 年　初	113 113 13　31 池　塘 —— 13　252 前　头	113 325 11 笤　帚 —— 11　52 年　底 —— 13　31 烦　死	113 213 11 肥　皂 —— 11　252 徒　弟	113　55 13 芹　菜	113 243 13　55 田　岸	113　5 11 毛　笔	113　23 11 前　日

续表

后字 前字	阴平 344	阳平 113	阴上 325	阳上 213	阴去 55	阳去 243	阴入 5	阳入 23
阴上 325	325 334 32 左 边 32 52 草 鸡	325 113 32 水 泥	325 325 32 冷 水 32 52 保 底	325 213 32 请 罪	325 55 32 米 醋	325 243 32 展 豆	325 5 32 粉 笔	325 23 32 整 日
阳上 213	213 334 21 士 兵	213 113 21 杏 梅 21 252 象 棋	213 325 21 动 手 21 52 老 板	213 213 21 道 士	213 55 21 被 絮	213 243 21 后 面	213 5 21 道 德	213 23 21 动 物
阴去 55	55 334 44 445 嫁 妆	55 113 44 445 做 媒 44 252 裤 头 55 31 细 人	55 325 44 戒 指 55 55 放 假	55 213 44 325 气 道	55 55 种 菜	55 243 55 故 事 55 31 再 会	55 5 44 裤 脚	55 23 44 菜 镬
阳去 243	243 334 23 33 事 干 23 52 面 巾	243 113 23 224 外 头	243 325 23 大 水	243 213 23 213 味 道	243 55 23 大 蒜	243 243 23 55 地 震 23 31 谢 谢	243 5 23 大 雪	243 23 23 大 麦
阴入 5	5 334 3 杀 猪 3 52 夹 沟	5 113 3 铁 门 5 31 出 来	5 325 3 脚 嘴 3 52 黑 板	5 213 竹 蟥	5 55 3 发 票 5 52 进 去	3 252 搭 袋	5 5 3 出 血	5 23 3 搭 脉
阳入 23	23 334 2 立 冬 2 52 石 灰	23 113 2 落 材 23 31 落 来	23 325 2 石 板 2 52 墨 水	23 213 2 活 动	23 55 2 力 气	23 243 2 月 亮	23 5 2 绿 色	23 23 2 目 录

二、两字组连读变调规律

三门方言两字组组成一个词时，前字如为曲折调，通常只念前半段，后字通常不变调。

不过，阳去字为后字时，在阴上、阳上、阳入后保持本调，在其他声调后通常念[55]；阴去调后的其他调字通常变为高调。阴平、阴去字后跟阴声调时，其声调通常要比后字低一点。

三门方言两字组连调中，后字还存在特殊的变音现象。在阳平、阳上后字中，部分字会变音为[252]，如"象棋、报社"等，在阴平、阴上后字中，部分字会变为[52]，如"石灰、墨水"等。

肆　异读

一、新老异读

三门方言的新老异读主要体现在以下韵类中，下文中"/"前为老派，后为新派。

（1）宕摄一等字老派除部分匣母字读为[ɔu]外，都读为[ɔ]，新派则都读为[uɔ]，如：帮 pɔ³³⁴ / puɔ³³⁴。宕摄三等字老派大都读为[ɔ]，新派大都读为[uɔ]，如：筐 kʰɔ³³⁴ / kʰuɔ³³⁴。

（2）新派咸摄、山摄一二等开口入声字通常读为[æʔ]，臻摄精组、知组、照组开口三等入声字、曾摄一等入声字通常读为[ɐʔ]，而老派基本都读为[ɐʔ]。如：八 pɐʔ⁵ / pæʔ⁵ | 夹 kɐʔ⁵ / kæʔ⁵ | 法 fɐʔ⁵ / fæʔ⁵。

（3）山摄合口一二等入声字老派通常读为[uɐʔ]，新派读为[uæʔ]或[uɐʔ]。如：阔 kʰuɐʔ⁵ / kʰuæʔ⁵ | 活 uɐʔ²³ / uɐʔ²³。

二、文白异读

三门方言的文白异读主要体现在以下两点。下文中"/"前为白读，后为文读。

（1）个别日母字白读为[ŋ]，文读为零声母，如：儿 ŋ¹¹³ / əl¹¹³。

（2）个别古並母、明母字白读为[b][m]，文读为[v]。如：肥 bi¹¹³ / vi¹¹³ | 味 mi²⁴³ / vi²¹³。

伍　小称

三门方言中有少量名词可加"儿"表"小"的意思，如：猫儿 mɑu^{55}ŋ^{52} | 枣儿 tsɑu^{32}ŋ^{52}。三门方言还存在少数名词性鼻尾小称，"儿"[ŋ]与前面的音节结合，产生合音，成为前面音节的鼻音韵尾，如：今日儿 tɕiŋ^{33}niŋ^{252}，昨日儿 zoʔ^{2}niŋ^{252}，还有个别小称音的鼻尾已脱落为阴声韵，如：娘伯儿 ȵiɑ̃^{11}pɛ^{52}。

声调方面，三门话小称调有如下规律，前字为阴平、阳平、阴去字时通常变成[55]，同阴去调；阴上、阳上、阳去字变成[32]。

陆　其他音变

动词重叠时，后一个字通常读轻声。

口头文化发音人章思营的见组三四等字基本没有腭化，如：轻 k^{h}iŋ^{334} | 渠 gi^{113} | 脚 kiaʔ^5。

第四十七节　玉环方音

壹　概况

一、调查点

1. 地理人口

玉环市位于浙江省东南沿海，台州市东南端，东濒东海，南濒洞头洋与温州市洞头县相连，西、西北隔乐清湾与温州市乐清市相望，北、东北与温岭市接壤。距离台州市区 75 公里。[①] 玉环全境由楚门—玉环半岛及鸡山、洋屿、披山、大鹿、江岩等 55 个岛屿组成，是全国 12 个海岛县之一。[②]

玉环市辖 3 街道 6 镇 2 乡，市政府驻玉城街道。辖区东西最大距离 33.6 公里，南北最大距离 33.9 公里，总面积 405.5 平方公里。其中陆地 378.5 平方公里，水域 27 平方公里，另有海域面积 1930 平方公里。2019 年年末，玉环市人口总户数 14.17 万，总人口数 43.53 万。主要民族为汉族。

2. 历史沿革

玉环在夏、商、西周及春秋时代属瓯越地。战国时期，属楚地。秦代今县境属闽中郡。五代时属吴越国，隶靖海军。后梁开平二年（908），改乐成县为乐清县。县境属乐清县。北宋时，县境为温州府乐清县玉环乡之一部分，隶属两浙路应道军。南宋时改温州府为瑞安府，县境为瑞安府乐清县玉环乡。元朝时仍为乐清县玉环乡地。明洪武二十年（1387），因倭寇扰边，徙居民于内地，今楚门港（漩门港）以南玉环本岛等地全部被迁弃。成化十二年（1476），析乐清县山门、玉环两乡 6 都地隶太平县（今温岭市），属台州府（今台州市），县境港北地区归属太平县，港南地区被游民私种。雍正六年（1728），设玉环厅，隶属温州府，政务直隶省。1912 年，改厅为县，属温处道（1914 年 6 月改为瓯海道）。1959 年

---

① 参见：玉环市人民政府网，https://www.yuhuan.gov.cn/col/col1588993/index.html，2022 年 8 月 18 日获取。

② 参见：玉环市人民政府网，《玉环市 2020 年国民经济和社会发展统计公报》，http://www.yuhuan.gov.cn/art/2021/4/8/art_1229311072_3703549.html，2022 年 8 月 18 日获取。

4 月，玉环县建制撤销，1962 年 4 月，玉环县建制恢复（不含洞头县地），属台州辖区。2017 年 4 月玉环撤县建市。

3. 方言分布

玉环市居民多系汉族，但方言复杂，代表方言主要有坎门话、鲜叠话、楚门话。

坎门话属闽话区的闽南片方言，随闽南渔民的迁徙而传入。与泉州口音相近，通称"福建话"。主要分布在坎门渔区。其语音舒缓、鼻音重。古城、陈屿、普青等地的平阳话，与坎门话同源异流，且尾音略上升，并常带拖腔。

鲜叠话属吴语区南片的温州次方言，近永嘉口音，通称"温州话"。散布在玉环岛东南和西南海边先期以网捕为业的应东、鲜叠、大麦屿等地，并作局部衍射，城关部分乡村也见散落分布。音频及语汇与吴地北片方言近。元、辅音却独具一格，语调也较之绵软、舒展。

楚门话属吴语区的台州片方言，因其直接传入地温岭旧称"太平"，故称"太平话"。玉环岛中青山麓以北的大多数山村和楚门通用这种方言，其余则散落分布在城关、环城和诸海岛。其语音较硬朗，明快且短促。

兴化话由福建兴化府传入，属古时福建莆仙之客家话，在福山乡福昌基村和沙鳝乡犁头咀村各自形成"方言岛"。两地民众对外分别使用本乡通行方言。福昌基人说平阳话，犁头咀人说太平话。

其他诸如漳州话、潮汕话等片区方言和苗族、高山族等民族语种，在境内没有形成方言群落，并且均已转为使用居地方言。

本书所称的玉环方言或玉环话，专指通行于原玉环老城区的太平话的一派，即玉环太平话。[1]

4. 地方曲艺

主要有玉环鼓词、玉环莲花、道士调等，其中玉环鼓词最有特色，已被列为浙江省非遗项目。

玉环鼓词别名"唱词"，自晚清从温州瑞安传入玉环，至今已有百年历史。今天的玉环鼓词大都用太平话（温岭话）表演，流行于城关、干江、清港等地。

流行于大麦屿一带的布袋木偶戏则多用苍南闽语表演。

---

[1]　浙江省玉环县编史修志委员会. 玉环县志. 北京：汉语大词典出版社，1994.

二、方言发音人

1. 方言老男

张崇利，1953 年 10 月出生于玉环东门社区，一直在本地生活和工作，工程管理人员，高中文化程度，说玉环太平话和普通话。父母均为玉环城关人，都说玉环太平话。

2. 方言青男

董西强，1981 年 6 月出生于玉环东门社区，一直在本地生活和工作，职工，大专文化程度，说玉环太平话和普通话。父母均为玉环城关人，都说玉环太平话和普通话。

3. 口头文化发音人

林璐，女，1987 年 6 月出生于玉环西门，一直在本地生活和工作，本科文化程度，说玉环太平话和普通话。

陆绍朗，男，1968 年 6 月出生于玉环小普竹村，一直在本地生活和工作，主持人，高中文化程度，说玉环太平话和普通话。父母均为玉环本地人。

陈帮强，男，1957 年 11 月出生于玉环环东村，一直在本地生活和工作，农民，小学文化程度，说玉环太平话和普通话。父母均为玉环本地人。

贰　声韵调

一、声母（28 个，包括零声母在内）

p 八兵	pʰ 派片	b 病爬肥	m 麦明味问	f 飞风副蜂火	v 肥饭活
t 多东	tʰ 讨天	d 甜毒	n 脑南泥		l 老蓝连路
ts 资早租争装纸	tsʰ 刺草寸拆抄初车	dz 茶查暂		s 丝三酸山	z 字贼坐祠事床
tɕ 酒张竹主九	tɕʰ 清抽轻春	dʑ 钱柱镯共	ȵ 软年热月	ɕ 想双手书响	ʑ 全谢船顺十城
k 高	kʰ 开	ɡ 权	ŋ 咬熬	h 好灰	

Ø 县安温王
云用药

说明：

（1）鼻、边音和零声母实际有带浊流的［ɦm］［ɦn］［ɦȵ］［ɦŋ］［ɦl］［ɦ-］和带紧喉的［ʔm］［ʔn］［ʔȵ］［ʔŋ］［ʔl］［ʔ-］两套，前者与阳调相配，后者与阴调相配。为简化符号，现省略为一套［m］［n］［ȵ］［ŋ］［l］［Ø］，由声调来区分声母的清浊读音。

（2）［k］组声母在细音前的发音部位偏前，也可处理为舌面中音，是舌根音的变体。

（3）［v］的发音有弱化倾向，即上齿不用力时容易导致与部分零声母相混或两读，主要如：果、山、臻摄合口匣、影母字"河环活屋馄糊"等。确切地说，存在［ɦ］和［v］［ʔ］和清化［v］之间的两读或合并现象。读唇齿音是玉环本地特征。

（4）果、遇摄合口晓母字读［f］是玉环方言特征之一，但是现在有自由变读［h］的现象，如"火货虎"等。

二、韵母（39个，包括自成音节的［m］［n］［ŋ］）

ɿ 猪师丝试耳木~	i 米戏飞	u 歌过苦	y 靴雨鬼
a 排鞋	ia 写响	ua 快	
ɛ 南山	iɛ 敢	uɛ 关	
e 赔对	ie 开年肝盐	ue 官	
ø 半短			yø 权
ɔ 饱	ɔ 笑桥		
o 坐茶牙瓦	iɤ 豆走		
	iu 油		
əu 多			
ã 硬争		uã 横	
ɔ̃ 糖床讲王	iɔ̃ 双		
əŋ 问根寸灯	iŋ 心深新升病星	uəŋ 滚	
oŋ 东			ioŋ 春云兄用橘

əʔ 塔鸭法辣八活色白　　ieʔ 接十急热药七直锡　　uɐʔ 刮骨

oʔ 托壳学北谷六绿　　　　　　　　　　　　uoʔ 郭国　　　　yoʔ 月出橘局

m 呒

n 儿二

ŋ 五耳～朵

说明：

（1）［oʔ］［uoʔ］中的［o］实际开口度偏大，介于［o］和［ɔ］之间。

（2）［iɤ］中的主要元音舌位偏前，有时近［ei］，有时近［io］。如“豆”等。

（3）宕开三老派丢失鼻音，与［ia］混同，口语中有时会两读为［iã］，如“雀”的变音等；宕开一和个别江摄字有时丢失鼻音，与［ɔ］混同，如“忙芒氓＝毛、莽＝卯、吭＝嚎”，但保留［ɔ̃］韵母，虽然鼻化音色彩不太明显。新派都保留鼻化韵。

（4）［ieʔ］［uɐʔ］中的主要元音有时近［iei］或［ieʔ］。

（5）［yø］［yoʔ］中的 y 圆唇色彩不是很明显。

（6）后鼻音韵母的后鼻音有时不太到位，介于鼻化音和后鼻音之间。

（7）［ioŋ］有时发音时近［yoŋ］。

三、声调（8个）

阴平	42	东该灯风通开天春
阳平	31	门龙牛油铜皮糖红动罪近
阴上	53	懂古鬼九统苦讨草买老五有后
阳上	41	坐簿柱竖被柿跪造厚棒桶
阴去	55	冻怪半四痛快寸去
阳去	22	卖路硬乱洞地饭树
阴入	5	谷百搭节急哭拍塔切刻
阳入	2	六麦叶月毒白盒罚

说明：

（1）阴平［42］起点略低。

（2）阴上［53］终点有时略低，有时读［354］等变体。与阴调类字的降变音同调。

（3）阳上［41］与浊声母字的降变音同调。

（4）阴去［55］实际未到最高平。

（5）阳去有时近［33］，为了区别连读变调中阴调类和阳调类次浊声母和零声母的不同读音，现处理为［22］，阴调类的相关调值为［33］，如：奶奶$_{乳房}$na^{33}na^{15} | □泥$_{泥土}$na^{22}ni^{24}。

（6）阳入有时不够短促，有微升近［23］。

叁　连读变调

玉环方言两字组的连读变调规律见下表。表中首列为前字本调，首行为后字本调。每一格的第一行是两字组的本调组合；第二行是连读变调，若连读调与单字调相同，则此行空白；第三行为例词。同一两字组若有两种以上的变调，则以横线分隔。具体如下。

玉环方言两字组连读变调表

后字＼前字	阴平 42	阳平 31	阴上 53	阳上 41	阴去 55	阳去 22	阴入 5	阳入 2
阴平 42	42 42 55 香 菇	42 31 33 41 清 明	42 53 33 42 风 水	42 41 33 31 兄 弟	42 55 33 冬 至	42 22 33 44 杉 树	42 5 33 钢 笔	42 2 33 山 药
阳平 31	31 42 24 胡 须	31 31 22 洋 油	31 53 22 42 牙 齿	31 41 22 31 洋 皂	31 55 22 油 菜	31 22 22 44 牌 位	31 5 22 人 客	31 2 22 农 历
阴上 53	53 42 火 车	53 31 55 41 杏 梅	53 53 冷 水	53 41 31 改 造	53 55 韭 菜	53 22 草 帽	53 5 小 雪	53 2 古 历
阳上 41	41 42 44 棒 冰	41 41 肚 脐	41 53 42 动 手	41 41 31 道 士	41 55 被 絮	41 22 像 话	41 5 负 责	41 2 市 日
阴去 55	55 42 汽 车	55 31 算 盘	55 53 汽 水	55 41 33 31 壅 桶	55 55 33 布 帐	55 22 33 44 做 寿	55 5 33 裤 脚	55 2 33 泡 沫
阳去 22	22 42 电 灯	22 31 芋 头	22 53 42 大 小	22 41 31 大 稻	22 55 面 相	22 22 22 44 雾 露	22 5 菩 萨	22 2 大 麦

续表

后字 前字	阴平 42		阳平 31		阴上 53		阳上 41		阴去 55		阳去 22		阴入 5		阳入 2	
阴入 5	5 3	42	5 3	31 41	5 3	53 42	5 3	41 31	5 3	55	5 3	22	5 3	5	5 3	2
	国	家	恶	人	结	果	割	稻	一	世	柏	树	一	百	结	局
阳入 2	2	42	2	41	2	53 42	2	31	2	55	2	22	2	5	2	2
	石	灰	玉	环	落	雨	拔	肚	学	费	绿	豆	蜡	烛	玉	镯

说明：

（1）连读变调在快读时比慢读时更容易产生变化。快读时前字常变升调。如：阴平在阴平、阳平前有时读［35］；阳去在阴平、阳平前有时读［13］。

（2）阴去在平声和上声调前实际发音比单字调［55］时略低。

（3）阴上和阳上在连读变调中大都不像单字调那么高，调域缩小。甚至有时阴上与阴平同调，阳上在去声后与阳平同调。阴上在降变音前起点降低读［42］，与阴平单字调相近，如：水窟 $\varphi y^{42}k^h u\eta^{53}$ | 矮椅 $a^{42}y^{53}$ | 水臿 $\varphi y^{42}io^{53}$。

肆　异读

一、新老异读

玉环方言的新老异读主要表现在以下几个方面。

（1）新派全浊声母清化现象比老派明显。

（2）声母［v］发音上齿不用力时容易导致其与部分零声母相混或两读，主要体现在山摄合口匣母字和影母字"环活"等。确切地说，存在［ɦ］和［v］，［ʔ］和清化［v］之间的两读或合并现象。读唇齿音是玉环本地特征。但新派［v］的发音弱化倾向比老派明显。

（3）老派［n］［ŋ］自成音节时对立明显，新派读［ŋ］的多。

（4）新派发［uoʔ］时容易与［oʔ］混淆。

（5）新派发［yø］［yøʔ］时［y］的圆唇色彩不是很明显。

（6）声调上，新派在阴上、阳上字的发音上调值不太稳定。

二、文白异读

玉环方言的文白异读现象主要表现在声母、韵母以及声韵兼及三个方面。

1. 声母

（1）非组

白读声母为双唇音[b]或[m]，文读声母为轻唇音[f]或[v]。这些字大都来源于合口三等的非组，特别是微母居多，如"肥、味"等。

（2）日母

白读声母为鼻辅音[ȵ]，文读声母为浊擦音[ʑ]，如"绕"等。

2. 韵母

（1）果摄

果摄的文白异读比较复杂。"大、拖"等字的白读韵母为[əu]，文读韵母为[a]；"破"字的白读韵母为[a]，文读韵母为[u]；"磨名"的白读韵母为[u]，文读韵母为[o]。

（2）假摄

假开二帮组字白读韵母为[o]，文读韵母为[a]，如"把、马"等；假合二见组字白读韵母为[o]，文读韵母为[ua]，如"花、瓜"等。

（3）遇摄鱼韵

遇摄部分疑母字也存在文白异读，它们的白读音是鼻辅音韵母[ŋ]，文读音是元音韵母，如模韵的"吴五伍午"和鱼韵的"鱼渔"的白读音都是[ŋ]，模韵的文读音为[u]，鱼韵的文读音为[y]。见组字的白读韵母是[ie]，文读韵母是[y]。如"锯、渠第三人称单数"。

（4）咸开一覃韵

咸开一覃韵文读韵母为[ɛ]，白读韵母为[əŋ]，如端系"潭"字；或者读[ie]，如匣影母字"含暗"等。

（5）止蟹合三见系

白读韵母为[y]，文读为[ue]，如"规"等。

3. 声韵兼及

主要是假摄上。假开二见系字的白读声母为舌根音，白读韵母同帮组相同；

文读声母为舌面前音，文读韵母为［ia］。但是，一般情况下只读白读音。假开三字如"射"，白读音为［ʑia］，文读音为［zo］。

伍　小称

儿化、小称性质的语言现象在玉环方言中叫"变音"。"变音"是相对于"本音"而言的。

从形式构成的角度来分，包括单纯变音型和混合变音型两种。前者是舒声字类，只改变声调，如：锣 ləu^{31}—ləu^{24} | 鸡 tɕi^{42}—tɕi^{35}；后者是入声字类，有些需要声调或声调和韵母的双重变化，如：橘 kyoʔ^5—kioŋ^{53} | 粥 tɕyoʔ^5—tɕioŋ^{53}。

从变音的规律来分，包括升变音和降变音两种。具体调值上又依声母清浊各自再分高低两类。平声字变为升变音，调值为［35］（清声母）/［24］（浊声母），如"箫／桃"；仄声字变为降变音，调值为［53］（清声母）/［41］（浊声母），如"鸟／桶"等，分别与阴上和阳上同调。

青男的降变音调值略有差异。

由于变音是玉环方言的重要特征，很多字单念时最普通的读音往往是变音，而非本音，甚至不知道本音是什么。

陆　其他音变

玉环方言中其他音变现象主要有合音、同化和弱化现象。其中合音现象常常发生在零声母音节跟在其他音节后面时，如助词"爻"。也有一些已经固定的合音词，如"勿用""弗曾""休要""弗晓""弗会""弗好"等。

第四十八节　金华方音

壹　概况

一、调查点

1. 地理人口

本节所说的"金华"的范围是指清代金华县，包括今金华市金东区全境和婺城区部分乡镇。金华位于浙江省中部，东面和东南面是义乌和武义，西面是旧汤溪，北面是兰溪。总面积1292.04平方公里，南北长52.8公里，东西宽44.8公里。地形属丘陵盆地，南北均为山地和丘陵，中部是沿江平原。东来的东阳江和南来的武义江在城区汇合为婺江，再向西北流入兰溪境内的钱塘江支流兰江。金华自古以来为浙江中部的重要交通枢纽。现有多条铁路和高速公路过境。以上旧金华县地区今共有11个街道、12个镇和6个乡。[①] 截至2016年年底，金华市两个市辖区（婺城区和金东区）共有37.75万户，总人口96.1万。[②] 少数民族人口很少，主要有畲族，居住在雅畈镇等南部山区。

2. 历史沿革 [③]

金华古属越国地。东汉初平三年（192）置县，称长山县，隋开皇十八年（598）改名金华县。自三国吴宝鼎元年（266）以后，金华历为东阳郡、金华郡、婺州、婺州路、宁越府、金华府、金华地区治所，现为金华市人民政府驻地。

1958年，汤溪县并入金华县。1985年，析金华城区及其近郊地区成立婺城区，余为金华县。2001年，撤金华县，原婺城区和金华县范围重新调整为婺城、金东二区。

---

① 曹志耘，秋谷裕幸. 吴语婺州方言研究. 北京：商务印书馆，2016：95-96.
② 参见：《2017年浙江统计年鉴》，http://tjj.zj.gov.cn/col/col1525563/index.html，2022年7月29日获取。
③ 曹志耘，秋谷裕幸. 吴语婺州方言研究. 北京：商务印书馆，2016：96.

3. 方言分布

金华境内的方言主要为金华话。此外，在南部山区还有畲话以及个别客家话方言岛。在金华话内部，存在不少地域差异，大致可以分东、中、西三片。东部的孝顺、鞋塘、曹宅等地区为东片；城区及近郊为中片；城西的白龙桥、长山、安地等乡镇为西片。其中中片和西片更加接近。

4. 地方曲艺

金华主要流行婺剧（俗称"金华戏"）、金华道情（俗称"唱新闻"）、小锣书等戏曲。越剧在当地也颇受欢迎。

二、方言发音人

1. 方言老男

汪新潮，1949 年 5 月出生于金华城里，一直在本地生活和工作，工商业者，高中文化程度，说金华城里话和普通话。父母均为金华城里人，说金华城里话。

2. 方言青男

姜谦，1984 年 7 月出生于金华城里，主要在本地生活和工作，记者，本科文化程度，说金华城里话和普通话。父亲为金华白龙桥镇人，说白龙桥话（与城里话比较接近）和不太标准的普通话；母亲为金华莘畈乡人，说金华城里话、莘畈话和不太标准的普通话。

3. 口头文化发音人

金晚生，女，1948 年 12 月出生于金华城里，财会人员，高中文化程度，说金华城里话和普通话。

叶琳，男，1948 年 2 月出生于金华城里，职工，中专文化程度，说金华城里话和不太标准的普通话。

傅海菊，女，1949 年 8 月出生于金华城里，职工，初中文化程度，说金华城里话和不太标准的普通话。

贰　声韵调

一、声母（27个，包括零声母在内）

p 八兵	pʰ 派片	b 爬病	m 麦明问	f 飞风副蜂　　v 肥饭味问
t 多东	tʰ 讨天	d 甜毒	n 脑南	l 老蓝连路
ts 资早竹争纸	tsʰ 草寸拆抄初	dz 茶城		s 丝三想坐山　　z 字贼祠谢事
tɕ 酒竹柱装主九	tɕʰ 清抽春轻	dʑ 全共权	ȵ 年泥热软月	ɕ 双手书响　　ʑ 全床船城县
k 高根厚	kʰ 开快	g 狂共		x 好灰
∅ 熬月县王云用				

说明：

（1）浊塞音、浊塞擦音声母为清音浊流，浊擦音声母接近清音。

（2）金华方言正处于尖团合流过程中，情况比较复杂，不同发音人的读法很不一致，甚至同一个发音人的读法也很不稳定。以方言老男汪新潮的发音为例，其特点有：①古精组和见晓组字拼 [ia] [iɑo] [iɑŋ] 三韵时保留尖团分别；②拼其他细音韵母时则尖团合流；③很多字的声母都有 [ts] 组和 [tɕ] 组的自由变读，其中古精组细音字以读 [ts] 组为常，古见晓组字则以读 [tɕ] 组为常，本书统作 [tɕ] 组。

（3）[ts] 组声母与齐齿韵相拼时，实际音值介于 [ts] 组和 [tɕ] 组之间。

（4）[tɕ] 组声母与 [ia] [iɑo] [iɑŋ] 三韵相拼时，带舌叶色彩。

（5）开口呼零声母音节前有不明显的 [ʔ]，其他零声母音节前带与韵母开头元音同部位的摩擦。

二、韵母（45个，包括自成音节的 [m] [ŋ] 在内）

ɿ 师丝试	i 戏飞	u 布苦	y 猪雨鬼
ɤa 法八			
	ia 写年贴节		

ɑ 排鞋减山　　　　　　　　　　　　　　uɑ 茶牙快官鸭辣活刮　ya 抓

o 波

ɣ 南半短盒　　　ie 米盐热全接　　　uɣ 歌坐过　　　　yɣ 靴权月

ɛ 开赔对　　　　　　　　　　　　　　uɛ 块

ei 美　　　　　　　　　　　　　　　　ui 鬼

ao 宝饱　　　　　iao 笑桥

eu 藕　　　　　　iu 豆走油

ɛ̃ 感　　　　　　iɛ̃ 减　　　　　　　uɛ̃ 惯　　　　　yɛ̃ 全

ɑŋ 糖讲硬争　　　iaŋ 响　　　　　　uɑŋ 王横　　　yɑŋ 床双

əŋ 深根寸灯升　　iŋ 心深新升病星　uəŋ 滚　　　　yəŋ 春云

oŋ 东　　　　　　ioŋ 兄用

əʔ 北色白盒　　　iəʔ 接十急一药直锡节　uəʔ 骨国活　　yəʔ 月出橘

oʔ 托郭壳学谷六绿　ioʔ 局

əl 二

m 母

ŋ 五儿

说明：

（1）[u][y]二韵唇形较展。

（2）[ia][ɣa]二韵中的[a]舌位略后，实际音值近[ʌ]。

（3）[ɣa][ia][ua][ie][uɣ][yɣ]六韵的介音较长。

（4）[o]韵唇形较展。

（5）[ɣ]韵舌位略高。

（6）[ɛ]组韵母中的[ɛ]略有动程，实际音值近[ɛe]。

（7）[ui]韵中的[i]舌位较低，实际音值近[e]。

（8）[ao][iao]二韵中的[o]唇形较展。

（9）[iu]韵中的[u]舌位较低，唇形较展。

（10）[ɛ̃]组韵母实际音值接近[ɛn]组。

（11）[ɑŋ]组韵母中的[ɑ]带有鼻化色彩。

（12）[əŋ]组韵母中的[ŋ]和自成音节的[ŋ]舌位较前。

（13）[yəŋ]韵中的[ə]实际音值接近[e]。

（14）[ioŋ]韵中的[i]带圆唇色彩。

（15）[oʔ][ioʔ]二韵中的[o]舌位较低，唇形较展。[ioʔ]韵中的[i]带圆唇色彩（拼零声母除外）。

三、声调（7个）

阴平	334	东该灯风通开天春
阳平	313	门龙牛油铜皮糖红
阴上	535	懂古鬼九统苦讨草买老五有动罪近后
阴去	55	冻怪半四痛快寸去搭节塔切
阳去	14	卖路硬乱洞地饭树叶月盒罚罪
阴入	4	谷百节急哭拍刻
阳入	212	六麦月毒白盒

说明：

（1）阴上[535]上升部分有时不太明显。

（2）阴去[55]略升，实际近[45]。

（3）阳入[212]是短调，以上升部分为主。

叁　连读变调

一、两字组连读变调表

金华方言两字组的连读变调规律见下表。表中首列为前字本调，首行为后字本调。每一格的第一行是两字组的本调组合；第二行是连读变调，若连读调与单字调相同，则此行空白；第三行为例词。同一两字组若有两种以上的变调，则以横线分隔。具体如下。

在白读的单字调中，古清声母上声字和古浊声母上声字均为阴上[535]，但在连读调中二者有时有所区别，所以这里按古声母的清、浊分为阴上[535]、阳上[535]两类。咸山摄入声字在单字调中按声母的清、浊并入阴去、阳去，在连读中与去声字有时有所区别，但与入声字也不相同，所以表中不把并入去声的入声字分离出来，而是在专属于或多属于入声字使用的变调模式后注明"入"字。

金华方言两字组连读变调表

前字＼后字	阴平 334	阳平 313	阴上 535	阳上 535	阴去 55	阳去 14	阴入 4	阳入 212
阴平 334	334 334 / 33　开车 334 334 / 33 55　飞机	334 313 / 33　开门 334 313 / 33 55　天雷	334 535 / 33　天井	334 535 / 33　招待	334 55 / 33　胶菜	334 14 / 33　车站 334 14 / 33 55　豇豆	334 4 / 33　钢笔	334 212 / 33　生日
阳平 313	313 334 / 31　爬山 313 334 / 31 55　台风	313 313 / 31 14　洋油	313 535 / 31　苹果 313 535 / 33　洋火	313 535 / 31　朋友 313 535 / 33　徒弟	313 55 / 31　球菜 313 55 / 33　头发	313 14 / 31　蚕豆 313 14 / 33　难望	313 4 / 33　毛竹	313 212 / 31　粮食 313 212 / 33　同学
阴上 535	535 334 / 55　火车 535 334 / 53 55　比方	535 313 / 55　水田	535 535 / 53　水果	535 535 / 53　水稻	535 55 / 53　韭菜	535 14 / 55　手艺	535 4 / 53　喜鹊	535 212 / 55　草席
阳上 535	535 334 / 55　老师	535 313 / 55　后年	535 535 / 53　稻秆	535 535 / 53　项颈 535 535 / 33　马桶	535 55 / 53　瓦片	535 14 / 55　马路	535 4 / 53　造屋	535 212 / 55　后日
阴去 55	55 334 / 33　退休 55 334 / 33 55　汽车 55 334入　杀猪	55 313 / 33　放牛 55 313 / 33 14　酱油 55 313入　发财 55 313 / 0入　铁门	55 535 / 33　放火 55 535 / 53　政府 55 535 / 53 0　报纸 55 535入　发火	55 535 / 33　送礼	55 55 / 33　布帐 55 55 / 0　意见 55 55 / 53入　发票	55 14 / 33　政治 55 14 / 33　救命 55 14 / 55 0　孝顺	55 4 / 53　正式	55 212 / 33　副业 55 212 / 33　做贼

续表

后字 / 前字	阴平 334	阳平 313	阴上 535	阳上 535	阴去 55	阳去 14	阴入 4	阳入 212
阳去 14	14 334 饲猪	14 313 问题	14 535 代表	14 535 垫被	14 55 地震	14 14 寿命	14 53 4 利息	14 55 212 大栗
	14 334 55 认真	14 313 55 14 弄堂	14 535 53 露水	14 535 53 大雨	14 55 31 大蒜	14 14 55 外面	14 53入 4 蜡烛	
	14 334 53 55 大溪			14 535 33 糯米	14 55 53 位置			
阴入 4	4 334 结亲	4 313 出名	4 3 535 蛇蚤	4 3 535 谷雨	4 3 55 节气	4 14 柏树	4 4 出国	4 212 复习
	4 3 334 55 国家	4 3 313 55 鲫鱼						
阳入 212	212 21 334 读书	212 21 313 14 日头	212 21 535 麦秆	212 21 535 落雨	212 21 55 镬灶	212 21 14 佛豆	212 21 4 及格	212 21 212 目录
	212 21 334 55 薄刀			212 3 535 十五				212 3 212 十六

说明：

（1）[313]＋[4]两字组中，前字可能有[33]和[31]两种读法。

（2）"孝顺"作形容词读作[55]＋[0]，作地名时读作[33]＋[55]。

（3）[4]＋[4]两字组中，前字略降。

（4）阳入[212]调作后字时，有时读作[12]。

二、两字组连读变调规律

金华方言两字组连读变调有以下几个特点：

（1）以前字变调为主。但后字也有变调现象，主要见于后字为阴平[334]和阳平[313]的两字组中。

（2）无论是前字还是后字，调类合流现象都已经超出了阴调类内部或阳调类内部，因而出现了大量阳调读如阴调的现象，如阳平[313]在阴上前变为[33]，

阳去［14］在阴入前变为［53］，阳平在阴平后变为［55］。在金华话里，［33］［53］［55］都是与清声母相配的调值。因此，当阳调类字变为［33］［53］或［55］调时，原来的全浊声母也同时转换成为相应的不送气清声母，例如：寻死_{自杀}z—səŋ³¹³⁻³³sʅ⁵³⁵ | 地方 di¹⁴faŋ³³⁴—ti¹⁴⁻⁵³faŋ³³⁴⁻⁵⁵ | 蜂糖_{蜂蜜}foŋ³³⁴⁻³³d—taŋ³¹³⁻⁵⁵。

（3）在单字调里合并了的调类，在连读中还保持一定程度的区别。

（4）金华方言存在复杂的语法变调。很多述宾和数量结构都具有专门的变调规律。

不符合表中连调规律的例外词有：

阴平＋阳去：街路_{街道}ka³³⁴⁻³³lu¹⁴⁻⁵⁵

阴上＋阴上：起子_{改锥}tɕʰi⁵³⁵⁻³³tsʅ⁵³⁵

阴上＋阳上_{实际归阴上}：产母_{产妇}sua⁵³⁵⁻³³m⁵³⁵ | 底里_{下面}tie⁵³⁵⁻⁵³li⁵³⁵⁻¹⁴

阳入＋阳平：值钿_{爱惜，疼爱}dʑiə²¹²⁻²¹die³¹³

肆　异读

一、新老异读

金华方言的新老异读主要体现在韵母方面。

（1）"马、骂、八、法"等字老派读［ɣa］韵，新派读［ia］韵。

（2）"绝、出、剧、叔"等字老派读［yəʔ］韵，新派读［yoʔ］韵。

（3）"角、壳、学"等字老派白读［oʔ］韵，新派白读［uoʔ］韵。

（4）"桌、粥、肉、玉"等字老派读［ioʔ］韵，新派读［yoʔ］韵。

此外，五、儿等字老派读［ŋ］韵，新派读［n］韵；托、郭二字老派读阴入［4］，新派读阴平［334］。

二、文白异读

金华方言中文白异读现象十分丰富。下面列出金华话文白异读的主要规律，下文中"/"前为白读，后为文读。

1. 声母

（1）古全浊声母上声字白读清声母，文读浊声母。例如：犯 fa⁵³⁵ / vɛ̃¹⁴ | 造

sao^{535} / dzao^{14} | 像 sian^{535} / zian^{14}。

（2）微母部分字白读[m]声母，文读[v]声母。例如：晚 ma^{535} / uɛ̃^{535} | 问 mən^{14} / vən^{14} | 网 man^{535} / uan^{535}。

（3）从、邪、船、禅母字白读[z][ʑ]或[s]声母，文读[dz][z]或[dʑ]声母。例如：罪 sɛ^{535} / dzui^{14} | 随 ʑie^{313} / zui^{313} | 舌 dʑyɤ^{14} / zəʔ^{212} | 垂 dʑy^{313} / zui^{313}。

（4）见晓组开口二等字白读[k]组声母，文读[tɕ]组或零声母。例如：甲 kua^{55} / tɕiəʔ^4 | 减 ka^{535} / tɕiɛ̃^{535} | 孝 xao^{55} / ɕiao^{55} | 怀 gua^{313} / uɛ^{313}。

2. 韵母

（1）咸山摄舒声字白读[a][ɤ][ia][ie][ua][yɤ]韵，文读[ɛ̃][iɛ̃][uɛ̃][yɛ̃]韵（咸摄没有读[uɛ̃]韵的）。例如：

犯 fa^{535} / vɛ̃^{14} | 减 ka^{535} / tɕiɛ̃^{535} | 监 ka^{334} / tɕiɛ̃^{334}

安 ɤ^{334} / ɛ̃^{334} | 晚 ma^{535} / uɛ̃^{535} | 典 tia^{535} / tiɛ̃^{535} | 限 ie^{14} / ʑiɛ̃^{14} | 奸 ka^{334} / tɕiɛ̃^{334} | 全 ʑie^{313} / dʑyɛ̃^{313} | 县 yɤ^{14} / ʑiɛ̃^{14}

（2）咸山摄入声字白读[ɤ][ia][ie][ua][yɤ]韵，文读[əʔ][iəʔ][uəʔ][yəʔ]韵（咸摄没有读[uəʔ]韵的）。例如：

鸽 kɤ^{55} / kəʔ^4 | 盒 ɤ^{14} / əʔ^{212} | 甲 kua^{55} / tɕiəʔ^4 | 接 tɕie^{55} / tɕiəʔ^4

节 tsia^{55} / tɕiəʔ^4 | 活 ua^{14} / uəʔ^{212} | 结 tɕie^{55} / tɕiəʔ^4 | 泼 pʰɤ^{55} / pʰəʔ^4 | 月 ȵyɤ^{14} / yəʔ^{212} | 舌 dʑyɤ^{14} / zəʔ^{212}

（3）深臻曾梗摄开口三等阳声韵知系字白读[iŋ]韵，文读[əŋ]韵。例如：深 ɕiŋ^{334} / səŋ^{334} | 身 ɕiŋ^{334} / səŋ^{334} | 升 ɕiŋ^{334} / səŋ^{334} | 整 tɕiŋ^{535} / tsəŋ^{535} | 城 ·ziŋ^{313} / dzəŋ^{313}。

（4）梗摄开口二等阳声韵字白读[aŋ]韵，与宕江摄字相混，文读[əŋ]韵。例如：猛 maŋ^{535} / | 生 saŋ^{334} / səŋ^{334} | 省~ㄥ saŋ^{535} / səŋ^{535} | 耕 kaŋ^{334} /。

3. 声调

（1）古全浊声母上声字白读阴上[535]调，文读阳去[14]调。例字参看上文声母第（1）条。

（2）咸山两摄入声字白读依声母清浊分归阴去[55]、阳去[14]调，文读分归阴入[4]、阳入[212]调。例字参看上文韵母第（2）条。

伍　小称

金华话的小称音变以韵母变化为主，声调变化为辅。

1. 韵母的变化

金华话"儿"字单读[ŋ³¹³]（阳平），义为儿子。小称音的基本韵多数变为鼻化韵，少数变鼻尾韵或开尾韵。目前已调查到的小称韵列举如下（"—"左边是基本韵，右边是小称韵）。

	i—iŋ	
ɤa—ɤɛ̃	ia—iɛ̃	
ɑ—ɛ̃, ɑŋ		uɑ—uɛ̃
ɤ—ɛ̃	ie—iɛ̃	
ɛ—ɛ̃		
	iu—iŋ	
ɑŋ—ɛ̃	iɑŋ—iɛ̃	uɑŋ—uɛ̃
		yəŋ—yɛ̃
əʔ—ɛ̃	iəʔ—iŋ, i	yəʔ—ioŋ

个别小称韵的基本韵不明，例如：掠儿梳子 liɛ̃¹⁴。

从金华市区更老派的方言和周边方言可以断定，开尾韵的小称形式是鼻化韵丢失鼻化成分的结果。

2. 声调的变化

金华话小称的声调变化规律为（古浊上字在单字调中归阴上，在小称变调中与古清上字有区别，故这里把古上声字按古声母清浊分为阴上、阳上两类）：

阴平[334]	不变		阴上[535]	变为[55]
阳平[313]	不变		阳上[535]	变为[14]
阴去[55]	一般不变，少数变[535]		阴入[4]	变为[55]
阳去[14]	不变		阳入[212]	变为[14]

以上规律可以看成：阴平字读［334］不变，阳平字读［313］不变；上、去、入声字，古清声母字读［55］调（同单字调阴去，阴去字有少数变［535］），古浊声母字读［14］调（同单字调阳去）。从另一个角度来看，也可以说是古平、去声字读原调不变（阴去字有少数变［535］），古上、入声字变为相应的去声（清声母字读阴去调，浊声母字读阳去调）。

在金华话里，声调变化仍只是小称的一种辅助手段。在绝大多数情况下，小称时韵母必须发生变化，而声调只有部分调类有变化。只有极少数例子在又读中可以只变声调，不变韵母，例如（纯小称调的词不加"儿"）：柿 $z_1^{535\text{-}14}$ | 李$_{李子}$ li$^{535\text{-}14}$ | 语$_{谜~}$ n̠y$^{535\text{-}14}$ | 蕊$_{花~}$ n̠y$^{535\text{-}14}$ | 枣 tsao$^{535\text{-}55}$ | 鸟 tiao$^{535\text{-}55}$。

陆　其他音变

金华话存在复杂的量词变调现象。一方面，不同调类的量词变调规律可能不同；另一方面，同一量词与不同数词搭配时，其变调也可能不同。这里仅对"一＋量词"的变调规律进行说明。

（1）本调为阴平和阴上（来自古清上字），多变读为阴去［55］。例如：

支$_{一~}$ tsʅ^{55} | 根$_{一~}$ kəŋ^{55} | 双$_{一~}$ ɕyaŋ^{55} | 张$_{一~}$ tɕiaŋ^{55}

把$_{一~}$ pɤa^{55} | 起$_{一~}$ tɕʰi^{55} | 朵$_{一~}$ uɤ^{55} | 股$_{一~}$ ku^{55}

（2）本调为阴上（来自古浊上字），一律变读为阳去［14］。例如：

领$_{一~}$ liŋ^{14} | 部 $_{~}$ bu^{14} | 件$_{一~}$ dʑie^{14}

（3）本调为阳入，一律变读为短促的［14］（保留喉塞尾）。例如：

日$_{一~}$ n̠iəʔ^{14} | 集$_{一~}$ dʑiəʔ^{14}

（4）本调为阳平、阴去、阴入，一律不变调。例如：

年$_{一~}$ n̠ia^{313} | 块$_{一~}$ kʰuɛ^{55} | 尺$_{一~}$ tɕʰiəʔ^5

第四十九节　汤溪方音

壹　概况

一、调查点

1. 地理人口

本书所说的"汤溪"的范围是指清代汤溪县，大致相当于今金华市婺城区西部的汤溪、蒋堂、罗埠、洋埠、莘畈、岭上、塔石、琅琊、沙畈等乡镇，白龙桥镇的白龙桥和古方（原古方乡），长山乡的石道畈（原石道畈乡），以及兰溪市西南角的游埠、孟湖、赤溪等乡镇的部分地区（原下王、钱村乡）。汤溪位于浙江中部偏西，金华市西部。东邻旧金华县，南接武义、遂昌，西与龙游毗连，北和兰溪接壤，距金华城区 26 公里。旧县总面积 796 平方公里，于 1958 年撤并。1958 年，汤溪县人口为 12.3 万。撤县后人口资料匮乏。根据各相关乡镇人口资料推算，该地区现约有 20 多万人。当地居民主要为汉族，少数民族主要有畲族，约 200 人，居住在南部山区。

2. 历史沿革

汤溪历史悠久。春秋时期，姑蔑国都即建在九峰山下，其后，秦王政二十五年（前 222）始置太末县，县治亦在九峰山下。唐贞观八年（634），太末县易名为龙邱县。五代吴越宝正六年（931），钱镠改龙邱县为龙游县，县治西迁至今龙游县境内。明成化七年（1471），析婺州府的金华县和兰溪县、衢州府的龙游县、处州府的遂昌县四县交界地置汤溪县，县治在今汤溪镇。历属金华府、金华专区。1958 年撤汤溪县，除衢江以北的潊北、北源两个乡以及洋埠乡的滕家圩、洋港、王家、祥里、杨湾等村（原外北区的 10 个庄 90 个村）划归兰溪县以外，其余并入金华县。今属金华市婺城区。

3. 方言分布

汤溪境内无少数民族语言，方言主要是汤溪话，此外还分布着少数客家话、畲话。汤溪话主要分布在原汤溪县境，大致相当于今婺城区西部的汤溪、蒋堂、罗埠、洋埠、莘畈、岭上、塔石、琅琊、沙畈等乡镇，白龙桥镇的白龙桥和古方，长山乡的石道畈，约有 20 万人使用。客家话分布在塔石乡珊瑚、大茗、交椅山、白岩、金牛村、坟岩 6 村。畲话分布在琅琊镇水竹蓬村和塔石乡大坑村。保留使用客家话和畲话的，对外场合也一律使用汤溪话等当地方言。塔石乡银岭、西坞、张村 3 个村说吴语兰溪话。本书的调查点是婺城区汤溪镇汤溪村，调查的方言是吴方言金衢片的汤溪话。

4. 地方曲艺

汤溪境内有用金华话说唱的婺剧和金华道情。婺剧俗称金华戏，是一种拥有高腔、昆曲、乱弹、徽调、滩簧、时调 6 种声腔的多声腔剧种，现在主要流行于金华、衢州两市所属各县及杭州、丽水市的部分县（市）。金华道情是金华民间的主要曲艺，属于单口坐式说唱艺术，曲目分滩头（短篇）和正本（中长篇）两类。现在，金华道情在宣传党的方针政策、丰富群众文化生活方面，起到了非常积极的作用。

二、方言发音人

1. 方言老男

魏雪清，1954 年 12 月出生于汤溪，一直在本地生活和工作，工商业者，现已退休，小学文化程度，说汤溪话和不太标准的普通话。父母、配偶均为汤溪人，说汤溪话。

2. 方言青男

严俊阳，1994 年 3 月出生于汤溪，一直在本地生活和工作，工商业者，高中文化程度，说汤溪话和普通话。父母均为汤溪人，说汤溪话。

3. 口头文化发音人

魏雪清，男，1954 年 12 月出生于汤溪，一直在本地生活和工作，工商业者，现已退休，小学文化程度，说汤溪话和不太标准的普通话。

汪素云，女，1957 年 6 月出生于汤溪，一直在本地生活和工作，职工，现已退休，小学文化程度，说汤溪话和不太标准的普通话。

何莉丹，女，1984 年 7 月出生于汤溪，主要在本地生活和工作，职工，本科文化程度，说汤溪话和普通话。

郑宗林，男，1944 年 3 月出生于罗埠，一直在本地生活和工作，职工，现已退休，初中文化程度，说汤溪话和不太标准的普通话。

贰　声韵调

一、声母（27 个，包括零声母在内）

p 布八	pʰ 派片	b 爬簿病白	m 兵明麦问	f 飞风副蜂	v 肥饭味
t 多搭	tʰ 讨天	d 甜稻大毒	n 东脑南		l 老兰连路
ts 资早租酒争纸	tsʰ 刺草寸清拆抄初车	dz 茶		s 丝三酸想山	z 字贼坐全祠谢事
tɕ 张竹装主九	tɕʰ 抽春轻	dʑ 柱共权	ȵ 年泥热软月	ɕ 双手书响	ʑ 床船顺十城
k 高	kʰ 开	g 共狂		x 好灰	
∅ 熬活县安王云用药					

说明：

（1）部分声母音色上清浊的对立不明显。

（2）中古全浊声母逢擦音几乎已全部清化，逢塞音、塞擦音像是清音浊流，但浊流不如太湖片吴语明显。

（3）鼻边音声母和零声母，在阴调类音节里没有像其他某些吴语方言那么明显的紧喉色彩，所以不与阳调类的声母分为两类。

二、韵母（44个，包括自成音节的[m][ŋ]在内）

ɿ 猪师丝试	i 戏飞	u 苦初吴	y 雨龟
ɯ 锯狗			
a 硬争白	ia 写贴节	ua 横划计~	
ɑ 排鞋	iɑ 夜越	uɑ 茶牙瓦快山官塔鸭辣活刮	yɑ 捏镯
ɔ 宝饱糖讲托壳学	iɔ 桥响药	uɔ 郭	
	ie 米盐年接热		
ə 北色		uə 骨国	
ɤ 笑南半短寸盒		uɤ 歌坐过	yɤ 靴权月出
ɛ 开赔对	iɛ 十直尺	uɛ 会鬼	
ɤa 法八			
ei 七锡	iei 急一	uei 卫桂嘴	yei 水橘
ẽi 心新病星	iẽi 音琴		yẽi 均云赢
ɑo 王东	iɑo 床双兄用		
əɯ 豆走	iəɯ 九油		
ou 谷六绿	iou 局浴		
ã 根灯	iã 深升	uã 滚	yã 春顺
m 母			
ŋ 五二			

说明：

（1）齐齿呼、撮口呼韵母与[tɕ]组声母相拼时，介音比较短促和模糊。

（2）[ɿ]韵实际音值接近[ɿɯ]。

（3）[u]韵与[f]声母相拼时，是摩擦很轻的[ʋ]；[uɑ]韵母中，介音[u]在[ts]组声母后不明显。

（4）[a]组里的[a]为央元音[ʌ]。

（5）[ɑ][ɑo]两组里的[ɑ]有点圆唇；[ɑo]组韵母偶尔带[ŋ]尾。（记音时统一不记鼻尾）

（6）[ɔ]组里的[ɔ]较高，接近[o]。

（7）[ie]韵的[e]较后，接近[ə]；[ə][əɯ]两组里的[ə]较低、较后，接近[ʌ]；[ɤ]组里的[ɤ]较高，在[ɤ]与[ɯ]之间；[ai][ei]两组里的韵尾[i]

较低，为[ɪ]；[ei]组里的[e]较低，为[ɛ]。

（8）[ɛ̃i]组韵母中，[ɛ]的实际音值为[ɛ]，有时舌位较高，但不与[ei]组相同；[ɛ̃i]组韵母中，[ɛ̃i]带有[ŋ]（不明显的[ŋ]尾，记音时统一不记鼻尾）。

（9）自成音节的[ŋ]是舌面与上颚接触很轻微的[ɲ]。

三、声调（7个）

阴平	24	东该灯风通开天春
阳平	11	门龙牛油铜皮糖红
阴上	535	懂古鬼九统苦讨草
阳上	113	买老五有动罪近后六麦叶月毒白盒罚
阴去	52	冻怪半四痛快寸去
阳去	341	卖路硬乱洞地饭树
阴入	55	谷百搭节急哭拍塔切刻

说明：

（1）阴平[24]的开头有较短的平或降。

（2）阳平[11]、阳上[113]的开头和阳去[341]的收尾略高。

（3）阴上[535]曲折度不一，多数字以平为主，有的曲折明显。

（4）阴上[535]、阴入[55]的"5"比阴去[52]的开头略降。

（5）阴入[55]开头略升，近[45]，有时较为短促，韵母有点紧，但没有喉塞尾[ʔ]。

（6）古清声母字在今汤溪话里只读阴调类，古浊声母字在今汤溪话里只读阳调类。

（7）平、上、去、入，阴调类都高于阳调类。

叁 连读变调

一、两字组连读变调表

汤溪方言两字组的连读变调规律见下表。古浊入字在单字调中归阳上[113]，在连读调中与古浊上字有一定区别，所以这里把古浊上字和古浊入字分为阳上

[113]、阳入[113]两类。表中首列为前字本调，首行为后字本调。每一格的第一行是两字组的本调组合；第二行是连读变调，若连读调与单字调相同，则此行空白；第三行为例词。同一两字组若有两种以上的变调，则以横线分隔。具体如下。

汤溪话两字组连调表

前字＼后字	阴平 24	阳平 11	阴上 535	阳上 113	阴去 52	阳去 341	阴入 55	阳入 113
阴平 24	24　24 　　0 汤　溪	24　11 　　0 汤　团	24　535 33 天　井	24　113 33 端　午	24　52 　　0 生　菜	24　341 　　0 乌　饭	24　55 33 香　烛	24　113 33　24 冬　日
阳平 11	11　24 　　52 年　糕	11　11 　　52 牌　楼	11　535 33 牛　腿	11　113 33 筹　码	11　52 茶　罐	11　341 　　52 年　饭	11　55 33 堂　屋	11　113 33　24 茶　叶
阴上 535	535　24 52 水　缸	535　11 52 草　鞋	535　535 52 水　笕	535　113 52 水　桶	535　52 52 土　菜	535　341 52 手　艺	535　55 52 板　壁	535　113 52 草　席
阳上 113	113　24 11 米　缸	113　11 11 碾　盘	113　535 11 老　酒	113　113 11 徛　桶	113　52 11 米　胖	113　341 11 野　帽	113　55 11 老　屋	113　113 11 老　佛
阴去 52	52　24 33 嫁　妆	52　11 24 菜　油	52　535 33 印　馃	52　113 33 布　纽	52　52 33 布　帐	52　341 24　0 算　命	52　55 33 货　色	52　113 33　24 粪　勺
阳去 341	341　24 11 大　襟	341　11 　　52 大　门	341　535 11 饿　鬼	341　113 11 面　桶	341　52 11 饭　甑	341　341 11　52 夜　饭	341　55 11 饭　钵	341　113 11 婆　剧
阴入 55	55　24 　　0 谷　筛	55　11 　　0 竹　床	55　535 52 结　果	55　113 52 脚　桶	55　52 52 发　票	55　341 52 出　路	55　55 52 铁　索	55　113 52 铁　勺
阳入 113	113　24 11 学　生	113　11 52 日　头	113　535 11 白　酒	113　113 11 肉　桶	113　52 11 镬　盖	113　341 11 麦　面	113　55 11 蜡　烛	113　113 11 簟　席

二、两字组连读变调规律

汤溪话两字组的语音变调有以下几个特点：

（1）以前字变调为主，后字也有一定的变调，其中以轻声居多。在63种两字组（"阳平＋阴去"不变）中，有43种只变前字不变后字，有9种只变后字不变前字，有11种前后字都变。

（2）从前字来看，前字变调大致上可以分成三大类。阴平、阳平、阴去作前字时，多变作［33］调；阳上、阳去、阳入作前字时多变作［11］调；阴上、阴入作前字时多变作［52］调，但在平声、去声前面时往往有例外。

（3）从后字来看，可以分成变调和不变调两类。后字变调最主要地出现在平声作后字时，其次出现在去声作后字时。阳入位于阴平、阳平、阳去后面时也发生变调。

（4）64种两字连调组合（含1组不变调的组合）经变调后归并为21种连调模式。

（5）无论是前字还是后字，调类合流现象都已经超出了阴调类内部或阳调类内部，而出现了大量阳调读如阴调的现象，例如阳平［11］在上声、入声前变为［33］，阳入［113］在阴平、阳平、阴去后变为［24］。在汤溪话里，［33］［24］是与清声母相配的调值，因此，当阳调类字变为［33］［24］调时，原来的全浊声母也同时转换成相应的不送气清声母。此外，阴调类和阳调类里都有不少读作轻声的字，读轻声后清浊声母失去对立，但声母究竟是清是浊难以辨识，故一律处理为只标原单字音声母；没有单字音的，则一律标作清声母。

（6）阳上和阳入在单字调里完全相同，在两字组连读时，大多数情况下也已经没有区别了，但在阴平、阳平的前面，在阴平、阳平、阴去的后面仍旧存在区别。

（7）除了轻声以外，连读中只出现了一个新的调值，即中平调［33］。这说明汤溪话变调时基本上是采用了单字调系统中的调值。轻声实际上是低降轻［31］，在［24］和［55］后面。为了简明起见，一律标作［0］。

三、语法变调

汤溪话的语法变调情况也相当复杂。

（1）述宾式

在汤溪话里，述宾式变调自成规律的字组限于后字为阴平的字组。两字组述宾式的变调规律为：前字阴平［24］、阳平［11］、阴去［52］一律变为［33］，阳上［113］、阳去［341］、阳入［113］一律变［11］，阴上［535］、阴入［55］一律变［52］，跟两字组前字的主流变调相同；后字一律不变。

需要说明的是，汤溪话述宾式与非述宾式的区别并不十分严格，一些非述宾式的字组常常也按述宾式的规律变调。

（2）数量式

当数词不是"一"的时候，汤溪话两字组的变调规律为："上声数词＋阴调量词"，前字阴上［535］变［52］，阳上［113］变［11］，后字都变［52］。其他情况前字不变，后字变轻声。

"一＋量词"的变调自成规律。"一"在量词前面一律读［i^{52}］，单字调不明。"一"后面的量词，阴调类均读作［52］（同阴去调值），阳调类除阳平以外均读作［341］（同阳去调值），阳平［11］一般不变，有时也变作［52］或［341］。

（3）量叠式

汤溪话量叠式的前字变调规律为：阴调类均变作［52］（同阴去调值），阳调类除阳平以外均变作［341］（同阳去调值），阳平［11］不变，跟"一＋量词"里的量词的变调规律基本相同；后字都变作轻声。

（4）动叠式、动代式、动趋式、动量式、X助式、方位式

这些格式的两字组变调规律是：前字是平声、去声、阴入的，前字不变，后字变轻声；前字是上声、阳入的，阴上变［52］，阳上、阳入变［11］，后字都变［52］。一些地名的变调不符合一般的语音变调规律，而跟方位式相同。一些表示处所、时间的词语的变调往往不同于方位式，无明显规律可循。

（5）动结式、主谓式、偏正式形容词

这些格式的两字组除了个别结合得很紧的词，如"分开""关住""天蓝""草绿"等按语音变调规律变化以外，都不变调。

肆　异读

一、新老异读

汤溪方言中的新老异读现象主要体现在韵母方面，其中老派韵母44个，新派韵母42个，而声母和声调没有差别。具体而言，主要有以下规律。下文中"／"前为老派，后为新派。

（1）部分老派读音为［uɑ］韵的字，新派读音为［ɔ］韵。例如：茶 dzuɑ^{11}／dzɔ^{11}｜山 suɑ^{24}／sɔ^{24}｜塔 t^{h}uɑ^{55}／t^{h}ɔ^{55}｜辣 luɑ^{113}／lɔ^{113}。

（2）部分老派读音为［ə］［uə］韵的字，新派读音为［ɛ］［uɛ］韵。例如：北 pə^{55}／pɛ^{55}｜色 sə^{55}／sɛ^{55}｜骨 kuə^{55}／kuɛ^{55}｜国 kuə^{55}／kuɛ^{55}。

（3）部分老派读音为［ɤ］韵的字，新派读音为［uɤ］韵。例如：寸 tsʰɤ⁵² / tsʰuɤ⁵²。

（4）部分老派读音为［yɤ］韵的字，新派读音为［yɛ］韵。例如：出 tɕʰyɤ⁵⁵ / tɕʰyɛ⁵⁵。

（5）老派读音为［ẽi］［iẽi］［yẽi］韵的字，新派读音为［ai］［iai］［yai］韵。例如：心 sẽi²⁴ / sai²⁴ | 新 sẽi²⁴ / sai²⁴ | 病 bẽi³⁴¹ / bai³⁴¹ | 星 sẽi²⁴ / sai²⁴ | 音 iẽi²⁴ / iai²⁴ | 琴 dʑiẽi¹¹ / dʑiai¹¹ | 云 yẽi¹¹ / yai¹¹。

（6）老派读音为［ã］［iã］［uã］［yã］韵的字，新派读音为［aŋ］［iaŋ］［uaŋ］［yaŋ］韵。例如：根 kã²⁴ / kaŋ²⁴ | 灯 nã²⁴ / naŋ²⁴ | 深 ɕiã²⁴ / ɕiaŋ²⁴ | 升 ɕiã²⁴ / ɕiaŋ²⁴ | 滚 kuã⁵³⁵ / kuaŋ⁵³⁵ | 王 uã¹¹ / uaŋ¹¹ | 春 tɕʰyã²⁴ / tɕʰyaŋ²⁴。

（7）此外，新派读音中尚未发现［uɔ］韵的例字，老派读音中有［uɔ］韵的例字。如：郭 kuɔ⁵⁵。

二、文白异读

汤溪方言中的文白异读现象比较丰富。汤溪方言的文读主要是近几十年来在普通话以及金华城里话的影响下形成的。文读音大多数只出现于书面色彩浓重的词语里，用在读书、作报告、打官腔等场合。下面列出汤溪方言文白异读的主要规律。下文中"／"前为白读，后为文读。

1. 声母

（1）帮端母字白读［m］［n］声母，部分字文读［p］［t］声母。例如：版 mɤa⁵³⁵ / pã⁵³⁵ | 帮 mao²⁴ / pã²⁴ ₄人～ | 单 nua²⁴ / tã²⁴ ～干 | 党 nua⁵³⁵ / tã⁵³⁵ ～员 | 东 nao²⁴ / tao²⁴。

（2）微母部分字白读［m］声母，文读［v］声母。例如：未 mi³⁴¹ / vi³⁴¹ 辰巳午～ | 万 mɤa³⁴¹ 麻将牌名 / vɤa³⁴¹ 千～ | 问 mã³⁴¹ / vã³⁴¹ ～题。

（3）从、邪母字白读［z］声母，部分字文读［dz］声母。例如：在 zɛ¹¹³ / dzɛ¹¹³ | 全 zie¹¹ / dzie¹¹ | 集 zie¹¹³ / dzie¹¹³ | 习 zie¹¹³ / dzie¹¹³。

（4）日母字白读［ȵ］声母，部分字文读［ʑ］声母。例如：人 ȵiei¹¹ ₂～ / ʑiã¹¹ ₂～ | 日 ȵiei¹¹³ ～头 / ʑiɛ¹¹³ ～本 | 让 ȵiɔ³⁴¹ / ʑiɔ³⁴¹。

（5）见晓组开口二等字白读［k］组声母，部分字文读［tɕ］组声母。例如：加 kua²⁴ / tɕia²⁴ ～工 | 江 kɔ²⁴ / tɕiã²⁴ 姓氏 | 确 kʰɔ⁵⁵ / tɕʰiɔ⁵⁵ | 孝 xɔ⁵² ～顺 / ɕiɔ⁵² ～子。

2. 韵母

（1）蟹开三四字白读［ie］韵，部分字文读［i］韵。例如：泥 ȵie¹¹ / ȵi¹¹ 水~ | 提 die¹¹ / di¹¹ | 挤 tsie⁵³⁵ / tsi⁵³⁵ | 计 tɕie⁵² 用~ / tɕi⁵² ~划。

（2）咸山摄一二等、宕江摄的舒声字白读［ɤ］［ie］［ɔ］［ao］［iao］等韵，文读［ã］［iã］［uã］［yã］韵。例如：干 kɤ⁵² 事~、事情 / kã⁵² ~部 | 占 tɕie⁵² / tsã⁵² | 观 kuɑ²⁴ / kuã²⁴ | 央 iɔ²⁴ / iã²⁴ | 放 fao⁵² / fã⁵⁵ | 王 ao¹¹ / uã¹¹ | 装 tɕiao²⁴ / tɕyã²⁴。

3. 声调

（1）清上字白读阴上［535］，次浊上字白读阳上［113］，部分字文读阴去［52］。例如：产 suɑ⁵³⁵ / tsʰã⁵² | 五 ŋ¹¹³ / u⁵² ~一。

（2）清去字白读阴去［52］，部分字文读阴入［55］。例如：放 fao⁵² / fã⁵⁵ | 案 ɤ⁵² / ã⁵⁵。

（3）浊去字白读阳去［341］，部分字文读阳上［113］。例如：县 yɤ³⁴¹ / ʑie¹¹³ | 事 zʅ³⁴¹ / zʅ¹¹³。

伍　小称

汤溪话的小称音变以韵母变化为主，声调变化为辅，在个别情况下，声母也会随着声调的变化而变化。

1. 韵母的变化

汤溪话"儿"字单读［ŋ¹¹］（阳平），意思是儿子。小称时，［ŋ］附到本音韵母的末尾充当韵尾，本音韵母的元音有的要发生细微的变化。韵尾［ŋ］的实际音值接近［ŋ］。（记音时暂统一处理为［ŋ］）。所有开尾、元音尾韵母基本韵和小称韵之间的关系如下（"—"左边是基本韵，右边是小称韵）。

ʅ—ʅŋ	i—iŋ	u—uŋ	y—yŋ	ɯ—ɯŋ	a—aŋ	ia—iaŋ
ua—uaŋ	ɤa—ɤaŋ					
ɑ—aoŋ	iɑ—iaoŋ	uɑ—uaoŋ	yɑ—yaoŋ	ɔ—oŋ	iɔ—ioŋ	uɔ—uoŋ
ie—iŋ	ə—əŋ	uə—uəŋ	ɤ—ɯŋ	uɤ—uɯŋ	yɤ—yɯŋ	ɛ—əŋ
iɛ—ieŋ	uɛ—ueŋ					

| ei—eŋ | iei—ieŋ | uei—ueŋ | yei—yeŋ | ẽi—eŋ | iẽi—ieŋ | yẽi—yeŋ |
| ɑo—ɑoŋ | iɑo—iɑoŋ | əu—me | iəu—iəŋ | | | |

2. 声调的变化

汤溪话的小称在发生上述韵母变化的同时，还伴随着一定的声调变化。声调变化的规律如下（古浊入字在单字调中归阳上，在小称变调中与古浊上字有区别，故这里把古浊上字和古浊入字分为阳上、阳入两类）。

阴平[24]不变，阳平[11]变[113]或[24]；阴上[535]变[52]，阳上[113]变[341]；阴去[52]变[535]，阳去[341]变[113]；阴入[55]不变，阳入[113]不变或变[24]。

在汤溪话中，还存在一种纯变调型的小称，即不管本音的单字调是什么调类，小称时一律读作高平调[55]。由于阴入的单字调调值也是[55]，所以阴入调的字无法通过这种方式构成小称。值得注意的是，这种小称调既可以出现在最后一个音节，也可以出现在前面的音节。另外，变调型小称调以称谓、人名居多。如：彩云人名 $tsʰɛ^{535-55}iei^0$ | 细素人名 $sia^{52-33}su^{52-55}$ | 爷爷爷 ia^{52-55} | 哥 ka^{55}。

3. 声母的变化

如上所述，部分阳平字小称时要变成[24]调（同单字调阴平），在纯变调型小称中，阳调类字要变成[55]调（同单字调阴入）。当全浊声母字变成[24]或[55]调时，其浊声母要随声调的变化而转换成为不送气清声母。

第五十节　兰溪方音

壹　概况

一、调查点

1.地理人口

兰溪市隶属浙江省金华市，位于浙江省中西部，地处钱塘江中游，金衢盆地北缘，东西 67.5 公里，南北 38.5 公里，距金华市区 20.5 公里，总面积 1313 平方公里。东南邻金华市金东区、婺城区，西南接龙游县，西北毗邻建德市，东北与浦江县、义乌市交界。兰溪市内水系属钱塘江水系，主要由三江（衢江、金华江、兰江）、五溪（梅溪、甘溪、赤溪、游埠溪、马达溪）组成。自古有"三江之汇""六水之腰""七省通衢"之称。兰溪辖 6 街道 7 镇 3 乡（包括 1 个民族乡），分别是：云山街道、兰江街道、上华街道、永昌街道、赤溪街道、女埠街道，游埠镇、诸葛镇、马涧镇、香溪镇、黄店镇、梅江镇、横溪镇，柏社乡、灵洞乡、水亭畲族乡。截至 2017 年年底，兰溪户籍总人口约 66.30 万，居民多数属汉族，次为畲族，尚有少数的苗、回、蒙、满、彝、藏、高山、布依、赫哲、达斡尔等族居民。[①]

2.历史沿革

兰溪春秋时属越国，战国时属楚国。秦实行郡县制，兰溪地属会稽郡之乌伤县，西汉因之。东汉初平三年（192），分乌伤县西南置长山县，兰溪地属长山县。三国吴在此设三河戍，吴宝鼎元年（266），于长山设置东阳郡，兰溪属东阳郡长山县。

隋开皇十八年（598），改长山为金华县，兰溪属金华县。唐咸亨五年（674）建兰溪县，大历十三年（778）升为紧县。宋熙宁六年（1073）升为望县。元元

---

① 参见：《2018 年浙江统计年鉴》，http://zjjcmspublic.oss-cn-hangzhou-zwynet-d01-a.internet.cloud.zj.gov.cn/jcms_files/jcms1/web3077/site/flash/tjj/Reports1/2020%E7%BB%9F%E8%AE%A1%E5%B9%B4%E9%89%B420200929/2018%E7%BB%9F%E8%AE%A1%E5%B9%B4%E9%89%B4%E5%85%89%E7%9B%9820200929/indexch.htm，2022 年 8 月 10 日获取。

贞元年（1295）升为属州（不辖县的州），仍属婺州。明洪武三年（1370）复为县，属金华府。清因之。

1912年兰溪定为一等县。1914年废府设金华道，辖金、衢、严3府19县，道尹驻兰溪；1916年移驻衢县。1933年9月置兰溪实验县。1934年8月设兰溪区行政督察专员公署，辖金华府8县及建德、桐庐、分水共11县。1937年撤实验县复为普通县，兰溪区改称第四专区，驻地迁金华。

1949年11月划城区置兰溪市（县级，浙江唯一一个），翌年又撤市并入县。1985年5月国务院批准撤兰溪县建兰溪市（县级），兰溪是浙江省第一个县级市。[①]

3. 方言分布

兰溪方言代表为县城城关方言。四乡口音皆有所不同，如东北的横溪镇接近浦江口音；西边的诸葛镇较为特殊，与相邻的建德、龙游口音也有所差异；南边的游埠接近龙游口音。四乡均能理解县城口音，县城人有时不能理解四乡口音。具体的分类，有待进一步研究。近年来，普通话普及程度加深，年轻一代的方言表达能力有较明显的退化。兰溪人口以汉族为主，只在水亭乡有少数畲族分布。畲族老男一代尚能用畲话交流，青男一代语言同化现象明显，畲话能力逐渐退化。

4. 地方曲艺

兰溪戏曲以婺剧为主，该艺术形式所使用的语言为金华方言文读音。除此以外，还有一种戏曲形式为滩簧，使用的语言也接近金华方言文读音。这两种艺术表演大同小异，如今影响力下降，只能在乡镇或农村等地表演。近几年似乎有重新流行的趋势。

二、方言发音人

1. 方言老男

王文荣，1952年12月出生于兰溪兰江镇，一直在本地生活和工作，职工，现已退休，初中文化程度，说兰溪话和普通话。父母均为兰溪城里人。

---

① 参见：兰溪市人民政府网，http://lanxi.gov.cn/col/col1229195058/index.html，2022年8月10日获取。

2. 方言青男

金树，1986年5月出生于兰溪兰江镇，主要在本地生活和工作，教师，本科文化程度，说兰溪话和普通话。父母均为兰溪城里人。

3. 口头文化发音人

李关根，男，1948年4月出生于兰溪兰江镇，一直在本地生活和工作，职工，现已退休，小学文化程度，说兰溪话和普通话。父母均为兰溪城里人。

贰　声韵调

一、声母（27个，包括零声母在内）

p 八兵	pʰ 派片	b 爬病味问	m 麦明饭	f 飞风副蜂	v 肥饭味
t 多东	tʰ 讨天	d 甜毒	n 脑南年泥		l 老蓝连路
ts 资早租酒	tsʰ 刺草寸抄初车汽~	dz 茶		s 坐丝三酸想事山	z 字贼全祠谢
tɕ 张量竹装主九	tɕʰ 清抽春轻	dʑ 柱权	ȵ 热软月	ɕ 双手书响	ʑ 床船顺十城
k 高	kʰ 开	g 共		x 好坏恨	
∅ 熬活县安温王云用药					

说明：

（1）[tɕ]组声母发音部位略靠前，接近舌叶音。

（2）[k]组声母发音部位略靠前。

（3）[x]声母发音逢低调时，略有浊音色彩，如：恨 xæ²⁴。

二、韵母（46个，包括自成音节的[m][n]在内）

ɿ 猪师丝试	i 戏飞	u 苦	y 雨
	ia 写年		
ɑ 排鞋	iɑ 爷野	uɑ 茶牙瓦快山官	yɑ 帅

e 开赔对	ie 米盐	ue 鬼	
ɔ 宝饱	iɔ 笑桥		
ɤ 南半短寸		uɤ 歌坐过	yɤ 靴权
əɯ 豆走二	iəɯ 油		
ui 归			
æ 根灯硬争	iæ 深升	uæ 滚横~竖	yæ 春云
	iɛ̃ 减燕		
in 心新病星			
ɑŋ 糖讲	iɑŋ 响	uɑŋ 王	yɑŋ 床双
oŋ 东	ioŋ 兄用		
aʔ 阿学	iaʔ 法八	uaʔ 盒塔鸭辣活刮	
	ieʔ 接急热七一锡		
əʔ 托北色白	iəʔ 贴十节直尺	uəʔ 骨郭国	yəʔ 出
oʔ 壳谷六绿	ioʔ 药浴		
ɤʔ 拨粒鸽割			yɤʔ 月橘局
m̩ 姆			
n̩ 五			

说明：

（1）[ɑ]组韵母中的[ɑ]，实际开口度没有那么大。

（2）[ia]的实际音值接近[iæ]。

（3）[e]组韵母中的[e]，实际音值为[ɛ]。

（4）鼻音韵尾[ŋ]发音靠前。

三、声调（7个）

阴平	334	东该灯风通开天春
阳平	21	门龙牛油铜皮糖红
上声	55	懂古鬼九统苦讨草买老五有动罪进后
阴去	45	冻怪半四痛快寸去
阳去	24	卖路硬乱洞地饭树
阴入	34	谷百搭节急哭拍塔切刻
阳入	12	六麦叶月毒白盒罚

说明：

（1）上声［55］开头略降，实际音值接近［544］。

（2）阴入［34］实际为短促调。

（3）阳入［12］实际为短促调。

叁　连读变调

一、两字组连读变调表

兰溪方言两字组的连读变调规律见下表。表中首列为前字本调，首行为后字本调。每一格的第一行是两字组的本调组合；第二行是连读变调，若连读调与单字调相同，则此行空白；第三行为例词。同一两字组若有两种以上的变调，则以横线分隔。具体如下。

兰溪方言两字组连读变调表

后字／前字	阴平 334	阳平 21	上声 55	阴去 45	阳去 24	阴入 34	阳入 12
阴平 334	334　334 中　央 334　334 　　45 天　公	334　21 　　45 天　雷 334　21 55　24 污　泥	334　55 　　55 烧　酒 334　55 　　45 村　坊	334　45 　　55 师　傅	334　24 烧　饭 334　24 　　45 天　亮 334　24 　　55 新　妇	334　34 铅　笔	334　12 山　药
阳平 21	21　334 年　初 21　334 　　45 台　风 21　334 　　55 轮　胎	21　21 　　24 洋　油 21　21 　　55 前　头	21　55 黄　酒	21　45 球　菜	21　24 蚕　豆	21　34 毛　竹	21　12 茶　叶 21　12 　　24 龙　鼋

续表

后字〔前字〕	阴平 334	阳平 21	上声 55	阴去 45	阳去 24	阴入 34	阳入 12
上声 55	55 334 剪 刀	55 21 老 人 55 21 　　55 里 头	55 55 冷 水 55 55 　　45 纽 子 55 55 　　24 以 后 55 55 　　334 傻 鬼	55 45 短 裤 55 45 　　24 上 去	55 24 午 饭 55 24 55 55 弟 妇	55 34 喜 鹊	55 12 草 席 55 12 　　24 每 日
阴去 45	45 334 334 细 猪 45 334 55 45 衬 衫	45 21 334 45 剃 头 45 21 55 45 骗 人	45 55 55 背 后 45 55 334 听 讲 45 55 55 45 戒 指	45 45 55 对 面 45 45 334 做 戏	45 24 334 做 寿 45 24 334 45 快 慢 45 24 55 45 相 貌	45 34 334 裤 脚 45 34 55 教 室	45 12 334 细 麦
阳去 24	24 334 55 定 婚 24 334 55 45 大 家 24 334 55 45 外 孙	24 21 55 24 大 门	24 55 55 露 水 24 55 55 24 电 筒	24 45 55 地 震 24 45 55 大 蒜	24 24 庙 会 24 24 55 望 病	24 34 55 34 外 国	24 12 55 树 叶
阴入 34	34 334 插 秧	34 21 着 棋 34 21 　　45 出 来 34 21 　　24 额 头	34 55 粟 米 34 55 　　45 一 起	34 45 出 去	34 24 发 梦	34 34 节 约	34 12 搭 脉

续表

后字 前字	阴平 334		阳平 21		上声 55		阴去 45		阳去 24		阴入 34		阳入 12	
阳入 12	12 读	334 书	12 学	21 24 堂	12 落	55 雨	12 绝	45 对	12 月	24 亮	12 墨	34 汁	12 箬	12 席
	12 薄	334 45 刀	12 落	21 45 材	12 日	55 24 上	12 特	45 24 意						

二、两字组连读变调规律

兰溪方言两字组的连读变调有以下几个特点：

（1）前后字都可变调。

（2）没有专门的连读调，调类范围与单字调相同。

（3）单字调上声不分阴阳。原清上和浊上的单字在两字组连调中表现相同，已不能观察出合并前的情况。

肆 异读

一、新老异读

兰溪方言新老异读主要体现在声母和韵母方面，尤其是入声韵的分合，下文中"/"前为老派，后为新派。

1. 声母

只有个别字读音存在新老差异。例如：孝 $\mathrm{x}\mathfrak{o}^{45}$/$\mathfrak{c}\mathrm{io}^{45}$。

2. 韵母

（1）老派入声韵今读相当复杂，总的来说，主要元音多至 5 个：[ɑ][e][ə][ɔ][ɤ]；新派入声韵合并得非常厉害，除开口呼还存在[ə][ɔ]的对立，齐合撮三呼都只剩下一个主要元音[ə]而不再有韵母的对立。因此，老派很多不同音的入声字在新派发音中都已同音。例如：学 $\mathrm{ɑ}\mathfrak{?}^{12}$ ≠ 额 $\mathfrak{o}\mathfrak{?}^{12}$ | 尺 $\mathfrak{tc}^{\mathrm{h}}\mathrm{io}\mathfrak{?}^{34}$ ≠ 吃 $\mathfrak{tc}^{\mathrm{h}}\mathrm{ie}\mathfrak{?}^{34}$ | 药

ioʔ¹² ≠叶 ieʔ¹² | 杀 suɑ³⁴ ≠宿 suəʔ³⁴ | 出 tɕʰyəʔ³⁴ ≠畜 tɕʰyɤʔ³⁴。

（2）山摄舒声合口三四等知章见组字老派读［yɤ］韵，新派读［ye］韵。例如：船 ʐyɤ²¹/ʑye²¹ | 远 yɤ⁵⁵/ye⁵⁵。

（3）另有一些不太系统的差异。例如：蚁 uɑ⁵⁵ / ni⁵⁵。

二、文白异读

兰溪方言的文白异读现象十分复杂，而且因人而异。大体上文化程度越高，年龄越大，文白异读现象就越丰富。不过由于调查字数有限，目前发现的文白异读现象仍比较零碎，列举如下，下文中"／"前为白读，后为文读。

1. 声母

（1）非组个别字白读［b］［m］声母，文读［v］声母。例如：肥 bi²¹/vi²¹ | 晚 mia⁵⁵/uæ̃⁵⁵。

（2）日母个别字白读［n］声母或自成音节［n̩］，文读［ʑ］声母或零声母。例如：人 nin²¹/ʑiæ̃²¹ | 耳 n̩⁵⁵/əl⁵⁵。

（3）其他：财 ze²¹/dze²¹ | 侧 tsəʔ³⁴/tsʰəʔ³⁴ | 城 ʑiæ̃²¹/dʑiæ̃²¹。

2. 韵母

中古韵摄	例字	读音	中古韵摄	例字	读音
果开一歌	拖	tʰa³³⁴ / tʰuɤ³³⁴	山开一翰	汉	xɤ⁴⁵ / xæ̃²⁴
止合三支	吹	tɕʰy³³⁴ / tsʰui³³⁴	山开一曷	达	duɑ²⁴ / dəʔ¹²
止合三微	围	y²¹ / ui²¹	山开二产	铲	tsʰuɑ⁵⁵ / tsʰæ̃⁵⁵
咸开一覃	贪	tʰɤ³³⁴ / tʰæ̃³³⁴	山合一缓	断	tɤ⁵⁵ / tæ̃⁵⁵
咸开一盍	蜡	ləʔ¹² / luɑ⁵⁵	山合三阮	晚	mia⁵⁵ / uæ̃⁵⁵
咸开二狎	甲	kuəʔ³⁴ / tɕiəʔ³⁴	臻开三真	人	nin²¹ / ʑiæ̃²¹
山开一寒	单	tuɑ³³⁴ / tæ̃³³⁴	梗开三映	柄	pæ̃⁴⁵ / pin⁴⁵
山开一寒	安	ɤ³³⁴ / æ̃³³⁴			

伍　小称

兰溪方言小称的主要形式是加后缀"儿"，少数词还有"AA＋儿"的形式。

"儿"字单用指儿子_{背称}时，读为[n²¹]，但作后缀时读音为[nə]，曹志耘认为，央元音[ə]应当是自成音节的[n]延长而来的，同是南部吴语的云和方言自成音节的[m]韵有时读为[mə]可以作为一个旁证。从兰溪方言自身来看，小称后缀"儿"[nə]有由自成音节的[n]音变而来的痕迹，也还保留在"蜒儿_{蚯蚓}"[sie²⁴n⁵²]这个词中。

[ə]韵母在单字音中，仍旧保留喉塞尾[ʔ]，但作为小称后缀，喉塞尾有脱落迹象，具体声调与前字有关，情况有三类：

（1）阴平[334]＋[45]、上声[55]＋[45]、阴入[34]＋[45]

（2）阳平[21]＋[24]、阳入[12]＋[24]

（3）阴去[45]＋[52]、阳去[24]＋[52]

小称调[45][24][52]相比单字调都比较短促。

因此，后缀"儿"的声调应是受前字的调值与调型制约。大致规律为前字为阴调类字、调值较高时，后缀"儿"调值为[45]；前字为阳调类字、调值较低时，后缀"儿"调值为[24]。[45]和[24]的调值与阴去、阳去的调值相同，当前字为阴去或阳去时，该规律无法统摄，后缀"儿"都变为降调调型的[52]。后缀"儿"的调类变化模式与连读变调不同，应认为是小称变调，但已不具备语法功能。

小称的原始功能或基本功能是"指小"，"指小"过程里衍生出喜爱、亲昵甚至戏谑等感情色彩。当小称形式取代原形式，成为唯一的表达，小称的语法功能及感情色彩将逐步消失。兰溪方言的小称"指小"功能已基本消失，如"梨儿、鸭儿"等词为通称，并不指示大小，如"指小"须在前面加定语"细"，说"细梨儿、细鸭儿"。

当小称的语法功能和感情色彩消失时，新的语法手段将会出现。兰溪方言的"儿"缀词固化常态后，以词根重叠的形式表小，例如"珠儿"通称珠子，但"珠珠儿"则指称体积较小的珠子，并在语感上有可爱和有趣的意味。

收集到的小称词汇大致有：

人称类：后生儿、囡儿_{姑娘}、细伢头儿_{男婴孩}

水果类：桃儿、梨儿、橘儿、李儿_{李子}、柿儿、□[pʰɔ³³⁴]儿_{柚子}、枣儿

动物类：羊儿、鸭儿、猫儿、鸟儿、鸽儿、蟮儿、红金鱼儿、蟀蟀儿、蜂儿

器物类：瓶儿、杯儿、夹儿、刷儿、叉儿、镯儿、珠儿、珠珠儿、铃铃儿、泡泡儿、梳儿、锹儿、箫儿、哨儿、核儿

陆　其他音变

一、清浊音变

兰溪方言在语流中由于连读而产生变调，因声母的清浊常依附于声调的高低，所以声母也会产生相应的变化。大部分情况为浊声母变为清声母，例如（读音特殊的字加下画线）：

大晒_{旱；天~} tuɤ⁵⁵suɑ⁴⁵(d—t)

山头_山 suɑ³³⁴təɯ⁴⁵(d—t)

也有少数清声母变为浊声母的情况，例如：

上去 ɕiɑŋ⁵⁵gi²⁴(kʰ—g)

二、量词变调

兰溪方言存在量词变调的现象。从目前所调查的例词来看，某些本调上声［55］和阳去［24］的量词会变读为阴去［45］。例如：

领_{一~席子} lin⁴⁵

面_{一~镜子} mie⁴⁵ | 埭_{一~河、一~路} ta⁴⁵ | 件_{一~事情} tɕie⁴⁵

三、特殊语流音变

兰溪方言中还存在一些特殊语流音变现象，例如（读音特殊的字加下画线）：

哪般时候_{什么时候} lɑ⁵⁵pɤ³³⁴zɿ²¹əɯ²⁴(n—l)

哪个_{哪个、谁} lɑ⁵⁵ka⁰(n—l)

哪里 lɑ⁵⁵li⁰(n—l)

进去 tɕin⁴⁵ki⁰(kʰ—k)

老鼠 lɔ⁵⁵tsʰɿ⁵⁵(s—tsʰ)

老<u>鼠</u><u>皮</u><u>翼</u>_{蝙蝠}lɔ⁵⁵tsʰŋ̍⁵⁵bi²¹ɑ²⁴(s—tsʰ，iəʔ—ɑ)

脚<u>踏</u>车_{自行车}tɕiəʔ³⁴lɔʔ¹²tsʰɑ⁴⁵(d—l)

衣<u>裳</u>_{衣服}i³³⁴iɑŋ⁴⁵(ʑ—∅)

保<u>佑</u> pɔ⁵⁵y⁴⁵(iɯ—y)

打<u>老</u> K_{打扑克}tæ̃⁵⁵nɔ²¹kʰe⁴⁵(l—n)

猜<u>义</u>儿_{猜谜语}tsʰe³³⁴n̠y²⁴nəʔ⁰(i—y)

第五十一节　浦江方音

壹　概况

一、调查点

1. 地理人口

浦江县隶属浙江省金华市，位于浙江中部，金华市北部。东北邻诸暨，东南接义乌，西南与兰溪毗连，西北和建德、桐庐接壤，距金华城区46公里。全县面积920平方公里，辖7镇5乡3街道，分别是：黄宅镇、岩头镇、郑宅镇、檀溪镇、杭坪镇、白马镇、郑家坞镇，虞宅乡、大畈乡、中余乡、前吴乡、花桥乡，浦阳街道、浦南街道、仙华街道。截至2016年年底，全县共有14.09万户，总人口39.92万。[①] 当地居民主要为汉族，少数民族人口极少，多系工作、婚姻迁入。

2. 历史沿革

浦江建县于东汉兴平二年（195），古称丰安。唐天宝十三年（754）析义乌、兰溪、富阳地置浦阳县，以境内浦阳江得名，属江南东道东阳郡，县治在今浦阳镇所在地。五代吴越天宝三年（910）改浦阳为浦江，一直沿用至今。

1949年5月浦江解放，隶属浙江省金华专区（初称第八专区）。1960年1月撤销浦江县建制并入义乌县。1966年12月，国务院批准恢复浦江县，并入义乌县的原行政区域复归浦江，县城在浦阳镇，属金华地区。1985年6月金华地区改市，属金华市。[②]

3. 方言分布

浦江境内的方言主要为浦江话，属吴语金衢片。与诸暨、兰溪交界的部分村庄分别说诸暨话和兰溪话。

[①] 参见：《2017年浙江统计年鉴》，http://tjj.zj.gov.cn/col/col1525563/index.html，2022年7月29日获取。

[②] 参见：浦江县人民政府网，http://www.pj.gov.cn/col/col1229171577/index.html，2022年7月20日获取。

4. 地方曲艺

本地流行浦江乱弹。浦江乱弹是一个古老的戏曲种类，流行于浦江、临安、建德、桐庐一带和金华、衢州、丽水、温州、台州以及江西等地，影响遍及浙中、浙南、浙西和江西、福建的大部分地区，是浙江婺剧的主要声腔之一。因其发源于浦江，故称浦江乱弹。

二、方言发音人

1. 方言老男

应平，1955年10月出生于浦江城关，一直在本地生活和工作，农民，小学文化程度，说浦江城关话和不太标准的普通话。父母均为浦江城关人，说浦江城关话。

2. 方言青男

洪建松，1980年10月出生于浦江城关，一直在本地生活和工作，工商业者，高中文化程度，说浦江城关话和普通话。父母均为浦江城关人，说浦江城关话。

3. 口头文化发音人

楼桂元，女，1956年11月出生于浦江浦阳镇，农民，小学文化程度，说浦江话和不标准的普通话。

方鼎晟，男，1935年11月出生于浦江七里乡，教师，高中文化程度，说浦江话和不太标准的普通话。

贰　声韵调

一、声母（32个，包括零声母在内）

p 八兵	pʰ 派片	b 爬病肥	m 麦明	f 飞凤副蜂	v 肥饭味
t 多东	tʰ 讨天	d 甜毒	n 南打		l 脑老连路
ts 资酒刺争装	tsʰ 刺清抽拆初	dz 杂直城		s 丝三酸山	z 字贼坐全城

tʃ 猪纸	tʃʰ 溪气	dʒ 池骑		ʃ 西戏	
tɕ 竹装主<u>九</u>	tɕʰ 抄春轻	dʑ 茶柱共<u>权</u>	ȵ 年泥热软月	ɕ 想双手书响	ʑ 谢床船顺
k 高根	kʰ 开快	g 厚<u>共</u>	ŋ 熬硬	x 好灰	
∅ 安县温王云					

说明：

（1）［tʃ］组声母只拼［i］韵，实际读音接近［ts］组。

（2）［tɕ］［tɕʰ］［dʑ］声母拼［iɛ］［yɛ］韵时，近标准的舌面前塞擦音；拼其他韵时擦音成分较弱，接近舌面前塞音［ȶ］［ȶʰ］［ȡ］。

（3）［x］声母发音部位略后。

（4）阳调类的零声母音节前带有轻微的与音节开头元音同部位的摩擦成分。

二、韵母（45 个，包括自成音节的［m］［n］在内）

ɿ 师丝	i 猪米试戏飞桥接热	u 布苦	y 雨鬼
			yi 月血
ɑ 排鞋法白	iɑ 牙瓦鸭	uɑ 快塔辣活刮	yɑ 茶杀
a 开赔对	ia 写贴八节	ua 灰块	
ɛ 直尺		ɜu 亏危	
o 宝饱托郭壳学			yo 药<u>学</u>
ɤ 豆走	iɤ 九油		
ə 十七北色	iə 急一锡	uə 骨国	yə 出橘
ɯ 歌坐笑六绿			yɯ 靴局
ã 山饭	iã 年烟	uã 官关	
	iẽ 连盐		yẽ 权圆
ɔ̃ 南半短寸贪			
ɛ̃ 硬争<u>战</u>		uɛ̃ 横	
õ 糖王讲			yõ 响床双
an 棒<u>贪</u>	ian <u>战</u>延	uan 顽完	
ən 心深根新灯东	iən 心升病星	uən 滚婚	yən 春云
on 公红			yon 兄用

m 无午
n 五二

说明：

（1）［u］［y］二韵唇形较展。［u］韵与零声母之外的声母相拼时，双唇有时会颤动。

（2）［ɑ］［iɑ］［uɑ］［yɑ］四韵中的［ɑ］舌位略高，唇形略圆，接近［ɒ］。

（3）［a］［ua］二韵中的［a］舌位略后。

（4）［ɤ］［iɤ］二韵中的［ɤ］舌位略前略低，介于［ɤ］与［ə］之间；［ɤ］韵实际音值为［əɤ］。

（5）［ɯ］［yɯ］二韵中的［ɯ］舌位较前较低，而且常带有圆唇色彩，其中［yɯ］韵中的［ɯ］圆唇色彩更加明显。

（6）［ã］［iã］［uã］三韵里的［ɑ］鼻化色彩很弱。

（7）［ɤ̃］韵里的［ə］舌位较高，有时带有圆唇色彩，实际音值与本音系［ɯ］［yɯ］二韵中的［ɯ］基本相同。

（8）［-n］尾韵常常接近［-l］尾韵。

三、声调（8个）

阴平	534	东该灯风通开天春
阳平	113	门龙牛油铜皮糖红
阴上	53	懂古鬼九统苦讨草
阳上	243	马买老有动罪近后
阴去	55	冻怪半四痛快寸去百
阳去	24	卖路硬乱洞地饭树
阴入	423	谷搭节急哭拍塔切刻
阳入	232	六麦叶月毒白实罚五

说明：

（1）阳平［113］开始略降，但降得不到一度。

（2）阴入［423］是个长调。

（3）阳入［232］是个长调，末尾略升，实际读音近［2323］。

叁　连读变调

一、两字组连读变调表

　　浦江方言两字组的连读变调规律见下表。表中首列为前字本调，首行为后字本调。每一格的第一行是两字组的本调组合；第二行是连读变调，若连读调与单字调相同，则此行空白；第三行为例词。同一两字组若有两种以上的变调，则以横线分隔。具体如下。

浦江方言两字组连读变调表

后字 / 前字	阴平 534	阳平 113	阴上 53	阳上 243	阴去 55	阳去 24	阴入 423	阳入 232
阴平 534	534 534 / 55 334 / 东 风 —— 534 534 / 33 334 / 开 车	534 113 / 55 334 / 清 明 —— 534 113 / 33 334 / 开 门	534 53 / 33 / 天 井	534 243 / 33 / 招 待	534 55 / 55 334 / 车 票 —— 534 55 / 33 / 开 店	534 24 / 55 334 / 军 队 —— 534 24 / 33 / 生 病	534 423 / 33 / 东 北	534 232 / 33 334 / 生 日
阳平 113	113 534 / 24 334 / 农 村 —— 113 534 / 11 334 / 爬 山	113 113 / 24 334 / 农 民 —— 113 113 / 33 334 / 前 年	113 53 / 11 / 牙 齿	113 243 / 11 / 徒 弟	113 55 / 24 334 / 棉 裤 —— 113 55 / 11 / 难 过	113 24 / 24 / 长 寿 —— 113 24 / 11 / 排 队	113 423 / 24 / 头 发	113 232 / 33 334 / 茶 叶
阴上 53	53 534 / 33 53 / 火 车	53 113 / 55 55 / 草 鞋 —— 53 113 / 33 243 / 倒 霉	53 53 / 33 / 手 表	53 243 / 33 / 水 稻	53 55 / 55 / 水 库 —— 53 55 / 55 0 / 写 信	53 24 / 55 0 / 写 字	53 423 / 33 53 / 赌 博	53 232 / 33 243 / 死 活
阳上 243	243 534 / 11 53 / 坐 车	243 113 / 11 24 / 象 棋 —— 243 113 / 11 243 / 坐 船	243 53 / 11 / 老 虎 —— 243 53 / 24 0 / 老 板	243 243 / 11 / 道 理	243 55 / 24 0 / 受 气	243 24 / 11 53 / 午 饭 —— 243 24 / 24 0 / 近 路	243 423 / 11 53 / 满 足	243 232 / 11 243 / 老 实

续表

后字 / 前字	阴平 534	阳平 113	阴上 53	阳上 243	阴去 55	阳去 24	阴入 423	阳入 232
阴去 55	55 534 33 334 汽　车	55 113 33 334 酱　油	55 53 33 放　火	55 243 33 送　礼	55 55 33 种　菜	55 24 33 过　夜	55 423 33 正　式	55 232 33 334 做　贼 55 232 55 四　月
阳去 24	24 534 11 53 地　方	24 113 11 243 大　门	24 53 11 大　腿	24 243 11 大　雨	24 55 24 0 路　费	24 24 0 寿　命 24 24 大　路	24 423 11 53 外　国	24 232 11 243 树　叶
阴入 423	423 534 33 334 国　家	423 113 33 334 骨　头	423 53 33 发　火	423 243 33 谷　雨	423 55 55 节　气 423 55 55 0 织　布 423 55 33 出　去	423 24 55 55 铁　路 423 24 33 决　定	423 423 33 53 出　血	423 232 33 243 作　业
阳入 232	232 534 24 334 读　书	232 113 24 334 石　头	232 53 11 石　板	232 243 11 十　五	232 55 11 力　气 232 55 24 0 服　气	232 24 11 立　夏 232 24 24 0 服　务	232 423 11 53 蜡　烛	232 232 11 243 十　六

说明：

表中的变调［334］有以下几种情况：

（1）本调为阴平时，实际读音为［434］。

（2）本调为阳平时，又分两种情况：前字若为阴平字，实际读音接近［113］；前字若为其他调类字，实际读音多为［334］，有时作［434］。

（3）本调为阴去时，实际读音接近［33］。

（4）本调为阳去或阳入时，实际读音多为［334］，有时作［434］。

二、两字组连读变调规律

浦江方言两字组的变调有以下几个特点：

（1）变调现象比较复杂，前后字都会变调，以前字变调为主。前字为阴去和阳去调时才可能不变调；后字为阴上、阳上调时基本不变调。

（2）前字的曲折调都变为平调或升调，后字则常保留曲折调。

（3）连读变调存在较多的合并现象，而且合并不限于阴调类内部或阳调类内部，即打破了阴阳调类的界限。例如前字为阴平、阳平、阴上、阴去、阴入时都可变为［33］调；后字为阴平、阳平、阴去、阳去、阳入时都可变为［334］调。而且浦江话中阴阳调类在连调中的合并，并没有使后字的声母发生浊化或清化。

肆　异读

一、新老异读

浦江方言的新老异读主要体现在韵母方面。

（1）深臻曾梗摄舒声字老派读［iən］韵，新派读［in］韵。

（2）通摄舒声字新老派都读［on］［yon］韵，但新派有时接近［om］［yom］，与［p］组声母相拼时尤其明显。

二、文白异读

浦江方言的文白异读主要体现在声母和韵母方面。下文中"/"前为白读，后为文读。

1. 声母

（1）非组个别字白读［b］［m］声母，文读［v］或零声母。例如：肥 bi^{113} / vi^{113} | 晚 mã^{24} / uan^{53}。

（2）日母个别字白读［ȵ］声母或自成音节［n］，文读［z］声母或零声母。例如：人 ȵiən^{113} / ziən^{113} | 耳 n^{113} / ɤ^{243}。

（3）见晓组（疑母字除外）开口二等字白读多为［k］组声母，文读为［tɕ］组声母。例如：间 kã^{534} / | 孝 xo^{55} / ɕyo^{55} | 瞎 / ɕiɑ^{423}。

2. 韵母

（1）效摄个别字白读［i］［ɯ］等韵母，文读［iɑ］韵母。例如：小 sɯ⁵⁵ / ɕiɑ⁵⁵ | 摇 i¹¹³ / iɑ¹¹³ | 条 dɯ¹¹³ / diɑ¹¹³。

（2）咸山摄部分字白读［ɔ̃］［ɛ̃］［ã］等韵母，文读［an］［ian］［uan］等韵母。例如：贪 tʰɔ̃⁵³⁴ / tʰan⁵³⁴ | 战 tsɛ̃⁵⁵ / tsian⁵⁵ | 晚 mã²⁴ / uan⁵³。

伍　小称

浦江方言的小称音变以韵母变化为主，声调变化为辅。

1. 韵母的变化

从韵母来看，在浦江方言的 45 个韵母中，现在已经调查到有小称例词的韵母共 31 个。

31 个韵母小称时要发生变化，每个基本韵对应一个小称韵，即共有 31 个小称韵。变化的方式只有一种，即在原韵母的末尾加上一个鼻音韵尾［n］。浦江话"儿"字读［n¹¹³］（阳平），小称音里的［n］尾显然来自"儿"字。

2. 声调的变化

浦江方言小称变调情况如下表所示，例词中的"儿"字一律省去。

浦江方言的小称变调

古音	今单字调	变调规律	例字
清平	阴平 534	不变	梯、乌、虾、杯、糕、歌
浊平	阳平 113	232	梨、梅、猫、桃、球、篮、盘、蚕、羊、蛏
清上	阴上 53	55	馃、蚤、枣、鸟、狗、茧、梗
浊上	阳上 243	24	柿、语、女、辫
		不变	弟、棒
清去	阴去 55	不变	痱、记、兔、裤
		53	泡、豹
浊去	阳去 24	243	芋、刨
清入	阴入 423	不变	格、夹、鸭、塔、节、尺、塞、壳、雀、卒、橘
浊入	阳入 232	不变	匣、末、栗、鹿

浦江方言小称变调规律可以归纳为：

（1）阴平、阴入、阳入字不变调。

（2）阳平字变［232］调，同阳入调；阴上字变［55］调，同阴去调；阳去字（目前调查到的例字较少）变［243］调，同阳上调。

（3）阳上字多数变［24］调，同阳去调，少数不变调；阴去字多数不变调，少数变［53］调，同阴上调。

（4）小称调没有超出本调的范围，除阳平［113］以外，其他各本调都能在小称调中找到。

陆　其他音变

一、量词变调

浦江话存在量词变调的现象。从目前所调查的例词来看，其变调规律为：无论量词的本调是什么，都可能变读为阴去［55］。例如：

支—～毛笔tsɿ⁵⁵ | 餐—～饭tsʰ$\tilde{ɑ}$⁵⁵

把—～锁pia⁵⁵ | 朵—～花tɯ⁵⁵ | 股—～香味ku⁵⁵ | 管—～锁ku$\tilde{ɑ}$⁵⁵

面—～镜子m$\tilde{ɛ}$⁵⁵

帖剂：—～中药tʰia⁵⁵ | 角角：—～钱ko⁵⁵ | 些—～东西sɯ⁵⁵

粒—～珠子lɯ⁵⁵

二、特殊语流音变

浦江方言中还存在一些特殊语流音变现象，如（读音特殊的字加下画线）：

四餐午饭点心ʃi³³tsʰ$\tilde{ɑ}$³³m³³ma²⁴³(v—m)

脚踏车自行车tɕyo³³la³³tɕʰya⁵³(d—l)

蜻蜓tsʰiən⁵⁵liən³³⁴(d—l)

馄饨uən²⁴lən³³⁴(d—l)

埭条：—～路la⁵⁵(d—l)

本钿本钱pən⁵⁵ni$\tilde{ɛ}$⁵⁵(d—n)

手电筒ɕiɤ³³di$\tilde{ɑ}$³³tən⁵³(d—t)

事干事情zɿ²⁴g$\tilde{ə}$²⁴(k—g)

第五十二节　义乌方音

壹　概况

一、调查点

1. 地理人口

义乌隶属浙江省金华市。位于浙江中部，地处金衢盆地东部。东邻东阳，南界永康、武义，西连金华、兰溪，北接诸暨、浦江。南北长 58.15 公里，东西宽 44.41 公里，全市面积 1105.46 平方公里，下辖 8 街道 6 镇，分别是：稠城街道、江东街道、北苑街道、廿三里街道、福田街道、稠江街道、后宅街道、城西街道，佛堂镇、苏溪镇、上溪镇、大陈镇、义亭镇、赤岸镇。[①] 截止到 2020 年年末，全市户籍人口为 85.33 万，常住人口 185.94 万。[②] 人口以汉族为主，少数民族有苗族、布依族、土家族等共 51 个民族，人口超过 8 万，其中苗族、布依族、土家族人口超过 1 万。

2. 历史沿革

秦王政二十五年（前 222），建县乌伤，属会稽郡。唐武德四年（621），废乌伤设绸州，分置乌孝、华川两县，其中乌孝县治即今治所在地。武德七年（624），废绸州，两县合而为一，称义乌，为县名义乌之始。

1949 年 5 月义乌解放，隶属金华专区。1959 年 10 月，浦江县并入义乌，1967 年，析复浦江县。1988 年 5 月 25 日，义乌撤县建市。[③]

3. 方言分布

义乌境内的方言主要是义乌话，属吴语金衢片。各地口音差异较大，有"义

---

① 参见：义乌市人民政府网，http://www.yw.gov.cn/col/col1229137471/index.html，获取日期 2022 年 8 月 22 日。

② 参见：《浙江省义乌市人口统计数据》，http://www.eyiwu.com/k28/11788.htm，获取日期 2022 年 8 月 22 日。

③ 义乌市志编纂委员会. 义乌市志·第 1 册. 上海：上海人民出版社，2011：151-154.

乌十八腔”的说法。近年来受普通话影响逐渐增大，特别是年轻人的口语中普通话词汇增多。

4. 地方曲艺

义乌戏曲曲种、声腔、调门多样，明代中叶产生的义乌腔等对高腔的系统形成起到了一定的作用。义乌曲艺主要有道情、花鼓等，义乌道情属俗曲道情，演唱者多为男性盲艺人，遍布全县，一般为 1 人自打自唱。花鼓也是义乌曲艺的主要曲种之一，1 人坐唱，以唱为主，以说为辅，演唱时左手持小锣，挟腰鼓，右手持锣片及软锤。

二、方言发音人

1. 方言老男

陈雄文，1962 年 8 月出生于义乌稠城镇，一直在本地生活和工作，自由职业者，高中文化程度，说稠城镇话和不太标准的普通话。父母均为义乌稠城镇人。

2. 方言青男

孟正昂，1987 年 2 月出生于义乌稠城镇，主要在本地生活和工作，工商业者，大专文化程度，说稠城镇话和普通话。父母均为义乌稠城镇人。

3. 口头文化发音人

楼飞，女，1963 年 12 月出生于义乌稠城镇，一直在本地生活和工作，职工，高中文化程度，说稠城镇话和普通话。父母均为义乌稠城镇人。

陈碧瑛，女，1961 年 11 月出生于义乌稠城镇，一直在本地生活和工作，自由职业者，初中文化程度，说稠城镇话和不太标准的普通话。父母均为义乌稠城镇人。

贾来香，女，1947 年 7 月出生于义乌稠城街道，一直在本地生活和工作，文艺工作者，文盲，说稠城镇话和不太标准的普通话。父母均为义乌稠城镇人。

宋松芳，女，1975 年 1 月出生于义乌佛堂镇，一直在本地生活和工作，文艺工作者，大专文化程度，说佛堂镇话和普通话。父母均为义乌佛堂镇人。

贰　声韵调

一、声母（27个，包括零声母在内）

p 八兵	pʰ 派片	b 爬病饭味	m 兵麦明	f 飞风副蜂	v 肥问味
t 多	tʰ 讨天	d 甜毒	n 东脑南		l 老蓝连路
ts 租酒争装纸	tsʰ 寸清拆抄初	dz 茶城		s 酸山想双	z 贼坐全祠城徐
tɕ 主九	tɕʰ 春轻	dʑ 柱共权	ȵ 年泥热软月	ɕ 书响	ʑ 徐
k 高	kʰ 开	g 共		h 好灰	
Ø 问船顺活县温王					

说明：

（1）[p][t]声母为内爆音，实际可分别记为[ɓ][ɗ]。

（2）浊塞音、浊塞擦音及浊擦音声母为清音浊流，不是语音学上的带音声母，浊流听感来自气声化韵母。

（3）阳调类零声母音节前有与韵母开头元音同部位的摩擦，具有明显浊感。

（4）[n]声母与洪音相拼，[ȵ]声母与细音韵母相拼，两者互补，本音系分为两个声母。但极少数可能受词汇、语法等其他因素影响下的音节，[n]声母也能与[i]相拼，如[nin³³⁵]表示"点ㄦ"。

二、韵母（53个，包括自成音节的[m][n][ŋ]）

ɿ 师丝试酸寸	i 米戏飞试尾	u 苦	y 雨鬼
e 开赔对	ie 桥绕盐接热减	ue 块	ye 靴权月
ɛ 硬争白		uɛ 横	yɛ 抓
a 排鞋街	ia 写年贴节	ua 茶猪快官活刮	
o 刀讨		uɤ 歌坐过	
ɔ 牙山塔鸭壳学	iɔ 响药		
ɯ 南半短盒			

uɤ 宝饱笑　　　　iuɤ 舅

ua 法八伤

ɐɯ 豆走　　　　　iɐɯ 油

au 谷六绿　　　　iau 局

ai 北直色尺锡二　iai □ "记去"的合音　　uai 怀　　　　yai 追

　　　　　　　　　iei 街

ə 十七色　　　　iə 急一　　　　　　uə 骨郭国　　　yə 出

ən 心深品新灯病　iən 金　　　　　　uən 滚　　　　yən 春云

　　　　　　　　　ien 品

an 贪　　　　　　ian 减　　　　　　uan 王　　　　yan 战

　　　　　　　　　iɑn 江

ɯan 伤　　　　　　　　　　　　　　uõ 官　　　　yõ 权

oŋ 东　　　　　　ioŋ 兄用

m 尾

n 瓦五二王

ŋʷ 糖床双讲江

说明：

（1）［uɤ］韵母后的［ɤ］带有后滑音性质，有时近［uʌ］。

（2）［e］韵母近［ɛ］。

（3）［a］［ua］韵母中的［a］近央［ʌ］。［ia］韵母中的［a］为前［a］，与零声母相拼时［i］介音略长，其他声母后的介音较短。

（4）［ɛ］［uɛ］［yɛ］这三个韵母的主元音后有一个后滑音［a］；［ɔ］［iɔ］这两个韵母的主元音后有一个后滑音近［ɑ］。有时在字组里后滑音会消失。

（5）齿音声母与［ɯ］韵母相拼时，变成［ɿ］，因此，试 = 算，钻 = 资，酸 = 丝。

（6）［ə］［iə］［uə］［yə］这四个韵母单念时不带喉塞尾，作多字组前字时带喉塞尾，作后字也不带喉塞尾，同时，主元音开口度略大。

（7）［ai］［uai］［iai］［yai］和［au］［iau］这几个韵母中的［a］近［ɐ］。

（8）［oŋ］［ioŋ］韵母主元音［o］开口略大，近［ɔ］；同时，这个韵母发音结束后，会有一个闭口动作，但鼻音的听感应该来自后鼻音。

（9）[ŋʷ]韵母是个声化韵，带有一定的圆唇动作，有时会有[u]作为主元音。①

（10）[iɯɤ]韵母只出现在"舅舅、舅母"一词中的"舅"音；[iai]韵母是一个合音韵母，如"忘记去"（表示忘记）一词里的"记去"。

三、声调（7个）

阴平	335	东该灯风通开天春
阳平	213	门龙牛油铜皮糖红
阴上	423	懂古鬼九统苦讨草
阳上	312	买老五有动罪近后六麦叶月毒白罚
阴去	45	冻怪半四痛快寸去
阳去	24	卖路硬乱洞地饭树盒
阴入	324	谷急哭刻百搭节拍塔切

说明：

（1）阴平[335]中平升，有时终点近[4]。

（2）阳平[213]有时中点下降不明显，近[223]。

（3）阴上[423]起点比终点高，有时中点下降不到[2]，近[3]，这时终点也是略高于[3]的。

（4）阳上[312]近双折调，起点略升，实际调值近[2312]。

（5）阴去[45]高升，结尾处伴随紧喉特征，近[45ʔ]。

（6）古入声字单念时均读长调。其中[ə][iə][uə][yə]这四个韵母作多字组前字或量词时，仍读短调，带喉塞尾，作后字时读长调，不带喉塞尾，单念时均读长调。

（7）阴入自成一调，调值为[324]，与阴上不混，有时终点升得不高。

（8）阳入与阳上合并，调值为[312]。

---

① 在本书的义乌方言中，音标中上标的 w 表示韵母发音带有圆唇动作。

叁　连读变调

一、两字组连读变调表

　　义乌方言两字组的连读变调规律见下表。表中首列为前字本调，首行为后字本调。每一格的第一行是两字组的本调组合；第二行是连读变调，若连读调与单字调相同，则此行空白；第三行为例词。同一两字组若有两种以上的变调，则以横线分隔。具体如下。

义乌方言两字组连读变调表

后字 前字	阴平 335	阳平 213	阴上 423	阳上 312	阴去 45	阳去 24	阴入 324
阴平 335	335　335 33　　45 生　　姜	335　213 33　　45 砖　　头	335　423 45 雌　　狗 ―――― 335　423 33　　45 包　　子	335　312 33 猪　　肉 ―――― 335　312 33　　45 今　　日	335　45 33 包　　菜 ―――― 335　45 45　　31 钞　　票	335　24 33　　45 杉　　树	335　324 33 天　　色
阳平 213	213　335 22　　45 台　　风	213　213 22　　45 油　　麻 ―――― 213　213 22　　312 男　　佮 ―――― 213　213 22　　213 明　　年	213　423 22 苹　　果	213　312 22 城　　里	213　45 22 油　　菜	213　24 22　　45 松　　树	213　324 22 磁　　铁
阴上 423	423　335 45 水　　沟	423　213 45　　44 斧　　头	423　423 45 扫　　帚	423　312 45 处　　理	423　45 45　　31 韭　　菜 ―――― 423　45 45　　44 扁　　担	423　24 45　　44 子　　弹	423　324 45 手　　骨
阳上 312	312　335 24 五　　更	312　213 24 后　　年	312　423 24 暖　　水	312　312 24 马　　桶 ―――― 312　312 24 后　　日	312　45 24 眼　　镜	312　24 24 眼　　泪	312　324 24 老　　八

续表

后字 前字	阴平 335	阳平 213	阴上 423	阳上 312	阴去 45	阳去 24	阴入 324
阴去 45	45　335 33 背　心	45　213 33　335 酱　油	45　423 借　手	45　312 33 靠　近	45　45 33　45 布　帐 45　45 31 撤　扣	45　24 33　45 布　料 45　24 44 半　夜	45　324 33 背　脊
阳去 24	24　335 面　巾 24　213 45 外　头	24　213 弄　堂	24　423 大　水	24　312 垫　被 312 45　45 夜　里	24　45 31 运　气	24　24 31 梦　话	24　324 423 利　息
阴入 324	324　335 33　45 铁　钉	324　213 33　45 客　侬	324　423 45 黑　板 324　423 45　44 霍　闪	324　312 33 黑　米	324　45 45　44 歇　店	324　24 45　44 铁　路 324　24 33 作　用	324　324 45　423 法　国

二、两字组连读变调规律

义乌方言两字组连读变调总体特点是：阴上、阳上、阴去、阴入作后字基本不变调，而前字不变调的只有阳去，其他调类作前后字均有变调。具体如下：

（1）前字是阴平、阴去调的，不论后字何调，一律变为［33］；前字是阳平调的，一律变［22］；前字是阴上调的，一律变［45］；前字是阳上、阳去调的，基本变［24］。

（2）前字是阴入调的，后字阴平、阳平、阳上、部分阳去调的，变［33］；后字阴上、阴去、部分阳去、阴入调的，变［45］。

（3）后字是阴上、阳上、阴去、阴入调的，无论前字何调，基本读原来调值，分别为［423］［312］［45］［324］。

（4）后字是阴平调的，前字为阴平、阳平和阴入，后字变为［45］调；前字为阴上、阳上、阴去、阳去，后字仍读阴平调［335］。

（5）后字是阳平调的，前字为阴平、部分阳平、部分阳去、阴入，后字变调［45］；前字为部分阳平、阳上、部分阳去，后字仍读原调［213］；前字是阴去调的，后字读［335］；前字是阴上调的，后字读［44］。

（6）后字是阳去调的，前字是阴平、阳平、阳上、部分阴去，后字变为［45］；前字是阴上、部分阴入，后字变［44］；前字部分阴去、部分阳去，后字变［31］。

（7）［ə］［iə］［uə］［yə］这四个韵母作为前字时，不论是阴入还是阳入，都读短调，但调型与舒化前字相同，我们把它看成是前字阴入或阳上（阳入与其合并）的变体，因此，只列出这条规律。

肆　异读

一、新老异读

义乌方言的新老异读主要体现在以下三个方面。下文中“/”前为老派，后为新派。

1. 声母

（1）浊声母读音老派浊流强于新派。

（2）［p］［t］声母老派是内爆音，新派不是。

2. 韵母

（1）蟹摄一等开合口字老派读［e］或［ue］韵母，新派读［ei］或［uei］韵母。例如：来 le²¹³ / lei²¹³ | 赔 be²¹³ / bei²¹³ | 块 kʰue⁴⁵ / kʰuei⁴⁵。

（2）咸、山摄三等韵部分文读音老派读［yan］韵母，新派读［an］或［uan］韵母。例如：占 tɕya⁴⁵ / tsan⁴⁵ | 战 tɕya⁴⁵ / tsan⁴⁵ | 传～记 dʑyan²⁴ / tsuan⁴⁵。

（3）宕摄三等阳韵部分文读音老派读［ɯan］韵母，新派无此韵母，如：章 tsɯan³³⁵ | 伤 sɯan³³⁵。

3. 声调

新老派在阴平、阴上、阴入三个调的调值上有所不同，这三个调老派分别读［335］［423］［324］，新派读［324］［434］［534］。

二、文白异读

义乌方言的文白异读主要体现在声母和韵母两个方面。下文中"/"前为白读，后为文读。

1. 声母

（1）帮、端母阳声韵部分字白读[m]或[n]声母，文读[p]或[t]声母。例如：扮 ma^{45} / pan^{45}｜兵 $mən^{335}$ / $pien^{335}$｜党 $nŋ^{w423}$ / tan^{423}。

（2）非、敷、奉母部分字白读[p]或[b]声母，文读[f]或[v]声母。例如：浮 bu^{213} / vu^{213}｜粪 puu^{45} / $fən^{45}$｜坟 $bən^{213}$ / $vən^{213}$。

（3）微母部分字白读[m]或[v]，文读[v]或零声母。例如：问 $vəŋ^{24}$ / $uən^{24}$｜尾 m^{312} / vi^{312}｜晚 ma^{24} / uan^{24}。

（4）微母极少数字白读[b]，文读[v]。例如：味 bi^{312} / vi^{312}。

（5）从、船、禅母白读擦音，文读塞擦音。例如：财 ze^{213} / dze^{213}｜城 $zən^{213}$ / $dzən^{213}$｜层 $zən^{213}$ / $dzən^{213}$。

（6）见系开口二等部分字白读为[k]组声母，文读为[tɕ]组声母，韵母也随之有所变化。例如：戒 ka^{45} / $tɕie^{45}$｜街 ka^{335} / $tɕiei^{335}$｜交 ko^{335} / $tɕiau^{335}$｜江 $kŋ^{w335}$ / $tɕiɑn^{335}$。

（7）止摄合口三等见系声母部分白读[tɕ]组声母，文读[k]组声母，例如：龟 $tɕy^{335}$ / $kuai^{335}$｜柜 $dʑy^{24}$ / $guai^{24}$｜贵 $tɕy^{45}$ / $kuai^{45}$。

（8）日、疑母字白读鼻音声母，文读[z]或零声母。例如：耳 n^{312} / e^{213}｜人 $ȵiən^{24}$ / $zən^{213}$｜吴 n^{213} / u^{213}｜王 n^{213} / uan^{213}。

2. 韵母

（1）果摄部分字白读[a]韵母，文读[uɤ]或[uɤ]韵母。例如：拖 t^ha^{335} / $t^huɤ^{335}$｜破 p^ha^{45} / $p^huɤ^{45}$。

（2）遇摄三等鱼韵部分白读[a][i][ɯ]韵母，文读[y]韵母。例如：女 na^{24} / $ȵy^{312}$｜吕 li^{312} / ly^{312}｜徐 zi^{213} / zy^{213}｜许 $hɯ^{423}$ / $ɕy^{423}$。

（3）止摄齿音声母字白读[i]韵母，文读[ʅ]韵母。例如：刺 ts^hi^{45} / $ts^hʅ^{45}$｜知 tsi^{335} / $tsʅ^{335}$｜试 si^{45} / $sʅ^{45}$。

（4）止摄日母部字白读声化韵[n]，文读[e]或[ai]韵母。例如：儿 n^{213} / e^{213}｜二 n^{24} / ai^{45}｜耳 n^{312} / e^{213}。

（5）止摄合口三等部分字白读［y］韵母，文读［uai］韵母。例如：龟 tɕy³³⁵ / kuai³³⁵ | 柜 dʑy²⁴ / guai²⁴ | 贵 tɕy⁴⁵ / kuai⁴⁵。

（6）效摄一二等韵白读［o］或［ɯɤ］韵母，白读［au］或［iau］韵母。例如：道 do²⁴ / dau²⁴ | 交 ko³³⁵ / tɕiau³³⁵ | 焦 tsɯɤ³³⁵ / tɕiau³³⁵。

（7）咸、山摄一等韵白读［ɯ］韵母，文读［an］韵母，三四等韵白读［ie］或［ye］韵母，文读［ian］或［uan］韵母。例如：贪 tʰɯ³³⁵ / tʰan³³⁵ | 敢 kɯ⁴²³ / kan⁴²³ | 严 ȵie²¹³ / ian²¹³ | 汉 hɯ⁴⁵ / an²⁴ | 建 tɕie⁴⁵ / tɕian⁴⁵ | 完 ye²¹³ / uan²¹³。

（8）深、臻摄部分字白读［ən］韵母，文读［ien］韵母。例如：品 pʰən⁴²³ / pʰien⁴²³ | 贫 bən²¹³ / bien²¹³ | 兵 mən³³⁵ / pien³³⁵。

（9）曾摄、梗摄三四等入声字白读［ai］韵母，文读［ə］或［iə］韵母。例如：得 tai³²⁴ / tə³²⁴ | 息 sai³²⁴ / ɕiə³²⁴ | 色 sai³²⁴ / sə³²⁴ | 积 tsai³²⁴ / tsə³²⁴。

（10）梗摄二等白读［ɛ］韵母，文读［ən］或［ien］或［a］韵母。例如：坑 kʰɛ³³⁵ / kʰən³³⁵ | 行 ɛ²¹³ / ʑien²¹³ | 隔 kɛ³²⁴ / ka³²⁴。

（11）通摄合口三等部分字有文白异读，如：共 dʑioŋ²⁴ / goŋ²⁴。

伍　小称

义乌方言"儿"单念读［n²¹³］，义为"儿子"，可以直接加在一些词的末尾，也就是前音节的末尾，有的使前音节的韵母发生变化。大部分没有变化，以表示一定的语法意义，带有小称功能，具体如下：

（1）韵母为［a］［ia］［ua］，直接在后加［n］尾。例如：

小个儿_{小男孩}suɤ⁴³kan⁴⁵　　　　姨爷儿 i²²ian³³⁵　　　　　　小猪儿 suɤ⁴⁵tsuan³³⁵

（2）韵母为［ɛ］［uɛ］［yɛ］，直接在后加［n］尾。例如：

梅儿 mɛn²¹³　　　　　　瓢羹儿 bie²²kɛn³³⁵　　　　橘儿 tɕyɛn³²⁴

秃铁梗儿_{单身汉}tau³³tʰia³³kuɛn⁴²³

（3）韵母为［e］［ie］［ue］［ye］，直接在后加［n］尾。例如：

盖儿 ken⁴⁵　　　叶儿 ien³¹²　　　　尖儿 tsien³³⁵　　　　船儿 yen²¹³

（4）韵母为［i］［u］［y］［ɿ］，直接在后加［n］尾。例如：

窝⁼记儿_{现在}uɤ⁴⁵tɕin⁴⁴　　　　短裤儿 tɯ⁴⁵kʰun³³⁵

洋芋儿 io²²yn³¹² 柿儿 zɿn²⁴

（5）韵母为［ɔ］［o］［iɔ］［ɤɯ］，直接在后加［n］尾。例如：

虾儿 hɔn³³⁵ 桃儿 don²¹³ 羊儿 iɔn²¹³ 唱歌儿 tsʰɯa³³kuɤn³³⁵

（6）韵母为［ɯa］，直接在后加［n］尾。例如：

尾巴儿 m²⁴puan³³⁵

（7）韵母为［ɛɯ］［iɛɯ］［uɤ］，先变为［ɤ］［iɤ］，然后加［n］尾；［ɯ］韵母除见系声母后仍读［ɯ］再加［n］尾，其他声母后均先变为［ɤ］再加［n］尾。例如：

后头儿 ɛɯ³³dɤn²⁴ 踏臼儿 tɔ⁴⁵dʑiɤn²⁴ 外婆儿 a²⁴bɤn²¹³

汤团儿 tʰŋʷ³³tɤn³³⁵ 鸽儿 kɯn³²⁴

（8）［ən］韵母加［n］尾后韵母有两个变化，一是［ɯn］，一是［en］。例如：

夜根儿傍晚 ia²⁴kɯn³³⁵ 瓶儿 ben²¹³

（9）［ai］韵母先变成［e］，然后加［n］尾。如：

前日儿前天 zia²²nen³¹²

（10）韵母为［oŋ］［au］［iau］，先变［o］，然后加［n］尾。需要注意的是，［o］读音近央元音，如：

葱儿 tsʰon³³⁵ 面桶儿 mie⁴⁵don²⁴ 竹儿 tson³²⁴ 玉儿 ȵion³¹²

从以上举例可以看出，儿尾词的调值大部分与词根调值相同。

陆　其他音变

少数古阴上、阳去字读阴去调［45］，多集中在非常用字，如：左、裕、善。

两字组连调浊声母后字因连调后调值变化而发生清浊交替，但有些擦音声母除外，如：

d—t：佛豆 bəʔ²ɯat⁴⁵ 坟头 bən²²tɛɯ⁴⁵ 蜻蜓 ɕien³³tən⁴⁵

b—p：冰雹 mən³³ɤ ɯɤ⁴⁵ 口唇皮儿 kʰɛɯ³³zən³³pin³³⁵ 午饭 m²⁴pɔ⁴⁵

第五十三节　东阳方音

壹　概况

一、调查点

1. 地理位置

东阳隶属浙江省金华市，地处浙江中部、金华市东部，东、东南与磐安县相邻，南、西南与永康市接壤，西、西北与义乌市相连，北与诸暨市毗邻，东北与嵊州市接壤，东阳市人民政府驻江北街道，距金华市区 62.16 公里。境内主要河流有东阳江、东阳南江，主流走向从东向西，经婺江、兰江流入钱塘江。境内地形以丘陵和盆地为主，占总面积 69.2%。会稽山、大盘山、仙霞岭延伸入境，形成三山夹两盆、两盆涵两江的地貌。地势东高西低，中部山峦自东向西，将境域分为南乡和北乡。①

全市总面积 1747 平方公里，辖有 6 个街道、11 个镇和 1 个乡，截止到 2016 年年底，全市户籍总人口 83.95 万，少数民族人口很少，多系因婚姻、工作迁入。② 东阳为浙中交通枢纽，甬金高速、诸永高速在境内交叉而过。改革开放以来，东阳经济社会持续快速发展，是省级历史文化名城、全国县域经济百强县市、国家农产品质量安全县、国家卫生城市和国家森林城市、国家园林城市。

2. 历史沿革

东阳历史悠久，早在东汉献帝兴平二年（195），就已建县制，名吴宁，属会稽郡。三国吴宝鼎元年（266）分会稽郡西部置东阳郡，治所长山县（今金华）。吴宁县属东阳郡。取东阳名，是因其地"在金华山之阳，榖水之东"。唐垂拱二年（688），建东阳县，素有"婺之望县"的美誉。民国时期，浙江省县之间设行政督察区，前后多次划属不同行政督察区。解放后，东阳属金华地区（后为金华市）

---

① 参见：东阳市人民政府网，http://www.dongyang.gov.cn/col/col1229433085/index.html，获取日期2022 年 8 月 22 日。

② 参见：《2017 年浙江统计年鉴》，http://tjj.zj.gov.cn/col/col1525563/index.html，获取日期 2022 年 8 月 22 日。

管辖。1988 年 5 月 25 日，经国务院批准，东阳撤县设市。[①]

3. 方言分布

东阳话属吴语六个片区中的"金衢片"，由于境内地形的原因，又分成两个土语。东阳中部地区被大磐山北支山脉所横贯，当地习惯称山北地区为北乡，山南地区为南乡。因北、南两地讲话差异明显，所以东阳话有北乡和南乡之分，讲北乡话的地区有吴宁、上卢、巍山、佐村等，使用人口 46 万左右。讲南乡话有湖溪、南马、千祥、黄田贩等，使用人口 37 万。而南乡话与北乡话的内部土语也存在一些差异。市区内的吴宁街道位于江南城区，是东阳市经济、文化、商贸的中心，"吴宁腔"被当地人认为是市区的"标准音"。此外，东阳边界地带土话有永康音、义乌音、诸暨音、嵊县音和新昌音。历史上该地重教兴学，人才辈出，因而受官话影响较深，文白异读丰富。

4. 地方曲艺

戏曲方面东阳主要有婺剧和道情，一般用当地话来演唱。本地主要流行婺剧。婺剧是我国古老的戏曲剧种，俗称"金华戏"，至今已有 400 多年的历史。流行于金华、衢州、丽水、建德、淳安等地区。其唱腔音乐体系具有综合性的特点，包括高腔、昆曲、乱弹、徽调、滩簧和时调等多种声腔。文戏武做、武戏文做是婺剧表演的主要特色，堪称一绝。

二、方言发音人

1. 方言老男

蒋文星，1953 年 8 月出生于东阳吴宁镇，一直在本地生活和工作，农民，初中文化程度，讲地道的东阳话和不太标准的普通话。父母均为东阳人。

2. 方言青男

张丹锋，1988 年 3 月出生于东阳佐村镇，一直在本地生活和工作，教师，本科文化程度，说地道的东阳话和流利的普通话。父母均为东阳人。

[①] 参见：东阳市人民政府网，http://www.dongyang.gov.cn/col/col1229161535/index.html，2022 年 8 月 20 日获取。

3. 口头发音人

吴锡华，男，1928 年 12 月出生于东阳巍山镇，一直在本地生活和工作，职工，中专文化程度，说东阳话和普通话。父母均为东阳人。

王子平，男，1955 年 6 月出生于东阳白云街道，一直在本地生活和工作，农民，初中文化程度，说东阳话和不太标准的普通话。父母均为东阳人。

张允诊，女，1957 年 2 月出生于东阳市虎鹿镇，一直在本地生活和工作，工商业者，初中文化程度，说东阳话和不太标准的普通话。父母均为东阳人。

王荷姣，女，1963 年 7 月出生于东阳江北街道，一直在本地生活和工作，农民，初中文化程度，说东阳话和不太标准的普通话。父母均为东阳人。

贰　声韵调

一、声母（28 个，包括零声母在内）

p 八兵	pʰ 派片	b 爬病味	m 麦明问	f 飞风副蜂	v 肥饭味
t 多东	tʰ 讨天	d 甜毒	n 脑南年泥		l 老蓝连路
ts 资早租争 装纸主	tsʰ 刺草寸丝 抄初拆	dz 茶柱		s 三酸山双书	z 字贼坐事 顺十城
tɕ 酒张竹九	tɕʰ 清抽车	dʑ 权桥	ȵ 热软月	ɕ 想手响	ʑ 谢全床船
k 高个	kʰ 开轻	g 共厚	ŋ 熬鹅	h 好灰	
Ø 活县安温 王云用药					

说明：

（1）古全浊声明仍读浊音。浊塞音、塞擦音［b］［d］［g］［dz］［dʑ］与浊擦音［v］［z］［ʑ］浊音成分都比较强。

（2）声母［tɕ］［tɕʰ］［ɕ］发音部位靠前，接近舌叶音［tʃ］［tʃʰ］［ʃ］。

（3）［h］较为靠前，接近［x］。

（4）端母字"打"的声母为［n］。

（5）零声母字遇阴调时，一般前有［ʔ］。例如：衣 i³³⁴、乌 u³³⁴、碗 ɔ⁴⁴ 的实际读音为［ʔi³³⁴］［ʔu³³⁴］［ʔɔ⁴⁴］。

（6）零声母单音字遇阳调时，前面有与音节开头元音同部位的摩擦成分。例如：移 i²¹³ 前有［j］，吴 u²¹³ 前有［w］，而匣母字害 ε²¹³ 和鞋 a²¹³ 等前有［ɦ］。

（7）个别心母和生母字读塞擦音，如：丝 tsʰ ɿ³³⁴、岁 tsʰ ɿ⁴⁵³、师 tsʰ ɿ³³⁴。

二、韵母（45个，包括自成音节的［n］［əl］）

ɿ 师丝试	i 米戏盐年	u 苦布	y 许裕
a 排鞋白介	ia 写谢蛇铁	ua 快怪活刮	
ε 硬生	iε 接急热月	uɜ 横歪	
e 开赔对倍妹		ue 灰贵	
ɔ 山糖王讲塔法	iɔ 响床双		
o 牙瓦猪茶落各	io 笑桥药条烧	uo 索搭	
			yu 雨鬼
ʊ 坐过作	iʊ 靴权船群		
ɯ 南半短寸			
ei 北直色日垂类		uei 国卫危规桂	
ɯɯ 宝饱例	iɯɯ 校		
ou 谷六绿木	iou 玉浴熟局		
əɯ 豆去斗	iəɯ 油丑流收		
an 感善	ian 良	uan 惯筐	
əŋ 灯升争病星根	iəŋ 新心云林邻	uəŋ 滚魂温困	
ɔŋ 官单			
ɔm 东送红翁	iɔm 兄用胸穷		
uɯ 安			
aʔ 客格	iaʔ 惜削		
əʔ 割测			
	iεʔ 七协吉		
n̩ 儿五母<u>耳</u>			
əl <u>耳</u>儿			

说明：

（1）古入声字带喉塞尾，但大多入声字的喉塞尾听起来不明显。白读字基本失去了喉塞尾，文读有些还保留喉塞尾。

（2）止摄、蟹摄和遇摄一些三等字的韵母为[ʅ]，比较特殊，如：醉 tsʅ^{453}、水 sʅ^{44}、师 tsʰʅ^{334}、丝 tsʰʅ^{334}、书 sʅ^{334}。

（3）韵母[ʊ]为半圆唇，发音部位比[o]靠前，组成[iʊ]后与[io]不好区分。

（4）韵母[y][an]一般只用于文读字。

三、声调（8个）

阴平	334	东该灯风通开天春塔搭百节
阳平	213	门龙牛油铜皮糖红罚月白六麦叶五
阴上	44	懂九统讨草
阳上	231	买老有动罪近后
阴去	453	冻怪半四痛快寸去古鬼苦
阳去	24	路硬乱洞地饭树
阴入	34	谷哭切刻
阳入	23	毒贼择窄

说明：

（1）阴平[334]尾部略升，阳声韵的字发音较短，实际调值为[34]。

（2）阳上[231]为升降调，末尾较高，接近[232]。

（3）阴去[453]，有时为[53]。

（4）阳去[24]，有时为[35]。

（5）阴入[34]为促声，但一些字的发音较舒缓，促声尾似有似无。还有一部分失掉了促声尾归入阴平。

（6）阳入为[23]为促声，一部分阳入字也失去了促音尾归入阳平。

（7）次浊上一般归阳上，少数字读阳平，如"五"。"卖"读阳上调。

叁　连读变调

一、两字组连读变调表

东阳方言两字组的连读变调规律见下表。表中首列为前字本调，首行为后字本调。每一格的第一行是两字组的本调组合；第二行是连读变调，若连读调与单字调相同，则此行空白；第三行为例词。同一两字组若有两种以上的变调，则以横线分隔。具体如下。

东阳方言两字组连读变调表

前字＼后字	阴平 334	阳平 213	阴上 44	阳上 231	阴去 453	阳去 24	阴入 34	阳入 23
阴平 334	334 334 33 53 中 秋	334 213 33 53 清 明	334 44 33 35 烧 酒 —— 334 44 33 53 针 灸	334 231 33 35 端 午	334 453 33 3 天 气	334 24 33 53 生 病	334 34 33 猪 血	334 23 33 生 日
阳平 213	213 334 22 53 瓢 羹 —— 213 334 22 35 梅 花	213 213 22 35 农 民	213 44 22 35 苹 果	213 231 22 35 城 里	213 453 22 53 难 过	213 24 22 53 蚕 豆	213 34 22 磁 铁	213 23 22 35 阳 历
阴上 44	44 334 33 手 巾	44 213 33 起 来	44 44 33 水 果	44 31 33 产 母	44 453 45 53 考 试	44 24 45 53 手 袖	44 34 33 喜 鹊	44 23 33 死 活
阳上 231	231 334 23 33 牡 丹	231 213 22 53 鲤 鱼	231 44 23 53 雨 伞	231 231 23 33 道 士	231 453 23 53 以 后	231 24 23 53 午 饭	231 34 23 33 稻 谷	231 23 23 33 老 实
阴去 453	453 334 33 35 衬 衫	453 213 33 35 做 媒	453 44 33 35 扫 帚	453 231 33 35 背 后	453 453 33 53 布 帐	453 24 33 53 半 夜 —— 453 24 33 35 做 梦	453 34 33 55 教 室	453 23 55 33 四 月

续表

前字＼后字	阴平 334	阳平 213	阴上 44	阳上 231	阴去 453	阳去 24	阴入 34	阳入 23
阳去 24	24　334 　　33 地　方	24　213 22　53 大　拳	24　44 　　33 大　水	24　231 　　33 墨　瓦	24　453 22　53 大　蒜	24　24 22 望　病	24　34 　　33 净　洁	24　23 　　33 树　叶
阴入 34	34　334 4　　33 一　千	34　213 4　　33 出　来	34　44 4　　33 角　子	34　231 4　　53 谷　雨	34　453 45　53 镬　灶	34　24 33　33 决　定	34　34 4　　33 一　百	34　23 33　33 作　业
阳入 23	23　334 　　33 别　家	23　213 　　53 学　堂	23　44 　　33 白　果	23　231 　　33 十　五	23　453 　　53 直　气	23　24 22 立　夏	23　34 　　33 蜡　烛	23　23 　　33 十　六

二、两字组连读变调规律

东阳方言两字组的连读变调有以下几个特点。

东阳方言两字组连续变调类型有三种情况：前变型、后变型和全变型。前字调型为升调或曲折调的多变为平调类型；后字调型为升调或曲折调的多变高降调和中平调。全变型指前后两字的调型均发生了与原单字调型不同的改变。此外，两字组连读变调的前后字均无曲折调型。

从调值角度看，东阳方言两字组连读变调的总体特点是：阴平、阳平、阴去作前字时发生调值改变，表现为平调［33］或［22］；阳上和阳去作前字时既有平调［22］也有升调［23］；阴上、阴入和阳入作前字时多保持原单字调值［44］［4］或为升调［45］［23］。作后字时，阳上和阳去均为［53］调，而其他作后字的则变为三种调值［53］［35］和［33］，与前字没有对应规律。

在变调表中，前字［22］有时略低为［11］，前字为［23］的有时略高为［24］。后字调值为［35］的有时也为［24］。

肆　异读

一、新老异读

东阳方言的新老异读主要表现在韵母和声调方面。声母方面，老派和新派差异不大，且对应较为齐整。下文中"／"前为老派，后为新派。

1. 韵母方面

（1）效摄开口一、二等的一些字。例如：毛 $mɯ^{213}$ / mau^{223} | 灶 $tsɯ^{453}$ / $tsau^{445}$ | 包 $pɯ^{334}$ / pau^{334} | 闹 $nɯ^{24}$ / nau^{214}。

（2）效摄三、四等字。例如：票 p^hio^{453} / $p^hɯ^{445}$ | 照 $tɕio^{453}$ / $tsɯ^{445}$ | 钓 tio^{453} / $tɯ^{445}$。

（3）深摄开口三等字。例如：品 $p^hiɛn^{44}$ / $p^hiɛn^{55}$ | 林 $liɛn^{213}$ / $liɛn^{223}$ | 金 $tɕiɛn^{334}$ / $tɕiən^{334}$ 等。

（4）臻摄开口三等字。例如：陈 $dzɛn^{213}$ / $dzən^{223}$ | 身 $sɛn^{334}$ / $sɛn^{334}$ | 银 $ȵiɛn^{213}$ / $ȵiən^{223}$ 等。

（5）臻摄合口一、三等字。例如：门 $mɛn^{213}$ / man^{223} | 婚 $huɛn^{334}$ / $huan^{334}$ | 笋 $sɛn^{44}$ / $sən^{55}$ | 春 $ts^hɛn^{334}$ / $ts^hən^{334}$ 等。

（6）曾摄开口一、三等字。例如：凳 $tɛn^{453}$ / $tɛn^{445}$ | 层 $dzɛn^{213}$ / $dzɛn^{223}$ | 冰 $pɛn^{334}$ / pan^{334} | 绳 $zɛn^{213}$ / zan^{223} 等。

（7）梗摄开口三、四等字。例如：井 $tsɛn^{44}$ / $tsan^{55}$ | 赢 $ɛn^{213}$ / an^{223} | 顶 $tɛn^{44}$ / tan^{55} | 星 $sɛn^{334}$ / san^{334} 等。

声调方面，新派的声调除阴平、阴入和阳入调值相同外，其他声调的调值与老派则有一些差异。老派和新派阴上和阳去的调型相同，但调值不同；而阳平、阳上和阴去调型、调值均不同。

二、文白异读

东阳方言的文白异读主要体现在声母和韵母方面，下文中"／"前为白读，后为文读。

1. 声母方面

（1）中古微母三等的一些字白读为［b］，文读为［v］，如：味 bi^{213} / vi^{213}。

（2）中古见母三等的一些字白读为［tɕ］，文读为［k］，如：贵 $tɕyu^{453}$ / $kuei^{453}$。

（3）中古溪母三等的一些字白读为［k^h］，文读为［$t^hɕ$］，如：庆 $k^hɛn^{453}$ / $t^hɕiɛn^{453}$。

（4）中古宕摄唐韵帮母字"帮"的白读为［$mɔ^{334}$］，文读为［$pɔ^{334}$］。

（5）中古日母臻摄三等质韵字"日"的白读为［nei^{213}］，文读为［$ɕiɛ^{213}$］，声母和韵母都发生了改变。

2. 韵母方面

（1）中古山摄开口一等寒韵和二等山韵的一些字，白读为阴声韵，文读为阳声韵，如寒韵的"兰"白读为 [lɔ²¹³]，文读为 [lan²¹³]。山韵的"铲"白读为 [tsʰɔ⁵⁵]，文读为 [tsʰan⁵⁵]。

（2）中古梗摄开口二等庚韵字有些字白读为阴声韵，文读为阳声韵，如："猛"白读为 [mɛ²⁴]，文读为 [mən²³¹]。

（3）中古梗摄开口三等庚韵字，白读没有介音 [i]，文读则有，如："影"白读为 [ɐ̃⁴⁴]，文读为 [iɐn⁴⁴]。此外，梗摄四等青韵也有类似的文白异读现象，如："瓶"白读为 [ban²²³]，文读为 [biən²²³]。

伍　小称

　　东阳方言的小称音变主要体现在韵母上，属于鼻尾型小称音，即在语流中鼻尾 [-n]（有时为 [ŋ]）直接加在一些名词性语素韵母的末尾构成儿尾韵，如果本音为鼻尾韵就不再附鼻尾。鼻尾 [-n] 来源于"儿子"的读音 [n²¹³]，附加在具有小称的词语后，会使一些具有小称词语的韵母发生变化，变调后单字声调下降，双字往往均趋于平调。没有小称变调的多为文读的韵母或自成音节的韵母以及一些入声韵。发生小称音变的主要有 27 个，举例如下（"—"左边是基本韵，右边是小称韵）：

ɿ—ɿn 丝儿	i—in 梨儿	u—un 鼓儿
ɯ—ɯn 盖儿	a—an 花儿	ia—ian 爷儿
e—en 杯儿	ɔ—ɔn 缸儿	iɔ—iɔn 鸟儿
o—on 婆儿	io—ion 瓢儿	ʊ—ʊn 歌儿
yu—yun 鱼儿	uɯ—uɯn 猫儿	ieɯ—ieɯn 石榴儿
ou—oun 红萝卜儿	ei—ein 袋儿	uei—uein 柜儿
aʔ—an 盒儿	iaʔ—ian 笔儿	ɤʔ—ɯn 鸽儿
uɐʔ—uɐn 鹊儿	ɔʔ—ɔn 鸭儿	iɔʔ—iɔn 竹儿
oʔ—on 屋儿	ioʔ—ion 叔儿	ouʔ—ioun 手镯儿

陆　其他音变

（1）部分古清上字今读阴去［453］，如：举、拐、喜、改、厂、饼、肿。

（2）部分古全浊上字今归阳去［24］，如：柱、弟、被、造、舅、静。

（3）部分两字组后字的入声韵因连读失去原来的塞音韵尾而为阴声韵：

aʔ—a：小麦 ɕio⁴⁴ma³³　　　　　iaʔ—ia：肚疾 du²³tɕia³³

ɐʔ—ɐ：老实 lɯɯ²³zɐ³³

 iɛʔ—iɛ：茶叶 dzo²²iɛ³⁵

第五十四节　永康方音

壹　概况

一、调查点

1. 地理人口

永康市隶属浙江省金华市，位于浙江中部腹地，瓯、钱两江分水岭上，是浙中内地通往浙东南地区的要冲。东南与缙云县接壤，东北与东阳市、磐安县相连，西邻武义县，北毗义乌市，距金华城区 50 公里。全市面积 1049 平方公里，辖 3 街道、11 镇、1 省级现代农业装备高新区、1 省级经济开发区和 1 新城，分别是：东城街道、西城街道、江南街道、芝英镇、石柱镇、前仓镇、舟山镇、古山镇、方岩镇、龙山镇、西溪镇、象珠镇、唐先镇、花街镇，省级现代农业装备高新区（城西新区），省级经济开发区和江南山水新城。[①] 截至 2017 年年底，全市户籍总人口 61 万，以汉族为主。

2. 历史沿革

新石器时期永康地域已有人类活动。上古时代永康地属古扬州。夏、商、周属越地。春秋属越国。战国（约前 306 年）为楚国地。秦王政二十五年（前 221 年），建会稽郡乌伤县，永康地域属之。汉袭秦制。三国吴赤乌八年（245），分乌伤县南界上浦乡置永康县。吴宝鼎元年（266），析会稽郡西部为东阳郡，永康属之。此后历经晋、南朝、隋、唐、五代、宋、元、明、清，永康归属变化不大，或归郡、州，或归府、路，均属今金华地，只是名称有所更改。1927 年废道制，永康直属浙江省。1932 年在金华设第六行政督察区，1935 年在兰溪设第四行政督察区，1948 年改第四行政督察区为第八行政督察区（署治在义乌），永康先后分别属之。1949 年 5 月 8 日，永康解放，辖区承旧，属第八行政督察区（后改金华专区）。1978 年后，属金华地区。1985 年 6 月，归金华市管辖。1992 年

---

① 参见：永康市人民政府网，网址：http://www.yk.gov.cn/art/2018/12/28/art_1229163317_50389917.html，2019 年 1 月 15 日获取。

8 月 18 日，国务院批准永康撤县建市，由浙江省直辖，行政委托金华市代管。自此，永康跻身国家市级建制的行列，结束 1747 年县建制的历史。[①]

3. 方言分布

永康境内通行永康话。永康方言有上角腔和下角腔之分。城关话属于下角腔。上角腔主要分布于永康东北部，如方岩镇、龙山镇、西溪镇、古山镇、象珠镇、唐先镇等；下角腔主要分布于永康西南部，如花街镇、石柱镇、前仓镇、舟山镇等。城区的东城街道、西城街道、江南街道均属于下角腔。永康无明显的少数民族聚居，无少数民族语的明显分布。

4. 地方曲艺

永康最为流行的地方戏曲为婺剧和越剧。本地有一种用方言演唱的地方戏称为"醒感戏"，又名"省感戏"。"醒感戏"是流行在永康及毗邻地区的一种"劝人反省，导人归正"，直接为道教、佛教服务的戏曲剧种。演"醒感戏"的社班叫省感班，目前共有九本戏，因其演出与宗教活动密切配合，又称"省感九殇"。另外，永康还有地方说唱曲艺鼓词。演唱时右腿放着一只鼓盆，右手执一根鼓箸，左手执竹板，敲打出节奏分明的节拍。主要有《大红袍》《水红菱》《孝贤坊》等十部作品。

二、方言发音人

1. 方言老男

胡仲继，1954 年 4 月出生于永康城关镇，一直在本地生活和工作，自由职业者，现已退休，小学文化程度，说永康话和普通话。父母均为永康城里人。

2. 方言青男

楼滔，1987 年 6 月出生于永康城关镇，主要在本地生活和工作，职工，本科文化程度，说永康话和普通话。父母均为永康城里人。

[①]　参见：永康市人民政府网，网址：http://www.yk.gov.cn/art/2018/12/28/art_1229163317_50389920. html，2019 年 1 月 15 日获取。

3. 口头文化发音人

程静，女，1960 年 4 月出生于永康城关镇。一直在本地生活和工作，基层干部，现已退休，大专文化程度，说永康话和普通话。

贰　声韵调

一、声母（28个，包括零声母在内）

ɓ 八	pʰ 派片	b 爬病	m 兵麦明问	f 飞风副蜂	v 肥饭味
ɗ 多	tʰ 讨天	d 甜毒	n 东脑难		l 老蓝连路
ts 资早租竹争	tsʰ 草寸拆抄初	dz 茶		s 丝三酸山	z 字贼坐祠事十
tɕ 酒张装纸主九	tɕʰ 刺清抽车汽车春轻	dʑ 柱共权	ȵ 年泥热软月	ɕ 想双手书响	ʑ 全谢床船顺
k 高	kʰ 开	g 狂	ŋ 熬	x 好灰	
∅ 活县安温王云用药					

说明：

（1）[m][n][ȵ][ŋ]逢阴调类接近[ʔm][ʔn][ʔȵ][ʔŋ]。

（2）[ȵ]实际音值为[ɲ]，[n]和[ȵ]在细音前构成对立，如：能 niŋ²² ≠ 银 ȵiŋ²²。

（3）[ɗ]拼[i]介音的韵母如[ia][iɑu]，逢高平调（阴平[55]）和高降调（阴去[52]）时，听感有明显的边音色彩。

二、韵母（38个，包括自成音节的[ŋ]在内）

ɿ 师丝试	i 猪戏飞	u 苦谷六绿	y 雨
a 山	ia 写排鞋年贴节	ua 官	ya 快
		uɑ 茶牙过鸭法辣八活	
	ie 米盐接热		ye 靴权月
ə 十七北	iə 急一	uə 骨	yə 出橘
ɤ 南短寸盒			

ɯ 锯去

　　　　　　　　　　　　uo 歌坐半郭

　　　　iu 局

ai 硬争白　　　　　　　　uai 横~竖

ɑu 宝饱托壳学　　　iɑu 笑桥药

əi 开赔对直色尺锡　　　　uəi 鬼国

əu 豆走　　　iəu 油

ɑŋ 糖讲　　　iɑŋ 响　　　　uɑŋ 王　　　　yɑŋ 床双

əŋ 心深根新　　　iŋ 灯升病星　　　uəŋ 滚　　　　yeŋ 春云兄

oŋ 东　　　ioŋ 用

ŋ 五二

说明：

（1）[ɿ]韵母实际音值接近[ɨ]。

（2）[i][u][y]韵母实际音值为[iɪ][ʊ][ʏ]，[i]韵母略带动程，[u]韵母有时甚至接近[o]。

（3）[ua]和[uɑ]仍有少数字对立，如：官kua⁵⁵ ≠ 瓜kuɑ⁵⁵，但大部分原[ua]韵母字已并入[uɑ]韵母。

（4）[ie][ye]的[e]实际音值接近[ɛ]。

（5）[ə]组的[ə]舌位偏低，[əu][iəu]的[ə]偏低偏后。

（6）[ɤ]韵母前常带一个摩擦成分，类似[ɯɤ]。

（7）[uo]韵母的[o]唇形略展。

（8）[iŋ][yeŋ]的动程略长，实际音值接近[ieiŋ][yeiŋ]。

（9）鼻音韵尾[ŋ]和自成音节的[ŋ]发音略靠前。

三、声调（6个）

阴平	55	东该灯风通开天春
阳平	22	门龙牛油铜皮糖红
阴上	334	懂古鬼九统苦讨草谷百搭节急哭拍塔切刻
阳上	113	买老五有动罪近后六麦叶月毒白盒罚
阴去	52	冻怪半四痛快寸去哭
阳去	241	卖路硬乱洞地饭树

说明：

（1）阴去［52］相比其他调类有时发音更短促。

（2）许多单字发音人只读小称调［241］和［52］，因此与该字原本所属调类读音不一致。

叁　连读变调

一、两字组连读变调表

永康方言两字组的连读变调规律见下表。表中首列为前字本调，首行为后字本调。每一格的第一行是两字组的本调组合；第二行是连读变调，若连读调与单字调相同，则此行空白；第三行为例词。同一两字组若有两种以上的变调，则以横线分隔。具体如下。

永康方言两字组连读变调表

前字 ＼ 后字	阴平 55		阳平 22		阴上 334		阳上 113		阴去 52		阳去 241	
阴平 55	55 33 天	55 公	55 33 清	22 明	55 33 街	334 狗	55 33 哥	113 弟	55 33 冬	52 至	55 33 姑	241 丈
	55 33 家	22 头	55 33 包	334 52 子	55 33 三	113 52 十			55 33 天	241 52 亮
			55 33 边	22 52 沿								
阳平 22	22 33 黄	55 沙	22 33 黄	22 泥	22 33 黄	334 酒	22 33 徒	113 弟	22 33 芹	52 31 菜	22 31 黄	241 52 豆
	22 31 雄	55 鸡	22 33 前	22 55 年	22 52 麻	334 雀	22 31 成	113 241 日				
			22 31 头	22 55 前								
			22 31 桁	22 52 条								

续表

前字＼后字	阴平 55	阳平 22	阴上 334	阳上 113	阴去 52	阳去 241
阴上 334	334/31 土　55 烟	334/31 本　22 钿	334/31 水　334 牯	334/31 赶　113 市	334/31 火　52 炮	334/31 扫　241 地
	334/33 杀　55 猪	334/33 水　22 田	334/33 扫　334 帚	334/33 小　113 麦	334/33 出　52 去	334/33 柏　241 树
			334/31 哑　334/52 口	334/33 识　113/22 着		
			334/33 角　334/52 子			
阳上 113	113/31 养　55 猪	113/31 后　22 年	113/31 冷　334 水	113/31 弟　113 妇	113/31 瓦　52 片	113/31 眼　241 泪
	113/33 肉　55 猪	113/33 学　22 堂	113/33 热　334 水	113/33 落　113 雨	113/33 镬　52 灶	113/33 月　241 亮
	113/33 姆　52 妈	113/31 上　241 头	113/31 雨　52 伞	113/31 后　113/241 日		
		113/31 鲤　55 鱼	113/33 褛　334/52 子			
		113/33 别　241 侬				
		113/52 下　22 来				
阴去 52	52/33 唱　55 歌	52/33 剃　55 头	52/33 屁　334 股	52/33 正　113 是	52/33 做　52 戏	52/33 燥　241/241 地
			52/33 戒　334/52 指			

续表

前字 ＼ 后字	阴平 55	阳平 22	阴上 334	阳上 113	阴去 52	阳去 241
阳去 241	241 31　55 面　　汤	241 31　22 55 大　　门	241 31　334 大　　水	241 31　113 丈　　母	241 31　52 地　　震	241 31　241 庙　　会
	241 33　55 腻　　心	241 31　22 241 树　　头	241 33　334 墓　　主	241 31　113 52 豆　　腐		
		241　22 电　　筒	241 31　334 52 二　　婶			

二、两字组连读变调规律

永康方言两字组的连读变调有以下几个特点：

（1）永康方言的两字组连读变调规律大致为前字变后字不变。

（2）[31]调为连读变调，通常出现于前字。当前字为原浊平、清上、浊上和浊去字时，变调为[31]非常普遍。

（3）当阴平[55]作为前字时，仍为平调，但音高明显低于单字调。当阳平[22]作为前字时，若仍为平调，音高略高于单字调。事实上，这种情况下两者音高变为一致，如"经历、勤力"，实际调值为[33]。当其他各非平声调类字为前字时，变调为平调[33]的情况非常普遍。

（4）阴平[55]为后字时，通常不变调。因此，当阴平或阳平作为前后字时，会形成一种跨调类的类型：前字调值低，后字调值高，记为[33]＋[55]，如"冬瓜、侬家"。这种类型甚至偶尔也出现于前后字非阴平或阳平的组合中。

（5）当阳平作为后字时，有时发音起头有较明显的降调，实际音值接近[422]，与单字调听感不同，表中处理为[22]。其他调类组合（如阴平＋阴平）后字为[22]时，情况相同。

（6）阴上[334]作为前字时，上升趋势不明显，听感为平调，应是受永康方言两字组强势的前字[33]类型的同化影响；作为后字时，保持不变。

（7）单字调清入已归阴上、浊入已归阳上。当阴上和阳上作为后字时，除零星痕迹，清上和清入字、浊上和浊入字规律基本一致。当阴上和阳上作为前字时，清上和清入字、浊上和浊入字有着明显不同的规律，原上声字通常变调为[31]，原入声字通常变调为[33]。

肆　异读

一、新老异读

永康方言新老派音系方面的不同很少，大部分只是音值方面的差异。下文中"/"前为老派，后为新派。

1. 声母

例字中，声母上的差异只有零星几个字，例如：谱 ɓu³³⁴ / pʰu⁴³⁴。

2. 韵母

最大的差异在山摄舒声合口一等见影组字，老派读 [ua] 韵，与 [uɑ] 韵对立，如：官 kua⁵⁵ ≠ 关 kuɑ⁵⁵ | 完 ua²² ≠ 还 uɑ²²，新派两个韵已完全合流。

3. 其他不太系统的差异。例如：蚁 n̠ia¹¹³ / i³³。

二、文白异读

永康方言的文白异读现象十分复杂，而且因人而异。大体上文化程度越高，年龄越大，文白异读现象就越丰富。不过由于调查字数有限，目前发现的文白异读现象仍比较零碎，列举如下。下文中"/"前为白读，后为文读。

1. 声母

（1）非组个别字白读 [m] 声母，文读 [v] 声母，例如：问 muo²⁴¹ / vəŋ²⁴¹。

（2）日母个别字白读 [n̠] 声母或自成音节 [ŋ]，文读 [z] 声母或 [l] 声母。例如：日 n̠iə¹¹³ / zə¹¹³ | 认 n̠iŋ²⁴¹ / zəŋ²⁴¹ | 儿 ŋ²² / ly²² | 耳 ŋ¹¹³ / ly¹¹³。

（3）其他：畜 tsʰu³³⁴ / ɕiu³³⁴

2. 韵母

中古韵摄	例字	读音	中古韵摄	例字	读音
果开一歌	拖	thia^{55} / t^{h}uo^{55}	果合一戈	磨动	muo^{241} / mau^{22}
臻合三问	问	muo^{241} / vəŋ^{241}	梗开三映	柄	mai^{52} / miŋ^{52}

伍　小称

永康方言的小称现象非常丰富，主要特征为小称变调，主要有两种类型。

（1）小称调［241］（与阳去调调值相同），发音非常特殊，音节的前一半部分带很强烈的紧喉色彩，而且常在音节的中间出现喉塞尾［ʔ］。值得注意的是，［ʔ］特征有逐渐消失趋势，有些小称的发音并不非常明显。为简便起见，本书中一律不标出［ʔ］。该类型的词汇如下：

蕊儿花蕾 n̠y^{241} | 桃儿 dau^{241} | 梨儿 li^{241} | 麦李儿李子 mai^{33}li^{241} | 黄柿儿柿子 uaŋ^{31}z̠^{241} | 山蒲桃儿核桃 sa^{33}bu^{33}dau^{241} | 安＝蕈儿野生的蘑菇 ɤ^{33}zəŋ^{241} | 辣椒儿 lua^{33}dʑiau^{241} | 红萝卜儿 oŋ^{33}lau^{33}bu^{241} | 黄瓜儿 uaŋ^{33}gua^{241}

窠儿鸟窝 k^{h}uo^{241} | 蚕儿 zɤ^{241} | 鱼儿 n̠y^{241} | 鲫鱼儿 tsəŋ^{33}n̠y^{241} | 虾儿 xua^{241} | 街狗驴儿驴 tɕia^{33}kəu^{31}ly^{241} | 羊儿 iaŋ^{241} | 小猪儿猪崽 ɕiau^{33}dʑi^{241} | 猫儿 mau^{241} | 街狗娘儿母狗 tɕia^{33}gəu^{31}n̠iaŋ^{241}

梯儿可移动的梯子 t^{h}əi^{241} | 盒儿 ɤ^{241} | 瓶儿 biŋ^{241} | 壶儿 u^{241} | 筐儿 k^{h}uaŋ^{241} | 钩儿 gəu^{241} | 绳儿 zɿŋ^{241} | 柴儿小的柴火 zia^{241} | 铁镬儿煮饭的饭锅 t^{h}ia^{33}uo^{241} | 铜镬儿炒菜的菜锅 doŋ^{33}uo^{241} | 橱儿柜子 dʑy^{241} | 马桶儿 muo^{31}doŋ^{241} | 勺儿瓢 ʑiau^{241} | 调羹儿汤匙 diau^{33}gai^{241} | 面巾儿毛巾 mie^{31}dʑiŋ^{241} | 细面巾儿手绢 ɕiau^{31}mie^{31}dʑiŋ^{241} | 脚踏车儿自行车 tɕiau^{33}dua^{33}tɕ^{h}ia^{241} | 独轮车儿 du^{33}ləŋ^{33}tɕ^{h}ia^{241} | 手推车儿独轮车 ʑiəu^{31}t^{h}əi^{33}tɕ^{h}ia^{241} | 衬衫儿 ts^{h}ən^{31}za^{241} | 背心儿 bəi^{33}zəŋ^{241} | 毛线衫儿毛衣 mau^{33}ɕie^{33}za^{241} | 鞋儿 ia^{241} | 尿衲儿尿布 ɕi^{33}nɤ^{241} | 散碎儿零钱 za^{31}zəi^{241} | 小物书儿连环画 ʑiau^{31}fə^{33}z̠y^{241} | 球儿毽子 dʑiəu^{241} | 麻将儿 mua^{33}dʑiaŋ^{241} | 卒儿象棋中的卒 dzə^{241}

口嘴咘儿嘴巴 k^{h}əu^{31}dzei^{31}bu^{241} | 辫儿辫子 bie^{241} | 细手指头儿小拇指 ɕia^{53}ɕiəu^{31}tsə^{33}dəu^{241} | 奶奶儿女性的乳房 n̠ia^{31}n̠ia^{241} | 老口儿阴茎 lau^{31}ku^{241}

病小弟儿害喜 biŋ^{31}ʑiau^{31}die^{241} | 双生儿双胞胎 ɕyaŋ^{33}zai^{241} | 细伢儿婴儿 ɕie^{33}ŋua^{241} | 小侬儿男孩 ʑiau^{31}noŋ^{241} | 老成侬儿老人 lau^{31}ziŋ^{33}noŋ^{241} | 伙头儿厨师 xuo^{31}dəu^{241} | 讨饭侬儿乞丐

tʰɑu^{31}vɑ^{31}noŋ^{241} | 呆头儿傻子 ŋəi^{33}dəu^{241} | 晚爷儿继父 ma^{31}ia^{241} | 晚娘儿继母 ma^{31}ȵiɑŋ^{241} | 阿娘儿伯母 a^{33}ȵiŋ^{241} | 大娘儿伯母 duo^{31}ȵiŋ^{241} | 阿妗儿舅妈 a^{33}dʑiŋ^{241} | 阿姨儿姨 a^{33}i^{241} | 阿哥儿哥哥 a^{33}kuo^{241} | 大哥儿哥哥 duo^{31}kuo^{241} | 大小姨丈儿连襟 duo^{31}ʑiɑu^{31}i^{33}dʑiɑŋ^{241} | 孙孙儿重孙子 sɤ^{33}zəŋ^{241} | 官人儿丈夫 kuɑ^{33}ȵiŋ^{241} | 孺人儿妻子 ʑy^{31}ȵiŋ^{241} | 乌头名儿 diɑu^{31}ɗəu^{33}miŋ^{241}

日奁⁼儿白天 ȵiə^{33}la^{241} | 交儿很 gɑu^{241}

（2）小称调［52］（与阴去调调值相同），但不伴随［ʔ］特征。该类型的词汇如下：

橘儿 tɕyə^{52} | 枣儿 tsɑu^{52} | 粟儿谷子 su^{52}

鸟儿 ɗiɑu^{52} | 喜鹊儿 ʑi^{31}tɕʰiɑu^{52} | 鹁鸽儿鸽子 ɓu^{33}kɤ^{52} | 蚤儿跳蚤 tsɑu^{52} | 鸭儿 uɑ^{52}

饼儿 miŋ^{52} | 伞儿 sa^{52} | 夹儿夹子 tɕia^{52} | 赢儿盖子 kəŋ^{52} | 塞儿塞子 səi^{52} | 棍儿棍子 kʰuəŋ^{52} | 门槛儿 məŋ^{33}kʰa^{52} | 后床儿窗 əu^{31}kʰa^{52}

乌荫儿傍晚 u^{33}iŋ^{52} | 夜奁⁼儿夜晚 ia^{241}la^{52} | 几许儿多少 tɕi^{33}xɤ^{52}

陆　其他音变

一、清浊音变

永康方言在语流中由于连读而产生变调，因声母的清浊常依附于声调的高低，所以声母也会产生相应的变化。清浊音变可能发生于词汇前字、后字或中字，并不固定。音变既有清声母变为浊声母，例如（读音特殊的字下加下画线）：

水圳水沟儿 ʑy^{31}ye^{52}(ɕ—ʑ)

反手拼⁼左边 vɑ^{31}ʑiəu^{31}pʰiŋ^{55}(f—v，ɕ—ʑ)

正手拼⁼右边 tɕiŋ^{33}ʑiəu^{31}pʰiŋ^{55}(ɕ—ʑ)

水果 ʑy^{31}kuo^{334}(ɕ—ʑ)

街狗娘儿母狗 tɕia^{33}gəu^{31}ȵiɑŋ^{241}(k—g)

扫地 zɑu^{31}di^{241}(s—z)

面巾儿毛巾 mie^{31}dʑiŋ^{241}(tɕ—dʑ)

手剪剪子 ʑiəu^{31}tɕia^{334}(ɕ—ʑ)

子公公公 dzɿ^{31}koŋ^{55}(ts—dz)

乌头名儿绰号 diɑu^{31}ɗəu^{33}miŋ^{241}(ɗ—d)

也有浊声母变为清声母，例如：

火<u>着</u>来_{失火} xuo^{334}tɕiɑu^{33}ləi^{22}(dʑ—tɕ)

以<u>前</u> i^{31}ɕia^{55}(ʑ—ɕ)

<u>前</u>年 ɕia^{33}n̻ia^{55}(ʑ—ɕ)

大<u>前</u>日 duo^{241}ɕiaŋ^{33}n̻iə^{0}(ʑ—ɕ)

星<u>期</u>日 ɕiŋ^{33}tɕi^{55}n̻iə^{113}(dʑ—tɕ)

<u>松</u>树 zoŋ^{31}ɕy^{52}(ʑ—ɕ)

<u>石</u>榴 səi^{33}liəu^{55}(z—s)

<u>房</u>间_{屋子} faŋ^{33}kaŋ^{55}(v—f)

豆<u>腐</u> dəu^{31}fu^{52}(v—f)

<u>值</u>钿_{疼爱} tsəi^{33}ɗie^{55}(dz—ts)

二、量词变调

永康方言存在量词变调的现象。从目前所调查的例词来看，主要变调形式为本调阴上［334］的清上和清入字变读为阴去［52］，例如：

把_{一~刀} ɓuɑ^{52} | 朵_{一~花} ɗuo^{52} | 股_{一~香味} ku^{52}

匹_{一~马} pʰie^{52} | 只_{一~狗、鸡} tsəi^{52} | 帖_{剂：一~中药} tʰia^{52} | 角_{角：一~钱} kɑu^{52}

另外，也存在本调阴上［334］变读为阳去［241］的情况，例如：

管_{把：一~锁} guɑ^{241}

三、特殊语流音变

永康方言中还存在一些特殊语流音变现象，例如（读音特殊的字加下画线）：

<u>来</u>_{起来：天冷~了} əi^{22}(l—∅)

<u>东</u>司_{旧式的厕所} loŋ^{33}sʅ^{55}(n—l)

便<u>宜</u> biŋ^{31}n̻i^{22}(ie—iŋ)

第五十五节　武义方音

壹　概况

一、调查点

1. 地理人口

武义县隶属浙江省金华市，位于浙江省中部，金华市南部。东与永康、缙云接壤，东北与义乌交界，南与丽水相依，西南与松阳县毗连，西与遂昌县为邻，西北与正北分别与金华市婺城区、金东区相接。距金华市城区 26.2 公里。武义县东西宽 50 公里，南北长 59 公里，县域总面积 1577 平方公里，辖 3 街道 8 镇 7 乡，分别是：白洋街道、壶山街道、熟溪街道；履坦镇、桐琴镇、泉溪镇、王宅镇、桃溪镇、柳城畲族镇、新宅镇、茭道镇；大田乡、白姆乡、坦洪乡、西联乡、三港乡、大溪口乡、俞源乡。截至 2017 年年底，武义县常住人口为 34.42 万。居民以汉族为主，少数民族则以畲族为主。[①]

2. 历史沿革

武义春秋属越，战国后期属楚，秦至东汉属乌伤县，三国至隋为永康县地。唐天授二年（691），始建武义县，属婺州。五代至宋不变。元、明、清三朝，虽曾改州为路，改路为宁越府，最后又改称为金华府，但隶属关系一直没有变化。1912 年属金华道。1927 年废道制，直属浙江省。

解放时，武义县属金华专区。1958 年 5 月，宣平县建制撤销，县级机构与16 个乡镇并入武义县。1958 年 10 月，武义县建制撤销，并入永康县。1961 年12 月，经国务院批准恢复武义县建制。1985 年 5 月，金华专区改为金华市，武义县属金华市。

3. 方言分布

武义县境内主要通行武义话和宣平话两种汉语方言。武义话为原武义县主要

---

① 参见：武义县人民政府网，http://zjwy.gov.cn，2022 年 8 月 10 日获取。

方言，属吴语婺州片，分布于以壶山镇为中心的北部地区，包括壶山、履堤、邵宅、白溪、寺前、菱道等乡镇，使用人口约 22.73 万。本书记录的即为武义话。宣平话为原宣平县主要方言，属吴语处衢片，分布于以柳城镇为中心的南部地区，分散于柳城、泽坦、大源、俞源等乡镇，使用人口约 9.43 万。除此之外，还有少数人口使用闽语，分布在县西境和东境边缘地带；少数人口使用淳安话（徽语严州片），分布大田、王宅、桃溪、邵宅等下辖自然村，均为 1962—1967 年水库移民；少数人口使用永康话，分布在桐琴、董村等地，这些地区原属永康县。这几种方言的使用人口均很少。武义县有少量少数民族聚居，主要为畲族，说畲话，主要分布于以柳城镇为中心的南部地区，分散在柳城、泽村、堤坦、大源、俞源、云华、桃溪、宣武等乡镇，使用人口约 0.69 万。

4. 地方曲艺

武义无以武义话说唱的地方曲艺，主要听婺剧。另外，曾流行一种盲人说唱曲艺"词筒"，但也以金华话为主进行说唱。

二、方言发音人

1. 方言老男

项琳，1959 年 10 月出生于武义壶山镇，一直在本地生活和工作，财会人员，初中文化程度，说武义话和普通话。父母均为武义城里人。

2. 方言青男

廖俊，1990 年 11 月出生于武义壶山街道，主要在本地生活和工作，基层干部，大专文化程度，说武义话和普通话。父母均为武义城里人。

3. 口头文化发音人

何淑芝，女，1953 年 9 月出生于武义熟溪街道，一直在本地生活和工作，播音员，现已退休，初中文化程度，说武义话和普通话。父母均为武义城里人。

王青，女，1954 年 11 月出生于武义壶山镇，一直在本地生活和工作，职工，现已退休，初中文化程度，说武义话和普通话。父母均为武义城里人。

贺兰仙，女，1949 年 10 月出生于武义壶山镇，一直在本地生活和工作，播音员，现已退休，高中文化程度，说武义话和普通话。父母均为武义城里人。

贰　声韵调

一、声母（28个，包括零声母在内）

p 八	pʰ 派片	b 爬病	m 兵麦明问	f 飞风副蜂	v 肥饭味
t 点量的文	tʰ 讨天	d 甜毒	n 东脑难蓝连		l 多老路竹
ts 资早租争	tsʰ 草寸拆抄初	dz 茶		s 丝三酸山	z 字贼坐祠事十
tɕ 酒张量装纸主九	tɕʰ 刺清抽车汽~春轻	dʑ 柱权	ȵ 年泥热软月县	ɕ 想双手书响	ʑ 全谢床船顺城
k 高	kʰ 开	g 共	ŋ 熬安	x 好灰	
Ø 活温王云用药					

说明：

（1）[p][ts][tɕ][k][f][s][ɕ][x] 逢阴平[24]时，实际音值是相应的浊音声母。[b][d][dz][dʑ][g][v][z][ʑ] 逢阳平[324]时，实际音值是相应的清音声母。

（2）[ȵ] 和 [n] 在细音韵母前构成对立，例如：烟 ȵie²⁴ ≠ 癫 nie²⁴ | 年 ȵie³²⁴ ≠ 连 nie³²³。

（3）零声母音节开头，细音字常带摩擦成分，洪音字常带紧喉成分这一特征，青男更为明显。

二、韵母（43个，包括自成音节的 [m][n][l̩] 在内）

ɿ 师丝试	i 猪戏飞	u 苦	y 雨
a 开赔对硬争白	ia 写排贴节	ua 快横~竖	ya □~相=：脏
		uɑ 茶牙鸭法辣八活刮	
	ie 米笑桥盐年接热		ye 靴权月出
ɤ 男短寸盒			

		uo 歌坐过~来山半官骨郭	
ɔ 六绿	cɔ 局		
ə 十	iə 及	uə 或	yə 习
ɯ 渠去			
	ui 鬼		
ɑu 宝饱豆托壳学	iɑu 节药着		
	iəu 油		
en 深根灯	in 心新升病星	uen 滚	yen 春云兄
ɑŋ 糖讲	iɑŋ 响	uɑŋ 王	yɑŋ 床双
oŋ 东	ioŋ 用		
əʔ 七北直色尺	iəʔ 急一锡	uəʔ 国	yəʔ 橘
ɔʔ 谷	iɔʔ 曲		
m̩ 姆			
n̩ 五			
ɭ 而			

说明：

（1）［a］［ia］韵母中的［a］接近［æ］。

（2）［uɑ］韵母中的［u］舌位较低，整个韵母发音接近［oɑ］。

（3）［ie］［ye］韵母中的［e］实际音值接近［ɛ］。

（4）［uo］韵母中的［u］发音较弱。

（5）［ə］组和［əʔ］组韵母的［ə］发音偏前，但不到［ɜ］。

（6）［ui］韵母里的［i］舌位较低，接近［ɪ］。

（7）［en］［uen］韵母里的［e］接近［ə］。

（8）［oŋ］［ioŋ］韵母里的［o］舌位偏低，接近［ɔ］。

三、声调（8个）

阴平	24	东该灯风通开天春
阳平	324	门龙牛油铜皮糖红
阴上	445	懂古鬼九统苦讨草
阳上	13	买老五有动罪近后麦叶月白罚

阴去	53	冻怪半四痛快寸去百搭节拍塔切
阳去	231	卖路硬乱洞地饭树盒踏
阴入	5	谷急哭刻
阳入	213	六毒

说明：

（1）阴上［445］有时听感接近平调［55］。

（2）阳上［13］有时发音前段略平，接近［113］。

（3）阴去［53］有时较短，接近短调。

（4）阴入［5］为短促调，相当部分字已并入阴去［53］。

（5）阳入［213］，相当部分字已并入阳上［13］，个别字并入阳去［231］。

叁　连读变调

一、两字组连读变调表

武义方言两字组的连读变调规律见下表。表中首列为前字本调，首行为后字本调。每一格的第一行是两字组的本调组合；第二行是连读变调，若连读调与单字调相同，则此行空白；第三行为例词。同一两字组若有两种以上的变调，则以横线分隔。具体如下。

武义方言两字组连调变调表

前字＼后字	阴平 24	阳平 324	阴上 445	阳上 13	阴去 53	阳去 231	阴入 5	阳入 213
阴平 24	24　24 55 东　西	24　324 32　53 猪　油	24　445 55 烧　酒	24　13 55 新　妇	24　53 55 生　气	24　231 55 猜　义	24　5 亲　戚	24　213 55 阴　历
	24　24 32　53 天　公		24　445 32　53 包　子	24　13 32　53 姑　父	24　53 32 冬　至	24　231 32　53 天　亮	24　5 55 铅　笔	24　213 32　5 三　十
	24　24 55　53 当　中				24　53 55　55 猪　血	24　231 53　324 丢　面		

续表

后字＼前字	阴平 24	阳平 324	阴上 445	阳上 13	阴去 53	阳去 231	阴入 5	阳入 213
阳平 324	324 24 / 53 / 年初 324 24 / 32 53 / 雄鸡	324 324 / 32 231 / 牛娘 324 324 / 32 53 / 咙喉	324 445 / 55 / 黄牯 324 445 / 53 / 笤帚	324 13 / 55 / 茶叶	324 53 / 32 / 油菜 324 53 / 55 / 难过	324 231 / 32 / 黄豆	324 5 / 55 / 毛笔	324 213 / 55 / 阳历 324 213 / 32 24 / 明日
阴上 445	445 24 / 53 / 水沟	445 324 / 53 / 狗娘 445 324 / 55 / 本钿 445 324 / 55 53 / 小姨	445 445 / 53 / 水牯 445 445 / 55 / 哑口 445 445 / 55 53 / 姊妹 445 445 / 55 53 / 婊子	445 13 / 53 / 小麦	445 53 / 53 / 小气 445 53 / 55 / 火炮 445 53 / 32 / 钞票	445 231 / 53 / 扫地	445 5 / 55 / 小叔	445 213 / 53 / 草席 445 213 / 53 24 / 整日
阳上 13	13 24 / 53 / 五更 13 24 / 55 / 老鸦 13 24 / 32 53 / 棒冰	13 324 / 53 / 梦眠 13 324 / 53 / 划拳 13 324 / 55 53 / 下巴	13 445 / 53 / 冷水 13 445 / 55 / 翼膀 13 445 / 53 24 / 马桶	13 13 / 53 / 落雨 13 13 / 32 231 / 舅舅	13 53 / 53 / 月半 13 5 / 5 / 白骗 13 32 / 肚痛	13 231 / 53 / 月亮	13 5 / 53 / 老胚	13 231 / 53 / 簸席 13 231 / 32 24 / 每日
阴去 53	53 24 / 杀猪 53 24 / 55 / 唱歌	53 324 / 出门 53 324 / 55 / 放牛	53 445 / 正手 53 445 / 55 / 戒指 53 445 / 55 53 / 角子	53 13 / 55 / 搭脉	53 53 / 歇店 53 53 / 55 / 布裤	53 231 / 索面 53 231 / 55 / 算命	53 5 / 盖屋 53 5 / 55 / 教室	53 231 / 55 / 挂历 53 231 / 53 / 歇力

续表

后字＼前字	阴平 24	阳平 324	阴上 445	阳上 13	阴去 53	阳去 231	阴入 5	阳入 213
阳去 231	231 24 55 定 婚	231 324 55 大 门	231 445 55 大 腿	231 13 55 砚 瓦	231 53 55 囡 婿	231 231 55 望 病	231 5 53 第 一	231 231 55 大 栗
	231 24 32 外 公	231 324 53 外 头	231 445 53 大 水	231 13 53 大 麦	231 53 32 地 震	231 231 53 庙 会		
		231 324 32　53 大 姨				231 231 32 妗 妗		
阴入 5	5 24 53 一 千	5 324 32 格 年	5 445 蛤 宝	5 13 屋 柱	5 53 指 甲	5 231 一 面	5 5 叔 叔	5 231 锡 箔
阳入 213	213 24 5 日 当	213 324 5 石 榴	213 445 53 着 火	213 13 5 食 奶	213 53 5 白 鸽	213 231 5 佛 豆	213 5 墨 汁	213 231 5 食 药
	213 24 5 薄 刀		213 445 32 若 讲			213 231 32 木 大		

二、两字组连读变调规律

武义方言两字组的连读变调有以下几个特点：

（1）武义方言的两字调连读变调规律大致为前字变、后字不变，但每种组合下也有多种类型。

（2）阳平［324］字为前字时，声调后升部分消失，变为比较明显干脆的低降。其他调类字作前字时也有这种低降变调，统一记为［32］。

（3）多种两字组组合类型前字都是一个高平调，记为［55］。

（4）阳入［213］字为前字时，常常发为短促的高调，韵母增加喉塞尾，音节与清入字单字相似。

肆　异读

一、新老异读

武义方言的新老派发音差异很小，只在韵母方面有所区别：

（1）蟹摄合口二等和梗摄开口二三等见影组的少量字老派保留［ua］韵，与［uɑ］韵对立，但青男已经全部合流为［uɑ］韵，例如：快 $k^h ua^{53}$ ≠ 搭 $k^h uɑ^{53}$ | 梗 kua^{445} ≠ 假 $kuɑ^{445}$ | 坏 ua^{231} ≠ 夏 $uɑ^{231}$。

（2）曾摄阳入字舒化后老男有一个辖字很少的［uə］韵，青男已并入［uo］韵，例如：或 $uə^{13}$ ≠ 祸 uo^{13}。

二、文白异读

武义方言的文白异读现象较为丰富，不过由于调查字数有限，目前发现的文白异读现象仍比较零碎，列举如下。下文中"/"前为白读，后为文读。

1. 声母

（1）日母个别字白读［ɳ］声母或自成音节［ṇ］，文读［z］声母或零声母，例如：人 $ɳə^{213}$ / $zə^{213}$ | 耳 $ṇ^{13}$ / $ḷ^{13}$。

（2）其他：侧 $tsəʔ^5$ / $ts^həʔ^5$。

2. 韵母

目前仅见个别例字，例如：嘴 $tɕi^{445}$ / $tɕy^{445}$ | 僧 sen^{24} / $tsen^{24}$。

3. 其他

常用词"个"作量词时，读音为［ $tɕia^{53}$ ］；作结构助词时，读轻声的［ $kəʔ^0$ ］或［ $kiəʔ^0$ ］。

伍　小称

武义方言的小称形式较为丰富，语音上的特点有以下几点。

（1）基本形式为"儿"尾附着于前字韵母，使其增加鼻尾，例如：

边儿沿_{旁边、边儿}min^{32}n̠ie^{53} | 溪边儿沿_{河岸}tɕʰie^{55}min^{32}n̠ie^{53}

靠夜干儿_{傍晚}kʰɤ^{55}ia^{55}ken^{53}

东西儿_{东西}noŋ^{55}ɕin^{24}

麻雀儿mua^{32}tɕin^{53} | 蟮儿_{蚯蚓}zin^{231} | 虾儿xuaŋ^{24} | 猫儿maŋ^{24} | 雄猫儿ioŋ^{32}maŋ^{53} | 猫儿娘maŋ^{32}n̠iaŋ^{53} | 兔儿tʰen^{53}

箫儿_{笛子}ɕin^{24}

（2）除基本形式外，还有小称调的存在。

单字调非阴去而变调为阴去［53］，例如：枣儿tsen^{53} | 辣虎儿_{辣椒}lua^{53}xuen^{53} | 鸟儿lin^{53} | 八脚嬉儿嬉儿_{蜘蛛}pɔʔ^{5}tɕiau^{53}ɕyen^{55}ɕyen^{53} | 蚤儿tsen^{53} | 细奶伢儿_{婴儿}ɕia^{55}nia^{32}uaŋ^{53} | 嫂儿嫂儿sen^{55}sen^{53}。

当单字调为阳平［324］时，变调为阳上［13］，例如：桃儿den^{13} | 鞋儿in^{13}。

当单字调为阳上［13］时，变调为阳去［231］，例如：麦李儿_{李子}ma^{53}lin^{231} | 黄柿儿_{柿子}uaŋ^{53}zen^{231}。

陆　其他音变

一、量词变调

武义方言存在量词变调的现象。从目前所调查的例词来看，本调为阴平［24］和阴上［445］的量词变调为阴去［53］，例如：

根_{一~绳子}ken^{53} | 双_{一~鞋}ɕyaŋ^{53} | 支_{一~毛笔}tɕi^{53}

梗_{一~鱼：一条鱼}kua^{53} | 把_{一~刀}pua^{53} | 辆_{一~车}liaŋ^{53} | 股_{一~香味}ku^{53}

二、特殊语流音变

武义方言中还存在一些特殊语流音变现象，例如（读音特殊的字加下画线）：

台<u>风</u>daŋ^{32}foŋ^{53}（a—aŋ）

推扳<u>点</u>点_{差点儿}tʰaŋ^{55}muo^{445}ti^{53}ti^0（a—aŋ）

第五十六节 磐安方音

壹 概况

一、调查点

1. 地理人口

磐安县隶属浙江省金华市，位于浙江省中部，东面与新昌、天台、仙居为邻，南面与仙居、缙云接壤，西面与永康、东阳交界，北面与东阳、新昌相接，距金华城区 126 公里。总面积为 1195.68 平方公里。[①] 辖 2 街道 7 镇 5 乡，分别是：安文街道、新渥街道、冷水镇、仁川镇、尖山镇、尚湖镇、玉山镇、大盘镇、方前镇、双峰乡、窈川乡、双溪乡、九和乡、盘峰乡。[②] 截至 2019 年年底，全县户籍人口 21.24 万。[③] 当地居民主要为汉族，少数民族人口极少，多系因工作、婚姻迁入。

2. 历史沿革

清顺治五年（1648），清廷划东阳、永康、缙云、仙居四县交界的大盘山区拟设县治，称"四平县"。康熙初年（1662）撤县。光绪十一年（1885）又因"盗贼啸聚"设永仙县丞署，还移金华协都司（亦称八堡山巡防都司）于此，1912 年撤销。1935 年 8 月，划永康、东阳、缙云、仙居、天台五县之边缘山区，设"大盘山绥靖区"，俗称"五平县"。1939 年改设县治，命名磐安县，驻地大盘。1949 年 10 月 30 日，建立磐安县人民政府，县城从大盘迁至安文镇。1958 年撤销磐安县，全境并入东阳。1983 年恢复磐安县。350 年来，磐安经历了设四平县、县丞署(协都司)、绥靖区(五平县)、磐安县，撤销磐安县、复建磐安县等历史沿革。[④]

---

① 磐安县志编纂委员会. 磐安县志. 杭州：浙江人民出版社，1993：3-12.

② 参见：磐安县人民政府，http://www.panan.gov.cn/col/col1229169738/index.html#，2022 年 8 月 12 日获取。

③ 参见：《2020 年浙江统计年鉴》，http://tjj.zj.gov.cn/col/col1525563/index.html，2022 年 8 月 12 日获取。

④ 参见：磐安县人民政府网，http://www.panan.gov.cn/col/col1229169738/index.html#，2022 年 8 月 12 日获取。

3. 方言分布

磐安县境内的方言主要有磐安话、东阳话、永康话、缙云话、天台话五种。此外，在与仙居、新昌交界的地区还有仙居话、新昌话。其中，磐安话是磐安县的主要方言，当地人将之称为"磐安土话"。磐安话有南北两种口音，以县治安文街道为中心，其南多为永康口音，其北为东阳口音。本次调查点安文街道，其磐安话为北部口音，该地与东阳市南部地区接壤，且曾长时间隶属东阳，所以，与通行于东阳市南乡的东阳话比较接近。

4. 地方曲艺

本地流行婺剧、越剧和道情。

道情是磐安民间一种喜闻乐见的曲艺形式。伴奏乐器极为简单，只有两片竹板和一个竹筒（一端蒙以猪皮、羊皮或油膜）。演唱时，左手臂腋间夹竹筒，左手打竹板，右手拍竹筒，筒板间用，发出"唧嘭"之声，唱一段加几句说表，配上简单的动作，是一人多角色的说唱艺术形式，即所谓的"艺人一台戏，演文演武我自己"。

二、方言发音人

1. 方言老男

陈德品，1956 年 9 月出生于磐安安文街道，1982 年 9 月至 1984 年 6 月，就读于衢州师范学校（今衢州学院），此外一直在本地生活和工作，教师，现已退休，中师文化程度，说磐安话和普通话。父母均为磐安县城人。

2. 方言青男

陈健汉，1990 年 5 月出生于磐安安文街道，2008 年 9 月至 2011 年 6 月，就读于无锡南洋职业技术学院，此外一直在本地生活和工作，职工，本科文化程度，说磐安话和普通话。父母均为磐安县城人。

3. 口头文化发音人

陈德品，男，1956 年 9 月出生于磐安安文街道，1982 年 9 月至 1984 年 6 月，就读于衢州师范学校，此外一直在本地生活和工作，教师，现已退休，中师文化程度，说磐安话和普通话。父母均为磐安县城人。

贰　声韵调

一、声母（28个，包括零声母在内）

p 八	pʰ 派片	b 病爬肥<u>味</u>	m 兵麦明问	f 飞风副蜂	v <u>肥</u>饭味
t 多东	tʰ 讨天	d 甜毒	n 东脑南		l 老蓝连路
ts 资早租争	tsʰ 草寸清拆	dz 茶<u>城</u>		s 坐丝三酸山	z 字贼祠事<u>城</u>
tɕ 酒张竹柱	tɕʰ 刺抽车春	dʑ <u>全</u>权	ȵ 年泥热软月	ɕ 想双手书响	ʑ <u>全</u>谢床船顺
k 高	kʰ 开轻	g 共	ŋ 熬	x 好灰	
∅ 活县安温王					

说明：

（1）阳调类零声母音节的起始音带有同部位的摩擦色彩。

（2）浊塞音、浊塞擦音声母带有较强的浊气流。

（3）声母［p］［t］略有内爆音色彩。

（4）部分［tɕ］组声母字略有一点舌叶音色彩。

（5）声母［x］与合口韵相拼时，双唇略有摩擦。

二、韵母（43个，包括自成音节的［m］［n］［əl］在内）

ɿ 师<u>丝</u>试	i 米戏飞	u 苦<u>丝</u>	y 雨鬼
a 排鞋白	ia 写贴节	ua 快活刮	ya 削
ɒ 山官糖<u>王</u>讲	iɒ 响床双		
ɛ 硬争十辣	iɛ 接急热七一	uɛ 横骨	yɛ 月出
ə 法八		uə 茶牙猪塔托郭壳学	yə 药
e 开赔对	ie 盐年	ue 灰	ye 靴权
o 宝饱	io 笑桥		
ɯ 南半短寸		uɤ 歌坐过	
ɛi 北直色尺锡		uɛi 国	

ʌo 谷六绿　　　iʌi 局

ɯɜ 豆走　　　　uɜɯ 油

an 感　　　　　　　　　　　uan 王

ien 监

ɐɯ 深根灯升病星兄　　iɐi 心新　　　uɐn 滚　　　　　yɐŋ 春云

ɔom 东　　　ioom 兄用

m 尾

n 五二

əl 二

说明：

（1）元音［a］舌位偏后，实际音值是［ʌ］。

（2）元音［ɒ］的舌位偏高。

（3）［ie］韵不稳定，语流中动程较小，实际音值为［iɪ］。

（4）［ue］韵实际音值为［uei］。

（5）［ye］韵里的［e］舌位略低，近于［yE］。

（6）元音［ɜ］的舌位偏低。

（7）［ye］［yɜ］韵里的［y］唇形略展，圆唇度不够饱满。

（8）［o］［io］韵中的［o］开口度较大，接近［ɔ］。

（9）［ɯ］韵不稳定，与［ts］组声母以及声母［n］相拼时，实际音值接近［ɯɤ］或［ɤ］。

（10）语流中，［ɯɤ］韵中的［u］舌位较低且较长，元音［ɤ］较弱。

（11）［ɯɜ］［ɐɯ］组韵母的元音［ɜ］不稳定，有时舌位明显偏高，实际音值接近［ə］。

（12）语流中［ɔom］组韵的［m］尾鼻音较弱。

（13）［ʌo］组韵的元音［ʌ］口形略圆。

三、声调（5个）

阴平	445	东该灯风通开天春
阳平	213	门龙牛油铜皮糖红五六麦叶月毒白罚
上声	334	懂古鬼九统苦讨草买老有动罪近后谷百搭节急哭拍塔切刻

阴去	52	冻怪半四痛快寸去
阳去	14	卖路硬乱洞地饭树

说明:

(1) 阴平[445]调值较高,以升为主,有时读作[45]。

(2) 阳平[213]有时下降部分不明显,接近[223]或[113]。

(3) 上声[334]调型与阴平[445]调型相似,两者较难区分,但升感不如阴平[445]明显,调型略平。

(4) 阴去[52]为高降调。

(5) 阳去[14]有时尾部略降,接近[143],但以升为主。

叁　连读变调

一、两字组连读变调表

磐安方言两字组的连读变调规律见下表。表中首列为前字本调,首行为后字本调。每一格的第一行是两字组的本调组合;第二行是连读变调,若连读调与单字调相同,则此行空白;第三行为例词。同一两字组若有两种以上的变调,则以横线分隔。具体如下。

磐安方言两字组连读变调表

后字 前字	阴平 445	阳平 (浊平) 213	阳平 (浊入) 213	上声 (清上) 334	上声 (浊上) 334	上声 (清入) 334	阴去 52	阳去 14
阴平 445	445　45 33　52 飞　机	445 213 33　52 清　明	445 213 33　334 生　日	445 334 33 天　井	445 334 33 公　社	445 334 33 钢　笔	445　52 33 车　票	445　14 33　52 车　站
	445 445 33 开　车	445 213 33 开　门	445 213 33 开　学		445 334 33　52 公　里			445　14 33 开　会
阳平 (浊平) 213	213 445 21　52 良　心	213 213 21　52 围　裙	213 213 22 茶　叶	213 334 22 门　口	213 334 22 牛　奶	213 334 22 毛　笔	213　52 21 棉　裤	213　14 21　52 名　字
	213 445 21 骑　车				213 334 21　14 徒　弟			213　14 21 排　队

续表

后字／前字	阴平 445	阳平（浊平） 213	阳平（浊入） 213	上声（清上） 334	上声（浊上） 334	上声（清入） 334	阴去 52	阳去 14
阳平（浊入） 213	213 445 / 55 石灰	213 213 / 14 52 石头	213 213 / 33 十六	213 334 / 55 石板	213 334 / 55 活动	213 334 / 55 蜡烛	213 52 / 14 力气	213 14 / 14 52 立夏
上声（清上） 334	33 445 / 55 火车	334 213 / 55 0 水池；334 213 / 33 倒霉	334 213 / 33 伙食	334 334 / 55 水果	334 334 / 55 水稻	334 334 / 55 洗脚	334 52 / 55 0 水库；334 52 / 52 写信	334 14 / 55 0 手艺；334 14 / 52 写字
上声（浊上） 334	334 445 / 55 老师	334 213 / 14 52 码头；334 213 / 33 坐船	334 213 / 33 老实	334 334 / 55 老虎	334 334 / 55 养老	334 334 / 55 满足	334 52 / 52 满意	334 14 / 14 52 社会；334 14 / 33 近路
上声（清入） 334	334 445 / 55 北京	334 213 / 55 0 骨头；334 213 / 33 发财	334 213 / 33 作业	334 334 / 33 52 黑板；334 334 / 55 发火	334 334 / 55 谷雨	334 334 / 55 节约	334 52 / 55 0 节气；334 52 / 33 出去；334 52 / 52 织布	334 14 / 55 0 铁路；334 14 / 33 决定
阴去 52	52 445 / 33 汽车	52 213 / 33 445 酱油；52 213 / 33 过年	52 213 / 55 0 四月；52 213 / 33 中毒	52 334 / 33 报纸	52 334 / 33 跳舞	52 334 / 33 政策	52 52 / 33 意见	52 14 / 33 52 孝顺；52 14 / 33 救命
阳去 14	14 445 / 55 地方	14 213 / 33 大门	14 213 / 33 大麦	14 334 / 55 代表	14 334 / 55 大雨	14 334 / 55 办法	14 52 / 21 饭店；14 52 / 52 地震	14 14 / 52 电话；14 14 / 21 大路；14 14 / 14 顺利

二、两字组连读变调规律

磐安方言两字组连读变调有以下几个特点。

（1）几乎所有的前字都要变，例外的只有"阳去 + 阳去"中的部分词，前字阳去读原调，后字阳去读[52]调。例如：寿命 ziɯ^{14}mɐn$^{14-52}$ | 电话 die^{14}ua$^{14-52}$。各调类的前字变化如下。

①前字阴平、阴去多读[33]调，例外词如：四月 çi^{52}ȵyɛ$^{213-0}$。当后字读[52]调时，前字阴平、阴去连读调的实际调值有时为[445]。

②前字阳平（浊平字）大部分读[21]调，但在"阳平（浊平字）+ 上声"组合中，读[22]调。例如：牙子 ŋuɤ$^{213-22}$tsʅ^{334} | 牛奶 ȵiɛɯ$^{213-22}$na^{334} | 头发 dɯɯ$^{213-22}$fə^{334}。另在"阳平（浊平字）+ 阳平（浊入字）"组合中，因浊入后字读[334]调，所以，前字阳平（浊平字）也读[22]调。

③前字上声连读调较复杂，分析如下。

在阴平、上声前多读[55]调，"清入 + 清上"有部分词例外，读[33]调。例如，黑板 xɐi$^{334-33}$mɐn$^{334-52}$，可能是后字"清上"变为[52]调的缘故。

在阳平前多读[33]调，但当后字读轻声时，前字上声就读[55]调，当后字读[52]调时，前字上声读[52]调或[14]调，当后字读[14]调时，前字上声读[52]调。例如：骨头 kuɛ$^{334-55}$dɯɯ$^{213-0}$ | 铁路 tʰia$^{334-55}$lu$^{14-0}$ | 码头 mə$^{334-14}$dɐɯ^{213}—tɐɯ^{52} | 午饭 n$^{33-14}$vɒ$^{14-52}$。

④前字阳去在阴平、上声前多读[55]调，在阳平前读[33]调，在阴去前读[21]调，在阳去前多读原调，但也有读[21][33]调的现象。例如：大路 duɤ$^{14-21}$lu^{14} | 顺利 zyɐn^{14}—çyɐn^{33}li^{14}。

（2）后字的连读调分析如下。

①阴平、上声、阴去，大多不变，只有个别组合例外，会发生变调。这些组合基本上都是名词，而且后字基本上都变读为[52]调。例如：飞机 fi$^{445-33}$tçi$^{445-52}$ | 黑板 xɐi$^{334-33}$mɐn$^{334-52}$。

②后字阳平一部分不变，一部分会变，且会变读为阴声调。虽然浊平字和浊上字的单字调相同，但在作后字时，两者的变调趋势有差异。部分浊平后字有[445]调的变读，部分浊入后字有[334]调的变读。例如：算盘 suɯ$^{52-33}$pɯ$^{213-445}$ | 生日 sɛ$^{445-33}$nɐi$^{213-334}$。

③后字阳去一部分会变，且会变读为阴声调。也有一部分不变，不变的大多是述宾结构的词。

（3）当全浊声母字变为[33][55][52]调时，声母也同时转变为相应的不送气清声母。例如：读书 dʌo²¹³—tʌo⁵⁵ɕy⁴⁴⁵ | 大门 duɤ¹⁴—tuɤ³³meŋ²¹³ | 味道 bi¹⁴—pi⁵⁵to³³⁴。

（4）在单字里合并了的调类，在连读中还会有一些区别，举例如下。

清上 + 浊平：水池 ɕy³³⁴⁻⁵⁵dʑi²¹³⁻⁰ | 草鞋 tsʰo³³⁴⁻⁵⁵a²¹³⁻⁰

浊上 + 浊平：码头 mə³³⁴⁻¹⁴dɐɯ²¹³—tɐɯ⁵² | 象棋 ɕiɒ³³⁴—ziɒ¹⁴dʑi²¹³—tɕi⁵²

（5）一部分词后字变调的实际调值为[21]，且时值轻短，前字多变读为[52]调，整个词是"重长 + 轻短"的节律形式。我们将此类词归入轻声，后字调值记为[0]。例如：水库 ɕy³³⁴⁻⁵⁵ku⁵²⁻⁰ | 四月 ɕi⁵⁵ŋyɛ²¹³⁻⁰ | 铁门 tʰia³³⁴⁻⁵⁵meŋ²¹³⁻⁰。

（6）不符合此连读规律的例外字不多，举例如下。

阴去 + 阳平（浊入）：做贼 tsuɤ⁵²⁻³³zɛi²¹³—sɛi³³⁴（述宾结构）

阳去 + 阴平：卫生 ue¹⁴⁻²¹sɛ⁴⁴⁵

阳去 + 阳平（浊平）：调查 dio¹⁴⁻²¹dzuə²¹³—tsuə⁵²

阳去 + 阴去：位置 ue¹⁴⁻⁵⁵tsʅ⁵²⁻³³⁴

肆　异读

一、新老异读

1. 音系

（1）磐安方言中，老派有 43 个韵母，新派有 40 个韵母，老派比新派多了[ie][ye][uɤ][əl] 4 个韵，新派比老派多了 1 个韵[ian]。

老派的[əl]韵仅见于文读，新派的[ian]也仅见于文读。例如：

例字	老派	新派
二止开三	n¹⁴ / əl¹⁴ 用于文读	n¹⁴
项（～目）江开二	ɒ²¹³	ɕian⁴⁴⁵

老派读[ie]韵的字，新派读[i]韵，和一部分蟹摄字合流；老派读[ye]韵的字，新派读[y]韵，和一部分遇摄字合流；老派读[uɤ]韵的字，新派读[u]韵，和一部分遇摄字合流。例如：

例字	老派	新派
年山开三	n̠ie²¹³	n̠i²¹³
泥蟹开四	n̠i²¹³	n̠i²¹³
权山合三	dʑye²¹³	dʑy²¹³
除遇合三	dʑy²¹³	dʑy²¹³
歌果开一	kuɤ³³⁴	ku³³⁴
古遇合一	ku³³⁴	ku³³⁴

（2）老派读［ien］韵的字，新派读［iɛn］韵。例如：

例字	老派	新派
监咸开二	tɕien⁴⁴⁵	tɕiɛn⁴⁴⁵

2. 其他

新派［ɯ］韵不与［ts］组声母相拼，老派与［ts］组声母相拼的［ɯ］韵，新派都读［ɹ］韵。例如：

例字	老派	新派
算山合一	sɯ⁵²	sɹ⁵²
村臻合一	tsʰɯ⁴⁴⁵	tsʰɹ⁴⁴⁵

二、文白异读

磐安方言的文白异读主要体现在声母和韵母方面。下文中" / "前为白读，后为文读。

1. 声母

（1）部分帮组字白读为［m］声母，文读为［p］声母。例如：板 mɒ³³⁴ 石~ / pɒ³³⁴ 老~ | 本 mɐn³³⁴ 一~书 / pɐn³³⁴ ~来。

（2）部分非组字白读为［p］组声母，文读为［f］组声母。例如：肥 bi²¹³ ~肉 / vi²¹³ 减~ | 味 bi¹⁴ ~道 / vi¹⁴ ~精。

（3）部分端组字白读为声母［n］，文读［t］组声母。例如：踏 na²¹³ ~去 / duə²¹³ 脚~车 | 店 nie⁵² 开~ / tie⁵² 饭~。

（4）个别邪母字白读为塞擦音声母，文读为擦音声母。例如：习 dʑiɛ²¹³ 学~ / ʑiɛ²¹³ 姓。

（5）个别邪母、书母字白读为舌尖前擦音声母，文读为舌面前擦音声母。例如：席 zɛi²¹³ 篾~ / ʑiɛ²¹³ 主~ | 叔 sʌo³³⁴ ~伯母 / ɕiʌo³³⁴ 阿~。

（6）个别从母字白读为擦音声母，文读为塞擦音声母。例如：财 ze²¹³ ~主 / dze²¹³ 发~。

（7）部分日母字白读为[n]声母，文读为[ȵ]声母；或白读为[ȵ]声母，文读为[ʑ]声母。例如：人 niɛn²¹³ 丈~ / ʑiɛn²¹³ ~民 | 日 nei²¹³ 一~ / ȵiɛ²¹³ ~头 / ʑiɛ²¹³ ~本 | 浓 nɔom²¹³ 与"淡"相对，又读 / ȵiɔom²¹³ 与"淡"相对，又读。

（8）部分见组字白读为[k]组声母，文读为[tɕ]组声母，韵母也随之改变。例如：减 kɒ³³⁴ ~饭 / tɕie³³⁴ ~法 | 经 kɐn⁴⁴⁵ 念~ / tɕiɛn⁴⁴⁵ ~历 | 兄 xɐn⁴⁴⁵ 表~哥弟 / ɕiɔom⁴⁴⁵ 表~：称呼。

（9）个别见组三等字白读为[ts]组或[tɕ]组声母，文读为[k]组声母，韵母也随之有所改变。例如：贵 tɕy⁵² 指价格 / kue⁵² 用于名字。

（10）个别见母字白读为零声母，文读为[tɕ]声母。例如：叫 io⁵² 赖~：哭，又读 / tɕio⁵² 赖~：哭，又读。

2. 韵母

（1）个别果摄开口一等字白读为[a]韵母，文读为[uɤ]韵母；果摄合口一等字白读为[a]韵母，文读为[o]韵母。例如：拖 tʰa⁴⁴⁵ ~牢 / tʰuɤ⁴⁴⁵ ~拉机 | 破 pʰa⁵² ~碗 / pʰo⁵² ~坏。

（2）个别止摄开口字白读为[i]韵母或[u]韵母，文读为[ɿ]韵母，声母也会随之改变。例如：知 tɕi⁴⁴⁵ ~识，又读 / tsɿ⁴⁴⁵ ~识，又读 | 丝 su⁴⁴⁵ 螺~刀 / sɿ⁴⁴⁵ 萝卜~。

（3）个别止摄开口字白读为[n]韵母，文读为韵腹是元音的韵母。例如：二 n¹⁴ +~ / əl¹⁴ ~楼 | 耳 n³³⁴ ~朵 / ɛ³³⁴ 木~。

（4）个别止摄合口字白读为[iɐui]韵母或[y]韵母，文读为[ue]韵母，声母也会随之改变。例如：龟 tɕiɐui⁴⁴⁵ 乌~ / kue⁴⁴⁵ ~鳖丸 | 贵 tɕy⁵² 指价格 / kue⁵² 用于名字。

（5）个别咸摄山摄开口舒声字白读为[ɒ]韵母，文读为[ie]韵母，声母也随之改变。例如：减 kɒ³³⁴ ~饭 / tɕie³³⁴ ~法 | 奸 kɒ³³⁴ 虚伪，狡诈 / tɕie³³⁴ 通~。

（6）个别山摄合口一等舒声字白读为[ye]韵，文读为[uan]韵母。例如：完 ye²¹³ ~成 / uan²¹³ ~蛋。

（7）部分山摄、宕摄、江摄舒声字白读为[ɒ]韵母，文读为[an][uan]韵母。例如：晚 mɒ³³⁴ ~稻 / man³³⁴ ~爷 | 装 tsɒ⁴⁴⁵ ~车 / tsuan⁴⁴⁵ ~病 | 王 ɒ²¹³ 姓，又读 / uan²¹³ 姓，又读 | 棒 bɒ¹⁴ 一~ / ban²¹³ ~冰。

（8）个别深摄入声字白读为［yəʔ］韵，文读为［iəʔ］韵母。例如：习 zyəʔ²³ 学~ / ziəʔ²³ 姓。

（9）个别臻开三入声字、梗开三入声字白读为［iʒ］韵母，文读为［iɛ］韵母，声母也随之有所改变。例如：日 nei²¹³ ~~ / ʒiɛ²¹³ ~头 / ziɛ²¹³ ~本 | 席 zɛiʒ²¹³ 篾~ / ziɛ²¹³ 主~。

（10）个别梗合三舒声字白读为［uʌ］［uʌʏ］韵母，文读为［moci］韵母，声母也随之有所改变。例如：兄 xʌʏ⁴⁴⁵ 表~哥弟 / mociʌ⁴⁴⁵ 表~: 称呼 | 永 yʌʏ³³⁴ ~康: 地名 / imoci³³⁴ ~远。

（11）个别通摄合口三等字白读为开口韵，文读为齐齿韵，声母也随之有所改变。例如：浓 nɔom²¹³ 与"淡"相对，又读 / ȵiɔom²¹³ 与"淡"相对，又读 | 叔 sʌo³³⁴ ~伯母 / ɕiʌo³³⁴ 阿~。

伍　儿化和小称音

磐安话小称音变化情况如下。

1. 韵母的变化

磐安话的 43 个韵母中，已经调查到有小称词的韵母 29 个。［ʒu］［yə］［ye］［uɛi］［ʌo］［ioom］［an］［uan］［ien］［ɐʏ］［uɐi］［uɐʏ］［yɐʏ］［m̩］这 14 个韵母暂时没有调查出相应的小称韵。

在有小称韵的 29 个韵母中，［n̩］韵字小称时只变调，不变韵。例如：舅母 tɕiɛuɯ³³⁴⁻³³n̩³³⁴⁻¹⁴。

其余 28 个有小称韵的韵母，其小称韵都是［n］尾韵。磐安话"儿"读［n²¹³］（阳平），小称音里的鼻尾［n］来自"儿"字。大部分非鼻尾韵，在原韵母的末尾直接加上鼻尾［n］即可成为小称韵。鼻尾韵和一部分非鼻尾韵的元音要发生变化，才能成为小称韵。例如：［iʌo］的小称韵为［ion］，与韵母［io］小称韵相同。［ɔom］的小称韵为［un］，与韵母［u］小称韵相同。

28 个有小称韵的韵母举例如下。

ɻ—ɻn：黄柿儿 ɒ²¹³⁻³³sɻ³³⁴—zɻn¹⁴

i—in：梨儿 li²¹³—lin²¹³

u—un：箍儿 kʰu⁴⁴⁵—kʰun⁴⁴⁵

y—yn：鱼儿 ȵy²¹³—ȵyn²¹³

a—an：细沙儿 ɕi⁵²sa⁴⁴⁵—san⁴⁴⁵

ia—ian：车儿 tɕʰia⁴⁴⁵—tɕʰian⁴⁴⁵

ua—uan：瓜儿 kua⁴⁴⁵—kuan⁴⁴⁵

ya—yan：牙刷儿 ŋuə²¹³⁻²¹ɕya³³⁴—ɕyan⁵²

ɒ—ɒn：馅儿 ɒ¹⁴—ɒn¹⁴

iɒ—iɒn：姑丈儿 ku³³dʑiɒ¹⁴—dʑiɒn¹⁴

ɛ—ɛn：鸽儿 kɛ³³⁴—kɛn⁵²

iɛ—iɛn：结儿 tɕiɛ³³⁴—tɕiɛn⁵²

yɛ—yɛn：橘儿 tɕyɛ³³⁴—tɕyɛn⁵²

ie—ien：钳儿 dʑie²¹³—dʑien²¹³ | 剑儿 tɕie⁵²—dʑien¹⁴

ye—yen：圈儿 tɕʰye⁴⁴⁵—tɕʰyen⁴⁴⁵

o—on：刀儿 to⁴⁴⁵—ton⁴⁴⁵

io—ion：箫儿 ɕio⁴⁴⁵—ɕion⁴⁴⁵

ɯ—ɤn：蚕儿 zɯ²¹³—zɤn²¹³

uɤ—uɤn：歌儿 kuɤ⁴⁴⁵—kuɤn⁴⁴⁵

ə—ən：袜儿 mə²¹³—mən¹⁴

uə—uən：猪儿 tsuə⁴⁴⁵—tsuən⁴⁴⁵

e—en：袋儿 de¹⁴—ten⁴⁴⁵

ue—uen：块儿 kʰue⁵²—kʰuen⁵²

ɛi—en：今日儿 tɕiɐn⁴⁴⁵⁻³³nen²¹³⁻¹⁴

iʌo—ion：叔儿 ɕiʌo³³⁴—ɕion⁵²

ɐɯ—ɯa：偷儿 tʰɐɯ⁴⁴⁵—tʰɯa⁴⁴⁵

iɐɯ—iɐɯ：球儿 dʑiɐɯ²¹³—dʑiɐɯ¹⁴

ɔm—un：葱儿 tsʰɔm⁴⁴⁵—tsʰun⁴⁴⁵

有些小称韵的元音比较长，［n］尾结合不够紧密，像两个独立的音节。阴平、阳平、上声调的小称韵尤为明显。

2. 声调的变化

磐安话小称声调的变化规律如下表。

磐安方言小称声调的变化规律表

古音	今单字调	小称调	例词
清平	［445］	［445］	花儿 xua⁴⁴⁵—xuan⁴⁴⁵
浊平	［213］	［213］	蚕儿 zɯ²¹³—zɤn²¹³
		［14］	球儿 dʑieɯ²¹³—dʑieɯn¹⁴
		［445］	汤圆儿 tʰɒ³³ye²¹³—yen⁴⁴⁵
清上	［334］	［52］	毯儿 tʰɒ³³⁴—tʰɒn⁵²
浊上	［334］	［14］	黄柿儿 ɒ²¹³⁻³³sʅ³³⁴—zʅn¹⁴
清去	［52］	［52］	块儿 kʰue⁵²—kʰuen⁵²
		［14］	剑儿 tɕie⁵²—dʑien¹⁴
浊去	［14］	［14］	姑丈儿 ku⁴⁴⁵⁻³³dʑiɒ¹⁴—dʑiɒn¹⁴
		［445］	袋儿 de¹⁴—ten⁴⁴⁵
清入	［334］	［52］	叔儿 ɕiʌ³³⁴—ɕion⁵²
浊入	［213］	［14］	盒儿 ɛ²¹³—ɛn¹⁴

　　从上表可以看出，磐安话小称声调变化的总趋势是：清声母字读阴平、阴去调，浊声母字读阳平、阳去调，且多数读阴去调、阳去调。也有个别词语例外。例如：剑儿 tɕie⁵²—dʑien¹⁴，清声母字的小称声调读阳去调；汤圆儿 tʰɒ³³ye²¹³—yen⁴⁴⁵，浊声母字的小称声调读阴平调。

陆　其他音变

一、述宾式变读调

　　磐安话述宾结构的连读调规律为：后字基本不变，前字阴平［445］变［33］，阳平（浊平）［213］变［21］［22］，阳平（浊入）［213］变［55］［14］，上声（清上、浊上、清入）［334］变［55］［52］［33］，阴去［52］变［33］，阳去［14］变［55］［33］。

　　阴平 + 阴平：开车 kʰe⁴⁴⁵⁻³³tɕʰia⁴⁴⁵

　　阴平 + 阳平（浊平）：开门 kʰe⁴⁴⁵⁻³³mɐn²¹³

　　阴平 + 阳平（浊入）：开学 kʰe⁴⁴⁵⁻³³uə²¹³

　　阴平 + 阴去：开店 kʰe⁴⁴⁵⁻³³nie⁵²

阴平＋阳去：开会 kʰe⁴⁴⁵⁻³³ue¹⁴

阳平（浊平）＋阴平：骑车 dʑi²¹³⁻²¹tɕʰia⁴⁴⁵

阳平（浊平）＋上声（清入）：留级 lieɯ²¹³⁻²²tɕiɛ³³⁴

阳平（浊平）＋阳去：排队 ba²¹³⁻²¹de¹⁴

上声（清上）＋阴平：打针 nɛ³³⁴⁻⁵⁵tsɐn⁴⁴⁵

上声（清上）＋阳平（浊入）：转业 tɕye³³⁴⁻³³n̠ie²¹³

上声（清上）＋上声（清入）：洗脚 ɕi³³⁴⁻⁵⁵tɕyə³³⁴

上声（清上）＋阴去：写信 ɕia³³⁴⁻⁵²ɕien⁵²

上声（浊上）＋阴平：动工 tɔom³³⁴⁻⁵⁵kɔom⁴⁴⁵

上声（浊上）＋阳平（浊平）：坐船 suɤ³³⁴⁻³³ʐye²¹³

上声（浊上）＋阴去：买票 ma³³⁴⁻⁵²pʰio⁵²

上声（清入）＋阴平：结亲 tɕiɛ³³⁴⁻⁵⁵tɕʰiɐn⁴⁴⁵

上声（清入）＋阳平（浊平）：发财 fə³³⁴⁻³³ze²¹³

上声（清入）＋阴去：织布 tɕiɛ³³⁴⁻⁵²pu⁵²

阴去＋阳平（浊平）：拜年 pa⁵²⁻³³n̠ie²¹³

阴去＋阴去：种菜 tɕiɔom⁵²⁻³³tsʰe⁵²

阴去＋阳去：救命 tɕiɐɯ⁵²⁻³³mɐn¹⁴

阳去＋阴平：用功 iɔom¹⁴⁻⁵⁵kɔom⁴⁴⁵

阳去＋阳去：望病 mɒ¹⁴⁻³³bɐn¹⁴

二、数量式的变调

磐安话数量式中的量词变化比较复杂。当数量为"一"时，阴平［445］、阳平［213］基本不变；其余量词的总体趋势是，清声母的量词多读阴去调，浊声母的量词多读阳去调。例如：

一只 iɛ³³⁴⁻³³tsɛi³³⁴⁻⁵²

一个 iɛ³³⁴⁻³³ka⁵²

一朵 iɛ³³⁴⁻³³tuɤ³³⁴⁻⁵²

一角 iɛ³³⁴⁻³³kuə³³⁴⁻⁵²

一把 iɛ³³⁴⁻³³pə³³⁴⁻⁵²

一粒 iɛ³³⁴⁻³³lɛ³³⁴⁻¹⁴

一样 iɛ³³⁴⁻³³iɒ¹⁴

一袋 iɛ³³⁴⁻³³de¹⁴

　　量词前面的数字不同，导致量词的声调会发生不同的变化。具体见磐安方言量词的变调规律表。

磐安方言量词的变调规律表

数词	量词声调	量词变调
一、两、五、六、七、八、九、十	阴平［445］（如：张、斤）	［445］，不变
三、廿、一百、一千、一万		变［52］
四、半		变［21］
一、三、两、五、六、七、八、九、十、廿、一百、一千、一万	阴上（清上）［334］（如：本、碗） 阴去［52］（如：个、块）	变［52］（其中阴去没变）
四、半	阴上（清入）（如：节）	变［21］
一、两	阳平（浊平）［213］（如：层）	［213］，不变
五、六、十		变［14］
七、八、九		变［445］
三、四、廿、一百、一千、一万		变［52］
一、两、五、六、七、八、九、十	阳上（浊上）［334］（如：桶、两）	变［14］（其中阳去没变）
三、四、廿、一百、一千、一万	阳去［14］（如：袋） 阳平（浊入）［213］（如：日）	变［52］

三、声母的变化

　　（1）一部分字的连读调或小称音会出现阴阳调交叉变化的情况，单字调为阳调的字，变调读为阴调，单字调阴调的字，变调读为阳调。由于磐安话的阴调只和清声母相配，阳调只和浊声母相配，所以，这些字的声母也要跟随声调的变化出现变读。例如：宝剑儿 po$^{334\text{-}33}$tçie^{52}—dʑien^{14} | 绿豆 lʌo$^{213\text{-}14}$dɯɯ^{14}—tɯɯ^{52} | 石头 zei$^{213\text{-}14}$ɪʒ dɐɯ^{213}—tɯɯ^{52}。

　　（2）一些字词在语流中声母脱落，读作零声母音节。

　　"去"［kʰɯɯ^{52}］作为趋向动词在语流中常丢失声母，读作［ɯɯ^{52}］。例如：拖去 tʰa$^{445\text{-}33}$kʰɯɯ^{52}—ɯɯ^{52}。

　　动态助词"了"［la^{0}］在语流中常丢失声母，读作［a^{0}］。例如：讲了一遍 kɒ^{33}a^{0}iɛ^{33}pie^{52}。

量词"个"[ka⁵²]、结构助词"个"[ka⁰]，在语流中常丢失声母，分别读作[a⁵²][a⁰]。

趋向动词"起来"的"起"[tɕʰi³³⁴]在语流中常丢失声母，读作零声母[i³³⁴]。例如：爬起来 bə²²i³³le⁰。

人称代词"渠"[gɐɯ²¹³]在宾语位置会丢失声母，读作[ɐɯ²¹³]。例如：我贴⁼渠讲过罢 ŋuɤ³³tʰia⁵⁵ɐɯ²¹kɒ³³kuɤ⁵⁵ba⁰。

（3）顺同化音变。例如："尔拉"有[n⁵⁵la³³⁴]/[n⁵⁵na³³⁴]两读，其中[n⁵⁵na³³⁴]是顺同化音变的结果。

4. 韵母的变化

指示代词"格"[ka⁵²]，语流中口形变小，舌位偏高，韵母发生变化，读作[kə⁵²]。

5. 合音

例如："[弗曾]"[fɐn⁵²]是"弗曾"的合音。

第五十七节　缙云方音

壹　概况

一、调查点

1. 地理人口

缙云县隶属浙江省丽水市，地处浙江省南部丘陵山区，东临仙居、永嘉，南连青田，西邻莲都、武义，北接永康、磐安，离丽水市城区36公里，面积1503.52平方公里。全县设3街道7镇8乡，具体是：五云街道、新碧街道、仙都街道，壶镇镇、新建镇、舒洪镇、大洋镇、东方镇、东渡镇、大源镇，七里乡、前路乡、三溪乡、双溪口乡、溶江乡、胡源乡、方溪乡、石笕乡。截至2018年年底，全县户籍总人口为46.99万。以汉族为主。①

2. 历史沿革

缙云春秋战国时属吴越，秦代分属会稽郡、闽中郡。西汉时为会稽郡地，分属乌伤县，东汉初改回浦为章安。汉末建安四年（199），分章安县南乡置松阳县，缙云地分属乌伤和松阳两县。

三国吴赤乌八年（245），分乌伤县南境上浦乡置永康县，今缙云北部为永康县一部分。吴太平二年（257），分会稽郡东部置临海郡，松阳属之。吴宝鼎元年（266），又分会稽郡西部置东阳郡，永康县属之。缙云地分属临海郡之松阳县和东阳郡之永康县。

东晋太宁元年（323），分林海郡东部置永嘉郡，松阳县属之。隋开皇九年（589），分松阳县东部置括苍县，废永嘉郡置处州。开皇十二年（592），又改处州为括州。隋初废东阳郡置婺州，大业初复改婺州为东阳郡，括州为永嘉郡。今缙云地北部仍属东阳郡永康县，南部属永嘉郡括苍县。

唐武德四年（621），李子通改东阳郡为婺州，升永康为丽州，分置缙云县，属丽州。武德八年（625），废丽州及缙云县，仍属永康县。万岁登封元年（696），

① 参见：缙云县政府门户网站，http://www.jinyun.gov.cn，2018年12月30日获取。

分括州括苍县东北界及婺州永康县南界再置缙云县，因境内缙云山而名，属括州。天宝元年（742）改括州为缙云郡。乾元元年（758）复为括州。大历十四年（779）因避德宗讳（名适，音 kuò），改括州为处州，缙云县属之。

五代时，缙云县为吴越国之地，仍为处州属县。宋时亦属处州。元至元十三年（1276），蒙古军攻占处州，改处州为处州路。元至正十九年（1359），朱元璋占处州，改处州路为安南府，旋改处州府，缙云县属之。明、清时，缙云县属处州府。清宣统三年（1911）十月收复处州，处州成立军政分府，缙云县属之。

1914年，设钱塘、会稽、金华、瓯海4道，缙云县属瓯海道。十六年（1927）废道制，实行省县两级制，缙云县直属浙江省。

1949年5月，缙云解放。9月，浙江省分为7个专区，缙云县属第七专区。10月，第七专区改为丽水专区。1952年1月撤销丽水专区，缙云县属金华专区。1963年5月恢复丽水专区。1968年11月丽水专区改称丽水地区，缙云县属之。2000年7月，撤销丽水地区，建地级丽水市，地域不变，缙云县属之。①

3. 方言分布

缙云方言以城关话为代表，与其差异较大的口音主要有三种，分别是西乡话、南乡话、东乡话。四种口音的大致情况如下。（1）城关话：分布在原五云镇。（2）西乡话：分布在城北、新碧、东川、溪南、碧河、双川、新川7个乡镇和新建、七里2个乡镇大部，以新建话为代表，七里话较接近城关话。（3）南乡话：分布在舒洪、大源、大洋、南溪、方溪、胡源、榕江、双溪口8个乡镇和东渡、木栗、石笕3个乡镇大部，以舒洪话为代表，东渡话较接近城关话，石笕一带为莲都口音，原南溪乡受仙居话影响，原木栗乡部分村落带青田口音、部分村落带永嘉口音。（4）东乡话：东乡话差异较大，分布在东方、壶镇、雁岭、三溪、前路5个乡镇，以壶镇话为代表。据2017年年底人口统计，畲族人口约500—600，主要分布在七里乡邢坑村，对内对外交流都已使用缙云话。②

4. 地方曲艺

缙云无地方戏，有说唱的曲艺如三句半、双簧、小品、鼓词和说唱等。鼓词和说唱等艺人会在仙都风景区、河阳古民居等景区演出。

---

① 参见：缙云县政府门户网站，http://www.jinyun.gov.cn，2018年12月30日获取。
② 参见：缙云县政府门户网站，http://www.jinyun.gov.cn，2018年12月30日获取。

二、方言发音人

1. 方言老男

黄国盛，1954 年 10 月出生于缙云五云镇，一直在本地生活和工作，自由职业，初中文化程度，说缙云话和普通话。父亲为缙云五云镇杜桥村人，母亲为缙云五云镇东门村人。

2. 方言青男

李凯斌，1986 年 11 月出生于缙云五云镇，2004—2007 年在义乌工商学院读大专，2007—2008 年在义乌工作一年，其他时间一直在本地生活和工作，职工，大专文化程度，说缙云话和普通话。父母均为缙云五云镇东门村人。

3. 口头文化发音人

李月华，女，1953 年 7 月出生于缙云五云镇，一直在本地生活和工作，农民，初中文化程度，说缙云话和普通话。

蔡玮华，女，1957 年 10 月出生于缙云五云镇，一直在本地生活和工作，新闻工作者，本科文化程度，说缙云话和普通话。

丁新燕，女，1979 年 4 月出生于缙云五云镇，一直在本地生活和工作，教师，本科文化程度，说缙云话和普通话。

杜志方，男，1945 年 7 月出生于缙云东渡镇，一直在本地生活和工作，基层干部，现已退休，大专文化程度，说缙云话和普通话。

贰　声韵调

一、声母（28 个，包括零声母在内）

p 八	pʰ 派片	b 爬病	m 兵麦明味问	f 飞凤副蜂	v 肥饭
t 多竹	tʰ 讨天	d 甜毒	n 东脑难		l 老蓝连路
ts 资租争装纸	tsʰ 刺寸清拆抄初	dz 茶		s 丝三酸山双	z 字贼坐祠谢城

tɕ 早酒张主九	tɕʰ 草抽车汽~	dʑ 柱共权	ȵ 年泥热	ɕ 想手书响	ʑ 全船顺
	春轻		软月		
k 高	kʰ 开	g 渠他	ŋ 牙	x 好灰	
∅ 活县温王					
云用药傲					

说明：

（1）［p］［t］实际发音接近［ʔb］［ʔd］。

（2）［ts］［tsʰ］［s］拼［ɿ］时，实际音值为［tʃ］［tʃʰ］［ʃ］。

（3）［f］和［v］不只是高低调分布相区别，在同调中也构成对立，如：夫［fu⁴⁴］≠乌［vu⁴⁴］，府［fu⁵¹］≠□丢［vu⁵¹］。

（4）［s］和［z］不只是高低调分布相区别，在同调中也构成对立，如：松~树［zɔ⁴⁴］≠桑［sɔ⁴⁴］。

二、韵母（40个）

ɿ 师丝试	i 猪米二飞戏	u 歌坐过茶牙瓦苦	y 雨鬼
ʮ 书取			
a 硬争白	ia 写年贴节	ua 横	
ɑ 排鞋山塔鸭法辣八	iɑ 响	uɑ 官活刮快	yɑ 靴
ɛ 南半短根寸盒北	iɛ 盐接热	uɛ 骨国	yɛ 权月出
ɔ 饱糖双讲郭壳学绿	iɔ 王用药局		
ɤ 五			
ai 直	iai 日密		yai 习
ei 开赔对色锡	iei 急一	uei 灰回	yei 橘
əɤ 宝十七	iəɤ 笑桥		
ɑu 六	iɑu 肉		
ou 谷	iou 菊		
õũ 东	iõũ 雄		
aŋ 新深心	uaŋ 滚		
ɛŋ 灯升病星	iɛŋ 认金隐		yɛŋ 春云
	iuŋ 豆走油		

说明：

（1）［y］韵母较松，实际音值为［ʏ］。

（2）［ai］［iai］［yai］韵母中的［a］实际开口度略小，实际音值为［æ］。

（3）［ɑ］组韵母中的［ɑ］实际音值为［ʌ］。

（4）［iɛ］［yɛ］中的［ɛ］舌位略高，实际音值为［ɛ］。

（5）［ɤ］舌位较高，但不到［w］。

（6）［ɚ］组韵母的［ə］，在阳入字时舌位略低，实际音值为［ɐ］，但无对立现象，因此记为同一韵母。

（7）［ɔ̃］［iɔ̃］韵母后常常带一个微弱闭口动作，实际音值接近［ɔ̃m］［iɔ̃m］。

（8）［ɛŋ］组韵母中的［ɛ］后有不明显的［i］，实际音值为［ɛⁱŋ］［iɛⁱŋ］［uɛⁱŋ］［yɛⁱŋ］，有时［ŋ］尾不明显，特别是在词汇中，表现为鼻化。

三、声调（8个）

阴平	44	东该灯风通开天春
阳平	243	门龙牛油铜皮糖红
阴上	51	懂古鬼九统苦讨草
阳上	31	买老五有动罪近后
阴去	453	冻怪半四痛快寸去
阳去	213	卖路硬乱洞地饭树
阴入	322	谷百搭节急哭拍塔切刻
阳入	13	六麦叶月毒白盒罚

说明：

阴去［453］有时上升部分不明显，为［53］，调型接近阴上［51］，但两调仍保持对立，并不相混。

叁　连读变调

一、两字组连读变调表

缙云方言两字组的连读变调规律见下表。表中首列为前字本调，首行为后字本调。每一格的第一行是两字组的本调组合；第二行是连读变调，若连读调与单字调相同，则此行空白；第三行为例词。同一两字组若有两种以上的变调，则以横线分隔。具体如下。

缙云方言两字组连读变调表

后字／前字	阴平 44	阳平 243	阴上 51	阳上 31	阴去 453	阳去 213	阴入 322	阳入 13
阴平 44	44　44 双　生	44　243 453 清　明 ―― 44　243 213 猜　疑	44　51 烧　酒 ―― 44　51 453 番　薯 ―― 44　51 51　243 鳜　水	44　31 新　妇 ―― 44　31 51 鸡　卵 ―― 44　31 453 乡　里 ―― 44　31 213 姑　母	44　453 心　痛 ―― 44　453 45 甘　蔗	44　213 453 天　亮	44　322 时　节	44　13 45 正　月 ―― 44　13 453 乌　日
阳平 243	243　44 44 雷　公	243　243 31 明　年 ―― 243　243 21　453 黄　泥	243　51 44 黄　酒 ―― 243　51 21 洋　伞 ―― 243　51 51 来　火	243　31 44 杨　柳 ―― 243　31 44　453 银　杏 ―― 243　31 21　453 沿　里	243　453 44 驼　背 ―― 243　453 21 棉　絮 ―― 243　453 44 埋　怨	243　213 51 胡　弄 ―― 243　213 44　453 洋　芋 ―― 243　213 21　453 田　岸	243　322 44 毛　笔	243　13 21 成　日 ―― 243　13 31 前　日 ―― 243　13 21　45 龙　雹 ―― 243　13 44　45 黄　历

续表

后字／前字	阴平 44	阳平 243	阴上 51	阳上 31	阴去 453	阳去 213	阴入 322	阳入 13

阴上 51	51 44
	水 坑
		51 243
		纸 银
			51 51
			水 果
			51 51
			   453
			水 饺
				51 31
				   51
				古 老
					51 453
					梗 菜
					51 453
					21
					扁 担
						51 213
						纸 鹞
							51 322
							指 甲
							51 322
							   45
							喜 鹊
								51 13
								省 力

阳上 31	31 44 51 老 鸦 31 44 21 被 单 31 44 51 243 下 巴 31 44 44 棒 冰	31 243 51 午 前 31 243 21 肚 皮	31 51 51 冷 水 31 51 21 稻 秆	31 31 51 老 臼 31 31 21 弟 妇 31 31 51 213 两 两 31 31 44 453 奶 奶	31 453 21 卯 兔 31 453 21 31 上 去 31 453 51 31 两 个	31 213 51 午 饭 31 213 51 后 面	21 322 竖 屋	31 13 51 满 月 31 13 21 眼 热
阴去 453	453 44 44 菜 干 453 44 51 衬 衫	453 243 44 酱 油 453 243 44 453 布 凉	453 51 44 正 手 453 51 44 31 个 把	453 31 44 处 里 453 31 44 213 炮 仗	453 453 44 做 戏	453 213 44 对 面 453 213 44 31 半 夜	453 322 44 课 室 453 322 44 45 背 褡	453 13 44 放 学
阳去 213	213 44 21 定 亲 213 44 21 243 大 猫 213 44 21 453 大 家	213 243 21 旧 年 213 243 21 453 便 宜	213 51 21 露 水 213 51 21 453 面 饺	213 31 21 面 桶 213 31 21 453 豆 腐	213 453 21 地 震	213 213 21 外 面 213 213 51 雾 露 213 213 21 453 谢 谢	213 322 第 一 213 322 21 453 便 只	213 13 21 大 麦

续表

前字＼后字	阴平 44	阳平 243	阴上 51	阳上 31	阴去 453	阳去 213	阴入 322	阳入 13
阴入 322	322　44 51 结　婚	322 243 51 鲫　鱼 322 243 44　51 出　来	322　51 51 脚　爪	322　31 51 屋　柱 322　31 44 脚　里 322　31 51　453 叔　母	322 453 51 阔　气 322 453 44 脱　气	322 213 51 刷　地 322 213 5　243 一　面	322 322 51 弗　识 322 322 51　45 一　百 322 322 21　45 伯　伯	322　13 51 扎　实
阳入 13	13　44 51 薄　刀	13 243 51 日　头 13 243 31 落　来	13　51 51 麦　秆	13　31 51 日　里 13　31 51 食　奶 13　31 51　453 麦　李	13 453 51 实　际	13 213 51 月　亮	13 322 51 墨　汁 13 322 51　45 末　脚	13　13 51 食　药 13　13 2　1 昨　日

二、两字组连读变调规律

缙云方言两字组的连读变调有以下几个特点。

（1）缙云两字组的连读变调较为复杂，大致规律为阴平和阴上为前字时，前字不变调，后字变调；其余调类为前字时，前字变调，后字不变调。

（2）有两个连读调，即［21］和［45］。［21］由［213］演变而来，当阳去调作前字时，升幅消失变为纯粹的降调，但与阳上［31］听感有明显区别。［45］一般出现在入声字作为后字时，［45］较短促，有时为［55］或［5］。

（3）阴去［453］在两组字中音值有时为［53］。

缙云方言两字组前后字具体变调规律如下。

（1）阴平［44］作前字时不变调，后字一般变调为［453］。

（2）阳平［243］作前字时情况较复杂，大致为前字变调为［44］或［21］，后字不变。

（3）阴上［51］作前字时，前后字变调情况较少。如若变调，一般为前字不变后字变。

（4）阳上［31］作前字时一般变调为［51］或［21］，后字通常不变或变调为［31］等。

（5）阴去［453］作前字时一般变调为［44］，后字一般不变调。

（6）阳去［213］作前字时一般变为纯粹的降调［21］或［51］，后字不变或变为［453］等。

（7）阴入［322］和阳入［13］作前字时一般变为［51］，后字一般不变。

（8）阴入［322］和阳入［13］作后字时，常常变调为连读调［45］。

肆　异读

一、新老异读

缙云方言新老派差异主要体现在声母和韵母方面。下文中"／"前为老派读音，后为新派读音。

1. 声母

声母主要差异在于邪船母细音字，老派读浊擦音或塞擦音，新派读零声母。例如：谢 zia^{213} ／ ia^{213} ｜ 蛇 zia^{243} ／ ia^{24} ｜ 像 $dzia^{31}$ ／ ia^{31} ｜ 船 $zy\varepsilon^{243}$ ／ $y\varepsilon^{24}$ ｜ 顺 $zy\varepsilon\eta^{213}$ ／ $y\varepsilon\eta^{213}$。

2. 韵母

（1）果假摄精庄章组洪音字，老派读［u］韵，与遇摄合流；新派读［ou］韵，与通摄入声合流。例如：坐 zu^{31} ／ zou^{31} ｜ 茶 dzu^{243} ／ $dzou^{24}$。

（2）另外存在一些其他不太系统的差异。例如：郭 $k\mathfrak{o}^{322}$ ／ ku^{44} ｜ 曲 $t\varphi^{h}i\mathfrak{o}^{322}$ ／ $t\varphi^{h}iou^{32}$。

二、文白异读

缙云方言的文白异读现象十分复杂，而且因人而异。大体上文化程度越高，年龄越大，文白异读现象就越丰富。不过由于调查字数有限，目前发现的文白异读现象仍比较零碎。下文中"／"前为白读，后为文读。

1.声母

（1）非组个别字白读[b][m]声母，文读[v]声母或零声母。例如：肥_奉bi²⁴³/vi²⁴³ | 晚_微mɑ³¹ / uɑ³¹。

（2）日母个别字白读[n]声母或[ȵ]声母，文读[z]声母或[m]声母。例如：人 nɛŋ²⁴³ / niɛŋ²⁴³ / zaŋ²⁴³ | 耳 ȵiɛŋ⁵¹ / mi³¹。

（3）其他：夹_见tɕia⁴⁵³ / kɑ⁴⁵³ | 雀_精tsɤ⁴⁵³ / tɕʰiɔ⁴⁵³ | 柄_帮pa⁴⁵³ / mɛŋ⁵¹。

2.韵母

缙云方言韵母文白异读例表

中古韵摄	例字	读音	中古韵摄	例字	读音
果开一歌	拖	tʰɑ⁴⁴/tʰu⁴⁴	止开三至	鼻	bɤ¹³/biei¹³
止合三至	类	lɛ¹³/lei²¹³	止合三微	围	y²⁴³/uei²⁴³
山合三月	越	yɛ¹³/yɑ¹³	山开四先	莲	lia²⁴³/liɛ²⁴³
臻开三质	日	ȵyɛ¹³/ȵiei¹³	臻开三真	人	nɛŋ²⁴³/ȵiɛŋ²⁴³/zaŋ²⁴³
梗开三映	柄	pa⁴⁵³/mɛŋ⁵¹	臻合一魂	温	uɛ⁴⁴/uaŋ⁴⁴
			梗开三庚	明	mɤ²⁴³/mɛŋ²⁴³

三、"个"的异读

缙云方言的"个"[ku⁴⁵³]主要作量词，例如："一个人"[iei⁴⁴ku⁴⁵³nɛŋ²¹³]。

与周边方言情况一样，缙云方言相当于普通话中结构助词"的"的成分也用"个"，但读音既可以读为[ku]，如：乐来渠个村东边沿阿゠个湖里去洗浴[ŋu⁵¹lei⁵⁵gɤ³¹ku⁰tsʰɛ⁰nõũ⁴⁴mɛŋ⁴⁴iɛ⁴⁴a³¹ku⁰vu²⁴³lɤ⁰kʰɤ⁴⁵³sʅ⁵¹iɔ¹³]要到他的村东边的那个湖里去洗澡，也可读为较特殊的[lɛ]，如：天里个金牛星[tʰia⁴⁴lɤu⁵¹lɛ⁰tɕiɛŋ⁴⁴ȵiuŋ⁴⁴sɛŋ⁴⁴]天上的金牛星，还可读为较特殊的[tiɛ]，如：王先生以゠回个刀开嘞好猛[iɔ²⁴³ɕiɛ⁴⁴sɑ⁴⁴i²¹³uei²⁴³tiɛ⁰tɤ⁴⁴kʰei⁴⁴lei⁰xɤ⁵¹ma⁵¹]王先生的刀开得很好：王先生是病人（受事）。

与周边方言情况相同，缙云方言相当于普通话指示代词"这"的表示也可用"个"，但读音既可以读为[ku]，如：个牛郎便是靠一只老牛耕田为生[ku⁴⁴ȵiuŋ²¹lɔ²⁴³biɛ²¹dʑ⁴⁴kʰɤ⁴⁴iei⁴⁴tsei⁴⁵lɤ⁵¹ȵiuŋ²⁴³ka⁴⁴dia⁴⁵³uei⁴⁴sɑ⁴⁴]这位牛郎就是靠一头老牛耕田为生，也可以读为较特殊的[tiɛ]，如：个梦渠便觉来弗识得真啊假欤[tiɛ⁴⁴mõũ²¹³gɤ²¹³biɛ²¹³tɕiɛ⁴⁴li⁰fɛ⁵¹tsei⁴⁴tei⁴⁵tsaŋ⁵⁵a⁰ku⁵¹ei⁰]他想这个梦不知是真是假。

伍　小称

从收集获得的词语来看，缙云方言的小称除直接在词汇后加"儿"尾外，主要形式是以小称调来表示小称。

1. 直接在词汇后加"儿"尾的如下。

猪儿猪崽 ti⁴⁴n̠i⁴⁵³ ｜ 面巾儿手绢 miɛ⁵¹tɕiɛ⁴⁴n̠i⁴⁵³ ｜ 指头儿小拇指 tsəɤ⁵¹diuŋ⁴⁴n̠i⁴⁵³ ｜ 人儿团⁼婴儿 nɛŋ²¹n̠i²¹³daŋ⁴⁵³ ｜ 考⁼人儿小孩 kʰɔ⁵¹nɛŋ⁴⁴n̠i⁴⁵³ ｜ 细格⁼儿男孩 sʅ⁵¹ka⁴⁴n̠i⁴⁵³ ｜ 媛⁼眷儿女孩 yɛ²¹tɕyɛ⁴⁴n̠i⁴⁵³ ｜ 徒弟儿 du²¹die³¹n̠i⁴⁵³ ｜ 叔儿排行最小的叔父 sou²¹n̠i²⁴³ ｜ 娘儿姑 n̠ia²¹n̠i⁴⁵³

2. 以小称调来表示小称共有两种类型。

（1）小称调［322］

该小称调基本为非入声字变读，与单字调阴入［322］调值相同。例如：

桃儿 dəɤ³²² ｜ 虾儿 xu³²² ｜ 羊儿 ia³²²

（2）小称调［45］

该小称调基本为入声字变读，应从连读调［45］而来。例如：

角儿桌子的~ kɔ⁴⁵ ｜ 壳儿 kʰɔ⁴⁵ ｜ 橘儿 tɕyei⁴⁵ ｜ 粟儿谷子 sɔ⁴⁵ ｜ 鸭儿 a⁴⁵ ｜ 叔儿叔父：呼称，统称 sou⁴⁵

辣茄儿辣椒 la⁵¹ga⁴⁵ ｜ 婶儿叔母 saŋ⁴⁵ ｜ 姊儿姐姐 tsʅ⁴⁵ ｜ 柄儿把儿：刀~ pa⁴⁵

陆　其他音变

一、量词变调

缙云方言存在量词变调的现象。从目前所调查的例词来看，其变调规律为，无论量词的本调是什么，都可能变读为量词变调［45］（与阴去［453］调值不同）。例如：

根一~绳子、毛笔、蛇 kɛ⁴⁵

管一~锁 kua⁴⁵

退 _{一~房子} t^hei^{45} | 介 ⁼ _{一~鱼} ka^{45}

粒 _{一~米、柱子} $lɛ^{45}$

只 _{一~马、牛、狗、鸡} $tsei^{45}$ | 帖 _{一~中药} t^hia^{45} | 角 _{一~钱} $kɔ^{45}$

二、特殊语流音变

缙云方言中还存在一些特殊语流音变现象。例如（读音特殊的字加下画线）：

老鼠 $lɤ^{51}ts^hɿ^{51}$（s—ts^h）

面巾儿 _{手绢} $miɛ^{51}tɕiɛ^{44}n̥i^{453}$（iɛŋ—iɛ）

衣裳 _{衣服} $i^{44}ia^{453}$（ʑ—∅）

耳朵 $n̥iɛŋ^{51}tu^{51}$（i—iɛŋ）

肩胛头 _{肩膀} $iɛ^{44}ka^{51}diɤŋ^{243}$（tɕ—∅）

嫁妆 $ia^{44}tsɔ^{44}$（tɕ—∅）

嫁老公 _{出嫁} $ia^{44}lɤ^{51}kɔ̃ũ^{44}$（tɕ—∅）

老虎钳 _{钳子} $lɤ^{51}fu^{51}dʑiɛ^{243}$（x—f）

墨瓦 _{砚台} $miɛ^{21}u^{31}$（m—∅）

打嚏 _{打喷嚏} $na^{51}ti^{453}$（t^h—t）

讲弗来 _{可能} $kua^{51}a^0lei^{243}$（fɛ—a）

差点 _{差点儿} $tsa^{44}tia^{51}$（ts^h—ts）

讲弗来 _{可能} $kua^{51}a^0lei^{243}$（ɔ—ua，fɛ—a）

第五十八节　衢州方音

壹　概况

一、调查点

1. 地理人口

衢州市位于浙江省西部，地处浙、闽、赣、皖四省交界，素有"四省通衢"之称，距杭州直线距离约 190 公里，现辖 2 区 1 市 3 县，分别是柯城区、衢江区，江山市，常山县、开化县、龙游县。衢州老城区今属柯城区，是国家级历史文化名城。柯城区北、东、南邻衢江区，西邻常山县，西南与江山市接壤。全区总面积 609 平方公里，截至 2016 年年底，辖 2 镇 8 乡 8 街道，分别是：航埠镇、石梁镇，九华乡、沟溪乡、华墅乡、七里乡、姜家山乡、万田乡、石室乡、黄家乡，府山街道、荷花街道、花园街道、双港街道、信安街道、新新街道、白云街道、衢化街道。[①] 截至 2016 年年底，全区总户数 17.62 万，户籍人口 43.80 万[②]。汉族占绝大多数，现有畲族行政村 4 个，分别为航埠镇北一村、北二村、殿前村，七里乡上门村。

2. 历史沿革

夏、商、西周三代属于越之地，春秋初为姑蔑国，后为越国西部姑蔑地。东汉初平三年（192）析太末置新安县，衢县自此而建。南朝陈永定三年（559）一度置信安郡，为衢地设领县建制之始。唐武德四年（621）置衢州，武德八年（625）废；垂拱二年（686）复置衢州，咸通元年（860）信安县改为西安县，境属西安县。此后直至 1949 年的千余年间，衢城历为州府路道区的治署所在。1949 年设县级衢州市，1955 年划归金华专区管辖，1985 年设省辖衢州市及柯城、

---

① 参见：衢州市政府门户网站，http://www.qz.gov.cn/col/col1525216/index.html，2022 年 8 月 15 日获取。

② 参见：《2017 年浙江统计年鉴》，http://tjj.zj.gov.cn/col/col1525563/index.html，2022 年 8 月 15 日获取。

衢江两区。[①]

城内孔氏南宗家庙为全国仅有的两座孔氏家庙之一；城南烂柯山素有"道教第八洞天"之称，《晋书》所载"王质遇仙"传说即出于此；清蒲松龄《聊斋志异》中所记"衢州三怪"出没的县学塘、蛟池塘和古钟楼遗迹仍在。

3. 方言分布

这里的衢州方言专指衢州老城区范围内通行的方言，当地人称"城里腔"，属于吴语金衢片。"城里腔"跟城区周边乡村的"乡里腔"有较大差异，历史上受官话影响较深，文白异读较丰富。

4. 地方曲艺

柯城区流行的道情多带有龙游口音，流行的婺剧使用金华读书音。另有国家级非物质文化遗产"西安高腔"，为婺剧的六大声腔之一。

二、方言发音人

1. 方言老男

郑文奎，1952 年 6 月出生于衢州柯城水亭街，一直在本地生活和工作，职工，现已退休，初中文化程度，说衢州话和普通话。父母均为衢州城里人。

2. 方言青男

龚舜，1986 年 3 月出生于衢州柯城礼贤街，除在杭州读大学外，一直在本地生活和工作，主持人，本科文化程度，说衢州话和普通话。父母均为衢州城里人。

3. 口头文化发音人

刘慧珍，女，1955 年 9 月出生于衢州柯城东门街，一直在本地生活和工作，当过工人，后为家庭妇女，小学文化程度，说衢州话和不太标准的普通话。父母均为衢州城里人。

---

① 参见：衢州市政府门户网站，http://www.qz.gov.cn/col/col1525216/index.html，2022 年 8 月 15 日获取。

陈大槐，男，1945 年 12 月出生于衢州柯城衣锦坊，一直在本地生活和工作，自由职业者，初中文化程度，说衢州话和不太标准的普通话。父母均为衢州城里人。

杨欣，女，1970 年 5 月出生于衢州柯城北门街，一直在本地生活和工作，职工，高中文化程度，说衢州话和普通话。父母均为衢州城里人。

贰　声韵调

一、声母（33 个，包括零声母在内）

p 八兵	pʰ 派片	b 病爬肥	m 麦明味问	f 飞风副蜂	v 饭肥味问
t 多东	tʰ 讨天	d 甜毒	n 脑南		l 老蓝连路
ts 资早租	tsʰ 刺寸拆抄	dz 茶棋		s 丝三酸山	z 字贼祠事
tɕ 酒争九	tɕʰ 清抽轻	dʑ 桥	ȵ 年泥热月	ɕ 想响	ʑ 谢县
tʃ 张竹装纸	tʃʰ 车春	dʒ 全柱权城		ʃ 双书	ʒ 床船十城
k 高官	kʰ 开看	g 共狂	ŋ 熬眼	x 好灰	
∅ 月活安云 药县					

说明：

（1）舌面声母［tɕ］组与舌叶声母［tʃ］组呈互补分布，［tɕ］组（除［ȵ］外）只与齐齿呼韵母相拼，［tʃ］组只与撮口呼韵母相拼，有学者将此二组声母归为一组，这里根据音感差异原则分为［tɕ］［tʃ］两组。

（2）阳调类零声母音节前带有与音节开头元音同部位的轻微摩擦，过去多记作声母［ɦ］，这里统一记作［∅］。

（3）［b］［d］［dz］［dʑ］［dʒ］等浊音声母浊音色彩明显。

二、韵母（44 个，包括自成音节的［m］［ŋ］）

ɿ 师丝试戏	i 二飞耳	u 歌坐过苦	y 猪雨
ɑ 茶牙瓦	iɑ 写夜	uɑ 花瓜	yɑ 蛇车
ɛ 开排鞋		uɛ 快怪	

e 赔对豆走		ue 鬼灰	
ɔ 宝饱	iɔ 笑桥		
ɯ 后狗	iu 油酒		
əl 耳			
ã 山胆	iã 响硬争	uã 横关	yã 张尝
ɑ̃ 糖讲		uɑ̃ 王光	yɑ̃ 床双
ə̃ 南半短	iẽ 盐年	uə̃ 官宽	yẽ 权占
ən 根寸灯	in 心新病星	uən 滚温	yən 深春云升
oŋ 东风			yoŋ 兄用
aʔ 盒塔辣白	iaʔ 药白	uaʔ 活刮	yaʔ 刷着
əʔ 托壳北绿	iəʔ 接急热七锡	uəʔ 骨学国谷	yəʔ 十月出学直尺局
m 母			
ŋ 五鱼			

说明：

（1）[y]组韵母跟舌叶声母相拼时，圆唇不明显，实际音值近于[ʮ]。

（2）[yẽ][yəʔ]韵母中的[ə]受韵头影响，有时音近圆唇音。

（3）[ə̃][əʔ]韵母中的[ə]偏后偏开，音近[ʌ]或[ɤ]。

（4）[aʔ][ã]等韵母中的[a]略闭，实际音值介于[æ]与[a]之间。

（5）[iu]韵中的[u]略开，实际音值近[ʊ]，有时发成[iəu]。

（6）[e][ue][iu][ɯ]四韵的实际音值分别近于[ei][uei][iəu][ɤɯ]。

（7）[n]韵尾实际音值介于[n][ŋ]之间。

三、声调（7个）

阴平	32	东该灯风通开天春
阳平	21	门龙牛油铜皮糖红
上声	35	懂古鬼九统苦讨草
阴去	53	冻怪半四痛快寸去马女李雨
阳去	231	卖路硬乱洞地饭树买老五有动罪近后
阴入	5	谷百搭节急哭拍塔切刻
阳入	12	六麦叶月毒白盒罚

说明：

（1）阴平为中降调，尾段降势趋缓，有时读作降升调［323］，这里统一记作［32］。

（2）阳平为次低降调，尾段降势趋缓，有时读作降升调［212］，这里统一记作［21］。

（3）上声前段升势较缓，实际调值接近［225］，这里统一记作［35］。

（4）阴入喉塞音明显，时长较短。

（5）阳入喉塞音不明显，时长比阴入长，部分字调值近［212］，这里统一记作［12］。

叁　连读变调

一、两字组连读变调表

衢州方言两字组的连读变调规律见下表。表中首列为前字本调，首行为后字本调。每一格的第一行是两字组的本调组合；第二行是连读变调，若连读调与单字调相同，则此行空白；第三行为例词。同一两字组若有两种以上的变调，则以横线分隔。具体如下。

衢州方言两字组连读变调表

前字 ＼ 后字	阴平 32		阳平 21		上声 35		阴去 53		阳去 231		阴入 5		阳入 12	
阴平 32	32 中	32 53 秋	32 天	21 53 萝	32 烧	35 酒	32 冬	53 至	32 街	231 53 路	32 裤	5 脚	32 35 汤	12 药
	32 35 相	32 争	32 35 梳	21 头			32 35 肩	53 21 担	32 风	231 暴				
阳平 21	21 雄	32 鸡	21 拳	21 231 头	21 棉	35 袄	21 油	53 菜	21 蚕	231 豆	21 毛	5 竹	21 阳	12 历
			21 13 年	21 头										

续表

后字　前字	阴平 32	阳平 21	上声 35	阴去 53	阳去 231	阴入 5	阳入 12
上声 35	35 32 剪刀	35 21 狗娘	35 35 手表	35 53 爽快	35 231 姊妹	35 5 喜鹊	35 12 火着
		35 21/53 斧头	35 35/21 反手	35 53/21 韭菜	35 231 本地		
阴去 53	53 32 唱歌	53 21 半年	53 35 戒指	53 53 种菜	53 231 算命	53 5 细橘	53 12 放学
阳去 231	231 32 大溪	231 21 匠人	231 35 项颈	231 53 大蒜	231 231 垫被	231 5 有法	231 12 闹热
					231 231/53 豆腐	231 13/5 大伯①	
					231 231/21 味道		
阴入 5	5 32 一千	5/3 21 鲫鱼	5/3 35 弗懂	5/3 53 咳嗽	5/3 231 吃饭	5/3 5 一百	5 12 角落
					5/3 231/53 屋柱		
阳入 12	12/2 32 蜜蜂	12/2 21 石榴	12/2 35 白果	12/2 53 服气	12/2 231 佛豆	12/2 5 蜡烛	12/2 12 明日
	12/2 21/53 核桃				12/2 231/53 烈士		

二、两字组连读变调规律

衢州方言两字组连读变调有以下几个特点。

（1）过半数的调类组合完全不变调，近半数的调类组合有变调。

---

① "大伯"有两个读音，这里读[dɑ13paʔ5]，指父之兄；另读[du231paʔ5]，指夫之兄。

（2）变调组合中，舒声前字变调较少，后字变调居多；入声前字变调，后字不变。

（3）舒声前字主要变读为升调［35］或［13］，后字主要变读为降调［53］或［21］。

（4）阴入前字调值由［5］变读为［3］，但在平声及阳入前不变调；阳入前字由［12］变读为［2］。

肆　异读

一、新老异读

衢州方言的新老异读主要体现在个别调型及少数声母与韵母方面。下文中"/"前为老派，后为新派。

（1）老派读阴平［32］，阳平读［21］，调型只降不升；新派阴平读［323］，阳平读［212］，保留降升调型。

（2）崇母、从母个别字老派读［z］声母，新派增读［dz］声母。例如：锄 $z\text{ʅ}^{21}$ / dzu^{212} | 杂 $za\text{ʔ}^{12}$ / $dza\text{ʔ}^{12}$。

（3）匣母个别字老派读零声母，新派增读［ʑ］声母。例如：项 $\tilde{a}^{231}$ / $zi\tilde{a}^{231}$ | 形 in^{21} / $\text{ʑ}in^{212}$。

（4）梗摄开口二等少数阳声韵字，老派读［iã］韵母，新派增读［ən］韵母。例如：争 $\text{tɕ}i\tilde{a}^{32}$ / $ts\text{ə}n^{323}$ | 耕 $\text{tɕ}i\tilde{a}^{323}$ / $k\text{ə}n^{323}$ | 梗 $ku\tilde{a}^{35}$ / $k\text{ə}n^{25}$。

（5）梗摄开口二等少数入声字，老派读［iaʔ］韵母，新派读［aʔ］韵母。例如：百 $pia\text{ʔ}^{5}$ / $pa\text{ʔ}^{5}$ | 白 $bia\text{ʔ}^{12}$ / $ba\text{ʔ}^{12}$ | 麦 $mia\text{ʔ}^{12}$ / $ma\text{ʔ}^{12}$。

（6）梗摄合口三等个别字老派读［yən］韵母，新派读［yoŋ］韵母。例如：永 $y\text{ə}n^{35}$ / $yoŋ^{25}$。

二、文白异读

衢州方言的文白异读主要体现在声母和韵母两方面。下文中"/"前为白读，后为文读。

1. 声母

（1）微母合口三等少数字白读为［m］声母，文读为［v］声母。例如：味 mi^{231}/vi^{231} | 问 $mən^{231}$/$vən^{231}$。

（2）日母、疑母部分三等字白读为［ȵ］声母，文读为零声母或［ʒ］声母。例如：儿 $ȵi^{21}$/$əl^{21}$ | 耳 $ȵi^{231}$/$əl^{53}$ | 月 $ȵyəʔ^{12}$/$yəʔ^{12}$ | 人 $ȵin^{21}$/$ʒyən^{21}$ | 认 $ȵin^{231}$/$ʒyən^{231}$ | 日 $ȵiəʔ^{12}$/$ʒyəʔ^{12}$。

（3）见晓组开口二等部分字白读为［k］组声母，文读为［tɕ］组声母。例如：交 $kɔ^{32}$/$tɕiɔ^{32}$ | 监 $kã^{32}$/$tɕiẽ^{32}$ | 甲 $kaʔ^{5}$/$tɕiaʔ^{5}$ | 奸 $kã^{32}$/$tɕiẽ^{32}$ | 孝 $xɔ^{53}$/$ɕiɔ^{53}$。

（4）见母止摄合口三等个别字白读为［tʃ］声母，文读为［k］声母。例如：鬼 $tʃy^{35}$/kue^{35} | 贵 $tʃy^{53}$/kue^{53}。

（5）匣母部分字白读为零声母，文读为［ʑ］或［ʒ］声母。例如：夏 $ɑ^{231}$/$ʑiɑ^{231}$ | 限 $ã^{231}$/$ʑiẽ^{231}$ | 县 $yẽ^{231}$/$ʑiẽ^{231}$ | 学 $uəʔ^{12}$/$ʒyəʔ^{12}$。

（6）禅母个别字白读为［ʒ］声母，文读为［dʒ］声母。例如：城 $ʒyən^{21}$/$dʒyən^{21}$。

2. 韵母

（1）止摄合口三等少数字白读为［y］韵母，文读为［ue］韵母。例如：鬼 $tʃy^{35}$/kue^{35} | 贵 $tʃy^{53}$/kue^{53} | 围 y^{21}/ue^{21}。

（2）效摄开口二等少数字白读为［ɔ］韵母，文读为［iɔ］韵母。例如：交 $kɔ^{32}$/$tɕiɔ^{32}$ | 孝 $xɔ^{53}$/$ɕiɔ^{53}$。

（3）咸山摄开口二等少数字白读为［ã］韵母，文读为［iẽ］韵母。例如：监 $kã^{32}$/$tɕiẽ^{32}$ | 甲 $kaʔ^{5}$/$tɕiaʔ^{5}$ | 奸 $kã^{32}$/$tɕiẽ^{32}$。

（4）深臻摄开口三等少数字白读为［in］韵母，文读为［yən］韵母。例如：沉 tin^{53}/$dʒyən^{21}$ | 人 $ȵin^{21}$/$ʒyən^{21}$ | 认 $ȵin^{231}$/$ʒyən^{231}$。

（5）梗摄开口二等个别字白读韵母主元音为［a］，文读韵母主元音为［ə］。例如：生 $ɕiã^{32}$/$sən^{32}$ | 梗 $kuã^{35}$/$kən^{35}$ | 争 $tɕiã^{32}$/$tsən^{32}$ | 耕 $tɕiã^{32}$/$kən^{32}$ | 格 $kaʔ^{5}$/$kəʔ^{5}$。

伍　小称

衢州方言的"儿"单字读［$ȵi^{21}$］，义为"儿子"，在语流中读［$ȵi^{35}$］。"儿"可以直接加在一些名词性语素后构成儿尾词，具有小称功能。例如：

侄儿 dʒyə ʔ²n̩i³⁵　　　匏儿<small>南瓜</small> bu²¹n̩i³⁵　　　鸽儿 kə ʔ⁵n̩i³⁵

女儿 nɑ²³¹n̩i²¹　　　鹞儿<small>风筝</small> iɔ²³¹n̩i²¹　　　鸟儿 tiɔ³⁵n̩i²¹

陆　其他音变

（1）部分古清上字、古次浊上字今读阴去［53］。例如：小、举、董、展、马、女、李、雨。

（2）部分次浊上字今归入阳去［231］。例如：买、脑、老、五。

（3）两字组阳调类后字连读为阴调类后，原浊声母清化。具体如下（读音特殊的字加下画线）：

d—t：核桃 ə ʔ²tɔ⁵³　　　蜂糖 foŋ³²tã⁵³　　　砖头 tʃyə̃³²te⁵³

　　　工钿 koŋ³²tiẽ⁵³　　　哥弟 ku³²ti⁵³　　　尿桶 ʃy³²toŋ⁵³

g—k：番茄 fã³²kɑ⁵³

dʒ—tʃ：屋柱 uə ʔ³tʃy⁵³　　　操场 tsʰɔ³²tʃyã⁵³

ʒ—ʃ：衣裳 i³²ʃyã⁵³　　　精神 tɕin³²ʃyən⁵³

z—s：棺材 kuə̃³²sɛ⁵³　　　烈士 liə ʔ²sɿ⁵³

z—ɕ：衫袖 sã³²ɕiu⁵³　　　多谢 tu³²ɕiɑ⁵³

v—f：豆腐 de²³¹fu⁵³　　　新妇 ɕin³²fu⁵³

第五十九节　衢江方音

壹　概况

一、调查点

1. 地理人口

衢江区是浙江省衢州市的市辖区，位于浙江省西部，东临龙游县，南接丽水的遂昌县，北接杭州的建德市，西与柯城区、江山市、常山县相依。全区面积 1748 平方公里，下辖 2 街道 10 镇 8 乡，分别是：樟潭街道、浮石街道，上方镇、峡川镇、莲花镇、全旺镇、大洲镇、后溪镇、廿里镇、湖南镇、高家镇、杜泽镇，灰坪乡、太真乡、双桥乡，周家乡、云溪乡、举村乡、岭洋乡、黄坛口乡 [①]。截至 2019 年年底，全区总户数 16.43 万，户籍人口 41.22 万 [②]，绝大多数是汉族，少数民族以畲族为主，衢江区共有 7 个少数民族村，如洋坑村、外焦村、西坑村、破石村、黄坛口村、石便村等，大多分布在南部山区。

2. 历史沿革

衢江区前身为衢县，始建于东汉初平三年（192），由太末县析置，时称新安县。晋太康元年（280），因与弘农郡新安县重名而改为信安。唐武德四年（621）设衢州，唐咸通中（860—874），改信安为西安，仍隶衢州。宋元明清先后隶属浙江西道、浙江东道、衢州路、龙游府、衢州府和金衢严道。1912 年改西安县为衢县，1949 年 5 月解放，衢县属衢州专员公署管辖，1955 年改属金华专区，1985 年衢州升为省辖市，衢县改属衢州市。2001 年，撤销衢县，设立衢州市衢江区。[③]

---

①　参见：衢州市统计局，http://tjj.qz.gov.cn/col/col1512009/index.html，2022 年 8 月 15 日获取。

②　参见：《2020 年浙江统计年鉴》，http://tjj.zj.gov.cn/col/col1525563/index.html，2022 年 8 月 15 日获取。

③　参见：衢州市政府门户网站，http://www.qz.gov.cn/col/col1525216/index.html，2022 年 8 月 15 日获取。

3. 方言分布

衢江区 2001 年前称为衢县，原县治在衢州城内，城内方言"城里腔"即通常所说的衢州方言，与周围乡村的方言口音存在不少差异。2001 年撤县设衢江区后，区政府迁往城东的樟潭镇，镇上原住民多因拆迁而星散。本调查所称的衢江方言指的是衢州城北约 20 公里的杜泽镇的方言，属于吴语金衢片。杜泽是个千年古镇，口音比较特殊，与"城里腔"的差别较大，沟通有一定困难。

4. 地方曲艺

衢江区流行的道情多带有龙游口音，流行的婺剧使用金华读书音。另有国家级非物质文化遗产"西安高腔"，为婺剧的六大声腔之一。

二、方言发音人

1. 方言老男

程明洪，1963 年 1 月出生于衢州衢县杜泽镇，一直在本地生活和工作，农民，初中文化程度，说杜泽话、普通话和几句杭州话。父母均为杜泽人。

2. 方言青男

徐伟，1986 年 3 月出生于衢州衢县杜泽镇，从小在本地生活，2012—2015年就读温州科技学院，毕业后任杜泽镇派出所辅警，本科文化程度，说杜泽话和普通话。父母均为杜泽人。

3. 口头文化发音人

杜巧英，女，1962 年 11 月出生于衢州衢县杜泽镇，一直在本地生活和工作，农民，高中文化程度，说杜泽话和不太标准的普通话。父母均为杜泽人。

杜忠德，男，1966 年 6 月出生于衢州衢县杜泽镇，一直在本地生活和工作，农民，初中文化程度，说杜泽话和不太标准的普通话。父母均为杜泽人。

周炎福，男，1963 年 6 月出生于衢州衢县杜泽镇，一直在本地生活和工作，农民，初中文化程度，说杜泽话和不太标准的普通话。父母均为杜泽人。

贰　声韵调

一、声母（28个，包括零声母在内）

p 八兵	pʰ 派片	b 爬病肥	m 麦明味问	f 飞风副蜂	v 肥饭味
t 多东竹	tʰ 讨天	d 甜毒	n 脑南		l 老蓝连路
ts 资早租	tsʰ 刺寸抄初	dz 茶		s 丝三酸山	z 字贼坐祠
tɕ 酒张纸争	tɕʰ 清抽车春	dʑ 柱全城权	ȵ 年热软月	ɕ 想双手响	ʑ 全事船城
k 高九	kʰ 开	g 共	ŋ 熬	x 好灰	
Ø 活安王用					

说明：

（1）[tɕ]组声母拼撮口呼韵母时，音近舌叶声母。

（2）[b][d][g][dz][dʑ][z][ʑ][v]等全浊声母有较强浊气流感。

二、韵母（37个，包括自成音节的[ŋ]在内）

ɿ 师试戏	i 米飞	u 果	y 豆油
a 排鞋	ia 爷	ua 快	
		uo 茶牙猪过	
ɤ 丝		uɤ 苦五	
ɔ 宝饱	iɔ 笑桥		
ɛ 南短根寸硬	iɛ 权争	uɛ 滚横	
ou 歌坐瓦			
ei 开赔对		uei 鬼	
	ie 写盐年		yø 雨师
ər 耳			
ã 山	iã 响	uã 官	
ɑ̃ 糖王讲			yɑ̃ 床双
	iŋ 心新云灯星		
əŋ 东			yoŋ 深春升兄用

aʔ 盒塔辣八白	iaʔ 十出药学	uaʔ 活刮	
əʔ 托壳北色绿	ieʔ 接急热七锡	ueʔ 骨郭学国谷	yəʔ 月橘直尺局
ŋ 二耳			

说明：

（1）韵母［y］实际音值为［ɣ］，有时略有动程，接近［øɣ］。

（2）韵母［uo］［yø］收音时唇形渐展，有时有后滑音［ə］。

（3）［ie］实际音值为［iːe］，即前音更长，后音类似韵尾。

（4）［ɣ］韵与［ts］组相拼时，有较明显的过渡音，实际音值接近［ɯɣ］。

（5）［ei］主元音舌位偏央，为［ə］或［ɘ］。

（6）韵母［ã］略有动程，收音口形略闭。

三、声调（7个）

阴平	33	东该灯风通开天春
阳平	212	门龙牛油铜皮糖红买老五有动罪近后
阴上	25	懂古鬼九统苦讨草
阴去	53	冻怪半四痛快寸去
阳去	231	卖路硬乱洞地饭树
阴入	5	谷百搭节急哭拍塔切刻
阳入	2	六麦叶月毒白盒罚

说明：

（1）阴上调［25］实际发音为［225］。

（2）阳入［2］有时读［12］短调，处于尾音节时更为明显。

叁　连读变调

　　衢江方言两字组的连读变调规律见下表。表中首列为前字本调，首行为后字本调。每一格的第一行是两字组的本调组合；第二行是连读变调，若连读调与单字调相同，则此行空白；第三行为例词。同一两字组若有两种以上的变调，则以横线分隔。具体如下。

衢江方言两字组连读变调表

前字＼后字	阴平33	阳平212	阴上25	阳上212	阴去53	阳去231	阴入5	阳入2
阴平 33	33　33 飞机 33　33 　　53 虾公	33　212 25　31 清明 33　212 开门	33　25 身体 33　25 　　31 番薯	33　212 孙女 33　212 　　53 公里 33　212 　　231 公社	33　53 25　31 冬至 33　53 开店 33　53 　　25 书记	33　231 25　31 杉树 33　231 生病	33　5 钢笔	33　2 开学
阳平 212	212　33 22 良心 212　33 33 莲花	212　212 22　53 眉毛	212　25 33 牙齿 212　25 22 门口	212　212 33 徒弟	212　53 22 难过	212　231 22　53 名字 212　231 22 排队	212　5 33 头发 212　5 22 难促＝	212　2 33 茶叶 212　2 22 同学
阴上 25	25　33 33 火车	25　212 33　53 草鞋 25　212 33 倒霉 25　212 　　31 水泥	25　25 33 手表	25　212 33　53 起码 25　212 33　231 改造 25　212 33 以后	25　53 33 写信	25　231 33 手艺	25　5 33 粉笔 25　5 几个	25　2 33 手镯
阳上 212	212　33 22 眼睛	212　212 22　53 码头 212　212 22 上坟	212　25 22 老虎	212　212 22 道士	212　53 22 满意	212　231 22 近路	212　5 22 犯法	212　2 22 老实
阴去 53	53　33 33 唱歌	53　212 33　53 算盘 53　212 33 过年	53　25 33 报纸	53　212 33　53 跳舞 53　212 33 背后	53　53 33 种菜	53　231 33　53 孝顺 53　231 33 做寿	53　5 33 背脊	53　2 33 细麦

续表

后字 前字	阴平 33	阳平 212	阴上 25	阳上 212	阴去 53	阳去 231	阴入 5	阳入 2
阳去 231	231 33 22 地 方	231 212 22 53 大 门 231 212 22 外 婆	231 25 22 露 水	231 212 22 味 道 231 212 22 53 豆 腐	231 53 22 事 干	231 231 22 53 埭 地	231 5 22 办 法	231 2 22 树 叶
阴入 5	5 33 22 国 家	5 212 3 53 骨 头	5 25 3 黑 板	5 212 3 谷 雨	5 53 3 节 气	5 231 铁 路	5 5 3 出 国	5 2 作 业
阳入 2	2 33 木 工	2 212 53 麦 田	2 25 墨 水	2 212 十 五	2 53 力 气	2 231 立 夏	2 5 蜡 烛	2 2 学 习

说明：

（1）阳上单字调已并入阳平，但连读调与阳平不完全一致，故此处分列。

（2）连读产生［22］［3］［31］三个新的调值。

（3）后字［31］的起音有时偏高，实际调值可能为［41］。

（4）阳入［2］作后字时实际调值为［12］。

二、两字组连读变调规律

衢江方言两字组的连读变调有如下特点。

（1）前字变调为主，后字变调较少。

（2）入声基本不变，仅阴入在阳平、阴上、阴去、阴入前调值由［5］变为［3］。

（3）舒声前字多读为平调，其中阴调类舒声变读为［33］，阳调类舒声一般变读为［22］，部分阳平前字也可变读为［33］；部分阴平前字变读为［25］。

（4）后字变调后调值多变为［53］，少数变为［31］，个别变读为［231］［212］等。

三、例外的连读变调

1+3　　　　　知了 $t\varphi y^{55}li\mathfrak{o}^0$

2+2　　　　　难搪 $n\tilde{a}^{22}d\tilde{a}^{212}$

2+6　　　皮蛋 $bi^{22}d\tilde{a}^{212}$

3+3　　　饺子 $t\varepsilon i\vartheta^{25}ts\eta^{31}$

4+1　　　老师 $l\vartheta^{33}s\eta^{0}$

4+2　　　下来 $xu^{25}li^{212}$

4+4　　　蚁蚁 $\eta a^{55}\eta a^{0}$

4+7　　　有法 $y^{212}fa\Omega^{0}$

4+8　　　后日 $u^{212}n\vartheta\Omega^{2}$

5+1　　　衬衫 $t\varepsilon^{h}i\eta^{55}s\tilde{a}^{0}$

5+2　　　半暝 $p\varepsilon^{33}m\varepsilon^{231}$

　　　　　可能 $k^{h}ou^{55}n\vartheta\eta^{0}$

6+1　　　外公 $\eta a^{22}k\vartheta\eta^{53}$

6+4　　　豆腐 $dy^{22}f\gamma^{53}$

6+6　　　二两 $\eta^{231}li\tilde{a}^{21}$

肆　异读

一、新老异读

衢江方言的新老异读在声韵调中均有体现。下文中"／"前为老派，后为新派。

1. 声母

（1）微母、疑母个别三等字，老派读［v］或［ȵ］声母，新派读零声母。例如：物 $v\vartheta\Omega^{2}$ / $u\vartheta\Omega^{2}$ | 业 $\dot{n}i\vartheta\Omega^{2}$ / $i\vartheta\Omega^{2}$。

（2）澄母、船母、禅母合口三等个别字，老派读［z］或［ʑ］声母，新派读［dʑ］声母。例如：锤 zei^{212} / $d\varphi y^{212}$ | 唇 $\varphi yo\eta^{212}$ / $d\varphi yo\eta^{212}$ | 垂 zei^{212} / $d\varphi y^{231}$。

（3）见母个别字，老派读［tɕ］或［ts］声母，新派读［k］声母。例如：奸 $t\varepsilon ie^{33}$ / ka^{33} | 饥 $ts\eta^{33}$ / kei^{33}。

（4）晓母个别字，老派读［x］声母，新派读［ɕ］声母。例如：许 $x\gamma^{25}$ / εy^{25}。

（5）匣母个别字，老派读零声母，新派读［ʑ］声母。例如：夏 uo^{231} / zia^{231} | 形 $i\eta^{212}$ / $zi\eta^{212}$。

2. 韵母

（1）止摄开口三等个别字，老派读［ɤ］韵母，新派读［ɿ］韵母。例如：紫 tsɤ²⁵ / tsɿ²⁵。

（2）止摄合口三等个别字，老派读［ei］韵母，新派读［y］韵母。例如：锤 zei²¹² / dʑy²¹² | 垂 zei²¹² / dʑy²³¹。

（3）臻摄、宕摄少数入声字，老派读［əʔ］韵母，新派读［uəʔ］韵母。例如：物 vəʔ² / uəʔ² | 恶 əʔ⁵ / uəʔ⁵ | 郭 kəʔ⁵ / kuəʔ⁵。

（4）臻摄、通摄个别合口三等字，老派读［yoŋ］韵母，新派读［iŋ］或［əŋ］韵母。例如：军 tɕyoŋ³³ / tɕiŋ³³ | 浓 yoŋ²¹² / nəŋ²¹²。

3. 声调

（1）少数中古阳平字，老派读［212］阳平调，新派读［231］阳去调。例如：垂 zei²¹² / dʑy²³¹ | 潭 dɛ²¹² / dɛ²³¹ | 园 iɛ²¹² / iɛ²³¹。

（2）少数见母阴上字，老派读［53］阴去调，新派读［25］阴上调。例如：举 tɕy⁵³ / tɕy²⁵ | 感 kã⁵³ / kã²⁵。

二、文白异读

衢江方言的文白异读主要体现在声母和韵母方面。下文中"／"前为白读，后为文读。

1. 声母

（1）非母合口三等个别字白读为［p］声母，文读为［f］声母。例如：反 pã²⁵/fã²⁵。

（2）奉母、微母合口三等少数字白读为［b］或［m］声母，文读为［v］声母。例如：肥 bi²¹² / vi²¹² | 味 mi²³¹ / vi²³¹ | 问 mɛ²³¹ / vəŋ²³¹。

（3）心母、书母、生母少数字白读为［ɕ］声母，文读为［s］声母，韵母也随之变化。例如：岁 ɕie⁵³ / sei⁵³ | 师 ɕyø³³ / sɿ³³ | 水 ɕy²⁵ / sei²⁵ | 生 ɕie³³ / səŋ³³。

（4）从母、禅母个别字白读为［ʑ］声母，文读为［dʑ］声母。例如：全 ʑie²¹² / dʑie²¹² | 城 ʑyoŋ²¹² / dʑiŋ²¹²。

（5）澄母合口三等个别字白读为［d］声母，文读为［dʑ］声母，韵母也随之变化。例如：除 die²¹² / dʑy²¹²。

（6）见母开口二等部分字白读为[k]声母，文读为[tɕ]声母，韵母也随之变化。例如：交 ko³³ / tɕio³³ | 减 kã²⁵ / tɕie²⁵ | 监 kã³³ / tɕie³³ | 江 kã³³ / tɕiã³³。

（7）群母开口三等少数字白读为[ɡ]声母，文读为[dʑ]声母。例如：旧 ɡy²³¹ / dʑy²³¹ | 近 ɡɛ²¹² / dʑiŋ²¹²。

（8）匣母、船母个别字白读为零声母，文读为[ʑ]声母。例如：学 uəʔ² / ʑiaʔ² | 食 iəʔ² / ʑyəʔ²。

2. 韵母

（1）果摄开口一等个别字白读为[a]韵母，文读为[ou]韵母。例如：拖 tʰa³³ / tʰou³³。

（2）止摄开口三等少数字白读为[yø]韵母，文读为[ɿ]韵母。例如：师 ɕyø³³ / sɿ³³ | 时 ʑyø²¹² / zɿ²¹²。

（3）止摄合口三等部分字白读为[y]韵母，文读为[ei]或[uei]韵母。例如：吹 tɕʰy³³ / tsʰei³³ | 水 ɕy²⁵ / sei²⁵ | 贵 tɕy⁵³ / kuei⁵³。

（4）咸摄开口二等少数字白读为[ã]韵母，文读为[ie]韵母。例如：减 kã²⁵ / tɕie²⁵ | 监 kã³³ / tɕie³³。

（5）山摄开口一等及合口三等个别字白读为[uɛ]韵母，文读为[ã]或[uã]韵母。例如：肝 kuɛ³³ / kã³³ | 晚 uɛ⁵³ / uã⁵³。

（6）臻摄、梗摄部分三等字白读为[yoŋ]或[ɛ]韵母，文读为[iŋ]韵母。例如：神 ʑyoŋ²¹² / ʑiŋ²¹² | 运 yoŋ²³¹ / iŋ²³¹ | 城 ʑyoŋ²¹² / dʑiŋ²¹² | 近 ɡɛ²¹² / dʑiŋ²¹² | 柄 mɛ⁵³ / piŋ⁵³。

伍　小称

有些称谓词及事物名词的舒声调后字变读为[25]，可视为小称变调。例如：

爷爷 ia²²ia²⁵	嬷嬷_{奶奶} muo²²muo²⁵	婶婶 ʑyoŋ²²ɕyoŋ²⁵
舅舅 ɡy²²ky²⁵	娘娘_姑 ȵiã²²ȵiã²⁵	爸爸 pa²²pa²⁵
侄儿 dʑyəʔ²ŋ²⁵	双生 ɕyã³³ɕiɛ²⁵	细女儿 ɕie³³nuo²²ŋ²⁵
细猪 ɕie³³tuo²⁵	细坑 ɕie³³kʰɛ²⁵	窟窿 kʰəʔ²ləŋ²⁵

陆　其他音变

（1）连读后字的浊声母会因连读调值的升高而变读清声母。例如：

石头 ʑiaʔ^{2}ty^{53}	日头 nəʔ^{2}ty^{53}	核桃 əʔ^{2}tɔ^{53}	蚕豆 zɛ^{22}ty^{53}
田塍 die^{22}ɕyoŋ^{53}	水田 ɕy^{33}tie^{53}	松树 zəŋ^{22}tɕy^{53}	桌床 tɕyəʔ^{3}ɕyɑ̃^{53}
腹脐 pəʔ^{3}sɤ^{53}	和尚 uo^{22}ɕiã^{53}	围裙 uei^{22}tɕyoŋ^{53}	豆腐 dy^{22}fɤ^{53}
裁缝 zei^{22}fəŋ^{53}	铁锤 tʰiəʔ^{3}tɕy^{53}	本钿 pɛ^{33}tie^{53}	胡琴 uɤ^{22}tɕiŋ^{53}
算盘 sɛ^{33}pɛ^{53}	蚊虫 məŋ^{22}təŋ^{53}	弄堂 ləŋ^{22}tɑ̃^{53}	口唇皮 kʰy^{33}ʑyoŋ^{22}pi^{53}

（2）连读前字的浊声母会因连读调值的升高而变读清声母。例如：

肥皂 pi^{33}zɔ^{212}	头梳 ty^{33}suo^{33}	寻死 ɕiŋ^{33}sɤ^{25}	上坟 tɕiã^{33}vɛ^{212}
徒弟 tɤ^{33}die^{212}	茶叶 tsuo^{33}iəʔ^{2}	勤力 tɕiŋ^{33}liəʔ^{2}	甜酒酿 tie^{33}tɕy^{33}ȵiã^{53}
城里 ɕyoŋ^{33}li^{212}	时景 ɕyø^{33}tɕiŋ^{25}	头发 ty^{33}faʔ^{5}	朋友 pəŋ^{33}y^{212}

（3）“子”本读［tsɤ^{25}］，作名词后缀时多变读为［tsɿ^{53}］。例如：

胡子 uɤ^{22}tsɿ^{53}	髎子阴茎 liɔ^{22}tsɿ^{53}	聋子 ləŋ^{22}tsɿ^{53}	驼子 dou^{22}tsɿ^{53}
疯子 fəŋ^{33}tsɿ^{53}	包子 pɔ^{33}tsɿ^{53}	婊子 piɔ^{33}tsɿ^{53}	傻子 suo^{33}tsɿ^{53}
哑子 u^{33}tsɿ^{53}	老子 lɔ^{33}tsɿ^{53}	棍子 kuɛ^{33}tsɿ^{53}	瘸子 dʑyø^{22}tsɿ^{53}
跷子瘸子 tɕʰiɔ^{33}tsɿ^{53}	瞎子 xaʔ^{3}tsɿ^{53}	新娘子 ɕiŋ^{33}ȵiã^{22}tsɿ^{53}	

（4）部分常用词的舒声字促化或逆同化为入声。例如：

自家 zɿ^{231}kuo^{33}—ʑiəʔ^{2}kuo^{33}	明日 miŋ^{212}nəʔ^{2}—məʔ^{3}nəʔ^{5}
前日 ɕyø^{212}nəʔ^{2}—ɕyəʔ^{3}nəʔ^{5}	杜泽 dou^{22}dʑiaʔ^{2}—dəʔ^{2}dʑiaʔ^{2}
乡里 ɕiã^{33}li^{212}—ɕiã^{33}ləʔ^{2}	归来 kuei^{33}li^{212}—kuei^{33}ləʔ^{2}
鲤鱼 li^{212}ŋɤ^{212}—liəʔ^{2}ŋɤ^{53}	老嬷 lɔ^{212}muo^{212}—lɔ^{22}maʔ^{2}

（5）处于词尾或句末的助词、语气词及趋向动词等读轻声，调值记作［0］。例如：

火着罢 xuo^{25}dei^{21}ba^{0}	行罢走了，死的婉称 gɛ^{22}ba^{0}
冻着 təŋ^{55}dʑiaʔ^{0}	记着 tsɿ^{55}dʑiaʔ^{0}
阿=个这个 aʔ^{5}gəʔ^{0}	艺=个那个 ŋ^{55}gəʔ^{0}
瞎=埲这里 xaʔ^{5}təʔ^{0}	出=埲哪里 tɕʰiaʔ^{5}təʔ^{0}

第六十节　龙游方音

壹　概况

一、调查点

1. 地理人口

龙游县隶属浙江省衢州市，地处浙江省西部，东临金华，南接遂昌，西连衢江区，北靠杭州的建德，西距衢州城区约 33 公里。全县总面积 1143 平方公里，辖 6 镇 7 乡 2 街道，分别是湖镇镇、横山镇、塔石镇、小南海镇、溪口镇、詹家镇、模环乡、石佛乡、社阳乡、罗家乡、庙下乡、沐尘畲族乡、大街乡，龙洲街道、东华街道[①]。截至 2017 年年底，全县总户数 16.44 万，户籍人口 40.50 万[②]，主要为汉族。少数民族人口为 1.07 万(截至 2017 年)，多为畲族，设有沐尘畲族乡，全县共有民族村 25 个。

2. 历史沿革

龙游历史悠久，春秋时期"姑蔑"古国建都于此，秦王嬴政二十五年（前222）置太末县，隶会稽郡，为龙游建县之始。唐贞观八年（634）改名龙丘，五代吴越宝正六年（931）吴越王钱镠以"丘"与"墓"近义不吉，又据县邑丘陵起伏如游龙状，遂改龙丘为龙游。北宋宣和三年（1121），因有诏讳"龙"字，改名盈川县，南宋绍兴元年（1131）复称龙游。元明清隶属于衢州，民国年间曾属金华道。1949 年成立龙游县人民政府，1959 年年底撤县并入衢县，1962 年复制，1973 年撤县，1983 年恢复龙游县建制，属金华地区，1985 年改属衢州市管辖。[③]

---

① 参见：龙游县人民政府，http://www.longyou.gov.cn/col/col1242941/index.html，2022 年 8 月 15 日获取。

② 参见:《2018 年浙江统计年鉴》，http://tjj.zj.gov.cn/col/col1525563/index.html，2022 年 8 月 15 日获取。

③ 参见：龙游县人民政府，http://www.longyou.gov.cn/col/col1242941/index.html，2022 年 8 月 15 日获取。

3. 方言分布

龙游方言属于吴语金衢片，为全县通行的主要方言。境内另有温州话分布在詹家、七都等乡镇，闽语分布在溪口及上圩头，淳安话为解放后的水库移民方言，有零星分布。畲族人内部主要说畲话，但出乡与县内其他人交流都用龙游话。

4. 地方曲艺

龙游婺剧在中华人民共和国成立前后一度十分兴盛，直到"文革"前，还有许多民办婺剧团，很多地方至今还留有当时建的戏台和祠堂台。改革开放以后，随着影视的普及，龙游婺剧班基本消失，整个龙游婺剧呈现出青黄不接、后继乏人的现象。

二、方言发音人

1. 方言老男

陈玉柱，1953 年 9 月出生于龙游祝家巷，一直在本地生活和工作，财会人员，现已退休，初中文化程度，说龙游话和不太标准的普通话。父母均为龙游城里人。

2. 方言青男

游佳，1983 年 9 月出生于龙游北门村，上大学前一直在本地生活和学习，2002—2005 年就读浙江工贸职业技术学院，毕业后在温州工作 3 年，2008 年起任龙游县广播电视总台记者，大专文化程度，说龙游话和普通话。父母均为龙游城里人。

3. 口头文化发音人

林信怡，男，1941 年 9 月出生于龙游大北门外，一直在本地生活和工作，职工，现已退休，初中文化程度，说龙游话和不太标准的普通话。父母均为龙游城里人。

施维嘉，男，1994 年 10 月出生于龙游龙洲街道，除在外地上大学外，一直在本地生活和学习，主持人，大专文化程度，说龙游话和普通话。父母均为龙游人。

陈美蓉，1954年10月出生于龙游文昌巷，一直在本地生活和工作，职工，现已退休，高中文化程度，说龙游话和不太标准的普通话。父母均为龙游人。

贰　声韵调

一、声母（28个，包括零声母在内）

p 八兵	pʰ 派片	b 病爬肥	m 麦明问	f 飞风副蜂	v 饭肥味
t 多东	tʰ 讨天	d 甜毒	n 脑南		l 老蓝连路
ts 资张争纸	tsʰ 刺抽抄春	dz 全茶城权		s 丝山手	z 字祠床船城
tɕ 酒主九	tɕʰ 清轻	dʑ 柱	ȵ 年热月	ɕ 想书响	ʑ 谢县
k 高	kʰ 开	g 共	ŋ 熬眼	x 好灰	
∅ 活安王用					

说明：

（1）[ts]组声母跟合口呼韵母相拼时，略带舌叶色彩。

（2）阳调类零声母音节前带有与音节开头元音同部位的轻微摩擦。

二、韵母（35个，包括自成音节的[m][n]在内）

ɿ 师丝试	i 米戏二飞	u 歌坐靴苦	y 雨
ɑ 排鞋	iɑ 写	uɑ 茶牙瓦猪快	
ɔ 宝饱	iɔ 笑桥		
ɛ 硬争台		ɜɯ 横歪睏惊欢	
ei 开对南半豆		uei 鬼权寸	
əɯ 豆走	iəɯ 油		
	ie 盐年根		ye 软
ã 山糖讲	iã 响讲	uã 官床王关	
ən 深根灯升	in 心新病星	uən 滚	yn 军
oŋ 春东	ioŋ 云兄用		
əʔ 盒十北白	iəʔ 接急节七锡	uəʔ 刮骨出国	yəʔ 月橘学局
ɔʔ 塔辣郭壳谷	iɔʔ 药	uɔʔ 鸭活学	

m 马

n 五耳

说明：

（1）[u]韵发音时唇形较闭，但口腔内部舌位接近[o]甚至[ɔ]。

（2）[ye]韵里的[e]舌位较低，接近[ɛ]。

（3）[n]韵及[ən][in][uən][yn]四韵中，韵尾[n]实际音值介于[n]与[ŋ]之间，其中[ən]韵与唇音声母[p][pʰ][b][f][v]相拼时韵尾更近于[ŋ]。

（4）[ã]实际音值介于[ã]与[æ̃]之间。

（5）[ɔ][iɔ][ɔʔ][iɔʔ][uɔʔ]诸韵中的[ɔ]唇形不太圆。

（6）[əʔ]韵中的元音[ə]有时舌位较低，接近[ɤ]。

三、声调（8个）

阴平	334	东该灯风通开天春
阳平	21	门龙牛油铜皮糖红
阴上	35	懂古鬼九统苦讨草
阳上	224	买老五有动罪近后
阴去	51	冻怪半四痛快寸去
阳去	231	卖路硬乱洞地饭树
阴入	4	谷百搭节急哭拍塔切刻
阳入	23	六麦叶月毒白盒罚

说明：

（1）阴平主体段为中平调，尾端微升半度，有时读成[33]，有时读得有轻微凹感，这里记作[334]。

（2）阳平为降调，起音在2度与3度之间，记作[21]。

（3）阴上为升调，起音介于3度与4度之间，记作[35]。

（4）阳上前半段读次低平调[22]，后半段由升至4度，前后两段时长相当，记作[224]。

（5）阳去为升降调，峰点接近4度，记作[231]。

（6）阴入与阳入均为短调，阴入略有升势，记作[4]；阳入升势较明显，记作[23]。

叁　连读变调

龙游方言两字组的连读变调规律见下表。表中首列为前字本调，首行为后字本调。每一格的第一行是两字组的本调组合；第二行是连读变调，若连读调与单字调相同，则此行空白；第三行为例词。同一两字组若有两种以上的变调，则以横线分隔。具体如下。

龙游方言两字组连读变调表

后字／前字	阴平 334	阳平 21	阴上 35	阳上 224	阴去 51	阳去 231	阴入 4	阳入 23
阴平 334	334 334 33 生 姜 334 334 33　51 哥 哥	334　21 35 清 明 334　21 33　334 边 沿	334　35 33 烧 酒 334　35 22 钞 票	334 224 33 端 午 334 224 33　51 仙 女	334　51 35　21 香 菜 334　51 33 山 坳	334 231 35　21 街 路 334 231 33 家 具	334　4 33 猪 血	334　23 33 山 药 334　23 35　0 三 十
阳平 21	21　334 33 棉 花 21　334 22 台 风	21　21 224 231 田 塍 21　21 224 行 棋 21　21 33　224 前 头	21　35 33 年 底 21　35 22 头 颈	21　224 33 徒 弟 21　224 22 皮 厚	21　51 22 邻 舍	21　231 224 蚕 豆 21　231 22 皮 蛋	21　4 33 头 发 21　4 22 麻 雀	21　23 33 茶 叶 21　23 22 蝴 蝶
阴上 35	35　334 22 剪 刀	35　21 水 田	35　35 22 狗 牯 35　35 21 起 子	35　224 22 子 女	35　51 22 扁 担 35　51 33 几 个	35　231 22 纸 鹞 35　231 33 扫 地	35　4 22 喜 鹊	35　23 22 手 镯
阳上 224	224 334 22 五 更	224　21 231 后 娘	224　35 22 老 虎	224 224 22 丈 母	224　51 22 被 絮	224 231 22 眼 泪	224　4 22 造 屋	224　23 22 上 学
阴去 51	51　334 33 背 心	51　21 35 种 田 51　21 33　224 去 年	51　35 33 戒 指	51　224 33 背 后	51　51 33 放 屁	51　231 33 做 梦 51　231 相 貌	51　4 33 背 脊	51　23 33 放 学

续表

后字 前字	阴平 334	阳平 21	阴上 35	阳上 224	阴去 51	阳去 231	阴入 4	阳入 23
阳去 231	231 334 22 外 公	231 21 224 231 大 门 231 21 22 231 病 侬	231 35 22 大 水	231 224 22 味 道	231 51 22 大 蒜	231 231 21 谢 谢	231 4 22 大 雪	231 23 22 大 栗
阴入 4	4 334 结 婚 4 334 3 51 一 千	4 21 豁 拳	4 35 3 一 统	4 224 割 稻	4 51 3 出 嫁	4 231 21 柏 树 4 231 3 一 万	4 4 3 阿 伯	4 23 结 实
阳入 23	23 334 2 热 汤 23 334 4 薄 刀	23 21 2 231 学 堂 23 21 231 木 头	23 35 2 麦 秆	23 224 2 落 雨	23 51 2 鼻 涕	23 231 2 佛 豆	23 4 2 蜡 烛	23 23 2 食 药 23 23 4 簟 席

　　龙游方言两字组的连读变调总体规律是：前字变调，后字基本不变；舒声变调，入声基本不变调。不同调类的前字会变读为一个相同的连读调，如：阴平、阴去读成［33］，阴上、阳上、阳去读成［22］；阳平在阳调类舒声字后读［231］。变调后产生 3 个新的调值：［33］［22］［3］。

肆　异读

一、新老异读

　　龙游方言的新老异读主要体现在声母和韵母方面。下文中" / "前为老派，后为新派。

1. 声母

　　（1）从母、船母少数字，老派读［dz］声母，新派读［z］声母。例如：造 dzɔ²²⁴ / zɔ²¹³ | 舌 dzəʔ²³ / zəʔ²³。

（2）日母、疑母少数字，老派读［n̠］或［ŋ］声母，新派读零声母。例如：儿 n̠i²¹ / ŋ²¹ | 迎 n̠in²¹ / in²¹ | 吴 ŋu²¹ / u²¹。

（3）见母开口二等少数字，老派白读［k］声母、文读［tɕ］声母，新派只读［tɕ］声母。例如：减 kã³⁵白，tɕie³⁵文 / tɕie³⁵ | 监 kã³³⁴白，tɕie³³⁴文 / tɕie⁴³⁴。

2. 韵母

（1）入声韵中老派读［ɔʔ］［iɔʔ］［uɔʔ］韵母，新派读［əʔ］［iəʔ］［uəʔ］。例如：搭 tɔʔ⁴ / təʔ⁴ | 脚 tɕiɔʔ⁴ / tɕiəʔ⁴ | 活 uɔʔ²³ / uəʔ²³。

（2）山摄合口一等个别字，老派读［ən］韵母，新派读［ei］韵母。例如：断 dən²²⁴ / dei²¹³ | 乱 lən²³¹ / lei²³¹。

（3）臻摄合口三等少数字，老派读［oŋ］或［ioŋ］韵母，新派则分文白两读，文读为［uən］或［yn］韵母。例如：春 tsʰoŋ³³⁴ / tsʰoŋ⁴³⁴白，tsʰuən⁴³⁴文 | 顺 zoŋ²³¹ / zyn²³¹白，zuən²³¹文 | 熏 ɕioŋ⁵¹ / koŋ⁵¹白，ɕyn⁵¹文 | 云 ioŋ²¹ / ioŋ²¹白，yn²¹文。

二、文白异读

龙游方言的文白异读主要体现在声母和韵母方面。下文中"/"前为白读，后为文读。

1. 声母

（1）微母、奉母个别字，白读为［m］或［b］声母，文读为［v］声母。例如：问 mei²³¹ / vən²³¹ | 肥 bi²¹ / vi²¹。

（2）崇母、禅母、邪母个别字，白读为［z］或［ʑ］声母，文读为［dz］或［dʑ］声母。例如：锄 zuɑ²¹ / dzu²¹ | 城 zən²¹ / dzən²¹ | 席 ʑiəʔ²³ / dʑiəʔ²³。

（3）日母少数字，白读为［n̠］或［n］声母，文读为［z］声母。例如：认 n̠in²³¹ / zən²³¹ | 日 nəʔ²³ / zəʔ²³。

（4）见晓组部分开口二等字，白读为［k］组声母，文读为［tɕ］组声母。例如：交 kɔ³³⁴ / tɕiɔ³³⁴ | 孝 xɔ⁵¹ / ɕiɔ⁵¹。

2. 韵母

（1）遇摄少数合口三等字，白读为［əɯ］［ɿ］或［uɑ］韵母，文读为［y］韵母。例如：锯 kəɯ⁵¹ / tɕy⁵¹ | 树 dzəɯ²³¹ / zy²²⁴ | 鼠 tsʰɿ³⁵ / tɕʰy³⁵ | 猪 tuɑ³³⁴ / tɕy³³⁴。

（2）止摄少数合口三等字，白读为［y］韵母，文读为［uei］韵母。例如：贵 tɕy⁵¹ / kuei⁵¹ | 围 y²¹ / uei²¹。

（3）咸山摄部分见组开口二等字，白读为［ã］韵母，文读为［ie］韵母。例如：减 kã³⁵ / tɕie³⁵ | 监 kã³³⁴ / tɕie³³⁴ | 颜 ŋã²¹ / ie²¹。

（4）山摄少数开口一等字，白读为［ei］韵母，文读为［ã］韵母。例如：汉 xei⁵¹ / xã⁵¹ | 安 ei³³⁴ / ã³³⁴。

（5）梗摄少数开口二三等字，白读为［ɛ］韵母，文读为［ən］或［in］韵母。例如：生 sɛ³³⁴ / sən³³⁴ | 柄 pɛ⁵¹ / pin⁵¹。

伍　小称

龙游方言的儿尾极少，在"点儿""点点儿"中，"儿"自成音节，读［n̩ɿ²¹］。

小称变调不太典型，有些阳平后字［21］变为阳上［224］，似可视为一种小称变调。例如：

细农 ɕiɑ⁵¹⁻³³nən²¹⁻²²⁴	阿爷 əʔ⁴iɑ²¹⁻²²⁴
娘娘 n̩iã²¹⁻²²n̩iã²¹⁻²²⁴	别农 biəʔ²nən²¹⁻²²⁴

有些入声后字读作舒声［51］，似乎也可以视作小称变调。例如：

正月 tsən³³n̩yəʔ²—tsən³³n̩yə⁵¹	八月 pɔʔ³n̩yəʔ²—pɔʔ³n̩yə⁵¹
后日 əɯ²²nəʔ²—əɯ²²nei⁵¹	成日 dzən²²nəʔ²—dzən²nei⁵¹

陆　其他音变

（1）龙游方言的声调一般是阴高阳低，连读变调后有些前字的声母随声调的变化而产生清浊之变。阴上字在阴平、阴去字前，调值由［35］变为［22］，其声母也随之由清变浊。例如：

扁担 pie³⁵tã⁵¹—bie²²tã⁵¹	点心 tie³⁵ɕin³³⁴—die²²ɕin³³⁴
短裤 tei³⁵kʰu⁵¹—dei²²kʰu⁵¹	打呼 tɛ³⁵xu³³⁴—dɛ²²xu³³⁴
纸鹞 tsʅ³⁵iɔ²³¹—dzʅ²²iɔ²³¹	指甲 tsʅ³⁵kɔʔ⁴—dzʅ²²kɔʔ⁴

手巾 səɯ³⁵tɕin³³⁴—zɯ²²tɕin³³⁴　　　　婶婶 sən³⁵sən³⁵—zən²²sən³⁵

剪刀 tɕie³⁵tɔ³³⁴—dʑie²²tɔ³³⁴　　　　韭菜 tɕiəɯ³⁵tsʰei⁵¹—dʑiəɯ²²tsʰei⁵¹

姊妹 tɕi³⁵mei²³¹—dʑi²²mei²³¹　　　　姊夫 tɕi³⁵fu³³⁴—dʑi²²fu³³⁴

小产 ɕiɔ³⁵tshã³⁵—ʑiɔ²²tsʰã³⁵　　　　小心 ɕiɔ³⁵ɕin³³⁴—ʑiɔ²²ɕin³³⁴

赶会 kie³⁵uei²³¹—gie²²uei²³¹

阳平字在非去声字前，调值有可能由［21］变为［33］，其声母也随之由浊变清。例如：

瓢羹 biɔ²¹kɛ³³⁴—piɔ³³kɛ³³⁴　　　　头发 dəɯ²¹fɔʔ⁴—təɯ³³fɔʔ⁴

前年 ʑie²¹n̪ie²¹—ɕie³³n̪ie²²⁴　　　　时景 zɿ²¹tɕin³⁵—sɿ³³tɕin³⁵

长条 dzã²¹diɔ²²⁴—tsã³³diɔ²²⁴　　　　茶叶 dzuɑ²¹iəʔ²³—tsuɑ³³iəʔ²³

（2）轻声主要表现为两种调值，一种是［21］，与阳平调相同；一种是［51］，与阴去调相同。考虑到"阿姊""阿娘"之类派生词中词根调值不宜标作［0］，而［51］调值既不轻又不短，故词汇部分一律按实读调值标注。例如：

阿姊 əʔ⁴tɕi²¹　　　　　　　　　阿娘 əʔ⁴n̪iã²¹

爷爷 iɑ³⁵iɑ²¹　　　　　　　　　姨娘 i³⁵n̪iã²¹

哑巴子 u³⁵pɑ²¹tsɿ²¹　　　　　　老子丈夫 lɔ²²⁴tsɿ²¹

饺子 tɕiɔ³⁵tsɿ²¹　　　　　　　　婊子 piɔ³⁵tsɿ²¹

起子 tɕʰi³⁵tsɿ²¹　　　　　　　　下来 xuɑ³⁵lei²¹

个把 kɑ⁵¹bu²¹　　　　　　　　　几个 ki³⁵kɑ²¹

包子 pɔ³³tsɿ⁵¹　　　　　　　　　胡子 u²²tsɿ⁵¹

髎子阴茎 liɔ²²tsɿ⁵¹　　　　　　　癫子疯子 tie³³tsɿ⁵¹

瞎子 xəʔ³tsɿ⁵¹　　　　　　　　　聋子 loŋ²²tsɿ⁵¹

哥哥 kɑ³³kɑ⁵¹　　　　　　　　　狮子 m̩²²sɿ³³tsɿ⁵¹

三十夜除夕 sã³³zəʔ²³iɑ⁵¹　　　　　老末家末尾 lɔ²²məʔ²kɑ⁵¹

老鸦乌鸦 lɔ²²uɑ⁵¹　　　　　　　　豆腐 dəɯ²²fu⁵¹

（3）龙游方言的舒声量词在口语中多变读为阴去［51］。

（4）语流中"弗""六"等字的韵母主元音［ɔ］有时央化为［ə］；"你""儿"等字［n̪i］有时读成［n̩］；前缀"阿［əʔ］"有时读成［aʔ］。

第六十一节　江山方音

壹　概况

一、调查点

1. 地理人口

江山市隶属浙江省衢州市，位于浙江省西南部，浙闽赣三省交界处，距衢州城区约 35 公里。江山东邻衢江区及丽水的遂昌县，南连福建省的浦城县，西接江西省的玉山、广丰两县，北与常山县相交。南北长 70.75 公里，东西宽 41.75 公里，总面积 2019 平方公里，辖 11 镇 5 乡 3 街道，分别是：上余镇、四都镇、贺村镇、坛石镇、大桥镇、新塘边镇、长台镇、石门镇、凤林镇、峡口镇、廿八都镇，大陈乡、碗窑乡、张村乡、塘源口乡、保安乡，双塔街道、虎山街道、清湖街道[①]。截至 2015 年年底，全市总户数 19.78 万，户籍人口 61.09 万[②]。

距江山市区 25 公里的江郎山为中国丹霞第一奇峰，三爿巨石耸立山巅，形如天柱，堪称"雄奇冠天下，秀丽甲东南"，自唐宋以来，历代文人如白居易、陆游、辛弃疾、徐霞客等都曾在此驻足并留下诗文，今被联合国教科文组织列入世界自然遗产。三省交界处的廿八都古镇，被称作"遗落在大山里的梦"，今为国家级历史文化名镇、中国民间艺术之乡。

2. 历史沿革

唐武德四年（621）分信安县地置须江县，为江山建县之始，隶属衢州。五代吴越宝正六年（931），因境南有江郎山，吴越王钱镠改须江县为江山县。南宋咸淳三年（1267），江山县改名为礼贤县，县治徙礼贤。元至元十三年（1276），复礼贤县为江山县，迁旧治。明初一度属龙游府，后一直为衢州府属县。民国年间一度属金华道。1949 年后属衢州专区，1955 年改属金华专区，1985 年属地级

---

① 参见：江山市政府门户网站，http://www.jiangshan.gov.cn/col/col1206562/index.html，2022 年 8 月 15 日获取。

② 参见：《2016 年浙江统计年鉴》，http://tjj.zj.gov.cn/col/col1525563/index.html，2022 年 8 月 15 日获取。

衢州市。1987 年撤县设市，仍属衢州市。^①

3. 方言分布

江山方言，俗称江山腔，属吴语上丽片上山小片，通行于江山全市。江山方言内部差异很小，南北只有少数字音略有不同。除江山方言外，市境南部的廿八都镇还通行"廿八都官话"，当地称"正字"，使用人口约 1 万。

4. 地方曲艺

本地流行婺剧，设有江山市婺剧团。

二、方言发音人

1. 方言老男

蔡秉洪，1954 年 1 月出生于江山城关镇，一直在本地生活和工作，职工，小学文化程度，说江山话和不太标准的普通话。父母均为江山城关人，说江山话。

2. 方言青男

张康，1989 年 10 月出生于江山清湖镇，一直在本地生活和工作，文艺工作者，中专文化程度，说江山话和普通话。父母均为江山清湖人，说江山话。

3. 口头文化发音人

徐珺，女，1980 年 12 月出生于江山坛石镇，除在长沙上大学外，一直在本地生活和工作，基层干部，本科文化程度，说江山话和普通话。父母均为江山坛石人，说江山话。

蔡秉洪，男，1950 年 1 月出生于江山城关镇，一直在本地生活和工作，职工，小学文化程度，说江山话和不太标准的普通话。父母均为江山城关人，说江山话。

刘青青，女，1988 年 8 月出生于江山清湖镇，除在外地上大学外，一直在本地生活和工作，基层干部，本科文化程度，说江山话和普通话。父母均为江山清湖人，说江山话。

---

① 参见：江山市政府门户网站，http://www.jiangshan.gov.cn/col/col1206562/index.html，2022 年 8 月 15 日获取。

贰　声韵调

一、声母（28个，包括零声母在内）

p 八兵	pʰ 派片	b 病爬肥	m 麦明味问	f 飞风副蜂	v 肥饭味
t 多东张竹	tʰ 讨天	d 甜毒	n 脑南		l 老蓝连路
ts 资租争	tsʰ 草抽拆初	dz 茶		s 丝三山	z 字贼祠床
tɕ 早酒装主	tɕʰ 刺清车手	dʑ 柱	ȵ 年泥热	ɕ 想双书	ʑ 坐全事床
k 高九	kʰ 开轻	g 共权	ŋ 软熬月	x 好灰响	
Ø 活安王用					

说明：

（1）[b][d][g][dz][dʑ]等浊声母遇阳平字时有较强的送气。如：排、弹、茄、财、棋。

（2）[tɕ]组声母遇[iɐ][iɐ̃][iɐʔ]韵时音值接近[tʃ]组。如：针、深、陈、使、汁、实。

（3）[k]组声母拼细音时，实际音值为[c]组。

二、韵母（53个）

	i 坐米试戏二飞短是	u 武芋豆	y 吹醉
ɒ 茶牙猪蟹		uɒ 瓦花	
a 排鞋破锤	ia 驰	ua 快饿	
o 歌马做			
ə 丝富抱	iə 写饱磨鸡	uə 图五讨	yə 过靴书雨酒
ᴇ 开赔		uᴇ 对鬼灰	
ɯ 师试豆走	iɯ 油		
ɐ 二记块龟	iɐ 事师		
ɯɐ 宝	iɯɐ 笑桥		
ɛ̃ 根新床	iɛ̃ 盐年半	uɛ̃ 寸滚	yɛ̃ 缠官权
	ĩ 心灯升星		yĩ 春云永

ə̃ 金转	iə̃ 深震		
aŋ 南山糖争兄	iaŋ 响讲	uaŋ 王横	yaŋ 光王
ɒŋ 暗算方讲	iɒŋ 龙双床		
əŋ 断裙僧肯			
oŋ 东关门朋	ioŋ 用冲		
aʔ 塔八托色白六	iaʔ 药弱缚学	uaʔ 活刮郭	yaʔ 镬
ɒʔ 盒辣壳学	iɒʔ 肉		
ɛʔ 是	iɛʔ 接急热橘直尺		yɛʔ 月出
əʔ 七刻贼黑			
ɐʔ 骨绿	iɐʔ 十刷		
oʔ 月北谷六绿	ioʔ 局桌叔		

说明：

（1）央半低圆唇元音［ɐ］发音时舌面下压，带卷舌色彩，也有学者记作［ɵ］或［œ］。

（2）［ɯ］韵舌位偏央，略开，与［ts］组声母相拼时音色与舌尖前元音［ɿ］颇似，［iɯ］韵实际音值接近［iəʊ］。

（3）元音［u］作韵头与韵腹时均较开，音值近［ʊ］。

（4）［a］［ia］［ua］［ɛ］［uɛ］［ə］［iə］［uə］诸韵的主元音［a］［ɛ］［ə］略有动程，音值近［aɐ］［ɛɐ］［əɐ］，其中［uə］韵跟［p］组声母相拼时，韵头［u］仅体现为嘴角略收，这里记作［ə］。

（5）［ɒŋ］韵有鼻化倾向，［ɒ］［uɒ］［ɒŋ］［iɒŋ］［ɒʔ］［iɒʔ］中［ɒ］的音值在［ɔ］［ɑ］之间。

（6）［aŋ］［aʔ］等韵母中的［a］发音偏央，实际音值为［ʌ］。

（7）［oŋ］韵拼零声母时实际音值为［uoŋ］，［oʔ］韵实际读音圆唇度较低，舌位偏央，拼［k］组和零声母时，实际音值为［uoʔ］。

（8）［iɛʔ］［yɛʔ］韵里的［ɛ］舌位稍偏后。

（9）［ə］韵与［ts］组声母相拼时带有近似［ɿ］的过渡音。

三、声调（8个）

| 阴平 | 44 | 东该灯风通开天春 |

阳平	213	门龙牛油铜皮糖红
阴上	241	懂古鬼九统苦讨草
阳上	22	买老五有动近后卖
阴去	51	冻怪半四痛快寸去
阳去	31	路硬乱洞地饭树罪
阴入	5	谷急刻百搭节拍塔切
阳入	2	六麦叶月毒白盒罚

说明：

（1）阳平［213］实际调值为［2131］。

（2）阴上［241］实际调值为［2241］，升势较缓，降势有时不明显，也可记为［243］。部分阴上字调型趋近阳平［2131］。例如：死、子、狗。

（3）阴去［51］不强调时并不降到1度，实际调值为［453］。

（4）阳去［31］实际调值为［231］。

叁　连读变调

一、两字组连读变调表

江山方言两字组的连读变调规律见下表。表中首列为前字本调，首行为后字本调。每一格的第一行是两字组的本调组合；第二行是连读变调，若连读调与单字调相同，则此行空白；第三行为例词。同一两字组若有两种以上的变调，则以横线分隔。具体如下。

江山方言两字组连读变调表

前字＼后字	阴平 44	阳平 213	阴上 241	阳上 22	阴去 51	阳去 31	阴入 5	阳入 2
阴平 44	44　44 生　姜	44　213 24　51 清　明	44　241 烧　酒	44　22 师　父	44　51 24 冬　至	44　31 24　51 杉　树	44　5 24 猪　血	44　2 蜂　蜜
	44　44 24 天　光	44　213 24 梳　头		44　22 24 仙　女	44　51 书　记		44　5 中　国	44　2 24 工　业

后字 / 前字	阴平 44	阳平 213	阴上 241	阳上 22	阴去 51	阳去 31	阴入 5	阳入 2
阳平 213	213 44 22 台 风	213 213 22 蚊 虫	213 241 22 牛 牯	213 22 22 肥 皂 213 22 22 51 徒 弟	213 51 22 油 菜	213 31 22 51 松 树	213 5 22 芦 粟	213 2 22 茶 叶 213 2 24 阳 历
阴上 241	241 44 44 手 巾	241 213 44 本 钿 241 213 24 早 时	241 241 44 狗 牯 241 241 24 几 许	241 22 24 子 女	241 51 44 散 碎 241 51 24 几 个	241 31 24 保 护 241 31 44 手 艺	241 5 44 喜 鹊	241 2 44 扁 食
阳上 22	22 44 旱 烟	22 213 老 牛 22 213 51 后 年	22 241 老 虎	22 22 弟 妇	22 51 断 气	22 31 51 马 路	22 5 倚 屋	22 2 老 佛
阴去 51	51 44 44 背 心	51 213 44 拜 堂	51 241 44 棍 子	51 22 44 跳 舞	51 51 44 种 菜	51 31 44 51 算 命 51 31 孝 顺	51 5 44 教 室	51 2 44 放 学
阳去 31	31 44 22 面 巾	31 213 22 旧 年	31 241 22 事 体	31 22 22 砚 瓦	31 51 22 大 蒜	31 31 22 51 雾 露 31 31 顺 利	31 5 22 大 腹	31 2 22 大 麦
阴入 5	5 44 结 婚	5 213 腹 脐	5 241 黑 板	5 22 割 稻	5 51 4 出 殡	5 31 柏 树	5 5 4 吸 铁	5 2 扎 实
阳入 2	2 44 目 睛	2 213 舌 头 2 213 51 日 时	2 241 麦 秆	2 22 白 马	2 51 学 费	2 31 佛 豆	2 5 蜡 烛	2 2 毒 药

二、两字组连读变调规律

江山方言两字组的连读变调有如下特点。

（1）完全不变调的组合约占全部声调组合的三分之一强。

（2）入声不论前字后字，均不变调，仅个别组合中阴入前字的实际调值在后字的起始调值为 5 度时降为 4 度。

（3）阴调类舒声前字大多变读［44］，少部分变读［24］，阳调类前字则变读［22］。

（4）阴调类舒声后字均不变调，少数阳调类后字变读［51］。

肆　异读

一、新老异读

（1）新派文读音及一字多音急剧减少。

老派都有文白两读的"绿、六、剥、讲、绑、长、忙、帮、裙、笔、神、远、园、圆、厚、狗、钩、头、豆、试、时、地、岁、戒、来、许"等字，新派不再有白读音；

老派都有两个或三个读音的"择、孔、旺、脚、娘、各、栗、震、新、缺、月、前、沉、品、监、南、舅、手、口、灶、水、亏、世、土、坐"等字，新派通常只会读一个音。

此外，新派还有"鹤、暖、截、瞎、看、敲、糙、季"等少数字不会读。

（2）新派不少字的读音在向普通话靠拢。

新派虽然并未增加新的音位，即变化仍在原有的音系框架内，但声韵调的配合与分布在一定程度上突破了原有格局。下文中"/"前为老派，后为新派：

完 yɛ̃²¹³ / uaŋ²¹³ | 搬 bɛ̃²¹³ / paŋ⁴⁴ | 产 saŋ²⁴¹ / tɕʰiaŋ²⁴¹ | 岩 ŋaŋ²¹³ / iɛ̃²¹³ | 甲 kaʔ⁵ / kiaʔ⁵ | 武 vu²² / u²² | 锤 dza²¹³ / dzuɐ²¹³ | 转 tõ²⁴¹ / tɕyɛ̃²⁴¹ | 眉 mɤ²¹³ / mɐ²¹³ | 蚁 ŋa²² / i²²

（3）古匣母字，老派读零声母，新派大多读擦音声母［ɕ］［ʑ］［x］。例如：

学 ɒʔ² / xɒʔ² | 项 ɒŋ³¹ / ɕiaŋ⁵¹ | 魂 uɛ̃²¹³ / xuɛ̃²¹³ | 害 ɛ³¹ / xɛ³¹ | 祸 o³¹ / xyɤ⁵¹ | 降 ɒŋ²¹³ / ʑiaŋ²¹³ | 限 aŋ²² / xiɛ̃⁵¹ | 盒 ɒʔ² / xɒʔ² | 鞋 a²¹³ / xa²¹³ | 形 ĩ²¹³ / ʑĩ²¹³ | 熊 ioŋ²¹³ / ʑioŋ²¹³ | 咸 aŋ²¹³ / xaŋ²¹³。

（4）疑母少数字，老派读［ŋ］声母，新派读零声母。

例如：蚁 ŋa²² / i²² | 岩 ŋaŋ²¹³ / iɛ̃²¹³ | 原 ŋyɛ̃²¹³ / yɛ̃²¹³。

（5）见组及晓母部分字，老派读［k］组声母，新派读［tɕ］组声母。

例如：均 kyɪ⁴⁴ / tɕyɪ⁴⁴ | 契 kʰi⁵¹ / tɕʰiɛʔ⁵ | 牵 kʰiɛ⁴⁴ / tɕʰiɛ⁴⁴ | 吃 kʰiɛʔ⁵ / tɕʰiɛʔ⁵ | 休 xiɐɯ⁴⁴ / ɕiɐɯ⁴⁴ | 歇 xiɛʔ⁵ / ɕiɛʔ⁵ | 穷 gioŋ²¹³ / dʑioŋ²¹³。

（6）知母少数字，老派读［t］组声母，新派读［tɕ］组声母。例如：转 tõ²⁴¹ / tɕyɛ̃²⁴¹ | 桩 tioŋ⁴⁴ / tɕioŋ⁴⁴ | 中 tioŋ⁴⁴ / tɕioŋ⁴⁴。

（7）老派读［oʔ］韵的字，新派都读［uəʔ］或［əʔ］。例如：足 tsoʔ⁵ / tsuəʔ⁵ | 缩 soʔ⁵ / suəʔ⁵ | 族 zoʔ² / dzuəʔ² | 毒 doʔ² / duəʔ² | 鹿 loʔ² / luəʔ² | 谷 koʔ⁵ / kuəʔ⁵ | 哭 kʰoʔ⁵ / kʰuəʔ⁵ | 屋 oʔ⁵ / uəʔ⁵ | 鼻 boʔ² / bəʔ² | 木 moʔ² / məʔ² | 服 voʔ² / vəʔ²。

（8）老派读［ioʔ］韵的字，新派都读［yɛʔ］。例如：菊 kioʔ⁵ / kyɛʔ⁵ | 曲 kʰioʔ⁵ / kʰyɛʔ⁵ | 局 gioʔ² / gyɛʔ² | 浴 ioʔ² / yɛʔ² | 粥 tɕioʔ⁵ / tɕyɛʔ⁵ | 叔 ɕioʔ⁵ / ɕyɛʔ⁵ | 熟 dʑioʔ² / ʑyɛʔ²。

（9）咸山摄、曾梗摄个别字，老派读［aŋ］韵母，新派读［iɛ̃］及［ĩ］韵母。例如：岩 ŋaŋ²¹³ / iɛ̃²¹³ | 限 aŋ²² / xiɛ̃⁵¹ | 冰 paŋ⁴⁴ / pĩ⁴⁴ | 柄 paŋ⁵¹ / pĩ²⁴¹。

二、文白异读

江山方言的文白异读主要体现在声母和韵母方面。下文中"／"前为白读，后为文读。

1. 声母

（1）非母奉母合口三等个别字，白读为［p］［b］［m］声母，文读为［f］［v］声母。例如：放 poŋ⁵¹ / foŋ⁵¹ | 肥 bi²¹³ / vi²¹³ | 味 mi³¹ / vi³¹。

（2）澄母开口二三等少数字，白读为［d］声母，文读为［dʑ］或［dz］声母。例如：长 dẽ²¹³ / dʑiaŋ²¹³ | 择 daʔ² / dzaʔ²。

（3）生母、书母三等个别字，白读为［ɕ］或［tɕʰ］声母，文读为［s］声母。例如：师 ɕiɘ⁴⁴ / sɯ⁴⁴ | 水 ɕy²⁴¹ / suɛ²⁴¹ | 手 tɕʰyɘ²⁴¹ / sɯ²⁴¹。

（4）日母开口三等少数字，白读为［ȵ］声母，文读为零声母或［ʐ］声母。例如：儿 ȵi²¹³ / ɘ²¹³ | 二 ȵi³¹ / ɘ⁵¹ | 人 ȵĩ²¹³ / ʐĩ²¹³。

2. 韵母

（1）果摄开口一等少数字，白读为［a］韵母，文读为［o］韵母。例如：

拖 tʰa⁴⁴ / tʰo⁴⁴ | 个 ka⁵¹ / ko⁵¹。

（2）遇摄合口三等少数字，白读为［ə、iə、ɯ］韵母，文读为［yə］韵母。例如：书 ɕiə⁴⁴ / ɕyə⁴⁴ | 许 xə²⁴¹ / xyə²⁴¹ | 树 dzɯ³¹ / ʑyə³¹。

（3）止摄开口三等少数字，白读为［iɵ］韵母，文读为［ɯ］韵母。例如：师 ɕiɵ⁴⁴ / sɯ⁴⁴ | 时 ʑiɵ²¹³ / zɯ²¹³。

（4）止摄合口三等少数字，白读为［y］韵母，文读为［uɛ］韵母。例如：亏 kʰy⁴⁴ / kʰuɛ⁴⁴ | 围 y²¹³ / uɛ²¹³ | 水 ɕy²⁴¹ / suɛ²⁴¹。

（5）效摄开口二等少数见晓组字，白读为［ɯɐ］韵母，文读为［iɐɯ］韵母。例如：交 kɯɐ⁴⁴ / kiɐɯ⁴⁴ | 敲 kʰɯɐ⁴⁴ / kʰiɐɯ⁴⁴ | 孝 xɯɐ⁵¹ / xiɐɯ⁵¹。

（6）流摄开口一等部分字，白读为［u］韵母，文读为［ɯ］韵母。例如：头 du²¹³ / dɯ²¹³ | 豆 du³¹ / dɯ³¹ | 钩 ku⁴⁴ / kɯ⁴⁴ | 狗 ku²⁴¹ / kɯ²⁴¹ | 口 kʰu²⁴¹ / kʰɯ²⁴¹ | 厚 gu²² / ɯ²²。

（7）山摄合口云母少数字，白读为［oŋ］韵母，文读为［yɛ̃］韵母。例如：圆 oŋ⁵¹ / yɛ̃²¹³ | 园 koŋ⁵¹ / yɛ̃²¹³ | 远 xoŋ²⁴¹ / yɛ̃⁴⁴。

（8）臻摄开口三等个别字，白读为［iɵ̃］韵母，文读为［ĩ］韵母。例如：震 tɕiɵ̃⁵¹ / tɕĩ⁵¹ | 神 ʑiɵ̃²¹³ / ʐĩ²¹³。

（9）臻摄合口三等个别字，白读为［əŋ］韵母，文读为［yĩ］韵母。例如：裙 gəŋ²¹³ / gyĩ²¹³ | 熏 kʰəŋ⁵¹ / xyĩ⁴⁴。

（10）宕江摄一二等少数字，白读为［iaŋ］韵母，文读为［ɒŋ］韵母。例如：帮 piaŋ⁴⁴ / pɒŋ⁴⁴ | 忙 miaŋ²¹³ / mɒŋ²¹³ | 绑 piaŋ²⁴¹ / pɒŋ²⁴¹。

（11）宕摄合口三等个别字，白读为［yaŋ］韵母，文读为［uaŋ］韵母。例如：王 yaŋ²¹³ / uaŋ²¹³ | 旺 yaŋ³¹ / uaŋ³¹。

（12）江摄开口二等个别见母字，白读为［ɒŋ］韵母，文读为［iaŋ］韵母。例如：江 kɒŋ⁴⁴ / kiaŋ⁴⁴ | 讲 kɒŋ²⁴¹ / kiaŋ²⁴¹。

伍 小称

江山方言存在少量小称音，音变方式有二。

（1）阴声韵音节读小称时韵母鼻化或加鼻尾［ŋ］，同时声调也多有变化。例如：

姑夫 kuə⁴⁴fə⁴⁴—姑夫儿 kuə⁴⁴fɛ̃²⁴¹

大姨 do³¹i⁵¹—大姨儿 do²²ĩ⁻²²

兄嫂 xaŋ⁴⁴suə²⁴¹—兄嫂儿 xaŋ⁴⁴suɛ̃⁴⁴

外婆 ŋua²²biə²¹³—外婆儿 ŋua²²biɛ̃²²

舅 gɯ²²—舅儿 gəŋ²²

舅母 gɯ²²mu²²—舅母儿 gəʔ²moŋ²²

（2）阳声韵音节的小称音只变声调，不变韵母。例如：

玄孙 yɛ̃²¹³suɛ̃⁴⁴—玄孙儿 yɛ̃²¹³suɛ̃²⁴¹

细后生 ɕiə⁵¹u²²saŋ⁴⁴ —细后生儿 ɕiə⁴⁴oʔ²saŋ²⁴¹

外公 ŋua²²koŋ⁴⁴—外公儿 ŋua²²koŋ²⁴¹

陆　其他音变

（1）语流中，有时会出现［n］［m］自成音节的情况。例如：你［n̩i²²］语流中也读［n̩²²］，无［mu²¹³］语流中也读［m̩²⁴］或［m̩⁴⁴］。

（2）词语中意义相对较虚的后字及句子中的动态助词、语气词等往往弱读为轻声，其调值统一标记为［0］。

（3）有些常用词中的舒声字会出现促化。例如：今日 kɒʔ²ləʔ² | 明日 maʔ²ləʔ² | 舅母儿 gəʔ²moŋ²² | 前头 zuɛ²²doʔ² | 后头 u²²doʔ² | 大姨夫儿 do²²iɛʔ²fɛ̃²⁴¹。

第六十二节　常山方音

壹　概况

一、调查点

1. 地理人口

常山县地处浙江省西部，钱塘江源头，浙闽赣皖四省交界处，素有"两浙首站"之称。常山县东连柯城区与衢江区，南靠江山，西南与江西省玉山县交界，西北与开化毗邻，东北部与杭州市淳安县相接，距衢州城区直线距离36公里，公路里程40公里。全县总面积1099平方公里，下辖3街道6镇5乡，分别是：天马街道、紫港街道、金川街道、白石镇、招贤镇、青石镇、球川镇、辉埠镇、芳村镇，何家乡、同弓乡、大桥头乡、新昌乡、东案乡。截至2018年年底，全县总户数为12.21万户，总人口数为34.43万[①]。人口以汉族人为主，少数民族常住人口为1277人（2019年）[②]。

2. 历史沿革

常山于东汉建安二十三年（218）建县，始称定阳县。隋大业三年（607），定阳县并入信安县，属东阳郡。唐咸亨五年（674）分原定阳县地置常山县，属衢州，以县治南有常山（今湖山）命名。广德二年（764）置县治于常山镇巡检署（今天马街道）。唐代以后，常山大致一直隶属衢州，其建置及县名稳定少变。1955年撤销衢州专区，并入金华专区。1958年，常山县并入衢县。1961年，恢复常山县。1985年，金华、衢县二市分设，实行市管县，常山县归衢州市管辖[③]。

---

① 参见:《2019年浙江统计年鉴》，http://tjj.zj.gov.cn/col/col1525563/index.html，2020年12月4日获取。

② 参见: 常山县人民政府，http://www.zjcs.gov.cn/art/2020/2/27/art_1257500_37281957.html，2020年12月4日获取。

③ 常山县地方志编纂委员会. 常山县志. 杭州：西泠印社出版社，2008：27-28.

3. 方言分布

常山方言属吴语上丽片上山小片，为全县通行的主要方言。此外，常山县内还有江西南丰方言、福建方言、淳安方言、江山方言、衢县方言、安徽安庆方言、开化县华埠镇"土官话"等。本书的调查点是天马街道。天马街道是常山县县城所在地，于2013年1月成立，为原天马镇人民政府辖区，是常山县政治经济文化中心。

4. 地方曲艺

本地主要流行越剧、婺剧和睦剧，其中以越剧流行范围最广，影响最大。1935年，越剧"苏文舞台""东安舞台"到常山演出，自此越剧渐趋流行。常山越剧团演出艺术质量较高，曾被誉为"浙西小百花"。2020年常山县天马街道入选"浙江省戏剧之乡"。

二、方言发音人

1. 方言老男

王生根，1952年9月出生于常山城关镇，一直在本地生活和工作，职工，现已退休，初中文化程度，说常山话和不太标准的普通话。父母均为常山县城人。

2. 方言青男

汪建荣，1983年4月出生于常山天马镇，1998—2003年在衢州职业技术学院学习，此外一直在本地生活和工作。教师，本科文化程度，说常山话和普通话。父亲为常山县城人，母亲为常山县东鲁乡人。

3. 口头文化发音人

陈土根，男，1945年6月生于常山天马镇，一直在本地生活和工作，职工，现已退休，初中文化程度，说常山话和不太标准的普通话。父母为常山人。

曾令兵，男，1956年6月出生于常山招贤镇，一直在本地生活和工作，国家级非物质文化遗产代表性项目名录"常山喝彩歌谣"的第六代传承人，本科文化程度，母语是南丰话，说常山话和普通话。父母为常山人。

占娇兰，女，1953年10月出生于常山天马街道，一直在本地生活和工作，职工，现已退休，初中文化程度，说常山话和不太标准的普通话。父母为常山人。

贰　声韵调

一、声母（28个，包括零声母在内）

p 八兵	pʰ 派片	b 爬病肥	m 麦明味问	f 飞风副蜂	v 肥饭味问
t 多东张竹装	tʰ 讨天	d 甜毒	n 脑南		l 老蓝连路
ts 资租酒竹争主	tsʰ 刺草清拆抄初春手	dz 茶柱		s 丝三酸山双	z 字贼祠事船顺十城
tɕ 早纸主九	tɕʰ 抽初车	dʑ 全权	ȵ 年泥热软月~光,又	ɕ 想手书响	ʑ 坐谢
k 高	kʰ 开轻	g 共	ŋ 熬月正~	x 好灰	
Ø 谢月~光,又活安温王云药					

说明：

（1）浊摩擦音［v］［z］［ʑ］的浊音色彩有时不如其他浊音声母。

（2）［m］［n］［l］［ȵ］［ŋ］等浊声母一般只出现在阳调类，但也有少数与阴调类（主要是阴上）相配的字，如"李""冷"。

（3）阳调类零声母音节前有同部位摩擦音，这里一并记作零声母［Ø］。

二、韵母（49个，包括自成音节的［m］［n］在内）

ɿ 师试	i 坐米试飞短	u 豆	y 遇
ɑ 茶牙猪	iɑ 茄	uɑ 瓦	
ɛ 排鞋		uɜ 快	yɛ 过靴
ɔ 歌饱	iɔ 敲		
e 开	ie 写	ue 赔对鬼	ye 雨
ø 二			
ɤ 宝	iɤ 笑桥		
	iu 走油	ui 火	
ɿə 丝		uə 苦五	

ã 南山糖　　　　　iã 响讲　　　　　　uã 王

　　　　　　　　　iɛ̃ 盐年

　　　　　　　　　ĩ 心深灯硬争病星兄　uĩ 春云横

ɔ̃ 半短根新床双讲　iɔ̃ 王　　　　　　　uɔ̃ 官寸滚　　　　yɔ̃ 深权

oŋ 东　　　　　　　ioŋ 用

aʔ 塔鸭法辣八六　　iaʔ 接贴药学　　　　uaʔ 活刮

ɛʔ 十骨出色

ʌʔ 七托郭壳学　　　iʌʔ 热节月~光,又绿　uʌʔ 盒郭　　　　yʌʔ 雨局

eʔ 尺锡　　　　　　ieʔ 急一直　　　　　　　　　　　yeʔ 橘

ɤʔ 月正~北国白谷

m 母

n 二月~光,又

说明：

（1）[i]与[ɕ][ʑ]相拼时，韵母略圆唇，且带舌尖化色彩。

（2）[u][iu]唇形略展。

（3）[ɤ]在[ts][tsʰ][s]组声母后略开。

（4）[ĩ]的舌位略开，近[ɛ̃]。

（5）[uə]的实际音值接近[uɤ]。

（6）[yɛ]的实际音值接近[yə]。

（7）[ø]韵只存在二[ø²⁴]、儿[ø⁵²]的文读音中。

三、声调（8个）

阴平	44	东该灯风通开天春
阳平	341	门龙牛油铜皮糖红
阴上	52	懂古鬼九统苦讨草
阳上	24	买老五有动罪后近
阴去	324	冻怪半四痛快寸去
阳去	131	卖路硬乱洞地饭树
阴入	5	谷急哭刻百搭节拍塔切
阳入	34	六麦叶月毒白盒罚

说明：

（1）阳平［341］，是一个以降为主的凸调。

（2）阳上［24］，实际调值是［224］，部分字直接由2度升到4度，如"五"。

（3）阴去［324］，调型为降升降，实际调值为［3241］，前段降得缓，后段降得急，是一个以升为主的凹调。

（4）阳去［131］，调型为平升降，实际调值为［1131］，平段调长略长于升降段。

（5）阳入［34］为短调，升势明显。

叁　连读变调

一、两字组连读变调表

常山方言两字组的连读变调规律见下表。表中首列为前字本调，首行为后字本调。每一格的第一行是两字组的本调组合；第二行是连读变调，若连读调与单字调相同，则此行空白；第三行为例词。同一两字组若有两种以上的变调，则以横线分隔。具体如下。

常山方言两字组连调变调表

后字 前字	阴平 44	阳平 341	阴上 52	阳上 24	阴去 324	阳去 131	阴入 5	阳入 34
阴平 44	44　　44 　　　 花　　生	44　341 52　　0 清　　明	44　　52 　　　 猪　　牯	44　　24 　　52 端　　午	44　324 52 高　　兴	44　131 　　　 扫　　地	44　　5 　　　 猪　　血	44　　34 　　　 山　　药
		44　341 45　　0 归　　来	44　　52 45　　0 包　　子	44　　24 　　　0 知　　了	44　324 52　　0 冬　　至	44　131 52　　0 豇　　豆		44　　34 45　　0 正　　月
阳平 341	341　44 22 台　　风	341　341 24 牛　　娘	341　52 22 苹　　果	341　24 22 头　　脑	341　324 24　52 难　　过	341　131 24 迷　　路	341　　5 22 头　　发	341　34 22 茶　　叶
		341　341 22 围　　裙	341　52 341　0 聋　　子	341　24 22　52 淘　　米	341　324 24　0 划　　算	341　324 22　52 灵　　位		
		341　341 24　　0 农　　民				341　131 24　　0 黄　　豆		

续表

后字 前字	阴平 44	阳平 341	阴上 52	阳上 24	阴去 324	阳去 131	阴入 5	阳入 34
阴上 52	52 44 43 剪 刀	52 341 43 枕 头	52 52 43 水 果	52 24 43 以 后	52 324 43 韭 菜	52 131 43 姊 妹	52 5 43 喜 鹊	52 34 43 手 镯
阳上 24	24 44 22 牡 丹	24 341 22 后 娘 24 341 24 0 后 年	24 52 22 老 虎	24 24 22 舅 舅	24 324 22 武 器 24 324 52 上 课	24 131 22 马 路	24 5 22 道 德	24 34 22 满 月
阴去 324	324 44 44 唱 歌	324 341 44 剃 头 324 341 45 0 灶 头	324 52 44 报 纸	324 24 44 52 跳 舞	324 324 44 做 戏 324 324 52 0 再 见	324 131 44 对 面	324 5 43 教 室	324 34 44 放 学 324 34 43 冻 着
阳去 131	131 44 22 豆 浆	131 341 24 0 弄 堂	131 52 22 面 粉	131 24 22 52 芋 芳 131 24 22 味 道 131 24 24 0 豆 腐	131 324 22 运 气 131 324 24 0 事 干	131 131 22 上 面 131 131 24 0 庙 会	131 5 22 第 一	131 34 22 闹 热
阴入 5	5 44 4 结 婚	5 341 4 铁 锤	5 52 4 发 抖	5 24 4 粟 米	5 324 4 咳 嗽	5 131 4 柏 树	5 5 4 一 百	5 34 4 吃 药
阳入 34	34 44 3 落 苏	34 341 3 木 头	34 52 3 麦 秆	34 24 3 木 耳	34 324 3 鼻 涕	34 131 3 木 匠	34 5 3 蜡 烛	34 34 3 日 历

二、两字组连读变调规律

常山方言两字组的连读变调有以下几个特点。

（1）前字和后字都会变。后字最主要的变调是读轻声。

（2）在前字的位置上，舒声阴调类之间、舒声阳调类之间分别有相混的现象。阴平、阴去都有读[44]的现象。阳平、阳上、阳去都有读[22][24]的现象。

（3）前字的［24］比阳上的单字调短一点。

（4）名词性重叠结构，前字声调变成既轻又短的调子，调值根据实际读音记录，后字不变。例如：奶奶（乳房）nɛ²nɛ²⁴ | 舅舅 dʑiu²dʑiu²⁴ | 哥哥 kɑ³kɑ⁵² | 嫂嫂 suə⁴suə⁴⁵ | 公公 koŋ⁴koŋ⁴⁴。

（5）"几+X"结构，前后字都不变调。例如：几个 ke⁵²ge³²⁴，几多 ke⁵²tɔ⁴⁴。

（6）助词"罢（了）""班＝（了）"后缀"高（上）"等一般读作轻声。例如：走罢（死）tɕiu⁵²pɛ⁰ | 生病班＝（了）sɿ⁴⁴bɿ²²pã⁰ | 借班＝（了）tɕiɛ³²pã⁰ | 边高（旁边）piɛ̃⁴⁵kɤ⁰。

肆　异读

一、新老异读

常山方言的新老异读在声韵调中均有体现。下文中"／"前为老派，后为新派。

1. 声母方面

（1）部分疑母字，老派读［ȵ］，新派趋向于读零声母。例如：芋 ȵyɛ¹³¹ / yɛ²¹³ | 言 ȵiɛ³⁴¹ / iɛ³⁴¹ | 严 ȵiɛ³⁴¹ / iɛ³⁴¹ | 原 ȵyɔ̃³⁴¹ / yɔ̃³⁴¹。

（2）个别禅母、邪母、船母字，老派读［ʑ］，新派趋向于读零声母。例如：尝 ʑiã³⁴¹ / iã³⁴¹ | 勺 ʑiaʔ³⁴ / iaʔ³⁴ | 斜 ʑie³⁴¹ / ie³⁴¹ | 射 ʑie¹³¹ / ie²¹³。

2. 韵母方面

（1）蟹摄合口一等部分字，老派读［ue］韵，新派读［e］韵。例如：配 pʰue⁵² / pʰe⁵² | 背 bue¹³¹ / be²¹³ | 煤 mue³⁴¹ / me³⁴¹ | 妹 mue¹³¹ / me²¹³。

（2）流摄开口一等、三等部分字，老派读［iu］韵，新派读［y］韵。例如：楼 liu³⁴¹ / ly³⁴¹ | 走 tɕiu⁵² / tɕy⁵² | 凑 tɕʰiu³²⁴ / tɕʰy⁴²⁴ | 修 ɕiu⁴⁴ / ɕy⁴⁴ | 袖 iu¹³¹ / ɕy²¹³ | 抽 tɕʰiu⁴⁴ / tɕʰy⁴⁴ | 绸 dʑiu³⁴¹ / dʑy³⁴¹。

（3）臻摄合口三等部分字，老派读［uɿ̃］，新派读［yɿ̃］，同时声母腭化。例如：俊 tsuɿ̃⁵² / tɕyɿ̃⁵² | 均 tsuɿ̃⁵² / tɕyɿ̃⁴⁴ | 军 tsuɿ̃⁴⁴ / tɕyɿ̃⁴⁴。

（4）一些不常用的字，新派受普通话影响，读音与老派有差异。例如：

僧 tsĩ⁴⁴ / soŋ⁴⁴｜越 yʌʔ³⁴ / yeʔ³⁴｜吴 uə³⁴¹ / u³⁴¹。此外，新派的鼻化韵鼻化程度较轻。

3. 声调方面

（1）部分浊上字，老派读阳上［24］调，新派读阳去［213］调。例如：弟 die²⁴ / die²¹³｜罪 dzue²⁴ / dzue²¹³｜染 n̠iɛ²⁴ / n̠iɛ²¹³｜眼 ŋã²⁴ / ŋã²¹³｜凤 voŋ²⁴ / voŋ²¹³｜缝 vã²⁴ / vã²¹³。

（2）部分清去字，老派读阴去［324］调，新派读阳去［213］调或阳平［341］调。例如：制 tsʅ³²⁴ / tsʅ²¹³｜用 ioŋ³²⁴ / ioŋ²¹³｜副 fuə³²⁴ / fuə³⁴¹｜隐 ĩ³²⁴ / ĩ³⁴¹。

（3）部分浊去字，老派读白读音阳去［131］调，新派读文读音阳上［24］调，或受普通话音调影响，读阳平［341］调。例如：义 ɔ¹³¹ / ɔ²⁴｜柿 zi¹³¹ / zi²⁴｜便 biɛ̃¹³¹ / biɛ̃²⁴｜件 dʑiɛ̃¹³¹ / dʑiɛ̃²⁴｜祸 ɔ¹³¹ / ɔ³⁴¹｜校 iɔ¹³¹ / iɔ³⁴¹｜弄 noŋ¹³¹ / noŋ³⁴¹。

二、文白异读

常山方言的文白异读主要体现在声母、韵母和声调三方面。下文中"／"前为白读，后为文读。

1. 声母方面

（1）微母部分字白读［m］，文读［v］或零声母。例如：味 mi²⁴ / vi²⁴｜问 mɔ̃¹³¹ / vɔ̃¹³¹｜雾 mɤ¹³¹ / u²⁴。

（2）古见系开口二等字白读为［k］组声母，文读为［tɕ］组声母，韵母也随之有所变化。例如：交 kɔ⁴⁴ / tɕiɔ⁴⁴｜减 kã⁵² / tɕiɛ̃⁵²｜江 kɔ̃⁴⁴ / tɕiã⁴⁴。

（3）日母字白读［n］［l］，文读［z］。例如：日 nʌʔ³⁴ / zɤʔ³⁴｜人 li̋³⁴¹ / zi³⁴¹｜认 li̋¹³¹ / zi̋¹³¹。

2. 韵母方面

（1）遇摄合口三等部分字，白读［uə iu ɤ］韵母，文读韵母［y］。例如：主 tsuə⁵² / tɕy⁵²｜输 suə⁴⁴ / ɕy⁴⁴｜树 dʑiu¹³¹ / y²⁴｜许 xɤ⁵² / ɕy⁵²。

（2）止摄开口三等日母字，白读［n］韵母，文读［ø］韵母。例如：儿 n⁵² / ø⁵²｜二 n¹³¹ / ø²⁴。

（3）止摄合口三等韵的部分字，白读［y］韵母，文读［ue］韵母。例如：吹 tɕʰy⁴⁴ / tsʰue⁴⁴｜亏 tɕʰy⁴⁴ / kʰue⁴⁴｜追 tɕy⁴⁴ / tsue⁴⁴｜围 y³⁴¹ / ue³⁴¹。

（4）效摄一等的部分字，白读［ɤuə］韵母，文读［ɔɤ］韵母。例如：毛 mɤ³⁴¹ / mɔ³⁴¹ | 道 dɤ³⁴¹ / dɔ¹³¹ | 老 lɤ²⁴ / lɔ¹³¹ | 好 xɤ⁵² / xɔ⁵² | 讨 tʰɤuə⁵² / tʰɔ⁵² | 草 tsʰɤuə⁵² / tsʰɤ³²⁴。

（5）效摄三四等的部分字，白读［iɤ］韵母，文读［iɔ］韵母。例如：焦 tɕiɤ⁴⁴ / tɕiɔ⁴ | 小 ɕiɤ³²⁴ / ɕiɔ⁵² | 鸟 tiɤ⁵² / ȵiɔ⁵² | 叫 iɔ³²⁴ / tɕiɔ⁵²。

（6）流摄开口三等的部分字，白读［uə］韵母，文读［u］韵母。例如：富 fuə³²⁴ / fu³²⁴ | 妇 uə⁵² / vu²⁴。

（7）山摄开口一等韵的部分字，白读［ɔ̃］韵母，文读［ã］韵母，例如：肝 kɔ̃⁴⁴ / kã⁴⁴ | 汉 xɔ̃⁵² / xã⁵² | 安 ɔ̃⁴⁴ / ã⁴⁴。

（8）山摄合口一等的少数字，白读［oŋ］韵母，文读［uɔ̃］韵母。例如：暖 doŋ²⁴ / nuɔ̃³⁴¹ | 乱 loŋ²⁴ / luɔ̃²⁴。

（9）山摄合口三等的少数字，白读［oŋ］韵母，文读［yɔ̃］韵母。例如：园 xoŋ⁴⁴ / yɔ̃³⁴¹ | 远 xoŋ⁵² / yɔ̃¹³¹。

3. 声调方面

（1）次浊上声字，白读阳上［24］调，文读阴上［52］调。例如：弟 die²⁴ / tie⁵² | 脑 nɔ²⁴ / nɔ⁵² | 眼 ŋã²⁴ / iɛ̃⁵²。

（2）清去字，白读阴去［324］调，文读阴上［52］调。例如：个 kɛ³²⁴ / kɔ⁵² | 屁 fɛ³²⁴ / pʰi⁵² | 试 sʅ³²⁴ / sʅ⁵² | 贵 tɕy³²⁴ / kue⁵² | 叫 iɔ³²⁴ / tɕiɔ⁵²。一些口语里不常用的字则只有文读音。例如：配 pʰue⁵² | 证 tsʅ̃⁵² | 统 tʰoŋ⁵² | 宋 soŋ⁵²。

（3）浊去字，白读阳去［131］调，文读阳上［24］调。例如：雾 mɤ¹³¹ / u²⁴ | 树 dʑiu¹³¹ / y²⁴ | 二 n¹³¹ / ø²⁴。

伍　儿化和小称

常山方言的小称儿尾"儿"音［n⁵²］（阴上），单用指儿子。"儿"加在名词性语素后，表示小称。主要有两种调值。

一种是［52］。例如：

猪儿 tɑ⁴³n⁵²　　　　　　　　　　鸡儿 ie⁴⁴n⁵²

刀儿小刀 tɤ⁴⁴n⁵²　　　　　　　　　芋艿儿 ŋye²²nɛ²²n⁵²

一种是轻声。例如：

孙儿 su$\tilde{\Lambda}^{52}$n^0　　　　　　　　　　　侄儿 dz$\tilde{i}^{24}$n^0

新囡儿$_{新娘子}$ s$\tilde{\Lambda}^{43}$nuə^{52}n^0　　　　小娘儿$_{女人}$ ɕiɤ^{43}n̩iã^{24}n^0

除了儿尾以外，常山方言中没有加鼻音、小称变调等小称现象。

第六十三节　开化方音

壹　概况

一、调查点

1. 地理人口

开化县隶属于浙江省衢州市，位于浙江省西部，东南距衢州城区约 58 公里，是浙江母亲河——钱塘江的源头所在地，东北与杭州的淳安县相邻，东南跟常山县相连，西及西北与江西省的玉山县、德兴市、婺源县接壤，北与安徽省的休宁县毗连。全县面积 2236.6 平方公里，辖 8 镇 6 乡 1 个办事处，分别是：桐村镇、杨林镇、苏庄镇、齐溪镇、村头镇、华埠镇、马金镇、池淮镇，中村乡、长虹乡、何田乡、林山乡、音坑乡、大溪边乡，芹阳办事处。[1] 截至 2018 年年底，全县总户数 12.03 万，户籍总人口 36.26 万[2]。主要为汉族，少数民族有 24 个，散居全县，人口极少。主要的少数民族是畲族，全县共有 8 个民族村，村中畲族人口的比例不高，不说畲话，说当地汉语方言。

2. 历史沿革

开化春秋属越国，战国属楚国，秦属会稽郡太末县，东汉为新安县一部分，三国、两晋及南朝属东阳郡，隋唐五代时期先后隶于信安、衢州、婺州。北宋乾德四年（968）吴越王钱俶分常山县西境七乡置开化场，北宋太平兴国六年（981）升场为县，元明清历属衢州。1912 年属金华道，1927 年废道，直属浙江省，1935 年改属衢州专署。建国初期，属衢州专区。1955 年划归建德专区。1958 年改属金华地区。1985 年金华、衢州两省辖市分置，开化属衢州市。[3]

① 参见：开化县人民政府，http://www.kaihua.gov.cn/col/col1229550429/index.html，2022 年 8 月 20 日获取。
② 参见：《2019 年浙江统计年鉴》，http://tjj.zj.gov.cn/col/col1525563/index.html，2022 年 8 月 20 日获取。
③ 开化县地方志编纂委员会. 开化县志. 北京方志出版社，2010.

3. 方言分布

开化境内的方言主要是开化话，属吴语上丽片上山小片。北部马金镇、齐溪镇、何田乡属徽语区。桐村镇、华埠镇的部分村说闽南话；华埠话旧称"土官话"，主要分布在华埠镇、杨林镇及池淮镇的部分村。此外，属徽语的淳安话由新安江水库移民带来，散布全县。

4. 地方曲艺

开化流行道情，多用"土官话"。

二、方言发音人

1. 方言老男

凌润初，1960 年 3 月出生于开化城关镇，一直在本地生活和工作，职工，现已退休，初中文化程度，说开化话和不太标准的普通话。父母均为开化城里人。

2. 方言青男

叶校政，1983 年 12 月出生于开化城关镇，一直在本地生活和工作，职工，初中文化程度，说开化话、普通话和华埠话。父母均为开化城里人。

3. 口头文化发音人

凌润初，男，1960 年 3 月出生于开化城关镇，一直在本地生活和工作，职工，现已退休，初中文化程度，说开化话和不太标准的普通话。父母均为开化城里人。

夏启明，男，1957 年 4 月出生于开化华埠镇，一直在本地生活和工作，教师，中师文化程度，说开化话、普通话和华埠话。父母均为开化人。

贰　声韵调

一、声母（28个，包括零声母在内）

p 八兵	pʰ 派片	b 病爬肥	m 麦明味问	f 飞风副蜂	v 肥饭味问
t 多东张竹	tʰ 讨天	d 甜毒	n 脑南		l 老蓝连路
ts 资租争装	tsʰ 刺寸拆抄	dz 茶		s 三酸山手	z 字祠事床
tɕ 早酒装主九	tɕʰ 清抽春手轻	dʑ 全柱城权	ȵ 年泥热软	ɕ 想双书响	ʑ 谢船十城
k 高	kʰ 开	ɡ 共	ŋ 熬	x 好灰	
∅ 月县安王用					

说明：

（1）[x]声母中的阳调类字有较强浊气流，实际音值为[xɣ]，例如河、祸。

（2）[tɕ]组声母跟齐撮两呼韵母相拼时带有舌叶色彩。

二、韵母（51个，包括自成音节的[m][n]在内）

ɿ 师试	i 米戏二飞	u 豆奴	y 女嘴
a 排鞋		ua 快锤	
ɛ 开赔对	iɛ 写婆鸡纸鼠	uɛ 蛇鬼	yɛ 过靴话
ə 锯鱼			
əl 二			
ɑ 茶牙瓦猪		uɑ 瓜花	
ɔ 歌做	iɔ 要瘦		
		uo 苦五	yo 雨竖
ɯ 走	iʊ 油抽		
əɯ 宝饱	iəɯ 笑桥		
ei 杯		uei 坐师短鬼气	
ʅ 丝字			
ã 南山争病兄	iã 响	uã 王横	yã 王光
	iɛ̃ 盐年		yɛ̃ 深权

ɛn 半床银盆	in 米心新灯<u>星</u>	uɛn <u>滚</u>	yn 春云船永
		uõ 蚕官寸<u>滚</u>	
ɔŋ 糖讲	iɐŋ 双终用		
ɤɤ 根东笋断			
aʔ 塔鸭辣北色白	iaʔ 接贴热节药	uaʔ 盒活刮骨国	yaʔ 十月出<u>学</u>局
ɤʔ 谷木			yoʔ 竹肉
	iɛʔ 急一直尺锡		yɛʔ 橘育
oʔ 八托郭壳<u>学</u>	ioʔ 六绿		
m 母=否定叹词			
n 尔			

说明：

（1）[uo][uõ]两韵动程明显，其中的[o]唇形较展，时长较短。

（2）[ɔ]韵略有动程，开口度接近[o]，但口腔内部较开，舌位偏后而低。

（3）[ɯ]韵有动程，音值接近[ɤɯ]。

（4）[ɑ]韵唇形略圆，但不到[ɒ]。

（5）[aʔ][iaʔ][uaʔ][yaʔ]四韵中的[a]略闭，实际音值介于[a]和[æ]之间。

（6）声化韵[m]专用于是非问的否定回答，声调是特殊的曲折调[2141]。

三、声调（7个）

阴平	44	东该灯风通开天春
阳平	231	门龙牛油铜皮糖红
阴上	53	懂古鬼九统苦讨草
阴去	412	冻怪半四痛快寸去
阳去	213	卖路硬乱洞地饭树买老五有动罪近后
阴入	5	谷百搭节急哭拍塔切刻
阳入	13	六麦叶月毒白盒罚

说明：

（1）阴平主体为平调，尾段微升，调值近[445]，作连读后字时上升较明显，这里统一记作[44]。

（2）阴上调头处略呈凸拱，调值近[453]，这里统一记作[53]。

（3）阴去主体为降调，尾段微升，有时读如［422］，这里统一记作［412］。

（4）阳去为降升调，个别字读如［113］，这里统一记作［213］。

（5）阳入［13］为短促的升调。

叁　连读变调

一、两字组连读变调表

开化方言两两字组的连读变调规律见下表。表中首列为前字本调，首行为后字本调。每一格的第一行是两字组的本调组合；第二行是连读变调，若连读调与单字调相同，则此行空白；第三行为例词。同一两字组若有两种以上的变调，则以横线分隔。具体如下。

开化方言两字组连读变调表

前字 ＼ 后字	阴平 44	阳平 231	阴上 53	阴去 412	阳去 213	阴入 5	阳入 13
阴平 44	44 44 天 光<hr>44 44 53 曾 孙	44 231 金 鱼<hr>44 231 53 0 清 明<hr>44 231 213 今 年	44 53 兄 嫂	44 412 53 0 香 菜<hr>44 412 53 仓 库<hr>44 412 相 信	44 213 师 父<hr>44 213 53 0 豇 豆<hr>44 213 53 乡 里	44 5 钢 笔	44 13 生 日<hr>44 13 5 三 月
阳平 231	231 44 21 黄 昏	231 231 21 53 胡 琴<hr>231 231 牛 娘<hr>231 231 21 213 明 年<hr>231 231 213 0 牛 郎<hr>231 231 0 回 来	231 53 21 头 颈<hr>231 53 0 聋 子	231 412 21 53 划 算<hr>231 412 21 蚊 帐	231 213 21 徒 弟<hr>231 213 21 53 名 字<hr>231 213 黄 豆	231 5 21 头 发	231 13 21 前 日

续表

前字＼后字	阴平 44	阳平 231	阴上 53	阴去 412	阳去 213	阴入 5	阳入 13
阴上 53	53　44 44 打　针 53　44 　　0 几　多	53　231 纸　钱 53　231 　　0 起　来	53　53 反　手 53　53 　　0 哑　子	53　412 44 讲　笑 53　412 44　53 考　试 53　412 　　0 几　个	53　213 44 保　佑	53　5 44 粉　笔	53　13 44 洗　浴
阴去 412	412　44 44 嫁　妆	412　231 44　53 算　盘 412　231 44 种　田 412　231 53　0 栋　梁	412　53 44 做　假	412　412 44 种　菜 412　412 53　0 渍　菜干菜	412　213 44 算　命 412　213 44　53 对　面	412　5 44 教　室 412　5 53　0 穄　粟高粱	412　13 44 放　学
阳去 213	213　44 21 老　天	213　231 21 丈　人 213　231 21　53 下　来 213　231 　　0 轿=裙围裙	213　53 21 乱　讲	213　412 21　53 事　干 213　412 21 运　气	213　213 21 老　弟 213　213 21　53 雾　露 213　213 　　0 二　两	213　5 21 第　一	213　13 21 老　佛 213　13 21　5 后　日
阴入 5	5　44 54 结　婚 5　44 　　0 雪　花	5　231 腹　脐	5　53 54 弗　懂 5　53 　　0 瞎　子	5　412 出　嫁 5　412 　　0 出　去	5　213 一　万	5　5 54 割　谷	5　13 扎　实
阳入 13	13　44 2 日　光月亮	13　231 2 日　头太阳 13　231 2　53 日　时白天	13　53 木　板	13　412 白　菜	13　213 木　匠	13　5 蜡　烛	13　13 食　药

说明：

（1）连读变调新产生［21］［2］［4］三个调值，均为前字产生的变调，其中［21］调来自阳平［231］与阳去［213］，［2］调来自阳入［13］，［4］来自阴入［5］，而轻声来自舒声调的后字，调值近［21］，标作［0］。

（2）前字［44］有时实际调值为［43］，后字［44］的实际调值多为［445］。

二、两字组连读变调规律

开化方言两字组的连读变调有以下几个特点。

（1）前字后字均有变调，但以前字变调为多。

（2）阴调类舒声前字一般变读为平调［44］，但在轻声音节前变读为［53］。

（3）阳调类舒声前字均变读为［21］。

（4）阴入前字基本不变，仅在高调（阴上、阴入）前变读为［4］。

（5）阳入前字由短促的升调［13］变读为短平调［2］。

（6）后字除了变读为轻声［0］外，大多变读为降调［53］。

肆　异读

一、新老异读

总体而言，新派跟老派的声韵调格局存在差异，但差异不算太大；老派保留较多的文白异读、一字多音，新派的文读音、又读音急剧减少。下文中"／"前为老派，后为新派。

1. 声母

（1）部分章组字，老派读［tɕ］组声母，新派读［ts］组声母。例如：震 tɕin⁵³ / tsʅ̩ŋ⁵³ | 证 tɕin⁵³ / tsen⁵³ | 织 tɕieʔ⁵ / tsʅʔ⁵ | 终 tɕioŋ⁴⁴ / tsʅ̩ŋ⁴⁴ | 秤 tɕʰin⁴¹² / tsʰen⁴²³ | 仓 tɕʰioŋ⁴⁴ / tsʰoŋ⁴⁴ | 程 dʑin²³¹ / dzʅ̩ŋ²³¹ | 设 ɕieʔ⁵ / seʔ⁵ | 式 ɕieʔ⁵ / seʔ⁵ | 失 ɕyaʔ⁵ / seʔ⁵ | 升 ɕin⁴⁴ / sen⁴⁴ | 声 ɕin⁴⁴ / sen⁴⁴ | 善 ʑiɛ̃²¹³ / zã²¹³ | 辰 ʑyɛ̃²³¹ / tsʰʅ̩ŋ²³¹ | 纯 ʑyn²¹³ / zuõ²³¹ | 城 ʑin²³¹ / zɛʅ²¹³。

（2）部分日母字，老派读［ʑ］或［ȵ］声母，新派读［l］声母。例如：如 ʑy²¹³ / lu²¹³ | 任 ʑin²¹³ / lʅ̩ŋ²¹³ | 人 ʑin²³¹ / lʅ̩ŋ²³¹ | 弱 ȵiaʔ¹³ / leʔ¹³。

（3）部分疑母字，老派读［ŋ］或［ȵ］声母，新派读零声母。例如：岸 ŋɔŋ²¹³ / ɔŋ²¹³ | 吴 ŋɔ²³¹ / u²³¹ | 乂 ȵi²¹³ / i⁵³ | 严 ȵiɛ̃²³¹ / iɛ̃²³¹ | 言 ȵiɛ̃²³¹ / iɛ̃²³¹ | 原 ȵyɛ̃²³¹ / yɛ̃²³¹。

2. 韵母

（1）新派韵母总数比老派少了两个。其中舒声韵数量未变，入声韵减少了 3 个，减少的主要原因是入声韵的主元音由［a］［o］［ɛ］［ə］［ɔ］五个缩减为［ɐ］［ʌ］［o］三个，变化的规律性尚不明，以宕开一铎韵字为例，老派都读［ɔʔ］韵母，新派则或读［ɐʔ］，或读［ʌʔ］。例如：托 tʰɔʔ⁵ / tʰɐʔ⁵ | 落 lɔʔ¹³ / lɐʔ¹³ | 各 kɔʔ⁵ / kɐʔ⁵ | 鹤 ŋɔʔ¹³ / ŋɐʔ¹³ | 作 tsɔʔ⁵ / tsʌʔ⁵ | 索 sɔʔ⁵ / sʌʔ⁵ | 恶 ɔʔ⁵ / ʌʔ⁵ | 郭 kɔʔ⁵ / kʌʔ⁵。

（2）蟹摄开口一等少数字老派读［a］组韵母，新派读［ɛ］组韵母，有时相反。例如：爱 a⁴¹² / xa⁵³ | 改 ka⁵³ / kɛ⁵³ | 海 xɛ⁵³ / xa⁵³。

（3）止摄、蟹摄三四等的少数明母、微母字老派读阳声韵［in］，新派读阴声韵［i］或［ɛ］。例如：米 min²¹³ / mi²¹³ | 眉 min²³¹ / mɛ²³¹ | 味 min²¹³ / mi²¹³。

（4）老派曾摄开口一三等、梗摄开口三等部分读［in］韵母的字，新派都读［ɛn］韵母。例如：灯 tin⁴⁴ / tɛn⁴⁴ | 绳 ʑin²³¹ / zɛn²³¹ | 正 tɕin⁴¹² / tsen⁴²³。

二、文白异读

开化方言的文白异读较为复杂，主要体现在声母、韵母方面。下文中"／"前为白读，后为文读。

1. 声母

（1）非组部分三等合口字白读为［p］声母，文读为［f］声母。例如：反 pã⁵³ / fã⁵³ | 翻 pã⁴⁴ / fã⁴⁴ | 放 pɤŋ⁴¹² / fã⁵³。

（2）微母个别常用字白读为［m］声母，文读为［v］声母。例如：味 min²¹³ / vi²¹³ | 问 mɛn²¹³ / vɛn²¹³。

（3）见母部分开口二三等字白读为［k］声母，文读为［tɕ］声母。例如：记 kuei⁴¹² / tɕi⁴¹² | 交 kɯɯ⁴⁴ / tɕiɔ⁴⁴ | 减 kã⁵³ / tɕiɛ̃⁵³ | 监 kã⁵³ / tɕiɛ̃⁴⁴ | 甲 kaʔ⁵ / tɕiaʔ⁵ | 金 kɛn⁴⁴ / tɕin⁴⁴ | 筋 kɛn⁴⁴ / tɕin⁴⁴ | 讲 kɔŋ⁵³ / tɕiã⁵³。

（4）禅母少数字白读声母为［dʑ］，文读声母为［ʑ］。例如：树 dʑiʊ²¹³ / ʑy²¹³ | 石 dʑiaʔ¹³ / ʑiaʔ¹³ | 熟 dʑyoʔ¹³ / ʑyoʔ¹³。

（5）晓母少数字白读为［x］声母，文读为［ɕ］声母。例如：许 xɤ⁵³ / ɕy⁵³ | 戏 xuei⁴¹² / ɕi⁴¹² | 孝 xɯɯ⁴¹² / ɕiɯɯ⁴¹²。

（6）日母个别开口三等字白读为[ȵ]声母，文读为零声母。例如：儿 ȵi⁵³ / əl²¹³ | 二 ȵi²¹³ / əl²¹³ | 耳 ȵi²¹³ / əl²¹³。

2. 韵母

（1）遇摄部分合口一三等字、流摄个别开口三等字白读为[uo]韵母，文读为[u]韵母。例如：图 duo²³¹ / du²³¹ | 古 kuo⁵³ / ku⁵³ | 府 fuo⁵³ / fu⁵³ | 付 fuo⁴¹² / fu⁵³ | 父 vuo²¹³ / vu²¹³ | 富 fuo⁴¹² / fu⁴¹² | 副 fuo⁴¹² / fu⁴¹² | 妇 vuo²¹³ / vu²¹³。

（2）遇摄个别合口三等字白读为[iɛ]韵母，文读为[y]韵母。例如：除 diɛ²³¹ / dʑy²³¹ | 书 ɕiɛ⁴⁴ / ɕy⁴。

（3）遇摄个别合口三等字白读为[yo]韵母，文读为[y]韵母。例如：主 tɕyo⁵³ / tɕy⁵³ | 输 ɕyo⁴⁴ / ɕy⁴⁴。

（4）止摄部分开口三等字白读为[uei]韵母，文读为[ɿ]韵母。例如：迟 dzuei²³¹ / dʐɿ²¹³ | 师 suei⁴⁴ / sɿ⁴⁴ | 指 tsuei⁵³ / tsɿ⁵³ | 事 zuei²¹³ / zɿ²¹³ | 试 suei⁴¹² / sɿ⁴¹² | 时 zuei²³¹ / zɿ²³¹ | 市 zuei²¹³ / zɿ²¹³。

（5）止摄部分合口三等字白读为[y]韵母，文读为[uei]韵母。例如：吹 tɕʰy⁴⁴ / tsʰuei⁴⁴ | 亏 tɕʰy⁴⁴ / kʰuei⁴⁴ | 水 y⁵³ / suei⁵³ | 位 y²¹³ / uei²¹³ | 贵 tɕy⁴¹² / kuei⁴¹²。

（6）效摄少数字白读为[ɯu]韵母，文读为[ɔ][iɔ]韵母。例如：道 dɯu²¹³ / dɔ²¹³ | 老 lɯu²¹³ / lɔ⁵³ | 交 kɯu⁴⁴ / tɕiɔ⁴⁴ | 焦 tsɯu⁴⁴ / tɕiɔ⁴⁴。

（7）流摄个别一三等字白读为[u]韵母，文读为[ɯ]或[iu]韵母。例如：狗 ku⁵³ / kɯ⁵³ | 口 kʰu⁵³ / kʰɯ⁵³ | 厚 gu²¹³ / xɯ²¹³ | 流 lu²¹³ / liu²³¹。

（8）深臻摄个别开口三等字白读为[ɛn]韵母，文读为[in]韵母。例如：金 kɛn⁴⁴ / tɕin⁴⁴ | 音 ɛn⁴⁴ / in⁴⁴ | 筋 kɛn⁴⁴ / tɕin⁴⁴。

（9）山摄、宕江摄少数开口一二等字白读为[ɔŋ]韵母，文读为[ã]韵母。例如：伞 sɔŋ⁵³ / sã⁵³ | 安 ɔŋ⁴⁴ / ã⁴⁴ | 浪 lɔŋ²¹³ / lã²¹³ | 讲 kɔŋ⁵³ / tɕiã⁵³。

（10）山摄个别合三字白读为[ɤŋ]韵母，文读为[yɛ̃]韵母。例如：园 xɤŋ⁴⁴ / yɛ̃²³¹ | 远 xɤŋ⁵³ / yɛ̃⁵³。

（11）宕江摄个别帮组、非组字白读为[iã]韵母，文读为[ã]韵母。例如：帮 piã⁴⁴ / pã⁴⁴ | 方 fiã⁴⁴ / fã⁴⁴ | 防 viã²³¹ / vã²³¹ | 棒 biã²¹³ / bã²¹³。

（12）宕摄少数合口一三等字白读为[yã]韵母，文读为[uã]韵母。例如：光 tɕyã⁴⁴ / kuã⁴⁴ | 黄 yã²³¹ / uã²³¹ | 狂 dzyã²³¹ / guã²³¹ | 王 yã²³¹ / uã²³¹ | 旺 yã²¹³ / uã²¹³。

（13）深臻摄个别开口三等入声字白读为[yaʔ]韵母，文读为[iɛʔ]韵母。例如：入 zyaʔ¹³ / ziɛʔ¹³ | 实 zyaʔ¹³ / ziɛʔ¹³ | 失 ɕyaʔ⁵ / ɕiɛʔ⁵。

伍　小称

开化的"儿"单字读[ȵi⁵³]，义为"儿子"。"儿"可以直接加在名词性语素后构成儿尾词，具有小称功能。儿尾词中的"儿"有两个调值，一是[53]，一是轻声[0]，例如：

侄儿 dʑyaʔ²ȵi⁵³　　　　　　　兔儿 tʰuo⁴⁴ȵi⁵³

小娘儿 ɕiɐɯ⁵³ȵiã²¹ȵi⁵³　　　　细农儿 sɛ⁴⁴nəŋ²¹ȵi⁵³

细猪儿 sɛ⁴⁴tɑ⁵³ȵi⁰　　　　　　短衫儿 tuei⁴⁴sã⁵³ȵi⁰

另外，有些字的读音可能跟小称有关，如："米"多读 min²¹³，"眉"多读 min²³¹，"姨"多读 i⁵³（阴上）或 i⁴⁴（阴平）。

陆　其他音变

（1）连读后字变调会引起声母的清浊变化，主要表现为全浊后字变调为调值高的阴调类时，浊音变读为同部位的清音。例如：

拳头 dʑyɛ̃²³¹du²³¹—dʑyɛ̃²¹tu⁵³

裁缝 zɛ²³¹vəŋ²³¹—zɛ²¹fəŋ⁵³

年财 ȵiɛ̃²³¹zɛ²³¹—ȵiɛ̃²¹sɛ⁵³

胡琴 uo²³¹dʑin²³¹—uo²¹tɕin⁵³

名字 min²³¹zə²¹³—min²¹sə⁵³

和尚 yɛ²³¹ʑiã²¹³—yɛ²¹ɕiã⁵³

（2）叠字称谓词前字多变短调，后字多变轻声或不变调。例如：

公公 kɤŋ⁴⁴kɤŋ⁴⁴—kɤ⁵kɤŋ⁰

妈妈₍奶奶₎ ma⁴⁴ma⁴⁴—ma⁵ma⁰

娘娘 ȵiã⁴⁴ȵiã⁴⁴—ȵiã⁵ȵiã⁰

哥哥 kɑ⁴⁴kɑ⁴⁴—kə⁴kɑ⁵³

大大₍伯母₎ da²¹³da²¹³—da²da²¹³

妹妹 mɛ²¹³mɛ²¹³—mɛ²mɛ²¹³

妈妈₍叔母₎ ma²¹³ma²¹³—ma²ma²¹³

第六十四节　丽水方音

壹　概况

一、调查点

1. 地理人口

莲都区是丽水市人民政府所在地。位于浙江省西南部，瓯江中游，东与青田县毗邻，南与云和县、景宁畲族自治县接壤，西与松阳县相连，西北与武义县交界，东北与缙云县连接。总面积 1502 平方公里，辖 6 街道 4 镇 5 乡，分别是：岩泉街道、紫金街道、白云街道、万象街道、联城街道、南明山街道，碧湖镇、大港头镇、雅溪镇、老竹畲族镇，峰源乡、太平乡、仙渡乡、丽新畲族乡、黄村乡。[①] 截至 2016 年年底，全区共有户籍人口 40.56 万[②]，有汉族、畲族、蒙古族、回族、藏族、维吾尔族、苗族等 39 个民族。2016 年年底全区少数民族人口 2.69 万。其中，畲族人口有 2.52 万。[③]

2. 历史沿革

隋开皇九年（589），分松阳东乡置括苍县，置处州，治设括苍。唐大历十四年（779），改括州为处州，改括苍县为丽水县。自隋建州设县以来，历来为州、郡、路、府治所。1949 年 10 月 1 日，属丽水专区。1952 年 1 月，撤丽水专区，属温州专区。1963 年 5 月，复设丽水专区，属丽水专区，仍为专署驻地。1968 年 11 月专区改称地区，属丽水地区。1986 年 3 月 1 日，撤丽水县置丽水市，仍属丽水地区。2000 年 5 月，撤丽水地区设地级丽水市，撤县级丽水市设市辖莲都区。[④]

---

① 参见：莲都区人民政府门户网站，http://www.liandu.gov.cn/art/2020/8/20/art_1229360361_58832811. html，2022 年 8 月 12 日获取。
② 参见：《2016 年浙江统计年鉴》，http://tjj.zj.gov.cn/col/col1525563/index.html，2022 年 8 月 12 日获取。
③ 参见：莲都区人民政府门户网站，http://www.liandu.gov.cn/art/2020/8/20/art_1229360361_58832811. html，2022 年 8 月 12 日获取。
④ 参见：莲都区人民政府门户网站，http://www.liandu.gov.cn/art/2020/8/20/art_1229360361_58832811. html，2022 年 8 月 12 日获取。

3. 方言分布

莲都境内的方言主要为丽水话。丽水话属于吴语上丽片丽水小片。丽水话可分为市区（以紫金街道、白云街道、万象街道为中心）、碧湖（以碧湖镇为中心）、雅溪（以雅溪、老竹为中心）三种口音。此外，在老竹畲族镇、丽新畲族乡等畲族乡镇及畲族村落还有畲话方言岛，有近2万多畲族说畲话，这些畲族人同时也说丽水话。最近几十年来，随着文化教育的普及，大众传媒的影响，以及经济的发展，丽水年轻人的普通话水平都较高，很多少年儿童已成为"无方言族"。

4. 地方曲艺

本地流行婺剧、越剧和丽水鼓词。

丽水鼓词是一种一人自击鼓板并说唱的表演形式。演唱者大多为盲人，伴奏乐器为"堂鼓"和"切"（以五片梨木片或竹片以绳带连缀而成的乐器）。演唱时，演唱者采用坐姿，左手握"切"击板（强拍），右手持签敲鼓点眼。在演唱正本鼓词之前，先用鼓点静场，唱一段"汤头"，多为祝福、吉利、警世等内容的短篇，以招徕听众。

二、方言发音人

1. 方言老男

何卫军，1956年3月出生于丽水城关镇，一直在本地生活和工作，教师，现已退休，中师文化程度，说丽水话和普通话。父母均为丽水城里人。

2. 方言青男

汪剑锋，1987年9月出生于丽水城关镇，2006—2008年就读于江西先锋软件职业技术学院，此外一直在本地生活和工作，基层干部，本科文化程度，说丽水话和普通话。父母均为丽水城里人。

3. 口头文化发音人

赵丽珍，女，1970年2月出生于丽水城关镇，一直在本地生活和工作，基层干部，大专文化程度，说丽水话和普通话。父母均为丽水城里人。

周丽君，女，1947年1月出生于丽水城关镇，一直在本地生活和工作，基层干部，现已退休，高中文化程度，说丽水话和普通话。父母均为丽水城里人。

周佩君，女，1957 年 1 月出生于丽水城关镇，一直在本地生活和工作，基层干部，现已退休，大专文化程度，说丽水话和普通话。父母均为丽水城里人。

贰　声韵调

一、声母（28 个，包括零声母在内）

p 八兵	pʰ 派片	b 病爬肥	m 麦明味问	f 飞风副蜂	v 肥饭
t 多东张竹	tʰ 讨天	d 甜毒	n 脑南		l 老蓝连路
ts 资早租争	tsʰ 刺草寸拆	dz 茶柱		s 丝三酸山书	z 字贼坐祠事
tɕ 酒九	tɕʰ 清抽轻车	dʑ 共权	ȵ 年泥热软月	ɕ 想双手响	ʑ 全谢床船顺
k 高	kʰ 开	g 共	ŋ 熬	x 好灰	
∅ 活县安温王					

说明：

（1）阳调类零声母音节的起始部分带有同部位的摩擦成分。

（2）全浊声母实际为清音浊流，浊擦音声母接近清音。

二、韵母（51 个，包括自成音节的［m̩］［ŋ̍］［ɚl］在内）

ɿ 师丝试戏	i 猪米飞	u 歌坐苦	y 女
ʮ 雨			
a 啊			
ɛ 开半根	iɛ 盐年	uɛ 南短寸	yɛ 靴权
		uɔ 排鞋快	
ə 宝饱	iə 笑桥		
	io 写	uo 过茶牙瓦	
ɯ 狗			
ei 赔对		uei 鬼	
əɯ 豆走	iəɯ 油		
ã 山硬争	iã 响	uã 官王横	

en 心深根灯横	in 升病星	uen 滚	yn 春云兄
ɔŋ 糖讲东	iɔŋ 床王双用		
	iʔ 急一直尺锡	uʔ 谷	yʔ 橘
aʔ 白	iaʔ 迦什么	uaʔ 划	
ɛʔ 盒	iɛʔ 接贴热节	uɜʔ 骨国	yɜʔ 十月出
ɔʔ 塔辣	iɔʔ 药	uɔʔ 鸭法八活刮	
əʔ 托郭壳学			
eʔ 七北色		ueʔ 颈	
	ioʔ 绿局	uoʔ 薄	
	iuʔ 六		
əɹ 二			
m̩ 磨			
ŋ̍ 五二			

说明：

（1）[ɛ]组韵母有时略带轻微鼻化色彩。

（2）韵母[io][iɔʔ][ioʔ]的韵头[i]的实际读音接近[y]，与[tɕ]组声母相拼时尤为明显。

（3）韵母[uɔ][uɔʔ]的韵头[u]较短较弱。

（4）韵母[e][iə]中[ə]的发音部位偏后，介于[ə][ʌ]之间。

（5）韵母[ei][uɔi]中[i]发音部位偏低，实际音值为[ɪ]。

（6）[ã][aʔ]二组韵母中的[a]发音部位偏后，实际音值为[ʌ]。

（7）[ã]组韵母鼻化较弱，有时接近[a]。

（8）韵母[en][uen]的主元音和韵尾之间有过渡音[ɛ]，实际读音接近[eɛn][ueɛn]。

（9）韵母[in][yn]主元音略带鼻化色彩，韵尾[n]较弱。

（10）[ɔŋ]组韵母的主元音[ɔ]略带鼻化色彩。

（11）韵母[iʔ]发音不稳定，有时实际音值接近[ieʔ]，阳入调时尤为明显。

（12）韵母[u][uʔ][iuʔ]中的[u]实际舌位略低。

（13）韵母[eʔ][ueʔ]实际音值为[erʔ][uerʔ]。

（14）韵母[ioʔ][ouʔ]中的[o]实际舌位略低，唇形略展。

（15）韵母[əɹ]仅见于文读音。

三、声调（7个）

阴平	224	东该灯风通开天春
阳平	22	门龙牛油铜皮糖红动罪近
上声	544	懂古鬼九统苦讨草买老五有后
阴去	52	冻怪半四痛快寸去
阳去	131	卖路硬乱洞地饭树
阴入	5	谷百搭节急哭拍塔切刻
阳入	23	六麦叶月毒白盒罚

说明：

（1）阳平［22］比阴平［224］的起音稍低。

（2）上声［544］的尾音比［44］略低，但比［33］高。

（3）阳去［131］有时实际音高为［231］。

（4）阳入［23］促声有时不明显。

叁　连读变调

丽水方言两字组的连读变调规律见下表。表中首列为前字本调，首行为后字本调。每一格的第一行是两字组的本调组合；第二行是连读变调，若连读调与单字调相同，则此行空白；第三行为例词。同一两字组若有两种以上的变调，则以横线分隔。具体如下。

丽水方言两字组连读变调表

后字 前字	阴平 224	阳平 22	上声 544	阴去 52	阳去 131	阴入 5	阳入 23
阴平 224	224　224 44 飞　　机	224　　22 开　　门 ―――――― 224　　22 　　　52 清　　明	224　544 44 天　　井	224　　52 天　　气	224　131 开　　会 ―――――― 224　131 　　　52 车　　站	224　　5 44 钢　　笔	224　　23 52 生　　日

续表

前字＼后字	阴平 224	阳平 22	上声 544	阴去 52	阳去 131	阴入 5	阳入 23
阳平 22	22 224 农村	22 22 城市 22/21 22/52 眉毛	22 544 门口	22/21 52 棉裤	22/21 131 排队 22/21 131/52 名字	22/21 5 头发	22/21 23 茶叶
上声 544	544/44 224 点心	544/44 22 水池	544/44 544 水果	544/44 52 水库	544/52 131 两代	544/44 5 粉笔	544/52 23 老实
阴去 52	52/44 224 汽车	52/224 22 过年 52/224 22/52 酱油	52/44 544 报纸	52/224 52 意见	52/224 131 过夜 52/224 131/52 孝顺	52/44 5 正式	52 23 副业
阳去 131	131/22 224 地方	131/22 22 味道 131/21 22/52 大门	131/22 544 代表	131/21 52 位置	131/21 131 顺利	131/21 5 办法	131/21 23 大麦
阴入 5	5/4 224 北京	5/4 22 铁门	5/4 544 黑板	5/4 52 织布 5 52/0 发票	5 131/0 铁路	5/4 5 出血	5/4 23 作业
阳入 23	23/2 224 石灰	23/2 22 石头	23/2 544 局长	23/21 52 力气	23/21 131 立夏	23/21 5 蜡烛	23/21 23 十六

丽水方言两字组连读变调有以下几个特点。

（1）以前字变调为主。

①阴平［224］在阴平［224］、上声［544］和阴入［5］前读［44］调；在阳入［23］前读［52］调；词汇中阴平［224］在阳平［22］、阴去［52］和阳去［131］仍读原调［224］，但在话语中，前字阴平［224］的升势有时不明显，近似于［22］调，在阴去［52］前尤为如此。

②阳平［22］、阳去［131］在阴平［224］、阳平［22］和上声［544］仍读原调［22］；在阴去［52］、阳去［131］、阴入［5］和阳入［23］前读［21］调。

③上声［544］在阴平［224］、阳平［22］、上声［544］、阴去［52］和阴入［5］前读［44］调；在阳去［131］和阳入［23］前读［52］调。

④阴去［52］的连读规律同阴平［224］。在阴平［224］、上声［544］和阴入［5］前读［44］调；在阳平［22］、阴去［52］和阳去［131］读［224］调，但有时［224］调的升势不明显，近似于［22］调，在阴去［52］前尤为如此；在阳入［23］前读原调［52］。

⑤前字阴入［5］一般读［4］调，后字为轻声时读原调。

⑥阳入［23］在阴平［224］、阳平［22］、上声［544］前读入声［2］调；在阴去［52］、阳去［131］、阴入［5］和阳入［23］前读入声［21］调。

（2）后字也有变调现象，具体如下。

①主要表现为后字阳平［22］和阳去［131］在语流中常读［52］。例如：工人 kɔŋ²²⁴nen²²⁻⁵² | 眉毛 mi²²⁻²¹mə²²⁻⁵²。

②当后字读［52］时，前字的阳平［22］和阳去［131］常读［21］。例如：毛病 mə²²⁻²¹bin¹³¹—pin⁵² | 大门 du¹³¹⁻²¹men²²⁻⁵²。当后字读［52］时，前字阴去［52］常读［224］。例如：酱油 tɕiã⁵²⁻²²⁴iɯ²²⁻⁵²。

③当后字读轻声时，前字一般读原调。例如：个把 kuɔ⁵²puo⁵⁴⁴⁻⁰ | 用着 iɔŋ¹³¹dʑiɔʔ²³⁻⁰ | 铁路 tʰiɛʔ⁵lu¹³¹⁻⁰ | 伯伯 paʔ⁵paʔ⁵⁻⁰。当阴去［52］、阳去［131］处于阴入［5］之后时，常读轻声。

（3）同一栏不同语法结构的两字组会有不同的连读变调规律。例如：酱油_{偏正}tɕiã⁵²⁻²²⁴iɯ²²⁻⁵² | 拜年_{动宾}puɔ⁵²⁻²²⁴ȵiɛ²²。

（4）阳去［131］和阳入［23］之前的［52］调，实际调值接近［53］。

（5）阳去［131］在语流中降势不明显，实际调值接近［132］或［13］，本书中仍写作［131］。

肆　异读

一、新老异读

丽水方言新老派的语音差异主要表现在以下方面。

1. 音系

（1）蟹摄开口二等字和蟹摄合口二等字，老男读[uɔ]，青男读[uo]。另有个别果摄字也有这样的差异。例如：

例字	老派	新派
个果开一	kuɔ^{52}	kuo^{52}
破果合一	pʰuɔ^{52}	pʰuo^{52}
晒蟹开二	suɔ^{52}	suo^{52}
鞋蟹开二	uɔ^{22}	uo^{22}
坏蟹合二	uɔ^{131}	uo^{131}
快蟹合二	kʰuɔ^{52}	kʰuo^{52}

（2）止开三个别零声母字，老男读[i]，青男读[ɿ]。例如：

例字	老派	新派
意止开三	i^{52}	ɿ^{52}
衣止开三	i^{224}	ɿ^{224}

（3）个别山合一入声字，老男读[ɛʔ]，青男读[əʔ]。例如：

例字	老派	新派
拨山合一	pɛʔ^{5}	pəʔ^{5}
泼山合一	pʰɛʔ^{5}	pʰəʔ^{5}
夺山合一	dɛʔ^{23}	dəʔ^{23}

2. 其他

（1）有些字老派有白读音，新派没有。例如"龟"，老派有[tsɿ^{224}]的白读音，新派只有[kuei^{224}]的读音。

（2）个别字韵母的读音有异。例如：

例字	老派读音	新派读音
雀宕开三	tɕʰyɛʔ^{5}	tɕʰiɔʔ^{5}
郭宕合一	kəʔ^{5}	kuoʔ^{5}
霍宕合一	xuɔʔ^{5}	xuoʔ^{5}
缚宕合三	buoʔ^{23}	bəʔ^{23}

续表

例字	老派读音	新派读音
升_{曾开三}	ɕin²²⁴	sen²²⁴
剧_{梗开三}	dʑyɛʔ²³	dʑiʔ²³
劈_{梗开四}	pʰiɛʔ⁵	pʰiʔ⁵
曲_{通合三}	tɕʰyɛʔ⁵	tɕʰiuʔ⁵

二、文白异读

丽水方言的文白异读主要体现在声母和韵母方面。下文中" / "前为白读，后为文读。

1. 声母

（1）部分非组字白读为［p］组声母，文读为［f］组声母。例如：反 pã⁵⁴⁴_{～东西：翻找东西} / fã⁵⁴⁴_{～对} | 肥 bi²²_{～肉} / vi²²_{减～}。

（2）个别微母字白读为声母［m］，文读为零声母，韵母也随之有所改变。例如：晚 mã⁵⁴⁴_{～娘：继母} / uã⁵⁴⁴_{～会}。

（3）个别从母字白读为擦音声母，文读为塞擦音声母。例如：绝 zyɛʔ²³_{～代} / dʑyɛʔ²³_{～对}。

（4）少量见组字白读为［k］组声母，文读为［tɕ］组声母，韵母也随之有所改变。例如：监 kã²²⁴_{～考} / tɕiɛ²²⁴_{～控} | 健 gɛ¹³¹_{指老人身体硬朗} / dʑiɛ¹³¹_{～康}。

（5）个别见组三等字白读为［ts］组或［tɕ］组声母，文读为［k］组声母，韵母也随之有所改变。例如：贵 tsʮ⁵²_{指价格} / kuei⁵²_{用于名字} | 共 dʑioŋ¹³¹_{一样：～性} / goŋ¹³¹_{～产党}。

（6）其他。例如：鸟_{端母} tiə⁵⁴⁴_{指动物} / ȵiə⁵⁴⁴_{严～：当地地名} | 侧_{庄母} tseʔ⁵_{～过来} / tsʰaʔ⁵_{～面}。

2. 韵母

（1）个别果摄开口一等字白读为［ɔ］韵母，文读为［u］韵母。例如：拖 tʰuɔ²²⁴_{～牢} / tʰu²²⁴_{～拉机}。

（2）个别假摄开口三等字白读为［io］韵母，文读为［iɛ］韵母。例如：爷 io²²_{老～} / iɛ²²_{～～}。

（3）个别遇摄字、止摄字、通摄舒声字白读为韵母［m］［ŋ］，文读为韵腹是元音的韵母。例如：吴 ŋ²² 姓，又读 / u²² 姓，又读 ｜ 儿 ŋ²² 指儿子 / əl²² 幼~园 ｜ 尾 ŋ⁵⁴⁴ ~巴 / mi⁵⁴⁴ 收~ ｜ 红 ŋ²² 指颜色 / ɔŋ²² 用于名字。

（4）个别蟹摄开口四等字白读为 [ei] 韵，文读为 [i] 韵母。例如：梯 tʰei²²⁴ 楼~ / tʰi²²⁴ 电~。

（5）个别止摄合口三等字白读为 [ʅ] 韵母，文读为 [uei] 韵母，声母也随之有所改变。例如：贵 tsʅ⁵² 指价格 / kuei⁵² 用于名字。

（6）个别山摄合口一等舒声字白读为 [yɛ] 韵，文读为 [uã] 韵母。例如：完 yɛ²² 做~ / uã²² ~全。

（7）个别深摄入声字白读为 [yɛʔ] 韵，文读为 [iʔ] 韵母。例如：习 zyɛʔ²³ 学~ / ziʔ²³ 姓。

（8）个别臻摄舒声字白读为 [ɛ] 韵母，文读为 [en] 韵母或 [in] 韵母；或白读为 [en] 韵母，文读为 [in] 韵母。若文读为 [in] 韵母，声母也会随之改变。例如：根 kɛ²²⁴ 树~ / ken²²⁴ ~据 ｜ 近 gɛ²² 与"远"相对 / dzin²² ~视 ｜ 人 nen²² 一个~ / ȵin²² 丈~。

（9）个别宕摄合口三等舒声字白读为 [iɔŋ] 韵，文读为 [uã] 韵母。例如：王 iɔŋ²² 姓，又读 / uã²² 姓，又读。

（10）个别梗摄开口二等舒声字白读为 [ã] 韵母，文读为 [ŋ] 韵母；个别梗摄合口二等舒声字白读为 [uã] 韵母，文读为 [en] 韵母。例如：猛 mã⁵⁴⁴ 形容火很旺 / mɔŋ⁵⁴⁴ 指凶猛 ｜ 横 uã²² ~过来 / en²² ~批。

（11）个别通摄合口三等舒声字白读为 [iɔŋ] 韵母，文读为 [ɔŋ] 韵母。例如：共 dziɔŋ¹³¹ 一样：~性 / gɔŋ¹³¹ ~产党。

伍　小称

1. 变调型

（1）一般情况，小称的最末音节读高降调 [52]，有时也会读高平调 [55]，本文统一写作 [52]。例如：外婆 ã¹³¹⁻²¹bu²²—pu⁵² ｜ 外公 ã¹³¹⁻²¹kɔŋ²²⁴⁻⁵²。

（2）阳平 [22] 的小称调又常读 [131] 调。例如：姨娘 i²²⁻²¹ȵiã²²⁻¹³¹ ｜ 娘娘 ȵiã²²⁻²¹ȵiã²²⁻¹³¹。

2. "儿"后缀型

（1）加后缀"儿"，"儿"读高降调 [52]。例如：徒弟儿 du²¹di²¹ŋ⁵²。

（2）加后缀"儿［52］"，前字阴平［224］和阴去［52］需变读［44］调。例如：车儿 tɕʰio²²⁴⁻⁴⁴ŋ⁵² | 店儿 tiɛ⁵²⁻⁴⁴ŋ⁵²。

3. 综合型

加后缀"儿"，最末音节与"儿"合音后变韵，读作后鼻音，一般常读作［ɔŋ］［iɔŋ］韵，且根据上述"变调型"中的规律发生变调。例如：姨婆 i²²⁻²¹bu²²—bɔŋ¹³¹ | 姨夫 i²²⁻²¹fu²²⁴—fɔŋ⁵² | 姑夫 ku²²⁴⁻⁴⁴fu²²⁴—fɔŋ⁵² | 老爷 lə⁵⁴⁴⁻⁵²io²²—iɔŋ¹³¹。

陆　其他音变

（1）当阳调字变读阴字调后，原来的浊声母也同时转换成为相应的不送气清声母。例如：车站 tɕʰio²²⁴dzã¹³¹—tsã⁵² | 围裙 uei²²⁻²¹dʑyn²²—tɕyn⁵²。

（2）"去"［kʰɯ⁵²］作为趋向动词在语流中常读［xɯ⁰］，例如：走去 tsəɯ⁵⁴⁴xɯ⁰。

第六十五节　青田方音

壹　概况

一、调查点

1. 地理人口

青田县隶属浙江省丽水市，位于浙江南部，丽水市东南部，东北临丽水城区，西南接景宁，西北依缙云，东部接永嘉、瓯海，南濒瑞安和文成，距丽水城区 70 公里。全县总面积 2493 平方公里，辖 4 街道 10 镇 18 乡，分别是：鹤城街道、瓯南街道、油竹街道、三溪口街道，温溪镇、东源镇、高湖镇、船寮镇、海口镇、腊口镇、北山镇、山口镇、仁庄镇、祯埠镇，万山乡、黄垟乡、季宅乡、高市乡、海溪乡、章村乡、祯旺乡、舒桥乡、巨浦乡、万阜乡、方山乡、汤垟乡、贵岙乡、小舟山乡、吴坑乡、仁宫乡、章旦乡、阜山乡。截至 2018 年年底，全县户籍人口 56.49 万。当地居民主要为汉族，此外还有畲族、壮族等少数民族，人口不多。[①]

2. 历史沿革

东汉建安时，今青田境域是松阳县的一部分。东晋太宁元年（323），今青田境域属永嘉郡。隋开皇九年（589），今青田境域为括苍县的部分。唐景云二年（711），设青田县，隶属括州。青田建县以来，县境经历三次大的变迁。明景泰三年（1452），以青田地广为由，析部分地置景宁县。至 1948 年，青田面积为 2779 平方公里。[②] 中华人民共和国成立后，青田县隶属温州专区。1963 年 5 月，改属丽水专区（1968 年 11 月改属丽水地区，2000 年改属丽水市）。县城一直在鹤城街道。

---

① 参见: 青田县人民政府, http://www.qingtian.gov.cn, 2022 年 8 月 8 日获取。
② 青田县志编委会. 青田县志. 杭州: 浙江人民出版社, 1990: 65-66.

3. 方言分布

青田方言是青田全境通用方言，属吴语区上丽片丽水小片。青田方言以鹤城街道为代表，县境内各地方言有明显差异：以鹤城街道为中心的方言小区，占总人口约80%，其中内部差异较明显的是北山、张口一带的青田话"白山腔"。三塘汇以西方言小区接近丽水话和碧湖话。洲头东北方言小区，有青田话、永嘉话和瑞安话。万阜一带方言小区，接近文成南田口音，俗称"九都话"。畲族人内部一般说畲话，散居各地，一般都还说青田话。其他少数民族人口很少，一般说青田方言。①

4. 地方曲艺

地方曲艺主要有青田鼓词，多为盲人说唱。唱腔低沉，节奏缓慢自由，旋律起伏不大，属吟诵式鼓词。在两个乐句基础上，艺人可即兴发挥，以延伸和压缩手法表达喜怒哀乐。伴奏乐器鼓、拍，打击简单节奏伴和。以佛事说唱的"观音佛词""夫人词"称为大词，在城乡流动说唱的称为鼓架词，或称小词。说唱传本有《隋唐演义》《孟丽君》《飞龙剑》等。另有章村鼓词和温溪鼓词，分别流行于章村和温溪一带。②

二、方言发音人

1. 方言老男

姚观遇，1961年11月出生于青田鹤城镇，一直在本地生活和工作，农民，高中文化程度，说青田鹤城话和不太标准的普通话。父母均为青田鹤城人，说青田鹤城话。

2. 方言青男

蒋顺恺，1989年12月出生于青田鹤城镇，一直在本地生活和工作，基层干部，本科文化程度，说青田鹤城话和不太标准的普通话。父母均为青田鹤城人，说青田鹤城话。

---

① 青田县志编委会. 青田县志. 杭州：浙江人民出版社，1990：683-684.
② 青田县志编委会. 青田县志. 杭州：浙江人民出版社，1990：604.

3. 口头文化发音人

徐汉民，男，1958 年 7 月出生于青田鹤城镇，一直在本地生活和工作，基层干部，大专文化程度，说青田鹤城话和不太标准的普通话。父母均为青田鹤城人，说青田鹤城话。

詹爱琴，女，1963 年 8 月出生于青田鹤城镇，一直在本地生活和工作，农民，初中文化程度，说青田鹤城话和不太标准的普通话。父母均为青田鹤城人，说青田鹤城话。

李雪静，女，1971 年 12 月出生于青田鹤城镇，一直在本地生活和工作，教师，本科文化程度，说青田鹤城话和普通话。父母均为青田鹤城人，说青田鹤城话。

虞惠阳，男，1964 年 11 月出生于青田鹤城镇，一直在本地生活和工作，教师，本科文化程度，说青田鹤城话和普通话。父母均为青田鹤城人，说青田鹤城话。

吴佩艳，女，1990 年 3 月出生于青田鹤城镇，一直在本地生活和工作，教师，本科文化程度，说青田鹤城话和普通话。父母均为青田鹤城人，说青田鹤城话。

贰　声韵调

一、声母（27 个，包括零声母在内）

ɓ 八兵	pʰ 派片	b 爬病	m 麦明味问	f 飞凤副蜂	v 肥饭
ɗ 多东张竹	tʰ 讨天	d 甜毒	n 脑南		l 老蓝连路
ts 早争装纸	tsʰ 草寸抄初	dz 茶柱		s 丝三酸山书	z 贼坐祠事十
tɕ 酒九	tɕʰ 清车春轻	dʑ 共权	ȵ 年泥热软月	ɕ 想双手响	
k 高	kʰ 开	g 厚	ŋ 熬	x 好灰	
Ø 床城县王药					

说明：

（1）阳调类零声母有较明显的同部位摩擦成分。

（2）[ɓ][ɗ]为缩气音，实际是浊度很小的浊塞音，同时伴随紧喉。

（3）[v]的摩擦成分不强，近于无擦通音[ʋ]。

二、韵母（45个，包括自成音节的[m][n]在内）

ๅ 师丝试戏	i 猪米飞响	u 歌坐过茶牙瓦雨	
ʮ 柱			
ɑ 排鞋山	iɑ 年	uɑ 快官	
ɛ 开硬争	iɛ 盐根	uɛ 横	
œ 宝	iœ 笑桥		
ø 苦五			
o 饱糖讲	io 床王双用		
æi 赔对走		uæi 鬼	
eu 豆	ieu 油		
	iu 靴写		
		uɐ 南半短寸	yɐ 权
aŋ 心深新	iaŋ 林	uaŋ 滚	yaŋ 春云
eŋ 灯	iŋ 升病星		
oŋ 东	ioŋ 兄		
ๅʔ 直尺锡	iʔ 药	uʔ 谷	
aʔ 盒塔鸭法十辣七	iæʔ 接贴急热节一	uæʔ 活刮骨	yæʔ 月出橘
ɛʔ 北色白		uɛʔ 国	
oʔ 托郭壳学	ioʔ 绿局		
euʔ 六	iuʔ 粥		
m 磨			
n 二			

说明：

（1）[ɛ][ɛʔ]两组中的[ɛ]舌位略高，近于[e]。

（2）[o]组中的[o]舌位略低。

（3）[eu][ieu]中的[u]舌位很靠前。

（4）[uɐ][yɐ]中的[ɐ]舌位略靠后，但不到[ʌ]。

（5）[aŋ]组中的[a]实际读音为[ʌ]。

（6）[eŋ]中的[e]舌位较高，接近[ɪ]。

（7）[iæʔ][uæʔ][yæʔ]组韵母中[æ]的舌位靠后，有时听起来像[ə]。

（8）［euʔ］中的［u］舌位很靠前，且［eu］中的两个音素结合得很紧，很短促。

（9）［m］［n］自成音节后面会伴随一个轻微的爆破成分，听起来好像是由两个音节组成，即［m…maʔ］［n…naʔ］。

三、声调（8个）

阴平	445	东该灯风通开天春
阳平	21	门龙牛油铜皮糖红
阴上	454	懂古鬼九统苦讨草买老五有
阳上	343	动罪近厚
阴去	33	冻怪半四痛快寸去
阳去	22	卖路硬乱洞地饭树
阴入	42	谷百搭节急哭拍塔切刻
阳入	31	六麦叶月毒白盒罚

说明：

（1）阴平较高，但也可记作［334］，以平为主。

（2）阳平有时尾部升，可记作［212］，以降为主。

（3）阴上后半部分 时值较长，以降为主。

（4）入声均为短促调。

叁　连读变调

一、两字组连读变调表

青田方言两字组的连读变调规律见下表。表中首列为前字本调，首行为后字本调。每一格的第一行是两字组的本调组合；第二行是连读变调，若连读调与单字调相同，则此行空白；第三行为例词。同一两字组若有两种以上的变调，则以横线分隔。具体如下。

青田方言两字组连读变调表

后字\前字	阴平 445	阳平 21	阴上 454	阳上 343	阴去 33	阳去 22	阴入 42	阳入 31
阴平 445	445 445 / 22 / 天光	445 212 / 55 53 / 清明	445 454 / 33 / 烧酒	445 343 / 33 / 哥弟	445 33 / 55 / 天气	445 22 / 55 / 街路	445 42 / 33 / 钢笔	445 31 / 33 / 山峡
阳平 21	212 445 / 21 / 台风	212 212 / 55 53 / 黄泥	212 454 / 22 / 牙齿	212 343 / 22 / 油皂	212 33 / 55 / 糖蔗	212 22 / 55 / 和尚	212 42 / 22 / 毛竹	212 31 / 22 / 农历
阴上 454	454 445 / 22 / 点心	454 212 / 55 / 水田	454 454 / 33 / 水果	454 343 / 33 / 改善	454 33 / 33 / 韭菜	454 22 / 33 / 扫地	454 42 / 33 / 指甲	454 31 / 33 / 板栗　　454 31 / 55 / 瓦页
阳上 343	343 445 / 22 / 棒冰	343 212 / 55 / 市容	343 454 / 33 / 稻秆	343 343 / 33 / 道士	343 33 / 33 / 重要	343 22 / 33 / 部队	343 42 / 33 / 道德	343 31 / 33 / 技术
阴去 33	33 445 / 22 / 衬衫	33 212 / 53 / 算盘	33 454 / 沸水	33 343 / 泻肚	33 33 / 55 / 放屁	33 22 / 态度	33 42 / 教室	33 31 / 放学
阳去 22	22 445 / 地方	22 212 / 53 / 大门	22 454 / 大水	22 343 / 味道	22 33 / 55 / 地震	22 22 / 旱地	22 42 / 认识	22 31 / 大麦
阴入 42	42 445 / 4 / 结婚	42 212 / 4 53 / 插田	42 454 / 4 / 弗懂	42 343 / 4 / 割稻	42 33 / 4 / 出去	42 22 / 4 / 柏树	42 42 / 4 / 竹节	42 31 / 4 / 发热
阳入 31	31 445 / 3 / 蜜蜂	31 212 / 3 53 / 学堂	31 454 / 3 / 落雨	31 343 / 3 / 活动	31 33 / 3 / 木炭	31 22 / 3 / 绿豆	31 42 / 3 / 白鸽	31 31 / 3 / 腊肉

二、两字组连读变调规律

青田方言两字组的变调有以下几个特点：

（1）阴平［445］作前字时常读作［33］或［55］。

（2）阳平［21］作前字时常读作［22］或［55］。

（3）阴上［454］、阳上［343］作前字时常读作［33］。

（4）阴入［42］作前字时常读作［4］，阳入［31］作前字时常读作［3］。

（5）前字不变、后字变的情况很少，只出现在去声（阴去［33］和阳去［22］）

跟阳平［21］、阴去［33］的组合；组合后，前字不变，后字的阳平、阴去分别变读为［53］［55］。

（6）前后字都变的情况很少，如：阳平［21］和阳平［21］组合，分别读作［55］和［53］。

（7）前后字都不变的情况，以阴去［33］和阳去［22］作前字时最为典型。

肆　异读

一、新老异读

青田方言的新老派存在一定的语音差异，主要体现在音系方面。下文中"/"前为老派，后为新派。

1. 音系

音系中的新老异读主要表现在以下几个方面。

（1）青男的［əu］或［o］韵母，老男一般读［u］韵母。例如：多 du^{445} / $dəu^{445}$ | 错 ts^hu^{33} / $ts^həu^{33}$ | 鹅 $ŋu^{21}$ / $ŋo^{21}$ | 螺 lu^{21} / lo^{21}。

（2）青男的［əŋ］韵母，对应于老男的［eŋ］或［iŋ］韵母。例如：灯 $deŋ^{445}$ / $dəŋ^{445}$ | 病 $biŋ^{22}$ / $bəŋ^{22}$。

（3）老男的［iæʔ］［uæʔ］［yæʔ］韵，对应于青男的［iaʔ］［uaʔ］［yaʔ］韵。例如：急 $tɕiæʔ^{42}$ / $tɕiaʔ^{42}$ | 骨 $kuæʔ^{42}$ / $kuaʔ^{42}$ | 月 $ȵyæʔ^{31}$ / $ȵyaʔ^{31}$。

（4）青男的［uoʔ］韵母，老男读其他韵母。例如：活 $uæʔ^{31}$ / $uoʔ^{31}$ | 谷 $kuʔ^{42}$ / $kuoʔ^{42}$。

2. 其他

其他方面的新老异读情况较少，主要表现在个别字韵母的差异上。例如：吕 leu^{454} / $lø^{454}$ | 尾 mi^{21} / n^{454} | 草 ts^ho^{454} / $ts^hœ^{454}$ | 母 m^{454} / mu^{454} | 缠 $dʑyɐ^{21}$ / $dʑiɛ^{21}$。

二、文白异读

青田方言的文白异读主要体现在声母和韵母方面。下文中"/"前为白读，后为文读。

1. 声母

（1）部分非组字白读为［ɓ］组声母，文读为［f］组声母。例如：肥 bi²¹ / vi²¹ | 反 ɓɑ⁴⁵⁴ / fɑ⁴⁵⁴。

（2）部分知组字白读为［ɗ］组声母，文读为［tɕ］组或［ts］声母，韵母也随之有所改变。例如：转 ɗuɐ⁴⁵⁴ / tɕyɐ⁴⁵⁴ | 中 ɗoŋ⁴⁴⁵ / tɕioŋ⁴⁴⁵ | 桩 ɗiœ⁴⁴⁵ / tso⁴⁴⁵。

（3）个别日母字白读为［n］或［ȵ］声母，文读为［z］声母，韵母也随之有所改变。例如：人 nɛŋ²¹ / zaŋ²¹ | 日 ȵiæʔ³¹ / zaʔ³¹。

（4）个别精母字白读为［tɕ］声母，文读为［tɕʰ］声母，韵母也随之有所改变。例如：雀 tɕi⁴⁴⁵ / tɕʰiæʔ⁴²。

（5）个别见组三等字白读为［tɕ］组声母，文读为［k］组声母，韵母也随之有所改变。例如：宫 tɕio⁴⁴⁵ / koŋ⁴⁴⁵。

（6）个别匣母字白读为［g］声母，文读为零声母。例如：怀 guɑ²¹ / uɑ²¹。

2. 韵母

（1）个别果摄一等字白读为［ɑ］韵母，文读为［u］韵母。例如：拖 tʰɑ⁴⁴⁵ / tʰu⁴⁴⁵ | 破 pʰɑ³³ / pʰu³³。

（2）部分止摄合口三等字白读为［ʮ］韵母，文读为［uæi］韵母，声母也随之有所改变。例如：贵 tsʮ³³ / kuæi³³。

伍　小称

青田话的小称音形式主要有"儿缀"型、"鼻尾"型两种。

（1）"儿缀"型

儿缀小称，自成音节。例如：

猪儿 ɗi²²n⁵⁵

（2）"鼻尾"型

受儿尾影响，韵母鼻尾化，不自成音节，读高调。例如：

李儿 lɛŋ⁵⁵ | 桔儿 tɕiaŋ⁵⁵

第六十六节　云和方音

壹　概况

一、调查点

1. 地理人口

云和县隶属浙江省丽水市，位于浙江省西南部，居瓯江上游，东邻丽水市莲都区，西倚龙泉市，南连景宁畲族自治县，北接松阳县。县域总面积 989.60 平方公里，辖 4 街道 3 镇 3 乡，分别是：浮云街道、凤凰山街道、元和街道，石塘镇、紧水滩镇、崇头镇，赤石乡、安溪畲族乡、雾溪畲族乡。[1] 截至 2017 年年底，全县户籍人口 11.40 万。其中畲族 0.89 万，其他少数民族 0.19 万。[2]

2. 历史沿革

云和县始建于明景泰三年（1452），由原丽水县浮云乡和元和乡的各一半合建而成。1958 年，云和并入丽水县。1962 年，划出原云和、景宁两县复建云和县。1984 年，云和县又分为云和、景宁两县。[3]

3. 方言分布

云和境内的方言主要为云和话，云和话属于吴语上丽片丽水小片，是全县的通用方言，与丽水市城区的丽水话、景宁畲族自治县的汉语方言景宁话都比较接近。使用云和话的人数占境内总人数的 85% 以上。除云和话之外，还有客家话、畲话、徽语淳安话。客家话主要分布在龙泉溪以北的石塘、紧水滩、赤石等乡镇。畲话主要分布在雾溪、安溪两个畲族乡，以及崇头镇、石塘镇、元和街道的畲族村。淳安话分布在云和镇、崇头镇、元和街道以及白龙山街道，说淳安话

---

① 参见：云和县政府门户网站，http://www.yunhe.gov.cn/col/col1229355358/index.html，2022 年 8 月 12 日获取。

② 参见：《2018 年浙江统计年鉴》，http://tjj.zj.gov.cn/col/col1525563/index.html，2022 年 8 月 12 日获取。

③ 参见：云和县政府门户网站，http://www.yunhe.gov.cn/col/col1229355358/index.html，2022 年 8 月 12 日获取。

的均为来自本省淳安县的移民。随着城市化进程的推进、普通话的推广，近几十年，云和话已发生较大变化，70 岁以上的老人仍保留 8 个单字调，但是，50 岁以下的云和人已只有 7 个单字调，50 岁和 70 岁之间的云和人发音不稳定，一部分人是 8 个单字调，一部分人是 7 个单字调。

4. 地方曲艺

本地流行越剧、婺剧和云和鼓词。

云和鼓词是云和民间最主要的曲艺形式之一，是一种融说、唱于一体的民间传统曲艺形式。题材大多来源于历史故事、民间传说、戏剧故事和百姓生活，以云和方言为表演语言，唱词多是七言句式，伴奏乐器是一个大鼓和一副竹板，多以坐唱的形式边击边唱。

二、方言发音人

1. 方言老男

邱裕森，1952 年 9 月出生于云和云和镇，一直在本地生活和工作，农民，初中文化程度，说云和话和普通话。父母均为云和城里人。

2. 方言青男

褚炜，1993 年 6 月出生于云和云和镇，2011—2015 年就读于广东白云学院，此外一直在本地生活和工作，造价员，本科文化程度，说云和话和普通话。父母均为云和城里人。

3. 口头文化发音人

赵美云，女，1961 年 8 月出生于云和云和镇，一直在本地生活和工作，职工，高中文化程度，说云和话和普通话。父母均为云和城里人。

宋李娟，女，1965 年 7 月出生于云和凤凰山街道，一直在本地生活和工作，农民，初中文化程度，说云和话和普通话。父母均为云和城里人。

贰 声韵调

一、声母（28个，包括零声母在内）

p 八兵	pʰ 派片	b 病爬肥	m 麦明味问	f 飞风副蜂	v 肥饭
t 多东张竹	tʰ 讨天	d 甜毒	n 东脑南		l 老蓝连路
ts 资早租争	tsʰ 刺草寸拆	dz 茶柱		s 丝三酸山书	z 字贼坐祠事
tɕ 酒九	tɕʰ 清抽车春	dʑ 共权	ȵ 年泥热软月	ɕ 想双手响	ʑ 全谢床船顺
k 高	kʰ 开	g 共	ŋ 熬	x 好灰	
∅ 活县安温用					

说明：

（1）阳调类零声母音节的起始部分带有同部位的摩擦成分。

（2）阳平调的浊音声母浊感不明显，实际为清音浊流。

（3）[ts]组声母与舌尖元音[ʅ]相拼时，实际读音接近舌叶音。

二、韵母（51个，包括自成音节的[m][ŋ]在内）

ɿ 师丝试戏	i 猪米二飞	u 歌坐苦	y 雨
ʅ 书			
a 胎		ua 快	
ɛ 半根灯硬争	iɛ 盐年	uɛ 南短寸横	yɛ 靴权
ɔ 排鞋			
o 过茶牙瓦	io 写		
ei 开赔对		uei 鬼	
ɑɔ 宝饱	iɑɔ 笑桥		
əɯ 豆走	iəɯ 油		
ã 山	iã 响	uã 官	
ɔ̃ 糖讲	iɔ̃ 床王双用		

əŋ 心深新　　　　iŋ 升病星　　　　uəŋ 滚　　　　　　yŋ 春云

oŋ 东　　　　　　ioŋ 云兄

　　　　　　　　　iʔ 急一直尺锡　　　uʔ 弗

aʔ 北色白　　　　iaʔ 迦什么　　　　uaʔ 活刮国

εʔ 盒　　　　　　iεʔ 接贴热节　　　3εʔ 骨　　　　　yεʔ 月出

ɔʔ 塔鸭法辣八　　iɔʔ 药

oʔ 托郭壳学　　　ioʔ 绿局

eiʔ 七　　　　　　　　　　　　　　ueiʔ 颈　　　　　yeiʔ 十橘

əɯʔ 谷六　　　　iəɯʔ 竹

m 磨

ŋ 五

说明：

（1）韵母[ɿ][ʮ]读[41]调时会略有动程，分别读作[ɿə][ʮə]。

（2）音节[ȵi][ȵy][ȵiʔ]有时略有动程，分别读作[ȵie][ȵye][ȵieʔ]。

（3）[a][ã][aʔ]三组韵母里的[a]，实际音值为[ʌ]。

（4）[ɔ][ɔ̃][ɔʔ]三组韵母里的[ɔ]，实际舌位略低。

（5）[o][oʔ]组韵母中的元音[o]舌位偏低。与[p][t][ts]组声母相拼时，韵母[o][oʔ]实际音值的分别是[ᵘo][ᵘoʔ]。零声母以及与[k]组或[tɕ]声母相拼时，韵母[o][io]分别读作[oᵊ][ioᵊ]。

（6）韵母[io][iɔ̃][ioŋ][iɔʔ][ioʔ]里的[i]，唇形略圆，实际音值接近[y]，与[tɕ]组声母相拼时，尤为明显。

（7）[ε][iε][uε][εʔ][iεʔ][3εʔ]组韵母里的[ε]，舌位略高，实际音值为[ɛ]。

（8）韵母[uε]与[t][ts]组声母相拼时，实际音值为[øɛ]。

（9）[ɑɔ]组韵母里的[ɔ]，舌位略高。

（10）[əɯ]组韵母里的[ɯ]，舌位略低。[iəɯ][iəɯʔ]中的元音[ə]舌位偏高。

（11）[ã][ɔ̃]两组韵母，有较弱的鼻尾音[ŋ]。

（12）韵母[yŋ]实际音值为[yɪŋ]。

（13）词语中当[əɯʔ]韵字位于前字时，动程不明显，实际音值接近[əʔ]。

（14）自成音节的韵母[m][ŋ]，常读作[m…mə][ŋ…ŋə]。

三、声调（8个）

阴平	24	东该灯风通开天春
阳平	312	门龙牛油铜皮糖红
阴上	41	懂古鬼九统苦讨草买老五有后
阳上	231	动罪近
阴去	45	冻怪半四痛快寸去
阳去	223	卖路硬乱洞地饭树
阴入	5	谷百搭节急哭拍塔切刻
阳入	23	六麦叶月毒白盒罚

说明：

（1）阴上［41］为高降调，但起音未到［5］。

（2）阴去［45］为略升的高调。

（3）阳去［223］起音低，但未到［1］。

（4）阴入［5］有时尾部略降，为［54］的短调。

（5）阳入［23］有时不够短促。

叁　连读变调

　　云和方言两字组的连读变调规律见下表。表中首列为前字本调，首行为后字本调。每一格的第一行是两字组的本调组合；第二行是连读变调，若连读调与单字调相同，则此行空白；第三行为例词。同一两字组若有两种以上的变调，则以横线分隔。具体如下。

云和方言两字组连读变调表

后字 前字	阴平 24		阳平 312		阴上 41		阳上 231		阴去 45		阳去 223		阴入 5		阳入 23	
阴平 24	24 44 开	24 车	24 44 归	312 来	24 44 天	41 井	24 44 新	231 妇	24 44 天	45 气	24 车	223 站	24 44 钢	5 笔	24 44 正	23 月
			24 44 清	312 明					24 44 钞	45 票					24 44 生	23 日

续表

前字 \ 后字	阴平 24	阳平 312	阴上 41	阳上 231	阴去 45	阳去 223	阴入 5	阳入 23
阳平 312	312 24 / 31 年轻 312 24 / 223 棉衣	312 312 / 223 洋油	312 41 / 223 洋火	312 231 / 31 城市 312 231 / 223 棉被	312 45 / 31 棉裤	312 223 / 31 松树	312 5 / 31 黄色 312 5 / 223 毛笔	312 23 / 31 前日 312 23 / 223 茶叶
阴上 41	41 24 / 44 火车	41 312 后年 41 312 / 44 草鞋	41 41 两两 41 41 / 44 水果 41 41 / 223 雨伞	41 231 / 44 改造	41 45 / 44 短裤	41 223 柳树 41 223 / 44 扫地 41 223 / 223 眼泪	41 5 / 44 粉笔	41 23 / 44 小麦 41 23 / 223 满月
阳上 231	231 24 / 223 被单	231 312 / 223 坐船	231 41 / 223 稻秆	231 231 / 223 犯罪	231 45 / 223 断气	231 223 / 223 社会	231 5 / 223 犯法	231 23 / 223 技术
阴去 45	45 24 应该 45 24 / 44 汽车	45 312 / 44 酱油	45 41 / 44 报纸	45 231 / 44 制造	45 45 / 44 布裤	45 223 半暝 45 223 / 44 对面	45 5 / 44 政策	45 23 / 44 四月
阳去 223	223 24 地方	223 312 大门	223 41 大水	223 231 味道	223 45 饭店	223 223 大路	223 5 第一	223 23 大麦
阴入 5	5 24 / 4 鲫鱼	5 312 / 4 出来 5 312 / 4 骨头	5 41 / 4 脚爪	5 231 / 4 接受	5 45 乙记 5 45 / 4 发票	5 223 铁路	5 5 / 4 一百	5 23 / 4 扎实
阳入 23	23 24 立冬	23 312 舌头	23 41 热水	23 23 活动	23 45 力气	23 223 绿豆	23 5 蜡烛	23 23 十六

说明：

云和方言两字组连读变调有以下几个特点。

属于典型的前变型，前字变，后字基本不变（除阳平［312］有时只降不升读［31］、轻声以及个别特殊词语外）。

（1）舒声的阴调类常变作［44］调，但也有一些特殊情况。

①前字的连读调［44］实际读音不稳定，有时略升，接近［45］，在阳平［312］、阳去［223］前尤为明显，或读［44］、或接近［45］，差异细微，也比较随意，没有任何表意的区别，本调查均记为［44］。

②当后字为阳平［312］、阴去［45］、阳入［23］时，前字阴平［24］有不变调和变调［44］两种情况，与词的语法结构无关。例如：

今年 kɛ²⁴n̠iɛ³¹²——天萝丝瓜 tʰiɛ⁴⁴lu³¹²

车票 tɕʰio²⁴pʰiɑɔ⁴⁵——钞票 tsʰɑɔ⁴⁴pʰiɑɔ⁴⁵

阴历 iŋ²⁴liʔ²³——生日 sɛ⁴⁴naʔ²³

③若前字是次浊上或全浊上（主要是匣母字）单字调读阴上［41］，该前字的变调有三种情况。

第一种情况中，仍旧读阴上［41］。例如：后年 u⁴¹n̠iɛ³¹² | 两两₂两 la⁴¹liã⁴¹。

第二种情况中，变读为［223］，变调规律同于全浊上。例如：满月 mɛ²²³n̠yɛʔ²³ | 眼泪 ŋã²²³li¹³ | 雨伞 y²²³sã⁴¹。

第三种情况中，有时同一个词在语流中变［44］或不变仍读［41］都可以，比较随意，没有任何表义的区别。例如：后日后天 u⁴⁴naʔ²³——后日后天 u⁴¹naʔ²³。

④前字阴去［45］在语流中不稳定，大部分变读［44］，也有不变调仍读［45］。例如：半暝半夜 pɛ⁴⁵mɛ²²³ | 气味 tsʰɿ⁴⁵mi²²³。或有［55］变体，因为差异细微，本调查将变体［55］记为［45］。例如：再会再见 tsa⁴⁵uei²²³ | 应该 iŋ⁴⁵ka²⁴。

（2）舒声的阳调类常变作［223］调，但也有一些特殊情况。

①［223］调在阴平［24］、阴去［45］前，尾部上升不明显，接近［22］，本调查仍记作［223］。

②阳平［312］在阴平［24］、阳上［231］、阴入［5］、阳入［23］前，有仍读原调、但只降不升读［31］的情况。这些词例与词的语法结构无关。

（3）阴入［5］位于前字时，除与阳平［312］、阴去［45］、阳去［223］连调有仍读原调的情况，其余连读调都比单字调更低，变读［4］调。

（4）阳入［23］位于前字时，有时比单字调更短，常读［2］或［3］，本调查均记为［23］。

（5）轻声词较少，举例如下：晒去天旱 sɔ⁴⁵kʰi⁰ | 日里白天 naʔ²³li⁰ | 处里家里 tsʰɿ⁴⁵li⁰ | 城里 zɿŋ³¹²⁻³¹li⁰ | 上去 dʑiã²²³kʰi⁰ | 儿人男人 n̠i²⁴nɛ⁰ | 囡人女人 nɛ²⁴nɛ⁰ | 婊子 piɑɔ⁴¹⁻⁴⁴tsɿ⁰ | 底头里面 ti⁴¹⁻⁴⁴dəu⁰。

肆　异读

一、新老异读

云和方言新老派的语音差异主要表现在以下方面。

1. 音系

（1）老派有 8 个调，新派有 7 个调。古全浊上字声调今读的差异是云和方言新老派最主要的差异。老派古全浊上字今读 $[231]$，与阳去 $[223]$ 相分。例如：动 $[\text{doŋ}^{231}]$ ≠ 洞 $[\text{doŋ}^{223}]$。新派古全浊上字今读 $[223]$，归阳去。例如：动 $[\text{doŋ}^{223}]$ = 洞 $[\text{doŋ}^{223}]$。

（2）老派有 51 个韵母，新派有 52 个韵母，新派比老派多了 $[\text{yʔ}]$ 韵。例如：新派 "律" 字有 $[\text{liʔ}^{23}]$ $[\text{lyʔ}^{23}]$ 两读，老派 "律" 字只有 $[\text{liʔ}^{23}]$ 读音，且无其他字读 $[\text{yʔ}]$ 韵。

2. 其他

其他方面的新老异读情况很少，主要表现在个别字韵母的差异上。例如：

例字	老派	新派
永_{梗合三}	ioŋ^{41}	ioŋ^{41} ~远 / yŋ^{41} 用于人名

二、文白异读

云和方言的文白异读主要体现在声母和韵母方面。下文中 " / " 前为白读，后为文读。

1. 声母

（1）部分非组字白读为 $[\text{p}]$ 组声母，文读为 $[\text{f}]$ 组声母。例如：反 pã^{41} ~东西：翻找东西 / fã^{41} ~对 | 肥 bi^{312} ~肉 / vi^{312} 减~。

（2）个别微母字白读为声母 $[\text{m}]$，文读为零声母，韵母也随之有所改变。例如：晚 mã^{41} ~娘 / uã^{41} ~会。

（3）个别端母字白读为声母[n]，文读[t]声母。例如：东 noŋ²⁴ ～西：指物 / toŋ²⁴ 指方向。

（4）个别庄母字白读为不送气擦音声母，文读为送气擦音声母。例如：侧 tsaʔ⁵ ～过来 / tsʰaʔ⁵ ～面。

（5）个别见组字白读为[k]组声母，文读为[tɕ]组声母，韵母也随之有所改变。例如：健 gɛ²²³ 指老人身体硬朗 / dʑiɛ²²³ ～康。

（6）个别见组三等字白读为[ts]组或[tɕ]组声母，文读为[k]组声母，韵母也随之有所改变。例如：贵 tsɿ⁴⁵ 指价格 / kuei⁴⁵ 用于名字 | 恭 tɕioŋ²⁴ ～迎 / koŋ²⁴ ～喜 | 共 dʑiɔ̃²²³ 一样：～性 / goŋ²²³ ～产党。

2. 韵母

（1）个别果摄一等字白读为[ɔ]韵母，文读为[u]韵母。例如：拖 tʰɔ²⁴ ～牢 / tʰu²⁴ ～拉机。

（2）个别蟹摄开口四等字白读为[ei]韵，文读为[i]韵母。例如：梯 tʰei²⁴ 楼～ / tʰi²⁴ ～田。

（3）个别止摄合口三等字白读为[ɿ]韵母或[y]韵母，文读为[uei]韵母，声母也随之有所改变。例如：贵 tsɿ⁴⁵ 指价格 / kuei⁴⁵ 用于名字 | 位 y²²³ 座～ / uei²²³ ～置。

（4）个别效摄开口一等字白读为[mɯ]韵，文读为[ɑɔ]韵母。例如：熬 ŋəmɯ³¹² 时间难～ / ŋɑɔ³¹² ～油。

（5）个别山摄开口二等舒声字白读为[ɛ]韵，文读为[ã]韵母。例如：眼 ŋɛ⁴¹ ～睛 / ŋã⁴¹ 一～。

（6）个别臻摄舒声字白读为[ɛ][ɯ][ɣoŋ]韵母，文读分别为[iŋ][əŋ][yŋ]韵母，入声字白读为[aʔ]韵母，文读为[iʔ]韵母，声母也随之改变。例如：人 nɛ³¹² 一个～ / n̠iŋ³¹² 丈～ | 墩 tuɛ²⁴ 用于地名 / təŋ²⁴ 桥～ | 云 ioŋ³¹² 白～，又读 / yŋ³¹² 白～，又读：～和：本地县名 | 日 naʔ²³ ～头：太阳 / n̠iʔ²³ ～本。

（7）个别梗摄开口二等舒声字白读为[ɛ][ɯ]韵母，文读分别为[əŋ][ɛ]韵母；个别梗摄开口二等入声字白读为[oʔ]韵母，文读为[aʔ]韵母。例如：猛 mɛ⁴¹ 形容火很旺 / məŋ⁴¹ 指凶猛 | 梗 kuɛ⁴¹ 番薯～ / kɛ⁴¹ 心肌～塞 | 择 doʔ²³ ～落来：摘下来 / dzaʔ²³ 选～。

（8）个别通摄合口三等舒声字白读为[ioŋ]韵或[iɔ̃]韵，文读为[oŋ]韵母。例如：宫 tɕioŋ²⁴ 五～六殿 / koŋ²⁴ 子～ | 共 dʑiɔ̃²²³ 一样：～性 / goŋ²²³ ～产党。

伍　小称

小称形式主要有以下三种类型。

1. 儿尾

"儿"［n̠i²⁴］自成音节，有时变调读［45］调。例如：

鸟儿_小鸟_ tiɑɔ⁴¹⁻⁴⁴n̠i²⁴⁻⁴⁵ | 鸡儿_小鸡_ tsʅ²⁴⁻⁴⁴n̠i²⁴⁻⁴⁵ | 猪儿_小猪_ ti²⁴⁻⁴⁴n̠i²⁴⁻⁴⁵

2. 鼻尾或鼻化

在原音节韵母后加鼻音韵尾［ŋ］，或使原音节韵母鼻化。其中一些音节的声调会发生变化，变读"儿"的［24］调，一些音节的声调不变，还有部分音节读［45］调。例如：

李儿_李子_ li⁴¹—liŋ²⁴ | 姨母儿_阿姨_ i³¹²⁻⁴⁴m⁴¹—moŋ²⁴ | 舂臼儿_石臼_ ioŋ²⁴⁻⁴⁴dʑiɯ²³¹—dʑioŋ²³¹ | 滴儿_一~：一点儿_ ti²⁵—tiŋ⁴⁵

3. 变调

（1）舒声调变作［45］（阴去［45］不变），个别变成升调［24］。
（2）入声调变作［5］（阴入［5］不变）。
（3）浊声母变为相应的不送气清音。

例如：

哥哥 ku²⁴⁻⁴⁴ku²⁴⁻⁴⁵ | 娘_姑姑_ n̠iã³¹²⁻⁴⁵ | 老弟_弟弟_ lɑɔ⁴¹⁻⁴⁴di²³¹—ti⁴⁵ | 阿婆_外婆_ ɔ⁴⁴bu³¹²—pu⁴⁵ | 伯爷_伯父_ pa²⁵⁻⁴io³¹²⁻²⁴ | 大奶_伯母_ du²²³nɔ⁴¹⁻²⁴ | 嬷_奶奶_ mo³¹²⁻²⁴ | 嫂嫂 sɑɔ⁴¹⁻⁴⁴sɑɔ⁴¹⁻²⁴

小称调［45］有［55］变体，因为差异细微，本调查均记为［45］。

陆　其他音变

云和话有以下一些特殊的语流音变现象，具体如下。

（1）"前"［ʑiɛ³¹²］在"门前_面前_"［məŋ²²³ɕiɛ²⁴］一词中变读为阴字调，原来的浊声母也同时转换成为相应的清声母。

（2）"耳"［n̠i⁴¹］在"木耳"［məɯʔ²³mi⁴¹］一词中受前字"木"顺同化影响，声母变读为［m］。

第六十七节　松阳方音

壹　概况

一、调查点

1. 地理人口 [①]

松阳县隶属浙江省丽水市，位于浙江西南部，丽水市北部，东连莲都（原丽水县），南和西南邻云和、龙泉，西和西北接遂昌，东北毗宣平（今属金华武义），距丽水城区33公里。全县面积1406平方公里，辖3街道5镇11乡，分别是：西屏街道、水南街道、望松街道，古市镇、象溪镇、大东坝镇、玉岩镇、新兴镇，叶村乡、斋坛乡、竹源乡、三都乡、四都乡、赤寿乡、樟溪乡、裕溪乡、板桥畲族乡、枫坪乡、安民乡。截至2017年年底，全县户籍人口24.14万。当地居民主要为汉族，此外还有畲族、苗族、回族、壮族、白族、土家族等少数民族，人口不多。[②]

2. 历史沿革 [③]

松阳县始建于东汉建安四年（199），是今丽水市（大致为古处州府域）境内建置最早的县，县治所在地为今古市镇（又称"旧市"）。时年分章晏县南乡置松阳县，属会稽郡。隋开皇九年（589），析松阳县东乡地置括苍县；同年，置处州，松阳属处州。之后多次更名，辖境也调整过多次。宋咸平二年（999）复名松阳县，沿用至今。明、清松阳属处州府。

1949年后，辖境有过多次调整。1958年撤销松阳县并入遂昌县。1982年复置松阳县。2000年7月丽水地区改市，属丽水市。县府所在地在西屏镇。

---

① 参见：松阳县人民政府网，http://www.songyang.gov.cn，2022年8月8日获取。
② 参见：《2018年浙江统计年鉴》，http://tjj.zj.gov.cn/col/col1525563/index.html，2022年8月8日获取。
③ 松阳县志编委会. 松阳县志. 杭州：浙江人民出版社，1996：1.

3. 方言分布 [1]

松阳县汉语方言主要有松阳话、汀州话、淳安话和景宁话。松阳话属吴语区上丽片丽水小片，是全县通用方言，并以县城西屏话为代表。根据腔调的不同，松阳话又可分为西屏腔、古市腔和玉岩腔，以及靖居腔——具有丽水莲都碧湖话特点。汀州话属客家话，多分布在大东坝镇，使用人口不详，他们操双语，对内说汀州话，对外说松阳话。其祖先大约在明清之间由闽西迁入。淳安话属徽语，是淳安县移民使用的方言，使用人口不详，分布在赤寿、新兴、樟溪、叶村一带。他们操双语，对内说淳安话，对外说松阳话。景宁话主要分布在水南、叶村等地，系景宁滩坑电站移民所使用，使用人口不详，景宁话也属吴语区上丽片丽水小片。

4. 地方曲艺 [2]

松阳县有源于玉岩一带的"松阳高腔"，是丽水地区唯一的地方剧种，在浙江 8 大高腔中自成格局。松阳高腔起源于明代万历年间，清乾隆至道光年间颇为兴盛。演出范围曾遍及闽、赣、皖三省及浙江丽水、温州、金华、绍兴、杭州等地。清末民初渐趋衰落。松阳高腔所使用的舞台语是一种具有松阳腔的地方官话，通俗易懂，表演粗犷古朴，音乐高昂婉丽，具有浓郁的地方特色。今尚存清乾隆、道光年间剧目抄本 30 多册。2006 年，松阳高腔被列入国家级非物质文化遗产代表性项目名录。由于艺人老龄化导致年轻艺人青黄不接，松阳高腔前景堪忧。

二、方言发音人

1. 方言老男

刘志宏，1963 年 9 月出生于松阳西屏镇，一直在本地生活和工作，工商业者，大专文化程度，说松阳话和不太标准的普通话。父母均为松阳西屏人，说松阳西屏话。

---

[1]　松阳县志编委会. 松阳县志. 杭州：浙江人民出版社，1996：549.
[2]　松阳县志编委会. 松阳县志. 杭州：浙江人民出版社，1996：498.

2.方言青男

叶啸，1985年9月出生于松阳西屏镇，一直在本地生活和工作，医生，本科文化程度，说松阳话和不太标准的普通话。父母均为松阳西屏人，说松阳西屏话。

3.口头文化发音人

刘超英，女，1960年8月出生于松阳西屏镇，一直在本地生活和工作，播音员，大专文化程度，说松阳话、遂昌话和普通话。父亲为松阳西屏人，说松阳西屏话；母亲是辽宁锦州人，说不太标准的松阳西屏话。

贰　声韵调

一、声母（28个，包括零声母在内）

p 八兵	pʰ 派片飞肥	b 爬病	m 麦明味问	f 风副蜂灰	v 饭
t 多东张竹	tʰ 讨天	d 甜毒	n 脑南		l 老蓝连路
ts 资早争纸	tsʰ 草寸拆初	dz 茶		s 丝三酸山	z 贼坐祠事
tɕ 酒装主	tɕʰ 清车春轻	dʑ 柱共权	ȵ 年泥热软月	ɕ 想双手书响	ʐ 全床船十城
k 高儿	kʰ 开	g 共	ŋ 熬	x 好	
Ø 活安温王用药					

说明：

（1）[b][d][dz][dʑ][g][v][z][ʐ]等并非真浊音，而是清音浊流。

（2）零声母音节起首有较明显的同部位摩擦成分。

（3）[ts]组声母与[ɿ][ɚ]拼时有舌叶化倾向。

二、韵母（56个，包括自成音节的[m][n][ŋ]在内）

ɿ 戏试	i 飞	u 歌坐过	y 水
a 排鞋		ua 快	

ɛ 开	iɛ 米	yɛ 雨
ʌ 宝		
ɔ 饱	iɔ 笑桥	
ɿ 师丝试		ɯə 茶牙瓦苦五猪　yə 写
ɯə 锯去鱼		
ei 赔对豆走短		uei 鬼
	iɯ 油	
	iu 靴	
ã 硬争	iã 响	uã 横
æ̃ 南半根寸灯	iɛ̃ 盐深年	uɛ̃ 魂　　　yɛ̃ 权
ɔ̃ 山		uɔ̃ 官
en 门	in 心新升病星	uen 滚　　　yn 春云
əŋ 东	iəŋ 虫	
oŋ 糖讲	ioŋ 床王双兄用	
	iʔ 急七一直尺锡	
aʔ 白	iaʔ 药	uaʔ 刮
ɛʔ 盒北色	iɛʔ 接贴热节	uɛʔ 骨国　　yɛʔ 十月出
ɔʔ 塔鸭法辣八		uɔʔ 活
eʔ 脱		
ɤʔ 谷六		uɤʔ 有
oʔ 托郭壳学	ioʔ 绿局	uoʔ □～起: 起床
m̩ 磨		
n̩ 二		
ŋ̍ 鹅		

说明：

（1）［a］［ã］［aʔ］组中的［a］实际读音为［ʌ］。

（2）［ɯə］［yə］的实际读音分别为［uoə］［yoə］。

（3）［iɯ］中的［ɯ］实际读音介于［ɯ］与［ɤ］之间。

（4）［oŋ］［ioŋ］中的［o］实际读音介于［u］和［o］之间。

（5）［oʔ］［ioʔ］中的［o］实际读音介于［u］和［o］之间。

三、声调（8个）

阴平	53	东该灯风通开天春
阳平	31	门龙牛油铜皮糖红
阴上	212	懂古鬼九统苦讨草
阳上	22	买老五懒动罪近后
阴去	24	冻怪半四痛快寸去
阳去	13	卖路硬乱洞地饭树
阴入	5	谷百搭节急哭拍塔切刻
阳入	2	六麦叶月毒白盒罚

说明：

（1）阴上［212］经常读作［21］。

（2）阴入、阳入均为短促调。

叁　连读变调

一、两字组连读变调表

松阳方言两字组的连读变调规律见下表。表中首列为前字本调，首行为后字本调。每一格的第一行是两字组的本调组合；第二行是连读变调，若连读调与单字调相同，则此行空白；第三行为例词。同一两字组若有两种以上的变调，则以横线分隔。具体如下。

松阳方言两字组连读变调表

后字 前字	阴平 53	阳平 31	阴上 212	阳上 22	阴去 24	阳去 13	阴入 5	阳入 2
阴平 53	53　53 24 天　光	53　31 33 清　明	53　212 24 铰　剪	53　22 24 端　午	53　24 33 冬　至	53　13 24 溪　岸	53　5 24 猪　血	53　2 24 生　日
阳平 31	31　53 33 聊　天 ―――― 212　31 21　24 梅　花	31　31 33 眉　毛	31　212 33 牙　齿	31　22 33 朋　友	31　24 33 难　过	31　13 33 名　字 ―――― 31　13 21 田　岸	31　5 33 头　发 ―――― 31　5 21 菩　萨	31　2 33 茶　叶 ―――― 31　2 前　日

续表

前字＼后字	阴平 53	阳平 31	阴上 212	阳上 22	阴去 24	阳去 13	阴入 5	阳入 2
阴上 212	212 53 / 33 打针	212 31 / 33 斧头；212 31 / 33 13 酒坛	212 212 / 33 水果	212 22 / 33 起码	212 24 / 33 小气	212 13 / 33 扫地；212 13 / 24 肯定	212 5 / 33 口渴	212 2 / 33 洗浴
阳上 22	22 53 / 21 棒冰	22 31 老婆；22 31 / 13 后年	22 212 旅馆	22 22 道理	22 24 / 21 倚处	22 13 社会	22 5 美国	22 2 老实
阴去 24	24 53 / 33 衬衫；24 53 / 33 背心	24 31 / 33 拜堂	24 212 / 33 戒指；24 212 政府	24 22 / 33 送礼；24 22 跳舞	24 24 / 33 种菜	24 13 气味；24 13 / 33 做梦	24 5 政策；24 5 / 33 建设	24 2 中毒；24 2 / 33 放学
阳去 13	13 53 / 21 定亲；13 53 / 33 暝间	13 31 / 33 面庞	13 212 / 22 地板	13 22 / 22 面桶	13 24 / 21 饭店	13 13 / 22 大路；13 13 右面	13 5 / 21 自杀	13 2 / 22 大栗
阴入 5	5 53 / 3 杀猪	5 31 / 3 胒臀	5 212 / 3 弗好	5 22 / 3 腹桶	5 24 / 3 折扣；5 24 腹泻	5 13 / 3 柏树	5 5 / 3 脱壳	5 2 / 3 搭脉
阳入 2	2 53 历书；2 53 / 24 日间	2 31 舌头	2 212 白酒	2 22 木耳	2 24 白菜	2 13 绿豆	2 5 蜡烛	2 2 白白

二、两字组连读变调规律

松阳方言两字组的语音变调有以下几个特点：

（1）阴平［53］作前字时读作［24］或［33］。

（2）阳平［31］、阴上［212］作前字时一般读作［33］。

（3）阳上［22］作前字时读作原调或［21］。

（4）阳去［13］作前字时读作［22］或［21］。

（5）阴入［5］作前字时一般读作［3］。

（6）阳入［2］作前字时不变调。

肆　异读

一、新老异读

松阳方言中，新老派方言的语音差异主要表现在以下方面，具体如下（下文中"/"前为老派，后为新派）。

1.音系

（1）在音系中，老派的［uə］韵，新派都读作［uo］韵。例如：讨 $t^huə^{212}$ / t^huo^{212}。

（2）在音系中，老派的［eʔ］韵，新派都读作［ɤʔ］韵；老派的［ɛʔ］韵，新派有的也读作［ɤʔ］韵；老派的［uɛʔ］韵，新派有的读作［uɤʔ］韵。例如：侧 $tsɛʔ^5$ / $tsɤʔ^5$ | 佛 $veʔ^2$ / $vɤʔ^2$ | 国 $kuɛʔ^5$ / $kuɤʔ^5$。

2.其他

其他方面的新老异读情况较少，主要表现在个别字韵母的差异上。例如：眉 mi^{31} / min^{31} | 尾 $miɛ^{22}$ / $mɤʔ^2$ | 含 $gɔ̃^{31}$ / gen^{31} | 鹤 ŋuɛʔ² / ŋoʔ² | 剧 dʑiʔ² / dʑioʔ² | 笛 $diɛʔ^2$ / $diʔ^2$。

二、文白异读

松阳方言的文白异读主要体现在声母和韵母方面。下文中"/"前为白读，后为文读。

1. 声母

（1）部分非组字白读为[p]组声母，文读为[f]组声母。例如：反 pɔ̃^{212} / fɔ̃^{212}。

（2）个别庄母字白读为[ts]声母，文读为[tsʰ]声母。例如：侧 tsɛʔ^5 / tsʰɛʔ^5。

（3）个别邪母字白读为塞擦音声母，文读为擦音声母。例如：像 dʑiã^{22} / ʑiã^{22}。

（4）部分知组字白读为[t]组声母，文读为[ts]组声母，韵母也随之有所改变。例如：择 doʔ^2 / dzaʔ^2。

（5）个别日母字白读为[ʑ]声母，文读为[ȵ]声母，韵母也随之有所改变。例如：入 ʑyɛʔ^2 / ȵiʔ^2。

（6）个别日母字白读为[ȵ]声母，文读为[n]声母，韵母也随之有所改变。例如：日 ȵiʔ^2 / nɛʔ^2。

（7）个别见组字白读为[tɕ]组声母，文读为[k]组声母，韵母也随之有所改变。例如：烘 ɕiəŋ^{53} / xəŋ^{53} | 共 dʑioŋ^{22} / gəŋ^{22}。

（8）个别云以母字白读为擦音声母，文读为零声母或[ȵ]声母，韵母也随之有所改变。例如：园 fen^{24} / yɛ̃^{31} | 远 fen^{212} / ȵyɛ̃^{22}。

2. 韵母

（1）个别止摄三等字白读为[ɻə]韵母，文读为[ɻ]韵母。例如：试 sɻə^{24} / sɻ^{24}。

（2）个别效摄开口一、二等字白读为合口的[uo]韵母，文读为[ʌ]韵母（此条从青男归纳）。例如：讨 tʰuo^{212} / tʰʌ^{212}。

（3）个别咸摄开口二等字白读为[ã]韵，文读为[ɔ̃]韵。例如：眼 ŋã^{22} / ŋɔ̃^{22}。

（4）个别宕摄开口三等字白读为[æ̃]韵，文读为[iã]韵。例如：秧 æ̃^{53} / iã^{53}。

（5）个别宕摄合口三等字白读为[əŋ]韵，文读为[uɔ̃]韵。例如：筐 kʰəŋ^{53} / kʰuɔ̃^{53}。

（6）个别梗摄开口三等字白读为[æ̃]韵，文读为[in]韵。例如：影 æ̃^{212} / in^{212}。

伍　小称

松阳话的小称音形式主要为儿尾小称。部分动植物名词、时间方位名词有
"儿"尾，读自成音节［n］。动植物名词儿化时未必指小。例如：

粟儿小米 $sɤʔ^3n^{24}$ | 桃儿 $dʌ^{21}n^{24}$ | 桔儿 $tɕiʔ^3n^{24}$

鸟儿 $tiɔ^{33}n^{24}$ | 鱼儿 $ŋɯə^{21}n^{24}$ | 虾儿 $fu^{21}n^{24}$

今年儿 $kæ̃^{33}n̠iɛ̃^{21}n^{24}$ | 沿儿边儿 $iɛ̃^{21}n^{24}$

第六十八节 宣平方音

壹 概况

一、调查点

1. 地理人口

本调查所指的宣平是旧宣平县，明清时属处州府（今丽水市），位于浙江省南部，东与缙云县接壤，南与丽水县毗邻，西与遂昌、松阳交界，北与武义相依，总面积为920.35平方公里。① 柳城畲族镇原为宣平县治所在地，目前隶属金华市武义县，位于瓯江支流宣平溪上游、武义县南部，与松阳、遂昌交界，距武义城区46公里。② 全镇总面积172.3平方公里。③ 截至2018年年底，全镇总人口30250，其中畲族人口有3650。该镇是浙江省畲族主要聚居地之一。④ 柳城畲族人口的迁入始于明朝末年，主要从本省的丽水、云和、景宁、松阳、遂昌、青田等地陆续迁入。

2. 历史沿革⑤

宣平县，春秋属越，战国属楚。秦至西汉为回浦县。东汉至南北朝为章安、永宁、松阳县。隋属栝苍县。唐至明洪武属丽水县地。明景泰三年（1452），析处州府丽水县的宣慈、应和两乡及懿德北乡置宣平县，县治在鲍村（今名柳城），属处州府，清亦同。

1957年10月，宣平县登云乡的沙坑、瀛头、大应3个村划给金华县。

1958年5月，宣平县建制撤销，柳城、大源、西联、新塘、竹客、三港、溪口、水头、桃溪、坦洪、云华、德云、登云、宣武、明山、凡川16个乡镇划属武义县。崇义、新和、梁周、永丰、联成5个乡归属丽水县。

---

① 武义县志编纂委员会. 武义县志. 杭州：浙江人民出版社，1990：64-65.
② 柳城镇志编纂办公室. 武义柳城镇志. 杭州：浙江人民出版社，1989：8.
③ 参见：武义县人民政府网，http://www.zjwy.gov.cn/art/2022/2/10/art_1229450856_59256014.html，2022年8月12日获取.
④ 人口数据为2019年柳城镇政府提供。
⑤ 武义县志编纂委员会. 武义县志. 杭州：浙江人民出版社，1990：62-65.

3. 方言分布

宣平话是旧宣平县的主要方言，分布于以今柳城畲族镇为中心的武义县南部地区。宣平话属于吴语上丽片丽水小片。受与之接壤的武义、丽水、松阳等方言的影响，根据差异，宣平话有城内话、上角腔、下乡腔和山头腔 4 种口音，但是彼此之间并不影响通话。因行政划归武义，所以，部分柳城人还会说武义话。武义话属于吴语金衢片，和宣平话不能通话，说宣平话和说武义话的人只能以普通话进行交流。畲话是当地畲族人的内部通行语言，当地畲族一般都会说畲话和宣平话。

4. 地方曲艺

宣平本地流行婺剧、越剧、三句半和宣平山歌。

宣平山歌具有浓郁的乡土气息和地方色彩，多在生产劳动和风俗仪式中演唱，曲调高亢。歌曲内容以描写乡民生活为主线，反映乡民对生活的认识、态度，体现日常生活的喜怒哀乐和质朴的生活面貌。

二、方言发音人

1. 方言老男

何新海，1956 年 9 月出生于宣平柳城畲族镇县前村，一直在本地生活和工作，农民，初中文化程度，说宣平话和不太标准的普通话。父母均为旧宣平县城里人。

2. 方言青男

马骏，1984 年 7 月出生于武义柳城畲族镇丰产村，主要在本地生活和工作，教师，本科文化程度，说宣平话和普通话。父母均为旧宣平县城里人。

3. 口头文化发音人

叶卫平，男，1960 年 12 月出生于武义柳城畲族镇县后村，一直在本地生活和工作，教师，本科文化程度，说宣平话和普通话。父母均为旧宣平县城里人。

陈周鹤，男，1997 年 2 月出生于武义柳城畲族镇后塘畈村，主要在本地生活和工作，学生，本科文化程度，说宣平话和普通话。父母均为旧宣平县村里人。

贰　声韵调

一、声母（28个，包括零声母在内）

p 八兵	pʰ 派片	b 病爬肥	m 麦明味问	f 飞风副蜂	v 肥饭味
t 多东张竹	tʰ 讨天	d 甜毒	n 东脑南		l 老蓝连路
ts 资早租争	tsʰ 刺草寸拆	dz 茶		s 丝三酸山	z 字贼坐祠事
tɕ 酒主九	tɕʰ 清抽车春	dʑ 柱共权	ȵ 年泥热软月	ɕ 想双手书响	ʑ 全谢床船顺
k 高	kʰ 开	g 共	ŋ 熬	x 好灰	
∅ 活县安温王					

说明：

（1）浊声母的浊感不明显，尤其是阳平和阳上的浊音声母，其浊感极不明显，与清声母几乎无异。为便于与吴语其他方言比较，本调查仍记作浊音。

（2）浊塞声母伴有强弱不等的气流。

（3）阳去、阳入零声母音节的起始音略带有同部位的摩擦。

（4）声母［f］［v］有时唇齿擦音色彩不明显，有时甚至略带双唇音色彩。

二、韵母（43个，包括自成音节的［m］［n］在内）

ɿ 师丝试戏	i 猪米二飞	u 苦	y 雨
a 排鞋	ia 写	ua 快	ya □ tɕya⁴⁴⁵ 提
ɛ 硬争	iɛ 盐年	uɛ 横	
ɔ 宝饱	iɔ 笑桥		
ə 南半短根寸		uə 安	yə 靴权
o 歌坐过茶牙瓦	io 靴		
ɯ 高	iɯ 油		
ei 开赔对		uei 鬼	
əɯ 豆走			
ã 山	iã 响	uã 官王	

ɔ̃ 糖讲	iɔ̃ 床王双用		
ən 心深新东	in 新灯升病星	uən 滚	yən 春云兄
aʔ 白	iaʔ 尺	uaʔ 划	
ɑʔ 塔鸭法辣八		uɑʔ 活刮	
əʔ 盒十七托郭壳学北	iəʔ 接贴急热节一药	uəʔ 国骨	yəʔ 月出橘绿局
m 姆			
n 五			

说明：

（1）[o]韵舌位偏低，有时有变小的动程，实际音值为[oᵘ]。

（2）[ei][uei]韵中的[i]舌位偏低，实际音值为[ɪ]。

（3）[ɔ][iɔ]韵中的[ɔ]舌位略偏低。

（4）[ɛ]组韵母中的[ɛ]舌位偏高，实际音值为[ᴇ]。

（5）[yə][iəʔ][yəʔ]韵中的[ə]比[ə][uə][əʔ][uəʔ]韵中的[ə]舌位偏低偏前。

（6）[əɯ]韵中的[ɯ]舌位偏低。

（7）[ã][ɔ̃]两组韵母有时有[ŋ]尾音。

（8）鼻韵母的尾音常伴有闭唇动作，但不以[m]音收尾。

（9）[ən][in]组韵母的[n]尾有时略微偏后。

（10）[aʔ][iaʔ]韵中的[a]舌位略偏高。

（11）[ɑʔ][uɑʔ]韵中的[ɑ]舌位偏央，实际音值接近[ʌ]。

三、声调（8个）

阴平	324	东该灯风通开天春
阳平	433	门龙牛油铜皮糖红
阴上	445	懂古鬼九统苦讨草
阳上	223	买老五有动罪近后
阴去	52	冻怪半四痛快寸去
阳去	231	卖路硬乱洞地饭树
阴入	5	谷百搭节急哭拍塔切刻
阳入	23	六麦叶月毒白盒罚

说明：

（1）阴平［324］先略降后升，以升为主，有时降不明显。

（2）阳平［433］先降后平，有时尾部略升，实际调值为［434］。

（3）阴上［445］先发半高平后尾部升。

（4）阳上［223］先发半低平后尾部升。有时升幅略大，接近［224］。

（5）阴去［52］为高降调，有时前半段较平，降幅不够大。

（6）阳去［231］为先升后降的曲折调，音值整体较低，有时实际音值为［131］。

（7）阴入［5］促感不明显，略有升感，实际音值为［45］。

（8）阳入［23］促感不明显，有时升幅较大，实际音值为［24］。

叁　连读变调

一、两字组连读变调表

宣平方言两字组的连读变调规律见下表。表中首列为前字本调，首行为后字本调。每一格的第一行是两字组的本调组合；第二行是连读变调，若连读调与单字调相同，则此行空白；第三行为例词。同一两字组若有两种以上的变调，则以横线分隔。具体如下。

宣平方言两字组连读变调表

后字 前字	阴平 324	阳平 433	阴上 445	阳上 223	阴去 52	阳去 231	阴入 5	阳入 23
阴平 324	324 324 44 天　　公	324 433 44 清　　明	324 445 44 身　　体	324 223 44 新　　妇	324 52 32 车　　票	324 231 32 车　　站	324 5 44 钢　　笔	324 23 44 生　　日
阳平 433	433 324 43 黄　　瓜	433 433 22 皮　　鞋	433 445 22 财　　主 ―― 433 445 44 牙　　齿	433 223 22 城　　市 ―― 433 223 44 朋　　友	433 52 43 驼　　背	433 231 43 名　　字	433 5 43 成　　绩 ―― 433 5 44 头　　发	433 23 43 农　　历 ―― 433 23 44 黄　　历
阴上 445	445 324 44 火　　车	445 433 44 草　　鞋	445 445 44 水　　果	445 223 44 改　　造	445 52 44 韭　　菜	445 231 44 肯　　定	445 5 44 粉　　笔	445 23 44 小　　麦

续表

前字＼后字	阴平 324	阳平 433	阴上 445	阳上 223	阴去 52	阳去 231	阴入 5	阳入 23
阳上 223	223 324 / 43 老师	223 433 / 22 象棋	223 445 / 22 稻秆	223 223 / 22 犯罪	223 52 / 22 老气	223 231 / 43 老大	223 5 / 22 犯法	223 23 / 43 技术
阴去 52	52 324 / 44 汽车	52 433 / 44 酱油	52 445 / 44 报纸	52 223 / 44 跳舞	52 52 / 44 布裤	52 231 / 44 进步；52 231 / 55 0 半路	52 5 / 44 正式	52 23 / 44 放学；52 23 / 55 0 四月
阳去 231	231 324 / 43 地方	231 433 / 22 大门	231 445 / 22 大水	231 223 / 22 味道	231 52 / 22 大蒜	231 231 / 43 大路	231 5 / 22 第一	231 23 / 43 面食
阴入 5	5 324 / 4 国家	5 433 / 4 骨头；5 433 / 0 出来	5 445 / 4 出产	5 223 / 4 接受；5 223 弗是	5 52 / 0 节气	5 231 / 4 出现；5 231 / 0 铁路	5 5 / 4 一百	5 23 / 4 扎实
阳入 23	23 324 / 42 辣椒	23 433 / 2 石头	23 445 / 2 麦秆	23 223 / 2 活动	23 52 / 2 力气	23 231 / 42 绿豆	23 5 / 2 蜡烛	23 23 / 42 十六

二、两字组连读变调规律

宣平方言两字组连读变调有以下几个特点：

（1）属于典型的前变型，前字变，后字基本不变（轻声词例外），而且阴调与阳调内部各自的变调调值趋向非常统一。

（2）阴调类的舒声非常整齐，基本变作［44］调，只有后字是阴去调阳去调时，前字阴平调［324］例外，变读为只降不升的［32］调。

（3）阳调类的舒声基本变作［22］调或［43］调，只有阳平在阴上和入声字前例外。

①前字阳平［433］有点复杂，有以下3种情况。

在阴平、阴去、阳去以及部分入声字前，读半阳平［43］调。

在阳平和部分阴上、阳上字前读［22］调。

在部分阴上、阳上、入声字前，其变调规律与舒声的阴调类相同，变读为

[44]调。例如：红纸 ən$^{433\text{-}44}$tsʅ^{445} | 朋友 bən^{433}—pən^{44}iɯ^{223} | 黄历 ɔ̃$^{433\text{-}44}$liə?^{23}。原来的全浊声母也同时转换为相应的不送气清声母。例如：茶籽 dzo^{433}—tso^{44}tsʅ^{445} | 头发 dəɯ^{433}—təɯ^{44}fɔ?^{5} | 星期日 ɕin$^{324\text{-}44}$dzʅ^{433}—tsʅ^{44}nə?^{23}。

②前字阳上和阳去的规律一致，当后字是阴平、阳去、阳入时，变作[43]调，其余的变作[22]调。

（4）阴入的变调与阴调类的舒声一致，变调规律非常整齐，基本变作半高短促调[4]。前字阴入和后字阴去组合的连读调比较特殊，前字不变调，后字读轻声。例如：笔记 piə?^{5}tsʅ$^{52\text{-}0}$ | 发票 fɔ?^{5}p^{h}iɔ$^{52\text{-}0}$。

（5）阳入的变调与阳调类的舒声一致，只有当后字是阴平、阳去、阳入时，变作短促调[42]，其余的变作次低短促调[2]。

（6）轻声词较少，连读调规则有以下 3 种情况。

①前字阳平、阳去、阴入、阳入，一般仍读本字调。例如：

阳去[231]→旋记转一下 ʑyə^{231}tsʅ$^{52\text{-}0}$ | 谢谢 ʑia^{231}ʑia$^{231\text{-}0}$ | 共总总共 gən^{231}tsən$^{445\text{-}0}$

阴入[5]　　→歇店 ɕiə?^{5}tiɛ$^{52\text{-}0}$ | 索面 sə?^{5}miɛ$^{231\text{-}0}$ | 柏树 pa?^{5}ʑy$^{231\text{-}0}$ |
　　　　　　铁路 t^{h}iə?^{5}lu$^{231\text{-}0}$ | 出来 tɕ^{h}yə?^{5}lei$^{433\text{-}0}$ | 节气 tɕiə?^{5}ts^{h}ʅ$^{52\text{-}0}$

阳入[23]　→日间白天 nə?^{23}kã$^{324\text{-}0}$ | 落来下来 lə?^{23}lei$^{433\text{-}0}$

②前字阴平、阳平、阴上、阳上分别读半阴平、半阳平、半阴上、半阳上，即：阴平[324]读只降不升的[32]调，阳平[433]读[43]，阴上[445]读不升的[44]调，阳上[223]读不升的[22]调。例如：

阴平[324]→ 归来 kuei$^{324\text{-}32}$lei$^{433\text{-}0}$

阳平[433]→ 轮着轮到 lin$^{433\text{-}43}$dʑiə?$^{23\text{-}0}$ | 晴起晴起来 ʑin$^{433\text{-}43}$tɕ^{h}iə?$^{5\text{-}0}$

阴上[445]→ 火起火起来 xo$^{445\text{-}44}$tɕ^{h}iə?$^{5\text{-}0}$

阳上[223]→ 上去 dʑiã$^{223\text{-}22}$xə$^{52\text{-}0}$

③前字阴去，读[55]调。例如：半暝 pə$^{52\text{-}55}$mɛ$^{231\text{-}0}$ | 四月 sʅ$^{52\text{-}55}$ȵyə?$^{23\text{-}0}$ | 冻了 tən$^{52\text{-}55}$la^{0}。

（7）不符合上述连读规律的例外字不多。例如：

阴平 + 阳入（连读规律为[44 23]）→ 正月 tɕin$^{324\text{-}32}$ȵyə?^{23}

肆　异读

一、新老异读

宣平方言中，新老派方言的语音差异主要表现在以下方面。

1. 音系

（1）老派读［ɔ̃］［iɔ̃］韵的字，新派读［ɔŋ］［iɔŋ］韵。老派宕江通摄字读［ɔ̃］组韵母时，［ŋ］尾音较弱，新派读这些字时，［ŋ］韵尾音较明显，所以记做［ɔŋ］。

（2）老派 43 个韵母，新派 42 个韵母，老派比新派多了［io］韵。老派"靴"字有白读［ɕio³²⁴］和文读［ɕyə³²⁴］两读，新派"靴"字只有［ɕyə³²⁴］读音，且无其他字读［io］韵。

2. 其他

其他方面的新老异读情况较少，主要表现在个别字韵母的差异上。例如：

新老异读	老派读音	新派读音
婆果合一	bo⁴³³	bu⁴³³
把（量词）假开二	po⁵²	pu⁵²
爬假开二	bo⁴³³	bu⁴³³

还有个别字新老派的声韵调都不相同，新派读音是受普通话影响的结果。例如：

新老异读	老派读音	新派读音
如遇合三，日母	ʑy⁴³³	lu²²³

二、文白异读

宣平方言中，文白异读现象较多，在声母方面和韵母方面都有体现。下文中"/"前为白读，后为文读。

1. 声母

（1）个别帮母字白读为［m］声母，文读为［p］声母。例如：柄 mɛ⁵² _{锄头～} / pin⁵² _{手～}。

（2）部分非组字白读为［p］组声母，文读为［f］组声母。例如：反 pã⁴⁴⁵ _{～东西：翻找东西} / fã⁴⁴⁵ _{～对} | 肥 bi⁴³³ _{～肉} / vi⁴³³ _{减～} | 味 mi²³¹ _{～道} / vi²³¹ _{没～：没趣}。

（3）个别端母字白读为声母［n］，文读［t］声母。例如：东 nən³²⁴ _{～西：指物} / tən³²⁴ _{指方向}。

（4）个别邪母字白读为塞擦音声母，文读为擦音声母。例如：像 dʑiã²²³ _{～娘} / ʑiã²²³ _{好～}。

（5）个别从母字白读为擦音声母，文读为塞擦音声母。例如：集 zəʔ²³ _{～体} / dziəʔ²³ _{～中} | 绝 zyəʔ²³ _{～代} / dzyəʔ²³ _{～对}。

（6）个别庄母字白读为不送气擦音声母，文读为送气擦音声母。例如：侧 tsəʔ⁵ _{～过来} / tsʰəʔ⁵ _{～面}。

（7）个别日母字白读为［n］声母，文读为［ȵ］声母。例如：人 nin⁴³³ _{一个～} / ȵin⁴³³ _{丈～}。

（8）个别见组字白读为［k］组声母，文读为［tɕ］组声母，韵母也随之有所改变。例如：近 gə²²³ _{与"远"相对} / dʑin²²³ _{～视}。

（9）个别见组三等字白读为［ts］组或［tɕ］组声母，文读为［k］组声母，韵母也随之有所改变。例如：贵 tɕy⁵² _{指价格} / kuei⁵² _{用于名字} | 共 dʑiɔ²³¹ _{一样：～性} / gən²³¹ _{～产党}。

（10）个别以母字白读为鼻音声母，文读为零声母。例如：营 ȵin⁴³³ _{～业部} / in⁴³³ _{～长}。

2. 韵母

（1）个别果摄开合口一等字白读为［a］韵母，文读为［o］韵母；个别果摄合口三等字白读为［io］韵母，文读为［yə］韵母。例如：拖 tʰa³²⁴ _{～牢} / tʰo³²⁴ _{～拉机} | 破 pʰa⁵² _{～碗} / pʰo⁵² _{～坏} | 靴 ɕio³²⁴ _{旧时的高筒鞋} / ɕyə³²⁴ _{现代的高筒鞋}。

（2）个别遇摄字、止摄字白读为［n］韵母，文读为元音韵母。例如：吴 n⁴³³ _{姓，又读；前～：当地地名} / u²² _{姓，又读} | 儿 n⁴³³ _{指儿子} / əɯ²²³ _{幼～园} | 耳 n²²³ _{～朵} / ȵi²²³ _{木～}。

（3）个别蟹摄开口四等字白读为［ei］韵母，文读为［i］韵母。例如：梯 tʰei³²⁴ _{楼～} / tʰi³²⁴ _{～田}。

（4）个别止摄合口三等字白读为［y］韵母，文读为［uei］韵母，声母也随之有所改变。例如：贵 tɕy^{52} 指价格 / kuei^{52} 用于名字。

（5）个别山摄开口二等舒声字白读为［ɛ］韵母，文读为［ã］韵母。例如：眼 ŋɛ^{223} ~睛 / ŋã^{223} 一~。

（6）个别山摄合口一等舒声字白读为［uə］韵母，文读为［uã］韵母。例如：完 uə^{433} ~成 / uã^{433} ~蛋。

（7）个别深摄入声字白读为［yəʔ］韵母，文读为［iəʔ］韵母。例如：习 zyəʔ^{23} 学~ / ziəʔ^{23} 姓。

（8）个别臻摄舒声字白读为［nɛ］韵母或［ə］韵母，文读为［in］韵母，声母也会随之改变；或白读为［ə］韵母，文读为［ən］韵母。例如：新 sən^{324} 与"旧"相对 / ɕin^{324} ~鲜 | 近 gə^{223} 与"远"相对 / dʑin^{223} ~视 | 粪 pə^{52} 猪栏~ / fən^{52} ~土。

（9）个别宕摄合口三等舒声字白读为［iɔ̃］韵母，文读为［uã］韵母。例如：王 iɔ̃^{433} 姓，又读 / uã^{433} 姓，又读。

（10）个别梗摄开口二等舒声字白读为［uɛ］韵母，文读为［ɛ］韵母；个别梗摄开口三等舒声字白读为［ɛ］韵母，文读为［in］韵母。例如：梗 kuɛ^{445} 番薯~ / kɛ^{445} 心肌~塞 | 柄 mɛ^{52} 锄头~ / pin^{52} 手~。

（11）个别通摄合口三等舒声字白读为［iɔ̃］韵母，文读为［ən］韵母。例如：共 dʑiɔ̃^{231} 一样:~性 / gən^{231} ~产党。

伍　小称

宣平方言的小称形式主要有以下两种类型。

1. 变调

小称变调规律基本上是舒声调变读为［52］，与阴去单字调的调值相同，同时浊声母字变为相应的不送气清音。其中亲属称谓词的最末音节常读小称调，尤其是重叠式称谓词的第二个音节，重叠式称谓词的第一个音节一般变读为［22］调或［44］调。一般来说，浊声母字重叠，第一个音节一般变读为［22］调；清声母字重叠，第一个音节一般变读为［44］调。例如：

爷爷 ia$^{433-22}$ia$^{433-52}$ | 舅舅 dʑiɯ$^{223-22}$dʑiɯ^{223}—tɕiɯ^{52} | 姅姅 dʑin$^{231-22}$dʑin^{231}—tɕin^{52} | 弟弟 di$^{231-22}$di^{231}—ti^{52} | 外公 a$^{223-22}$kən$^{324-52}$ | 婶婶 sən$^{445-44}$sən$^{445-52}$ | 妈妈奶奶 ma^{44}ma^{52} | 娘娘伯母，姑妈 n̩ia$^{433-44}$n̩ia$^{433-52}$。

但也有例外，如：哥哥 ko^{324}—go^{22}ko$^{324\text{-}52}$，重叠变读同浊声母字，第一个音节读［22］调，声母也变为相应的浊音。

还有个别称谓词的重叠不变高调，而是变读为［324］，与阴平同调。例如：爷爷_{公公}ia$^{433\text{-}43}$ia$^{433\text{-}324}$ ≠ 爷爷_{外祖父}ia$^{433\text{-}22}$ia$^{433\text{-}52}$。

2. 变韵

变读为鼻韵母音。例如：粿儿_{清明~}kuã^{445}。

陆　其他音变

一、量词变调

（1）阴平［324］变读为［52］。例如：一车 iəʔ$^{5\text{-}4}$tɕʰia$^{324\text{-}52}$｜一双 iəʔ$^{5\text{-}4}$ɕiɔ̃$^{324\text{-}52}$｜一根 iəʔ$^{5\text{-}4}$kə$^{324\text{-}52}$。

（2）阳平［433］变读为［231］。例如：一床 iəʔ$^{5\text{-}4}$ʑiɔ̃$^{433\text{-}231}$｜一条 iəʔ$^{5\text{-}4}$dio$^{433\text{-}231}$。

（3）阴上［445］变读为［52］或变读为［231］，其中变读为［231］的声母由清音变为相应的浊音。例如：一碗 iəʔ$^{5\text{-}4}$uã$^{445\text{-}52}$｜一点_{时间：一点钟}iəʔ$^{5\text{-}4}$tiɛ$^{445\text{-}52}$｜一盏 iəʔ$^{5\text{-}4}$tsã$^{445\text{-}52}$｜一本 iəʔ$^{5\text{-}4}$pə^{445}—bə^{231}。

二、其他变调

（1）"头"［dəɯ^{433}］在方位词中或读［223］调，或读［231］调。例如：上头 dʑiã$^{223\text{-}22}$dəɯ$^{433\text{-}223}$｜下头 ia$^{223\text{-}22}$dəɯ$^{433\text{-}223}$｜内头 nei$^{231\text{-}22}$dəɯ$^{433\text{-}223}$｜前头 ʑiɛ$^{433\text{-}43}$dəɯ$^{433\text{-}231}$｜后头 əɯ$^{433\text{-}43}$dəɯ$^{433\text{-}231}$。

（2）"去"［kʰɯ^{52}］作为趋向动词在语流中常读作轻声［xə^{0}］，声母由塞擦音变成擦音，韵母由［ɯ］读作［ə］。例如：拖去 tʰa$^{324\text{-}32}$kʰɯ^{52}—xə^{0}。

（3）量词"个"［ka^{52}］在语流中常读入声［kəʔ^{5}］，韵母声调均发生变化。例如：一个包 iəʔ$^{5\text{-}4}$kəʔ^{5}po^{324}｜三个猪 sã$^{324\text{-}32}$kəʔ^{5}ti^{324}。

（4）相当于"的"的助词"个"读作［kə^{0}］或［kɛ^{0}］。

（5）"年"［ȵiɛ^{433}］处于词末时常读［231］调。例如：明年 mã$^{433\text{-}43}$ȵiɛ$^{433\text{-}231}$｜前年 ʑiɛ$^{433\text{-}43}$ȵiɛ$^{433\text{-}231}$｜后年 əɯ$^{223\text{-}43}$ȵiɛ$^{433\text{-}231}$。

（6）合音。例如：我 两个_{我们}o^{22}lɛ^{55}ka^{0}→我［两个］_{我们}o^{22}la^{55}｜尔 两个_{你们}n^{22}lɛ^{55}ka^{0}→尔［两个］_{你们}n^{22}la^{55}｜渠 两个_{他们}kɯ^{22}lɛ^{55}ka^{0}→渠［两个］_{他们}kɯ^{22}la^{55}。

第六十九节　遂昌方音

壹　概况

一、调查点

1. 地理人口 [①]

遂昌县隶属浙江省丽水市，位于浙江西南部，丽水市西部，东倚松阳、武义，南邻龙泉，西接江山和福建浦城，北与衢县（今衢江区）、龙游、金华（今婺城区）毗连，距丽水城区 100 公里。全县面积 2539 平方公里，辖 2 街道 7 镇 11 乡，分别是：妙高街道、云峰街道，北界镇、大柘镇、石练镇、金竹镇、黄沙腰镇、新路湾镇、王村口镇，三仁畲族乡、焦滩乡、应村乡、湖山乡、濂竹乡、高坪乡、蔡源乡、龙洋乡、西畈乡、垵口乡、柘岱口乡。截至 2016 年年底，全县常住人口 23.19 万。[②] 当地居民以汉族为主，少数民族人口仅约 1.4 万，其中畲族占绝大多数。

2. 历史沿革 [③]

遂昌县地西周前属越，秦属会稽郡太末县。东汉末年建安二十三年（218）分太末南部地置遂昌县。三国孙吴时的遂昌地域较广，约含今遂昌县和龙泉市、庆元县大部、金华原汤溪县部分地。唐乾元二年（759）析遂昌、松阳地置龙泉县。明成化七年（1471）析遂昌县桃源乡八、九都地与龙游、金华、兰溪县部分地，合置汤溪县。

1958 年松阳撤县，全部并入遂昌县，是时，总面积 3946 平方公里。1982 年遂昌、松阳两县分治，至今。遂昌建县后先后属会稽郡、东阳郡、缙云郡、处州府、衢州专署、金华地区、丽水地区，现属丽水市（地级）。历代县治均在妙高镇。

---

① 参见：遂昌县人民政府网，http://www.suichang.gov.cn，2022 年 8 月 8 日获取。
② 参见：《2017 年浙江统计年鉴》，http://tjj.zj.gov.cn/col/col1525563/index.html，2022 年 8 月 8 日获取。
③ 遂昌县志编委会. 遂昌县志. 杭州：浙江人民出版社，1996：55-58.

3. 方言分布

遂昌话是遂昌全境通用方言，属吴语区上丽片丽水小片。此外，遂昌全境还分布着历代迁入遂昌的外来方言，主要有客家话、赣语、南京话、淳安话、景宁话等。其中，使用人口较多的外来方言主要是客家话和赣语。境内畲族人使用的母语是畲话，畲民一般还说遂昌话。

4. 地方曲艺

遂昌较有名的地方曲艺是"昆曲十番"。明代戏剧家汤显祖曾在遂昌任知县五年，并写出了世界闻名的传奇（剧本）《牡丹亭》。他还把昆曲传来遂昌，从而形成了"昆曲十番"的演奏（唱）形式。演奏乐曲主要是《牡丹亭》《紫钗记》《南柯记》《邯郸记》等传统名剧的昆曲曲牌。遂昌昆曲十番直接源于"正昆"，吸收了"京昆"的内容，形成自己独有的风格。新中国成立前，遂昌昆曲十番班子流布于全县城乡，主要在民间"七月会"迎神时活动，新中国成立后一度沉寂。如今，它已被列入国家级非物质文化遗产代表性项目名录被加以传承和保护。

遂昌民间影响最大的戏剧是婺剧，又称"金华戏"。遂昌曾经办过婺剧团。

二、方言发音人

1. 方言老男

郭雄飞，1961 年 1 月出生于遂昌妙高镇，一直在本地生活和工作，教师，大专文化程度，说遂昌妙高话和不太标准的普通话。父母均为遂昌妙高人，说遂昌妙高话。

2. 方言青男

江汇，1988 年 9 月出生于遂昌妙高镇，一直在本地生活和工作，职工，大专文化程度，说遂昌妙高话和不太标准的普通话。父母均为遂昌妙高人，说遂昌妙高话。

3. 口头文化发音人

郭雄飞，男，1961 年 1 月出生于遂昌妙高镇，一直在本地生活和工作，教师，大专文化程度，说遂昌妙高话和不太标准的普通话。父母均为遂昌妙高人，说遂昌妙高话。

应瑛，女，1981年11月出生于遂昌县妙高镇，一直在本地生活和工作，职工，曾在遂昌电视台主持过方言综艺节目，本科文化程度，说遂昌妙高话和普通话。父母均为遂昌妙高人，说遂昌妙高话。

贰　声韵调

一、声母（28个，包括零声母在内）

p 八兵	pʰ 派片	b 爬病	m 麦明味问	f 飞风副蜂	v 肥饭
t 多东张竹	tʰ 讨天	d 甜毒	n 脑南		l 老蓝连路
ts 资早租装	tsʰ 草寸拆初	dz 茶		s 丝三酸山	z 字贼坐祠事
tɕ 酒争纸九	tɕʰ 刺车春手	dʑ 柱共权	ȵ 年热软月	ɕ 想双书响	ʑ 全床船十城
k 高	kʰ 开	g 共	ŋ 熬	x 好灰	
Ø 活县安王云药					

说明：

（1）全浊声母实为清音浊流。

（2）零声母音节的起始部分有明显的紧喉摩擦成分。

二、韵母（50个）

ɿ 戏	i 米二飞	u 歌坐过饱豆走	y 醉贵吹
	iu 师试		
a 排鞋		ua 快	
ɑ 茶牙瓦猪	iɒ 靴写	uɒ 画	
ɤ 师丝	iɛ 鸡溪	uə 苦五	yɤ 雨
ei 开赔对		uei 鬼	
ɯɯ 宝	iɐɯ 笑桥		yɐɯ 瘦
ɤɯ 亩	iɯ 油		
ɛ̃ 南半短根寸	iɛ̃ 盐年	uɜ̃ 官	yɛ̃ 深权

ɑŋ 山	iaŋ 响硬争	uaŋ 弯	yaŋ 横
əŋ 争东	iŋ 心新灯升病星	uəŋ 滚	yŋ 春云
ɒŋ 糖讲	iɔŋ 床王双兄用		
əɯʔ 色谷六	iuʔ 叔		
	iʔ 急七一直尺锡		yʔ 橘
aʔ 塔鸭法辣八	iaʔ 药白	uaʔ 活刮	yaʔ 划
ɛʔ 盒	iɛʔ 接贴热节	uɛʔ 骨国	yɛʔ 十月出靴
ɔʔ 托郭壳学北	iɔʔ 绿局	uɔʔ 有或	

说明：

（1）[ɒ]拼[k]组声母时有时有[u]介音。

（2）[a][aŋ][aʔ]三行韵母中的[a]实际读音是[ʌ]。

（3）[iɛ][iɛ̃][iɛʔ]三行韵母中的[ɛ]接近[ɛ]。

（4）鼻尾[ŋ]的发音部位介于[n]和[ŋ]之间。

三、声调（8个）

阴平	45	东该灯风通开天春
阳平	221	门龙牛油铜皮糖红
阴上	533	懂古鬼九统苦讨草
阳上	13	买老五懒动罪近后
阴去	334	冻怪半四痛快寸去
阳去	213	卖路硬乱洞地饭树
阴入	5	谷百搭节急哭拍塔切刻
阳入	23	六麦叶月毒白盒罚

说明：

（1）阳平调[221]以平为主。

（2）阴上调[533]以降为主。

（3）阳去调[213]以降为主。

（4）阳入调[23]为短促调。

叁　连读变调

一、两字组连读变调表

　　遂昌方言两字组的连读变调规律见下表。表中首列为前字本调，首行为后字本调。每一格的第一行是两字组的本调组合；第二行是连读变调，若连读调与单字调相同，则此行空白；第三行为例词。同一两字组若有两种以上的变调，则以横线分隔。具体如下。

遂昌方言两字组连读变调表

前字 \ 后字	阴平 45	阳平 221	阴上 533	阳上 13	阴去 334	阳去 213	阴入 5	阳入 23
阴平 45	45　45 33 天　光	45　221 55　213 清　明 45　221 55 开　门	45　533 33 身　体	45　13 55 公　社 45　13 55　213 招　待	45　334 55 车　票	45　213 55 车　站	45　5 33 工　作	45　23 33 生　日
阳平 221	221　45 21 农　村 221　45 22 骑　车	221　221 22　213 眉　毛 221　221 22 农　民	221　533 13 牙　齿 221　533 22 团　长	221　13 21 朋　友	221　334 22 驼　背	221　213 22 名　字	221　5 21 头　发	221　23 21 茶　叶 221　23 22 同　学
阴上 533	533　45 53 打　针	533　221 53　221 水　池 533　221 33　221 倒　霉	533　533 33 水　果 533　533 53 手　表	533　13 53 起　码	533　334 53 水　库	533　213 55 手　艺	533　5 53 赌　博	533　23 53　5 体　育 533　23 53 死　活

续表

后字／前字	阴平 45	阳平 221	阴上 533	阳上 13	阴去 334	阳去 213	阴入 5	阳入 23
阳上 13	13 45 / 21 老师；13 45 / 22 坐车	13 221 老婆	13 533 老板	13 13 / 22 犯罪；13 13 / 21 道理；13 13 / 53 养老；13 13 远近	13 334 / 22 买票；13 334 满意	13 213 社会	13 5 / 21 道德；13 5 满足	13 23 / 21 技术
阴去 334	334 45 / 53 汽车；334 45 / 33 唱歌	334 221 / 33 过年	334 533 / 33 报纸	334 13 / 33 送礼	334 334 / 55 种菜	334 213 / 55 孝顺	334 5 / 33 建设	334 23 / 33 中毒
阳去 213	213 45 / 22 认真；213 45 / 21 地方	213 221 / 13 大门	213 533 / 13 地板	213 13 / 22 味道；213 13 / 13 213 地道；213 13 / 21 大雨	213 334 / 22 饭店；213 334 / 13 位置	213 213 / 22 大路；213 213 / 13 电话	213 5 / 21 办法	213 23 / 21 树叶
阴入 5	5 45 / 3 国家	5 221 骨头	5 533 / 3 黑板	5 13 谷雨	5 334 出去	5 213 铁路	5 5 / 53 节约	5 23 节日
阳入 23	23 45 / 2 读书	23 221 肉皮	23 533 日子	23 13 十五	23 334 白菜	23 213 木匠	23 5 / 2 蜡烛	23 23 / 2 学习

二、两字组连读变调规律

遂昌方言两字组的语音变调有以下几个特点：

（1）阳平［221］作前字时常读作［22］。

（2）阴上［533］作前字时常读作［53］。

（3）阴去［334］作前字时常读作［33］。

（4）阳去［213］作后字时常读作［21］。

肆　异读

一、新老异读

遂昌方言的新老异读主要表现在以下方面。

1. 音系

音系上的差异主要表现在声调中的阳去调，老派读［213］，新派读［313］，听感差异比较明显。

2. 其他

其他方面的新老异读情况较少，主要表现在个别字韵母的差异上。例如：

例字	老派	新派
靴	$\varphi i\mathrm{o}^{45}$	$\varphi y\varepsilon\mathrm{?}^{5}$
愁	$\mathrm{z}y\mathrm{m}\mathrm{u}^{221}$	$\mathrm{z}i\mathrm{o}^{221}$
瘦	$\varphi y\mathrm{m}\mathrm{u}^{334}$	$\varphi i\mathrm{o}^{334}$
人	$\mathrm{\textipa{n}}i\mathrm{?}^{23}$	$\mathrm{l}\mathrm{o}\mathrm{?}^{23}$
设	$\varphi i\mathrm{?}^{5}$	$\varphi i\varepsilon\mathrm{?}^{5}$
困	$\mathrm{k}^{\mathrm{h}}\mathrm{ə\eta}^{334}$	$\mathrm{k}^{\mathrm{h}}\mathrm{uə\eta}^{334}$
藤	$\mathrm{d}\tilde{\varepsilon}^{221}$	$\mathrm{də\eta}^{221}$

二、文白异读

遂昌方言的文白异读主要体现在声母和韵母方面。下文中"／"前为白读，后为文读。

1. 声母

（1）部分非组字白读为［p］组声母，文读为［f］组声母。例如：反 $\mathrm{pa\eta}^{533}$／$\mathrm{fa\eta}^{533}$。

（2）部分知组字白读为［t］组声母，文读为［tɕ］组声母。例如：转 tyɛ̃⁵³³ / tɕyɛ̃⁵³³。

（3）少量生书母字白读为塞擦音声母，文读为擦音声母，韵母也随之有所改变。例如：手 tɕʰyɛ⁵³³ / ɕiɯ⁵³³。

（4）个别章见母字白读为零声母，文读为［tɕ］声母。例如：见 iɛ̃³³⁴ / tɕiɛ̃³³⁴。

（5）少量见组三等字白读为［k］组声母，文读为［ts］组或［tɕ］组声母，韵母也随之有所改变。例如：气 kʰei⁵³³ / tsʰ̩³³⁴ | 近 gɛ̃¹³ / dʑiŋ¹³。

（6）个别云以母字白读为擦音声母，文读为零声母。例如：园 xəŋ³³⁴ / yɛ̃²²¹。

2. 韵母

（1）个别果摄一等字白读为［a］韵母，文读为［u］韵母。例如：拖 tʰa⁴⁵ / tʰu⁴⁵ | 破 pʰa³³⁴ / pʰu³³⁴。

（2）个别蟹摄开口四等字白读为［ei］韵母，文读为［i］韵母。例如：梯 tʰei⁴⁵ / tʰi⁴⁵。

（3）部分止摄合口三等字白读为［y］韵母，文读为［uei］韵母，声母也随之有所改变。例如：贵 tɕy³³⁴ / kuei³³⁴。

（4）部分止摄三等字白读为［iu］韵母，文读为［uə］韵母，声母也随之有所改变。例如：初 tɕʰiu⁴⁵ / tsʰuə⁴⁵。

（5）部分止摄开口三等字白读为［iɛ］韵母，文读为［ʅ］韵母，声母也随之有所改变。例如：刺 tɕʰiɛ³³⁴ / tsʰ̩³³⁴。

（6）个别效摄开口一、二等字白读为合口的［u］或［uə］韵母，文读为［ɯ］韵母。例如：饱 pu⁵³³ / pɯ⁵³³ | 讨 tʰuə⁵³³ / tʰɯ⁵³³。

（7）个别梗摄开口二等字白读为［iaŋ］韵母，文读为［əŋ］韵母，声母也随之有所改变。例如：争 tɕiaŋ⁴⁵ / tsəŋ⁴⁵。

伍　小称

遂昌方言的小称音形式主要为儿尾小称，"儿"自成音节，但意思上并非指小。例如：猫儿 miɐɯ²²n̩iɛ²¹³ | 兔儿 tʰuə³³n̩iɛ²²¹ | 小侬儿_{小孩儿} ɕiɐɯ³³nəŋ²²n̩iɛ²¹³。

第七十节　龙泉方音

壹　概况

一、调查点

1. 地理人口

龙泉市隶属于浙江省丽水市，位于浙江西南部，东邻云和、景宁，南连庆元，西界福建浦城，北接遂昌、松阳，全市总面积3059平方公里，辖4街8镇7乡：龙渊街道、西街街道、剑池街道、塔石街道，八都镇、上垟镇、小梅镇、查田镇、屏南镇、安仁镇、锦溪镇、住龙镇，兰巨乡、宝溪乡、龙南乡、道太乡、岩樟乡、城北乡、竹垟畲族乡。① 截至2017年年底，全市总户数9.74万，户籍人口29.09万②，主要为汉族，另有畲族、回族、苗族、满族、土家族、彝族、壮族、侗族等28个少数民族，人口1.3万（2021年），其中畲族占少数民族人口的98%以上。

2. 历史沿革

东晋太宁元年（323）建龙渊乡，属永嘉郡松阳县。唐武德三年（620），因避高祖李渊讳，改龙渊乡为龙泉乡。唐乾元二年（759），建立龙泉县，县治地黄鹤镇（今龙渊镇）。宋徽宗宣和三年（1121），诏天下县镇凡有龙字者皆避，因改名为剑川县。宋绍兴元年（1131），复名龙泉县。宋庆元三年（1197），析龙泉之松源乡及延庆乡部分地置庆元县。明洪武三年（1370），庆元县并入，洪武十三年复置庆元县。1949年5月龙泉解放，1958年11月，庆元县并入。1973年7月，复建庆元县。1990年12月，经国务院批准，撤销龙泉县设立县级龙泉市，仍属丽水市。③

---

① 参见：龙泉市人民政府网，http://www.longquan.gov.cn/index.html，2022年8月8日获取。
② 参见：《2018年浙江统计年鉴》，http://tjj.zj.gov.cn/col/col1525563/index.html，2022年8月8日获取。
③ 参见：龙泉市人民政府网，http://www.longquan.gov.cn/index.html，2022年8月8日获取。

3. 方言分布

龙泉方言属吴语上丽片中的丽水小片，市内方言除城区口音外，主要有安仁、小梅和龙南等几种口音，其中安仁、小梅等与城区方言差别仅有少数几个字音，龙南口音则与城区话相互不能通话，全浊声母已完全清化，龙南乡人口约2万。

4. 地方曲艺

本地无曲艺，有傀儡戏（木偶戏），多唱婺剧。

二、方言发音人

1. 方言老男

沈光寅，1949年4月出生于龙泉城关镇东街，一直在本地生活和工作，职工，现已退休，小学文化程度，说龙泉话和不太标准的普通话。父母均为龙泉城关人。

2. 方言青男

俞鑫，1990年7月出生于龙泉龙渊街道，主要在本地生活和工作，主持人，大专文化程度，说龙泉话和普通话。父母均为龙泉县城人。

3. 口头文化发音人

李文，男，1935年9月出生于龙泉查田镇，一直在本地生活和工作，教师，现已退休，大专文化程度，说龙泉话和普通话。父母均为龙泉查田人。

沈莉薇，女，1984年8月出生于龙泉龙渊街道，一直在本地生活和工作，职工，本科文化程度，说龙泉话和普通话。父母均为龙泉县城人。

邱有松，男，1947年11月出生于龙泉锦溪镇，一直在本地生活和工作，基层干部，现已退休，初中文化程度，说龙泉话和普通话。父母均为龙泉锦溪人。

贰　声韵调

一、声母（28个，包括零声母在内）

p 八兵	pʰ 派片	b 病爬	m 麦明味问	f 飞风副蜂	v 肥饭
t 多东张竹	tʰ 讨天	d 甜毒	n 脑南		l 老蓝连路
ts 资早争装	tsʰ 刺寸拆抄	dz 茶		s 坐丝酸山	z 贼祠事十
tɕ 酒柱纸九	tɕʰ 清抽车手	dʑ 共权	ȵ 年热软月	ɕ 想双手响	ʑ 全谢床船
k 高	kʰ 开	g 共	ŋ 熬	x 好灰	
∅ 活安王药					

说明：

（1）古全浊声母[b][d][g][dz][dʑ][v][z][ʑ]在今单字音中读清音浊流，在语流中无论处于前字后字均无浊音杠，故有学者将其记作清音，考虑到龙泉方言的塞音塞擦音仍保持三分格局，且古全浊声母仍与阳调类相配，声调阴高阳低，符合吴语的一般特征，此处仍记为浊音。

（2）阴调类零声母音节前往往带有喉塞音，阳调类零声母音节前有同部位摩擦音，这里一并记作零声母[∅]。

二、韵母（54个，包括自成音节的[ŋ][ŋʔ]在内）

ɿ 丝戏	i 米二飞短	u 宝后厚	y 猪雨
a 排鞋		ua 快	
o 茶牙猪	io 写	uo 瓦	yo 权
ɛ 开赔对	iɛ 盐深年	uɛ 鬼	
ɯə 南半短根寸			
ɑʌ 宝饱	iɑʌ 笑桥		
ou 歌坐过五	iou 靴		
ɤɯ 师试		uɤɯ 苦	
ɛu 后厚	iəu 豆走油		
		uəi 灰	

ən 问	in 深新灯病	uən 滚	yn 春云
aŋ 山硬争	iaŋ 响讲	uaŋ 官横	
ɔŋ 糖讲	iɔŋ 床王双用		
əŋ 东	iəŋ 兄		
ɿʔ 试直色锡	ieiʔ 急七一	uʔ 谷福	yeiʔ 出橘
aʔ 盒白	iaʔ 节药	uaʔ 划	
oʔ 塔法辣学		uoʔ 活刮骨国	yoʔ 月出
ɛʔ 北刻贼	iɛʔ 接贴热		
aiʔ 十夺卒佛			
ouʔ 托壳学木	iouʔ 绿局		
ɤɯʔ 六竹	iɤɯʔ 叔粥		
ɯəʔ 盒鸽			
ŋ̍ʔ 木			
ŋ̍ 红			

说明：

（1）元音[o]实际音值介于[ɔ][o]之间，舌位偏后。

（2）[ɯə][ɯəʔ]两音中[ɯ]时长比[ə]长。

（3）[uo][yo][uoʔ][yoʔ]等收音时唇形由圆变展，实际音值为[uoə][yoə][uoəʔ][yoəʔ]。

（4）[ən]实际音值接近[ɛən]，[in]实际音值接近[iin]，[yn]的实际音值[yɪn]。

（5）[iəu]韵中[ə]较轻短，[u]唇形略收。

（6）[ɔŋ][iɔŋ][əŋ][iəŋ]等韵的韵尾[ŋ]收音时多有闭口动作。

（7）[ŋ̍][ŋ̍ʔ]两韵发音时舌位较低，阻塞部位在舌根，有时闭口。

（8）[ieiʔ][yeiʔ]有时读作[iʔ][yʔ]。

（9）[iɤɯʔ]实际音值接近[iəuʔ]。

三、声调（7个）

阴平	434	东该灯风通开天春
阳平	21	门龙牛油铜皮糖红

上声	51	懂古鬼九统苦讨草，买老五有罪近后
阴去	45	冻怪半四痛快寸去
阳去	224	卖路硬乱洞地饭树动
阴入	5	谷急刻百搭节拍塔切
阳入	24	六麦叶月毒白盒罚

说明：

（1）阴平调先降后升，起音略低于收音，听感上类似降升调，中间有时存在较明显的嘎裂声，调值记作 [434]。

（2）阳平 [21]，起音介于 2 度与 3 度之间。

（3）阴去 [45]，少数字调型较平，实际调值接近 [44]，如：变 piɛ^{45}、骗 p^{h}iɛ^{45}、惯 kuaŋ^{45}。

（4）阳去 [224] 前半段平调，后半段升调，部分字实读降升调 [214]，如：饭 vaŋ^{224}、匠 ʑiaŋ^{224}。

（5）阳入 [24] 多为短调，升势明显，有时喉塞感不强。

叁　连读变调

一、两字组连读变调表

龙泉方言两字组的连读变调规律见下表。表中首列为前字本调，首行为后字本调。每一格的第一行是两字组的本调组合；第二行是连读变调，若连读调与单字调相同，则此行空白；第三行为例词。同一两字组若有两种以上的变调，则以横线分隔。具体如下。

龙泉方言两字组连读变调表

后字 前字	阴平 434		阳平 21		上声 51		阴去 45		阳去 224		阴入 5		阳入 24	
阴平 434	434 44 天	434 星	434 45 清	21 明	434 45 猪	51 牯	434 44 亲	45 眷	434 44 杉	224 树	434 44 铅	5 笔	434 45 正	24 月

续表

前字＼后字	阴平 434	阳平 21	上声 51	阴去 45	阳去 224	阴入 5	阳入 24
阳平 21	21 434 44 台 风 21 434 年 轻	21 21 45 祠 堂 21 21 前 头	21 51 45 徒 弟 21 51 黄 柿	21 45 44 邻 舍	21 224 44 蚕 豆	21 5 44 时 节	21 24 45 黄 历 21 24 明 日
上声 51	51 434 21 老 天	51 21 21 本 钱 51 21 眼 红	51 51 21 水 果	51 45 21 老 太 51 45 几 个	51 224 21 旱 地	51 5 21 手 甲	51 24 21 小 麦
阴去 45	45 434 44 订 婚	45 21 21 拜 堂	45 51 21 昼 后 45 51 个 把	45 45 44 做 戏	45 224 44 算 命 45 224 半 暝	45 5 44 教 室	45 24 21 放 学 45 24 酱 肉
阳去 224	224 434 21 地 方 224 434 暝 间	224 21 21 丈 人 224 21 旧 年	224 51 21 味 道	224 45 21 大 蒜	224 224 21 电 话	224 5 21 自 杀	224 24 21 树 叶 224 24 二 十
阴入 5	5 434 3 作 瘵	5 21 3 插 田	5 51 3 谷 雨	5 45 3 出 嫁 5 45 腹 痛	5 224 3 客 栈	5 5 3 割 谷	5 24 3 结 实 5 24 笔 直
阳入 24	24 434 3 目 珠 24 434 日 间	24 21 3 学 堂	24 51 3 落 雨	24 45 3 白 菜	24 224 3 绿 豆	24 5 3 蜡 烛	24 24 3 日 历

说明：

两字组连读产生一个新调值［44］。

二、两字组连读变调规律

龙泉方言两字组连读变调有以下几个特点：

（1）前字变调，后字不变。

（2）前字阴平及阳平，变调为 [44] 或阴去 [45]。

（3）前字上声及阳去，变调为阳平 [21]。

（4）前字阴去，变调为 [44] 或阳平 [21]。

（5）前字阴入及阳入，变调为短调 [3]。

（6）阴平前字必须变调，其他调类组合中有三分之一的前字存在变与不变两种类型。

肆　异读

一、新老异读

龙泉方言的新老异读主要体现在声母和韵母方面。下文中 "／" 前为老派读音，后为新派读音。

1. 声母

（1）明母部分一等字老派白读零声母，文读 [m] 声母，新派只读 [m] 声母。例如：毛 η^{21} 白 $ma\Lambda^{21}$ 文／$ma\Lambda^{21}$｜帽 η^{224} 白 $ma\Lambda^{224}$ 文／$ma\Lambda^{213}$｜木 η^{24} 白 $mou\Omega^{24}$ 文／$m\mathit{ou}\Omega^{24}$。

（2）从母、禅母部分字老派读 [ʑ] [z] 等擦音声母，新派读 [dʑ] [tɕ] [dz] 等塞擦音声母。例如：绝 $\textipa{ʑ}yo\Omega^{24}$／$dʑyo\Omega^{24}$｜匠 $\textipa{ʑ}ian^{224}$／$tɕian^{45}$｜辰 $z\textipa{ə}n^{21}$／$dz\textipa{ə}n^{21}$。

（3）见母合口三四等少数字老派读 [tɕ] 声母，新派读 [k] 声母。例如：桂 $tɕy^{45}$／$kuei^{45}$｜宫 $tɕi\textipa{ə}ŋ^{434}$／$k\textipa{ə}ŋ^{434}$｜恭 $tɕi\textipa{ɔ}ŋ^{434}$／$k\textipa{ə}ŋ^{434}$。

（4）疑母个别开口三等字老派读 [ȵ] 声母，新派读零声母。例如：银 $ȵin^{21}$／in^{21}｜迎 $ȵin^{21}$／in^{21}。

2. 韵母

（1）蟹摄开口一等部分泰韵字老派读 [ua] 韵母，新派读 [ɛ] 韵母。例如：盖 kua^{45}／$k\textipa{ɛ}^{45}$｜害 ua^{224}／$\textipa{ɛ}^{213}$。

（2）梗开二、通合三等部分字老派读［ɔŋ］韵母，新派读［əŋ］韵母。例如：猛 mɔŋ⁵¹ / məŋ⁵¹｜风 fɔŋ⁴³⁴ / fəŋ⁴³⁴｜丰 fɔŋ⁴³⁴ / fəŋ⁴³⁴。

二、文白异读

龙泉方言的文白异读主要体现在声母和韵母方面。下文中"／"前为白读，后为文读。

1. 声母

（1）明母部分一等字白读零声母，文读［m］声母。例如：毛 ŋ²¹ / mɑʌ²¹｜帽 ŋ²²⁴ / mɑʌ²²⁴｜木 ŋʔ²⁴ / mouʔ²⁴｜梦 ŋ²²⁴ / mɔŋ²²⁴。

（2）心母、书母部分三等字白读为［tɕʰ］声母，文读为［ɕ］声母。例如：笑 tɕʰiɑʌ⁴⁵ / ɕiɑʌ⁴⁵｜手 tɕʰy⁵¹ / ɕiəu⁵¹｜深 tɕʰiᴇ⁴³⁴ / ɕin⁴³⁴。

（3）知母少数三等字白读为［t］声母，文读为［tɕ］声母。例如：猪 to⁴³⁴ / tɕy⁴³⁴｜着 tᴇ⁵¹ / tɕiaʔ⁵｜中 tioŋ⁴³⁴ / tɕiəŋ⁴³⁴。

（4）澄母三等少数字白读为［d］声母，文读为［ts］或［tɕ］声母。例如：沉 dɛn²¹ / tsɛn²¹｜长 dᴇ²¹ / tɕiaŋ²¹｜虫 dəŋ²¹ / tɕiəŋ²¹。

（5）禅母三等少数字白读为［dʑ］声母，文读为［ʑ］声母。例如：树 dʑiəu²²⁴ / ʑy²²⁴｜上 dʑiaŋ²²⁴ / ʑiaŋ²²⁴。

（6）日母、疑母个别三等字白读为［m］或［ŋ］声母，文读为［ȵ］声母。例如：耳 mi⁵¹ / ȵi⁵¹｜鱼 ŋɤɯ²¹ / ȵy²¹。

（7）见组二三等部分字白读为［k］组声母，文读为［tɕ］组声母。例如：锯 kɤɯ⁴⁵ / tɕy⁴⁵｜去 kʰɤɯ⁴⁵ / tɕʰy⁴⁵｜鱼 ŋɤɯ²¹ / ȵy²¹｜句 kɤɯ⁴⁵ / tɕy⁴⁵｜几 kᴇ⁵¹ / tɕi⁵¹｜敲 kʰɑʌ⁴³⁴ / tɕʰiɑʌ⁴³⁴｜近 kɯə⁵¹ / tɕin⁵¹｜讲 kɔŋ⁵¹ / tɕiaŋ⁵¹。

2. 韵母

（1）果摄一等个别字白读为［a］韵母，文读为［ou］韵母。例如：破 pʰa⁴⁵ / pʰou⁴⁵｜拖 tʰa⁴³⁴ / tʰou⁴³⁴。

（2）止摄开口三等个别字白读为［ɿ］韵母，文读为［i］韵母。例如：姨 ɿ²¹ / i²¹｜喜 sɿ⁵¹ / ɕi⁵¹。

（3）流摄开口一等个别字白读为［u］韵母，文读为［ɛu］韵母。例如：后 u⁵¹ / ɛu⁵¹｜厚 ku⁵¹ / ɛu⁵¹。

（4）山摄合口一等个别字白读为［i］韵母，文读为［ɯə］韵母。例如：短 ti^{51} / tɯə^{51} | 酸 si^{434} / sɯə^{434}。

（5）梗摄开口三等个别字白读为［aŋ］韵母，文读为［in］韵母。例如：柄 paŋ^{45} / pin^{45} | 明 maŋ^{21} / min^{21}。

（6）宕摄开口三等个别字白读为［ᴇ］韵母，文读为［iaŋ］韵母。例如：长 dᴇ^{21} / tɕiaŋ^{21} | 秧 ᴇ^{434} / iaŋ^{434}。

伍　小称

龙泉方言的小称儿尾“儿”音［ȵi］，在平声、去声字后通常变调为［55］。例如：

桃儿 tɑʌ^{45}ȵi^{55}　　瓜儿黄瓜 kuo^{45}ȵi^{55}

羹瓢儿 kaŋ^{44}piɑʌ^{45}ȵi^{55}　　手巾儿 ɕiou^{44}kɛn^{45}ȵi^{55}

手头儿 tɕʰy^{21}tiou^{45}ȵi^{55}　　腹脐儿 pouʔ^{3}sɤɯ^{45}ȵi^{55}

袈儿背心 ko^{45}ȵi^{55}　　练儿辫子 liᴇ^{45}ȵi^{55}

猫儿 mɑʌ^{45}ȵi^{55}　　孙儿 sɯə^{45}ȵi^{55}

洞儿 dəŋ^{21}ȵi^{55}

“儿”在上声、入声后一般变调为［21］，个别变调为［45］。例如：

李儿 li^{21}ȵi^{21}　　纽儿 ȵiəu^{21}ȵi^{21}

白果儿 baʔ^{3}kou^{44}ȵi^{21}　　黄粟儿谷子 ɔŋ^{45}ɕyoʔ^{3}ȵi^{21}

棉褥儿 miᴇ^{45}ȵiouʔ^{3}ȵi^{21}　　金桌儿条案 tɕin^{45}tiouʔ^{5}ȵi^{21}

乞儿 kʰɯəʔ^{3}ȵi^{21}　　镰䦆儿 liᴇ^{45}tɕiᴇʔ^{3}ȵi^{21}

个把儿 ki^{45}bou^{21}ȵi^{21}　　叔儿最小的叔叔 ɕiɤɯʔ^{3}ȵi^{45}

除小称儿尾外，龙泉方言还有一种小称变调，主要用于称谓词，调值多变为［45］，有时引起声母清浊的变化。例如：

公爷爷 kəŋ^{434}—kəŋ^{45}　　外婆 a^{21}bou^{21}—a^{21}pou^{45}

娘 ȵiaŋ^{21}—ȵiaŋ^{45}　　大大爸爸 da^{224}da^{224}—ta^{44}ta^{45}

姊姐姐 tsɿ^{51}—tsɿ^{45}　　娘娘姑 ȵiaŋ^{21}ȵiaŋ^{21}—ȵiaŋ^{44}ȵiaŋ^{45}

妹儿子 mᴇ^{224}—mᴇ^{45}　　婶婶 ɕin^{51}ɕin^{51}—ɕin^{45}ɕin^{51}

陆　其他音变

龙泉方言的声调阴高阳低，因连读变调之故，有些前字的声母会随声调变化而产生清浊之变。

（1）阴去［45］字在阳平字及上声字前变为阳平调［21］，声母也随之由清变浊。例如：

做媒 tso⁴⁵mi²¹—dzo²¹mi²¹　　　　　拜堂 pa⁴⁵dɔŋ²¹—ba²¹dɔŋ²¹

昼后 tiəu⁴⁵u⁵¹—diəu²¹u⁵¹　　　　　戒指 ka⁴⁵tsʅ⁵¹—ga²¹tsʅ⁵¹

（2）阳平［21］字作前字变调为阴去［45／44］，声母也随之由浊变清。例如：

朋友 bE²¹iəu⁵¹—pE⁴⁵iəu⁵¹　　　　　台风 dE²¹fɔŋ⁴³⁴—tE⁴⁴fɔŋ⁴³⁴

拳头 dʑyo²¹diəu²¹—tɕyo⁴⁵diəu²¹　　祠堂 zʅ²¹dɔŋ²¹—sʅ⁴⁵dɔŋ²¹

（3）人称代词"你"［n̢i⁵¹］在语流中有时弱读为［ŋ⁵¹］。

（4）部分入声后字及虚词性后字读为轻声，调值记作［0］。例如：

今日 kE⁴³⁴nE 、ʔ⁰　　　　　　　　　后日 u⁵¹nEʔ⁰

我拉 ŋo⁵¹la⁰　　　　　　　　　　　渠拉 gɤɯ²¹la⁰

搭 ⁼个 toʔ⁵ki⁰　　　　　　　　　　许个 xoʔ²⁴ki⁰

晓着 ɕiaʌ⁵¹dʑyoʔ⁰　　　　　　　　记着 tsʅ⁴⁵dʑyoʔ⁰

认着 n̢in²²⁴dʑyoʔ⁰　　　　　　　　病唠 bin²²⁴laʌ⁰

火着起 xuəi⁴⁴tE⁵¹tsʰʅ⁰　　　　　　二十 n̢i²²⁴zaiʔ⁰

第七十一节　景宁方音

壹　概况

一、调查点

1. 地理人口

景宁畲族自治县隶属浙江省丽水市，位于浙江省西南部，东邻青田县、文成县，南衔泰顺县和福建省寿宁县，西接庆元县、龙泉市，北毗云和县，东北连莲都区，距离丽水市 80 公里。县域面积 1950 平方公里，辖 2 个街道 4 个镇 15 个乡，分别是：红星街道、鹤溪街道、英川镇、渤海镇、东坑镇、沙湾镇、景南乡、澄照乡、毛垟乡、秋炉乡、大地乡、梅岐乡、郑坑乡、大均乡、梧桐乡、大漈乡、标溪乡、家地乡、鸬鹚乡、雁溪乡、九龙乡。[①] 截至 2018 年年底，全县户籍人口 17.10 万。[②]

2. 历史沿革

景宁在西周至春秋时属越地，三国时属临海郡，隋开皇九年（589）废永嘉、临海二郡，置处州（古丽水地区）设立括苍县（含景宁地域）。明景泰三年（1452）设立景宁县，属处州府，景宁地名取"景泰辑安"之意。1949 年 5 月 12 日景宁解放，6 月 15 日景宁县人民政府成立，属丽水专区。1952 年丽水专区撤销，改属温州专区，1960 年并入丽水县。1963 年 5 月复设丽水专区，景宁归属云和县。1984 年 6 月 30 日，经国务院批准，析云和县以原景宁县地域建立景宁畲族自治县。如今，景宁是全国唯一的畲族自治县，也是华东地区唯一的少数民族自治县。[③]

---

①　参见：景宁畲族自治县人民政府网，http://www.jingning.gov.cn/col/col1376092/index.html，2022 年 8 月 12 日获取。

②　参见：《2018 年浙江统计年鉴》，http://tjj.zj.gov.cn/col/col1525563/index.html，2022 年 8 月 12 日获取。

③　参见：景宁畲族自治县人民政府网，http://www.jingning.gov.cn/col/col1376092/index.html，2022 年 8 月 12 日获取。

3. 方言分布

景宁境内的方言主要有景宁话、畲话。另有一些新安江移民说徽语淳安话，还有少部分浙闽交界处村民说上标话（属于泰顺蛮讲）。景宁话属于吴语上丽片丽水小片，是全县通用方言，当地人称之为"土话"。畲民和移民一般都会说景宁话。受与之接壤的云和、庆元、龙泉、青田、泰顺、文成等方言的影响，根据差异，景宁话可分为 5 种口音：县城（以鹤溪街道、红星街道为中心）、东部（以渤海为中心）、南部（以东坑镇为中心）、西部（以沙湾、英川、毛垟为中心）、中部（以大均、大漈、梧桐、澄照为中心）。

4. 地方曲艺

景宁地区流行婺剧、越剧和畲族民歌。景宁畲族民歌多为七字一句，四句一首，讲究押韵。曲调可分为山歌调和师公调两大类，有独唱、对唱和齐唱等形式，多唱假声，很少伴随动作和音乐。传唱内容广泛，有叙事歌、杂歌、婚丧仪式歌等。

二、方言发音人

1. 方言老男

洪卫东，1958 年 10 月出生于景宁鹤溪镇鹤溪村，一直在本地生活和工作，农民，初中文化程度，说景宁话和普通话。父母均为景宁城里人。

2. 方言青男

陈赞文，1993 年 6 月出生于景宁鹤溪镇水碓弄村，除 2012 年 9 月—2016 年 6 月期间在外就读，一直在本地生活和工作，职工，本科文化程度，说景宁话和普通话。父母均为景宁城里人。

3. 口头文化发音人

洪卫东，男，1958 年 10 月出生于景宁鹤溪镇鹤溪村，一直在本地生活和工作，农民，初中文化程度，说景宁话和普通话。父母均为景宁城里人。

任传奎，男，1951 年 6 月出生于景宁鹤溪镇仙童村，一直在本地生活和工作，教师，现已退休，本科文化程度，说景宁话和普通话。父母均为景宁城里人。

梁平英，女，1962 年 7 月出生于景宁鹤溪镇学田村，一直在本地生活和工作，农民，初中文化程度，说景宁话和普通话。父母均为景宁城里人。

贰　声韵调

一、声母（28 个，包括零声母在内）

p 八兵	pʰ 派片飞	b 病爬肥	m 麦明味问	f 飞风副蜂	v 肥饭
t 多东张竹	tʰ 讨天	d 甜毒	n 东脑南		l 老蓝连路
ts 资早租争	tsʰ 草寸拆抄	dz 茶		s 丝三酸山	z 字贼坐祠事
tɕ 酒柱纸主	tɕʰ 刺清抽车	dʑ 共权	ȵ 年泥热软月	ɕ 想双手书响	ʑ 全谢床船顺
k 高	kʰ 开	g 共	ŋ 熬	x 好灰	
∅ 活县安温王					

说明：

（1）声母［p］［t］内爆音色彩明显，实际音值为［ɓ］［ɗ］。

（2）声母［b］［d］［dz］［dʑ］［g］浊感不明显，尤其是阳平调，实际发音已经近似于清音［p］［t］［ts］［tɕ］［k］。

（3）阴上和阳上调合并后，古浊上［dʑ］［g］的字完全清化，读声母［tɕ］［k］。如：九 tɕiəɯ³³ = 舅 tɕiəɯ³³｜狗 kəɯ³³ = 厚 kəɯ³³。

（4）［tɕ］组声母与细音相拼时略有舌叶音色彩。

二、韵母（54 个，包括自成音节的［m］［ŋ］［mʔ］在内）

ɿ 师丝试	i 猪米戏二飞	u 苦	y 猪雨
ʮ 荽			
a 排鞋		ua □ xua³²⁴ 煮得很烂	
ɛ 硬争	iɛ 盐年响	uɛ 横	
œ 南半短根寸		uœ 安	yœ 权
ɔ 山		uɔ 快官	
o 歌坐过茶牙瓦			io 靴写

ai 开赔对　　　　　　　　　　　　uai 鬼

ɑu 宝饱　　　　iɑu 笑桥

əɯ 豆走　　　　iəɯ 油

aŋ 心深新灯　　　iaŋ 春云　　　　uaŋ 滚

ɔŋ 糖讲　　　　iɔŋ 床王双用

əŋ 东　　　　　iŋ 升病星　　　　　　　　　　yŋ 兄

ʅʔ 直尺锡　　　iʔ 吃　　　　　uʔ 谷

aʔ 白　　　　　iaʔ 贴节药　　　　uaʔ 刮

ɛʔ 色　　　　　iɛʔ 接热北

œʔ 盒骨国　　　　　　　　　　uœʔ 颍　　　　yœʔ 月出

ɔʔ 塔鸭法辣八　　　　　　　　uɔʔ 活　　　　yɔʔ □ dzyɔʔ²³ 倒

oʔ 托郭壳学　　　　　　　　　　　　　　　　ioʔ 绿局

　　　　　　　　iuʔ 六

əɯʔ 十七　　　iəɯʔ 急一橘　　uəɯʔ 屈

m̩ 雾

ŋ̩ 五

m̩ʔ 木

说明：

（1）韵母［ʅ］读阴平调时，实际音值为［ʅˀ］。

（2）韵母［u］舌位偏前，与［p］组声母相拼时，实际音值为［ʉ］。

（3）元音［y］的唇型较展。

（4）韵母［o］舌位偏低，且口型略有变小的动程。

（5）元音［ɛ］的舌位偏高，实际音值为［ɐ］。

（6）元音［œ］的舌位偏高。

（7）［ai］组韵中的［a］舌位略偏高，［i］舌位偏低。

（8）［ɑu］组韵中的［u］舌位偏低。

（9）［əɯ］［əɯʔ］韵中的［ə］舌位偏低，接近［ɤ］，［ɯ］的舌位偏低。

（10）［iəɯ］［iəɯʔ］韵中的［ə］舌位偏高，动程小，接近［iɯ］［iɯʔ］。

（11）语流中，［əɯʔ］［iəɯʔ］韵中的［ɯ］元音很弱。

（12）［iŋ］［yŋ］［ɔŋ］组韵中的主元音［i］［y］［ɔ］有较明显的鼻音色彩，

［ŋ］尾音较弱，且舌位偏前。［yŋ］韵读阴平调时，中间有过渡音［e］，实际音值为［yeŋ］。

（13）［oʔ］组韵有变小的动程，实际发音为［oᵘʔ］。

（14）韵母［m̩］［ŋ̍］［m̩ʔ］，常读为［m̩…mə］［ŋ̍…ŋə］［m̩…məʔ］。

三、声调（7个）

阴平	324	东该灯风通开天春
阳平	41	门龙牛油铜皮糖红
上声	33	懂古鬼九统苦讨草，动罪近买老五有后
阴去	35	冻怪半四痛快寸去
阳去	113	卖路硬乱洞地饭树
阴入	5	谷百搭节急哭拍塔切刻
阳入	23	六麦叶月毒白盒罚

说明：

（1）阴平［324］为先降后升的曲折调。

（2）阳平［41］有时有一个略升的调头，实际调值为［341］。

（3）阴去［35］为升调，起音［3］比上声调［33］略低，但不到［2］。

（4）阳去［113］有时有一个略降的调头，实际调值为［213］。

（5）阴入［5］有时促感不明显，略升，实际调值为［45］。

（6）阳入［23］有时促感不明显。

叁　连读变调

景宁方言两字组的连读变调规律见下表。表中首列为前字本调，首行为后字本调。每一格的第一行是两字组的本调组合；第二行是连读变调，若连读调与单字调相同，则此行空白；第三行为例词。同一两字组若有两种以上的变调，则以横线分隔。具体如下。

景宁方言两字组连读变调表

后字 前字		阴平 324	阳平 41	上声 33		阴去 35	阳去 113	阴入 5	阳入 23
				清上	浊上				
阴平 324		324 324 33 香 菇 324 324 55 东 西	324 41 33 清 明	324 33 32 生 好 324 33 55 身 体	324 33 55 端 午	324 35 32 天 气	324 113 33 杉 树	324 5 55 钢 笔	324 23 32 三 十 324 23 55 生 日
阳平 41		41 324 33 黄 瓜	41 41 33 油 麻	41 33 55 牙 齿	41 33 55 黄 柿	41 35 驼 背	41 113 名 字	41 5 55 头 发	41 23 前 日 41 23 55 龙 雹
上声 33	清 上	33 324 33 左 边 33 324 55 手 巾	33 41 33 水 田	33 33 水 果 33 33 55 铰 剪	33 33 55 改 造	33 35 韭 菜	33 113 肯 定	33 5 55 喜 鹊	33 23 55 小 麦
	浊 上	33 324 55 老 鸦	33 41 喉 咙	33 33 55 老 鼠	33 33 55 犯 罪	33 3 老 气	33 113 老 大	33 5 55 犯 法	33 23 每 日
阴去 35		35 324 55 衬 衫	35 41 跳 绳 35 41 33 酱 油	35 33 55 报 纸	35 33 55 跳 舞	35 35 33 布 裤	35 113 对 面	35 5 55 正 式	35 23 55 放 学
阳去 113		113 324 右 边 113 324 55 地 方	113 41 上 头 113 41 33 大 门	113 33 顺 手 113 33 55 大 水	113 33 55 味 道	113 35 33 地 震	113 113 33 大 树	113 5 大 伯 113 5 55 大 叔 113 5 33 第 一	113 23 55 大 麦
阴入 5		5 324 发 烧	5 41 53 客 人	5 33 黑 板	5 33 接 受	53 35 53 合 算	5 113 53 柏 树	5 5 节 约	5 23 扎 实

续表

后字 前字	阴平 324		阳平 41		上声 33				阴去 35		阳去 113		阴入 5		阳入 23	
					清上		浊上									
阳入 23	23	324	23	41	23	33	23	33	23	35	23	113	23	5	23	23
	石	灰	石	榴	麦	秆	活	动	镬	灶	木	匠	蜡	烛	十	六

说明：

景宁方言两字组连读变调有以下几个特点：

（1）属于前变型。前字变，后字基本不变，轻声词以及后字阴平调［324］有时只降不升除外。后字阴平调［324］读完整的调值还是只降不升，比较随意，即使同一词语也会有两种读法。因此，本调查词汇中的后字阴平调［324］都记完整的调值，语法、长篇语料根据录音记实际读音，或［324］，或［32］。

（2）舒声字

①阳调类的字和阴调类的字都会读［33］［55］调，在连读中出现调类趋同的特点。例如：阳平［41］前的所有舒声字都会变读为［33］调；上声［33］前的所有舒声字都会变读为［55］调。

②连读调一方面和自身的单字调有关系，另一方面也受后字调影响。例如：阳平［41］前的所有舒声字都会变读为［33］调，但前字阴去有时会读本调［35］，前字阳去有时会读本调［113］。

③同一组合会出现不同连读调，且暂时找不出规律。例如：

阴平 + 阴平 → 33+324 香菇 $\varphi ie^{33}ku^{324}$

　　　　　　→ 55+324 东西 $n\ni\eta^{55}\varphi i^{324}$

阴平 + 阳入 → 32+23 正月 $t\varphi i\eta^{32}\eta y\alpha?^{23}$

　　　　　　→ 55+23 生日 $s\epsilon^{55}n\epsilon?^{23}$

阳去 + 阴入 → 113+5 大伯 $do^{113}pa?^{5}$

　　　　　　→ 55+5 大叔 $do^{55}\varphi iu?^{5}$

　　　　　　→ 33+5 第一 $di^{33}i\omega?^{5}$

（3）入声除阴入调［5］在阳平、阴去、阴入字前读［3］外，其余的入声前字一般不变调。阳入调［23］有时会有轻微的调值变化，接近［2］或［3］，本调查仍记单字调［23］。

（4）词语和短语的连读调有差异。例如：天光_{天亮} $t^hie^{32}k\ni\eta^{324}$ ≠ 天光_{上午} $t^hie^{33}k\ni\eta^{324}$。

（5）不符合上述规律的例外：个别词会出现后字变调的情况。例如：

阴平 + 阳平 → 该﹦年_{今年} kai$^{324\text{-}32}$niɛ$^{41\text{-}35}$

阴去 + 阴平 → 背心 pai$^{35\text{-}55}$saŋ$^{324\text{-}33}$

肆　异读

一、新老异读

景宁方言中，新老派方言的语音差异主要表现在以下方面。

1. 声母

老派 28 个声母，新派 27 个声母。新派比老派少了［g］声母。阴上和阳上调合并后，古浊上没有读［g］声母的字，只有清化了的［k］声母。所调查的 1000 个单字里，老派只有"挂、含、健、共_{～产党}"读［g］声母，这 4 个字新派都不读［g］声母。老派新派读音对比如下：

例字	老派	新派
挂	go^{113}	ko^{324}
含_{～一口水}	gə^{41}	uə^{41}
健	gœ^{113} _{硬朗} / dʑiɛ^{113} _{～康}	kə^{324} _{硬朗} / tɕiɛ^{324} _{～康}
共	dʑioŋ^{113} _{一样：～性} / gəŋ^{113} _{～产党}	tɕiõ^{324} _{一样：～性} / kəŋ^{324} _{～产党}

2. 韵母

（1）老派 54 个韵母，新派 52 个韵母。

老派老派比新派多了［ʅ］［ua］［yɔʔ］［iəɯʔ］［uəɯʔ］5 个韵，其中［ʅ］［ua］［yɔʔ］［uəɯʔ］这 4 个韵都是从词汇中调查出来的，不见于 1000 个单字。新派比老派多了［aiʔ］［iaiʔ］［yaiʔ］3 个韵。

老派读［iəɯʔ］韵母的字，新派读［iaiʔ］［yaiʔ］韵母。新派读［aiʔ］韵母的字，老派读［əɯʔ］韵母。

（2）老派新派韵母的差异还体现以下几个韵母上。例如：

例字	老派	新派
南	œ	ə
安	uœ	uə
权	yœ	yɛ
糖	ɒŋ	ɔ̃
床	iɒŋ	iɔ̃
豆	əɯ	əu
油	iəɯ	iəu
盒	œʔ	əʔ
颌	uœʔ	uəʔ
月	yœʔ	yɛʔ
毒	əɯʔ	əuʔ

3. 声调

老派 7 个调，新派 6 个调。老派古浊去字今读[113]，与阴平[324]相分，例如：公 kəŋ^{324} ≠ 共~产党 gəŋ^{113}。新派古浊去字今读[324]，和阴平同调。例如：公 kəŋ^{324} = 共~产党 kəŋ^{324}。

二、文白异读

景宁方言中，文白异读现象较多，在声母和韵母方面都有体现。下文中" / "前为白读，后为文读。

1. 声母

（1）部分非组字白读为[p]组声母，文读为[f]组声母。例如：肺 pʰi^{35} 猪~ / fi^{35} ~结核 | 肥 bi^{41} ~肉 / vi^{41} ~减 | 反 pɔ^{33} ~东西: 翻找东西 / fɔ^{33} ~对。

（2）个别端母字白读为声母[n]，文读[t]声母。例如：东 nəŋ^{324} ~西: 指物 / təŋ^{324} 指方向。

（3）个别从母字白读为擦音声母，文读为塞擦音声母。例如：绝 zyœʔ^{23} ~代 / dʑyœʔ^{23} ~对。

（4）部分知组字白读为[t]组声母，文读为[tɕ]组声母，韵母也随之有所改变。例如：猪 ti^{324} 雄~ / tɕy^{324} ~八戒。

（5）个别庄母字白读为不送气擦音声母，文读为送气擦音声母，韵母也随之有所改变。例如：侧 tsɛʔ⁵ ~过来 / tsʰɯɯʔ⁵ ~面。

（6）部分日母字白读为 [n] 声母，文读为 [ȵ] 声母，韵母也随之有所改变。例如：人 naŋ⁴¹ 一个~ / ȵiaŋ⁴¹ 丈~ | 日 nɛʔ²³ 一~ / ȵiəɯʔ²³ ~本。

（7）个别见组三等字白读为 [tɕ] 组声母，文读为 [k] 组声母，韵母也随之有所改变。例如：贵 tɕy³⁵ 指价格 / kuai³⁵ 用于名字 | 共 dʑiɔŋ¹¹³ 一样:~性 / gəŋ¹¹³ ~产党。

2. 韵母

（1）个别果摄开合口一等字白读为 [a] 韵母，文读为 [o] 韵母。例如：拖 tʰa³²⁴ ~牢 / tʰo³²⁴ ~拉机 | 破 pʰa³⁵ ~碗 / pʰo³⁵ ~坏。

（2）个别假摄开口二等字白读为 [o] 韵母，文读为 [a] 韵母。例如：沙 so³²⁴ 指沙子 / sa³²⁴ ~湾:当地地名。

（3）个别遇摄字白读为 [i] 韵母，文读 [y] 韵母，声母也随之有所改变。例如：猪 ti³²⁴ 雄~ / tɕy³²⁴ ~八戒。

（4）个别蟹摄开口四等字白读为 [ai] 韵母，文读为 [i] 韵母。例如：梯 tʰai³²⁴ 楼~ / tʰi³²⁴ ~田。

（5）部分蟹止摄字白读为 [y] 韵母，文读为 [uai] 韵母，声母也随之有所改变。例如：桂 tɕy³⁵ 月~ / kuai³⁵ ~圆 | 贵 tɕy³⁵ 指价格 / kuai³⁵ 用于名字。

（6）个别山摄开口二等舒声字白读为 [ɛ] 韵母，文读为 [ɔ] 韵母。例如：眼 ŋɛ³³ ~睛 / ŋɔ³³ 一~。

（7）个别臻摄、梗摄舒声字白读为 [aŋ] 韵母，文读为 [iaŋ] 韵母，有时声母也会随之改变。例如：人 naŋ⁴¹ 一个~ / ȵiaŋ⁴¹ 丈~ | 影 aŋ³³ 指影子 / iaŋ³³ ~响。

（8）个别臻摄、曾摄入声字白读为 [ɛʔ] 韵母，文读为 [iəɯʔ] 韵母或 [əɯʔ] 韵母，声母也会随之改变。例如：日 nɛʔ²³ 一~ / ȵiəɯʔ²³ ~本 | 侧 tsɛʔ⁵ ~过来 / tsʰɯɯʔ⁵ ~面。

（9）个别梗摄开口二等舒声字白读为 [ɛ] 韵母，文读为 [əŋ] 韵母；个别梗摄开口二等舒声字白读为 [uɛ] 韵母，文读为 [ɛ] 韵母；例如：猛 mɛ³³ 形容火很旺 / məŋ³³ 指凶猛 | 梗 kuɛ⁴⁴⁵ 番薯~ / kɛ³³ 心肌~塞。

（10）个别通摄合口三等舒声字白读为 [yŋ] 韵母或 [iɔŋ] 韵母，文读为 [əŋ] 韵母。例如：宫 tɕyŋ³²⁴ 五~六殿 / kəŋ³²⁴ 子~ | 共 dʑiɔŋ¹¹³ 一样:~性 / gəŋ¹¹³ ~产党。

伍 小称

小称形式主要有以下三种类型。

1. 儿尾

"儿"［n̠i³²⁴］自成音节，有时变调读［45］调。例如：鸟儿_{小鸟}tiɑu³³n̠i³²⁴⁻⁴⁵ | 鸡儿_{小鸡}tsʅ³²⁴⁻³³n̠i³²⁴⁻⁴⁵ | 猪儿_{小猪}ti³²⁴⁻³³n̠i³²⁴⁻⁴⁵。

2. 鼻尾或鼻化

在原音节韵母后加鼻音韵尾［ŋ］，读［45］调。例如：李儿_{李子}li³³—liŋ⁴⁵。

3. 变调

舒声调变作高调［45］。浊声母变为相应的不送气清音；［p］［t］的内爆音色彩消失；入声韵变舒声韵，喉塞尾消失。例如：公_{爷爷}kən³²⁴⁻⁴⁵ | 麦豆_{豌豆}maʔ²³dəɯ¹¹³—təɯ⁴⁵。

个别词的小称调是［324］（语流中有时升感不明显，读作［32］），与阴平同调。例如：婆 bo_{奶奶}⁴¹—po³²⁴ | 奶_{妈妈}na³³⁻³²⁴ | 刘三姊 liəɯ⁵⁵sɔ³³tsʅ³⁵⁻³²⁴。

另有读作［35］调的。例如：娘_{姑姑}n̠iɛ⁴¹⁻³⁵。

陆 其他音变

（1）"一"在单念时读［iəɯʔ⁵］，语流中读［iʔ⁵］。

（2）"帮"在单念时读［pən³²⁴］，语流中读［mən³²⁴］。

（3）合音。例如：［弗会］读［fai³⁵］，［你拉⁼］_{你们}读［n̠ia³³］。

（4）部分方位词、时间词的末音节变作高调［45］，变调规律同小称。

例如：下头 io³³dəɯ⁴¹—təɯ⁴⁵ | 日日_{每天}nɛʔ²³nɛʔ²³—nɛ⁴⁵ | 前面 ʑiɛ¹¹³miɛ¹¹³⁻⁴⁵。

第七十二节　庆元方音

壹　概况

一、调查点

1. 地理人口 [1]

庆元县隶属浙江省丽水市，位于浙江西南部，丽水市南部，北与龙泉、景宁接壤，东、西、南与福建寿宁、松溪、政和三县交界，距丽水城区 233 公里。全县面积 1898 平方公里，辖 3 街道 6 镇 10 乡，分别是：松源街道、濛洲街道、屏都街道、竹口镇、荷地镇、黄田镇、左溪镇、贤良镇、百山祖镇，安南乡、隆宫乡、五大堡乡、岭头乡、淤上乡、张村乡、江根乡、官塘乡、龙溪乡、举水乡。截至 2016 年年底，全县户籍人口 20.59 万，以汉族为主。[2] 此外还有畲族、苗族、彝族、侗族、土家族等 29 个少数民族，人口很少，以畲族为主。

2. 历史沿革 [3]

庆元地隋属括州，唐属处州龙泉县称松源乡。南宋庆元三年（1197）置县，属处州。明洪武三年（1370）撤庆元县，置庆元巡检司，治查田（今属龙泉）。洪武十三年（1380）复置，清沿之。至清康熙年间，庆元地域基本确定。

中华人民共和国成立后，庆元行政区划有所变更。1958 年，庆元并入龙泉县。1973 年复县。今属丽水市。历代县治均在松源镇。

3. 方言分布

庆元方言是庆元全境通用方言，属吴语区上丽片丽水小片。庆元话内部有地域差异，大致可分为北区（竹口一带）、城区（县城一带）、万里林区（百山祖一带）、东区（荷地一带）四种口音。县东南角的江根乡有几个村说一种接近福建

---

① 参见：庆元县人民政府网，http://www.zjqy.gov.cn，2022 年 8 月 10 日获取。
② 参见：《2017 年浙江统计年鉴》，http://tjj.zj.gov.cn/col/col1525563/index.html，2022 年 8 月 8 日获取。
③ 庆元县志编委会. 庆元县志. 杭州：浙江人民出版社，1996：29-30.

寿宁话的方言，人口不多，但他们跟庆元其他地区的人交往时也说庆元话。庆元畲族人已经不会说畲话，而是说庆元话。其他少数民族人口更少，也只说庆元话。

4. 地方曲艺 ①

庆元地方戏曲主要有菇民戏和唱灯戏。菇民戏又叫二都戏，产生年代大约在元末明初，发源地为庆元县左溪镇黄冈村。表演者大多为菇民，用地道的庆元方言演唱。

二、方言发音人

1. 方言老男

李成山，1951 年 12 月出生于庆元松源镇，一直在本地生活和工作，农民，小学文化程度，说庆元松源话和不太标准的普通话。父母均为庆元松源人，说庆元松源话。

2. 方言青男

杨丽坤，1989 年 11 月出生于庆元松源镇，一直在本地生活和工作，职工，大专文化程度，说庆元松源话和不太标准的普通话。父母均为庆元松源人，说庆元松源话。

3. 口头文化发音人

李成山，男，1951 年 12 月出生于庆元松源镇，一直在本地生活和工作，农民，小学文化程度，说庆元松源话和不太标准的普通话。父母均为庆元松源人，说庆元松源话。

杨桂芬，女，1958 年 4 月出生于庆元松源镇，一直在本地生活和工作，教师，中师文化程度，说庆元松源话和普通话。父母均为庆元松源人，说庆元松源话。

---

① 庆元县志编委会．庆元县志．杭州：浙江人民出版社，1996：493.

贰　声韵调

一、声母（22个，包括零声母在内）

ɓ 八兵飞	pʰ 派片	p 爬病	m 麦明味问	f 飞风蜂肥饭
ɗ 多东张竹	tʰ 讨天	t 甜毒	n 脑南	l 老蓝连路
ts 早茶争装	tsʰ 草寸拆初			s 贼坐三事十
tɕ 酒九共权	tɕʰ 清车春手		ȵ 年泥软月	ɕ 想双船书城
k 高	kʰ 开		ŋ 熬	x 好灰
∅ 活县安王药				

说明：

（1）[ɓ][ɗ]声母为内爆音。

（2）[tɕ]组声母拼撮口呼时带有舌叶色彩。

二、韵母（56个，包括自成音节的[ŋ]在内）

ɿ 丝戏	i 飞	u 厚	y 水贵
ɑ 排鞋	iɑ 写	uɑ 快	yɑ 靴
ɒ 宝饱	iɒ 笑桥		
o 歌坐茶牙猪	io 爷		
ɤ 师试		uɤ 过苦五	
	iɛ 鸡		yɛ 雨
æi 开赔对短		uæi 鬼	
ɐɯ 走	iɯ 豆油		
	ĩ 二米		
ã 山	iã 年响	uã 官	
æ̃ 南半根寸灯硬	iæ̃ 盐	uæ̃ 横	yæ̃ 权
ɔ̃ 糖讲	iɔ̃ 床王双用		
əŋ 分	iəŋ 心深新	uəŋ 滚	yəŋ 春云
oŋ 东	ioŋ 兄		

	iŋ 升病星		
ɤʔ 直尺锡	iʔ 室	uʔ 谷	
ɑʔ 塔鸭法辣白	iɑʔ 贴节药	uɑʔ 活刮	yɑʔ 越
oʔ 八托郭壳学	ioʔ 绿局		
ɤʔ 盒北色	iɛʔ 接热	uɤʔ 骨国	yɛʔ 月出
əɯʔ 十	iəɯʔ 急七一	uəɯʔ 或	yəɯʔ 橘
	iɯʔ 六		
ŋ 瓦			

说明：

（1）[ɑ][ã][ɑʔ]组中的[ɑ]靠前，接近[ʌ]。

（2）[o]韵拼[k]组及零声母时有轻微的[u]介音。

（3）[æ̃]组韵母中的鼻化很微弱。

（4）[iŋ]中的[i]与[ŋ]之间有[ɪ]过渡，近于[iɪŋ]。

（5）[ŋ]韵母发完后有[m]尾色彩。

三、声调（8个）

阴平	335	东该灯风通开天春
阳平	52	门龙牛油铜皮糖红
阴上	33	懂古鬼九统苦讨草
阳上	221	买老五有动罪近后
阴去	11	冻怪半四痛快寸去
阳去	31	卖路硬乱洞地饭树
阴入	5	谷百搭节急哭拍塔切刻
阳入	34	六麦叶月毒白盒罚

说明：

（1）阴平调[335]以升为主。

（2）阳入调[34]为短促调。

叁　连读变调

一、两字组连读变调表

庆元方言两字组的连读变调规律见下表。表中首列为前字本调，首行为后字本调。每一格的第一行是两字组的本调组合；第二行是连读变调，若连读调与单字调相同，则此行空白；第三行为例词。同一两字组若有两种以上的变调，则以横线分隔。具体如下。

庆元方言两字组连读变调表

前字＼后字	阴平 335	阳平 52	阴上 33	阳上 221	阴去 11	阳去 31	阴入 5	阳入 34
阴平 335	335 335 33 开车 335 335 33 11 鸡荒 335 335 飞机	335 52 52 芝麻 335 52 清明	335 33 33 天井 335 33 身体	335 221 11 端午 335 221 招待	335 11 33 车票 335 11 分配	335 31 33 车站 335 31 军队	335 5 33 钢笔 335 5 中国	335 34 33 生日 335 34 生活
阳平 52	52 335 33 荒菱 52 335 农村	52 52 眉毛	52 33 22 头颈 52 33 牙齿	52 221 朋友	52 11 33 335 麻将 52 11 驼背	52 31 名字	52 5 头发	52 34 茶叶
阴上 33	33 335 52 打针 33 335 点心	33 52 水池	33 33 水果	33 221 31 水稻 33 221 起码	33 11 水库	33 31 手艺	33 5 赌博	33 34 死活

续表

前字＼后字	阴平 335	阳平 52	阴上 33	阳上 221	阴去 11	阳去 31	阴入 5	阳入 34
阳上 221	221 335 22 老 师	221 52 22 坐 船	221 33 22 老 板	221 221 22 道 理	221 11 22 买 票 221 11 31 上 向	221 31 22 马 路	221 5 22 道 德	221 34 22 老 实
阴去 11	11 335 33 嫁 妆 11 335 33 唱 歌	11 52 33 嫁 依 11 52 33 剃 头 11 52 过 年	11 33 报 纸	11 221 31 对 待 11 221 送 礼	11 11 种 菜	11 31 孝 顺	11 5 建 设	11 34 中 毒
阳去 31	31 335 33 面 包 31 335 地 方	31 52 22 大 门	31 33 县 长	31 221 22 味 道	31 11 33 饭 店 31 11 位 置	31 31 33 大 路 31 31 电 话	31 5 33 样 式 31 5 办 法	31 34 22 树 叶 31 34 事 实
阴入 5	5 335 国 家	5 52 骨 头	5 33 黑 板	5 221 33 接 受 5 221 谷 雨	5 11 节 气	5 31 铁 路	5 5 节 约	5 34 节 日
阳入 34	34 335 读 书	34 52 肉 皮	34 33 日 子	34 221 十 五	34 11 力 气	34 31 木 匠	34 5 蜡 烛	34 34 十 六

二、两字组连读变调规律

庆元方言两字组的语音变调有以下几个特点：

（1）以前字变调为主，但后字也有变调现象。

（2）出现在前字的［221］读作［22］。

（3）出现在前字的［33］和［22］有时读得十分相似，不容易分辨。

（4）出现在阳平［52］前面的［52］的实际调值接近［53］。

肆　异读

一、新老异读

庆元方言中，新老派方言存在一定的语音差异。

1. 音系

音系中的差异主要表现在以下几个方面：

（1）拼古疑母字的［o］韵母，老派读［ŋ］声母、［o］韵母，新派读零声母、［uo］韵母。例如：

例字	老派	新派
鹅	ŋo^{52}	uo^{52}
饿	ŋo^{31}	uo^{31}

（2）流摄一等字，老派读［ɐɯ］韵母，新派读［əɯ］韵母，开口度大小差异较明显。例如：

例字	老派	新派
走	tsɐɯ^{33}	tsəɯ^{33}
藕	ŋɐɯ^{221}	ŋəɯ^{221}

（3）老派的［yɛ̃］［iɛ̃］韵对应于新派的［yɛ］［iɛ］韵，新派完全没有鼻化成分。例如：

例字	老派	新派
赚	tɕyɛ̃^{221}	tɕyɛ^{221}
尖	tɕiɛ̃^{335}	tɕiɛ^{335}

（4）老派的［iəŋ］韵母，新派都读作［iŋ］韵母。例如：

例字	老派	新派
心	ɕiəŋ^{335}	ɕiŋ^{335}
新	ɕiəŋ^{335}	ɕiŋ^{335}

2. 其他

其他方面的新老异读情况较少，主要表现在个别字韵母的差异上。例如：

例字	老派	新派
坏	ua^{31}	xua^{31}
递	$tɤ^{31}$	ti^{31}
眉	$m\tilde{i}^{52}$	$mæi^{52}$
危	$n.\tilde{i}^{52}$	y^{52}
柜	$tɕyɛ^{33}$	$tɕy^{31}$
杂	$səɯʔ^{34}$	$sɤʔ^{34}$
岸	$ŋæ̃^{31}$	$uæ̃^{31}$
设	$ɕiɛʔ^{5}$	$ɕiəɯʔ^{5}$
发	$fəɯʔ^{5}$	$fɤʔ^{5}$
律	$liʔ^{34}$	$lyɛʔ^{34}$
红	$ŋ^{52}$	$oŋ^{52}$
翁	$ŋ^{335}$	$uæ̃^{335}$
赎	$ɕioʔ^{34}$	$ɕyɤʔ^{34}$

二、文白异读

庆元方言的文白异读主要体现在声母和韵母方面。下文中"/"前为白读，后为文读。

1. 声母

（1）部分非组字白读为[ɓ]组声母，文读为[f]组声母，韵母也可能随之有所改变。例如：飞 $ɓæi^{335}$ / fi^{335} | 反 $ɓã^{33}$ / $fã^{33}$ | 放 $ɓəŋ^{11}$ / $fɔ^{11}$。

（2）个别见母字白读为零声母，文读为[tɕ]声母，韵母也随之有所改变。例如：嫁 ia^{11} / ko^{11}。

（3）个别见组三等字白读为[tɕ]组声母，文读为[k]组声母，韵母也随之有所改变。例如：宫 $tɕioŋ^{335}$ / $koŋ^{335}$。

（4）个别云以母字白读为擦音声母，文读为零声母。例如：园 $xuəŋ^{11}$ / $y\tilde{ɛ}^{52}$ | 远 $xuəŋ^{33}$ / $y\tilde{ɛ}^{221}$。

2. 韵母

（1）个别果摄开口一等字白读为［æi］韵母，文读为［o］韵母。例如：多 dæi³³⁵ / do³³⁵。

（2）个别果摄合口一等字白读为［ɑ］韵母，文读为［o］韵母。例如：破 pʰɑ¹¹ / pʰo¹¹。

（3）个别果摄合口一等字白读为［æi］或［uæi］韵母，文读为［o］韵母。例如：磨 mæi⁵² / mo³¹ | 螺 læi⁵² / lo⁵² | 火 xuæi³³ / xo³³。

（4）个别假摄开口二等字白读为［io］韵母，文读为［iɑ］韵母。例如：爷 io⁵² / iɑ⁵²。

（5）个别止摄开口三等字白读为［ɤ］韵母，文读为［ɿ］韵母。例如：时 sɤ⁵² / sɿ⁵²。

（6）个别效摄开口一等字白读为［ɤ］韵母，文读为［ɒ］韵母。例如：讨 tʰɤ³³ / tʰɒ³³。

（7）个别山摄开口四等字阳声韵白读为［iã］韵母，入声韵白读为［iaʔ］韵母，阳声韵文读为［iɛ̃］韵母，入声韵文读为［iɛʔ］韵母。例如：莲 liã⁵² / liɛ̃⁵² | 结 tɕiaʔ⁵ / tɕiɛʔ⁵。

（8）个别臻摄合口三等字白读为［iɛ］韵母，文读为［əŋ］韵母。例如：蚊 miɛ̃⁵² / məŋ⁵²。

（9）个别梗摄开口三等入声字白读为［iaʔ］韵母，文读为［ɿʔ］韵母，声母也随之有所改变。例如：惜 ɕiaʔ⁵ / sɿʔ⁵。

伍　小称

庆元话的小称音形式主要为"变韵 + 鼻化 + 变调""儿尾 + 变调""变调"等 3 种。

1. 变韵 + 鼻化 + 变调

这其实是儿化的结果，即前字音的韵母发生变化，并以鼻化的形式附着在变化了的韵母之上，同时声调变为小称高调［55］（实际音值比阴平［335］中的［5］高得多）。例如：

鱼儿 ŋɤ—æ̃$^{11\text{-}55}$ | 虾儿 xo—ɔ̃$^{335\text{-}55}$ | 兔儿 tʰɤ—æ̃$^{11\text{-}55}$

2. 儿尾 + 变调

庆元话"儿"字单读[ȵiɛ^{11}]（阴去），本义为儿子。"儿"作儿词尾时，自身常"再度儿化"，即在"儿"上再带上一个"儿"，后一个"儿"以鼻化的形式附着在前面的"儿"上，同时声调由低平[11]变为高调[55]，读作[ȵiɛ̃^{55}]。例如：

猪儿儿 ɖo^{33}ȵiɛ̃^{55} | 手指儿儿 tɕʰyɛ^{33}tsɤ^{33}ȵiɛ̃^{55} | 孙儿儿 sæ̃^{55}ȵiɛ̃^{55}

3. 变调

韵母不变，声调变读为小称高调[55]。这其实也是儿化所造成的变读结果。例如：

猫儿 mɒ$^{52\text{-}55}$ | 桃儿 tɒ$^{52\text{-}55}$ | 汗巾儿 xæ̃^{33}tɕiəŋ$^{335\text{-}55}$ | 外公儿 uɑ^{33}koŋ$^{335\text{-}55}$

第七十三节　泰顺方音

壹　概况

一、调查点

1. 地理人口 [①]

泰顺县隶属于浙江省温州市，位于浙江南部，温州市西南部，东毗苍南，东北临文成，东南界福建福鼎和柘荣，西南侧接福建福安和寿宁，西北接丽水景宁，距温州城区 207 公里。全县总面积 1761.5 平方公里，地势西北高东南低，东西长 62 公里，南北宽 57 公里，山区约占全县总面积的 90%。全县辖 12 镇 7 乡（其中 1 个畲族镇、1 个畲族乡），分别是：罗阳镇、司前畲族镇、百丈镇、筱村镇、泗溪镇、彭溪镇、雅阳镇、仕阳镇、三魁镇、南浦溪镇、龟湖镇、西旸镇，包垟乡、东溪乡、凤垟乡、柳峰乡、雪溪乡、大安乡、竹里畲族乡。截至 2019 年年底，全县户籍人口 37.29 万，其中以汉族为主，少数民族主要是畲族，约有 2 万余人。[②]

2. 历史沿革

明景泰三年（1452），朝廷派兵镇压了浙闽边境以邓茂七、叶宗留为首的农民起义队伍，遂析瑞安县五都十二里和平阳县三都六里置县，以"国泰民安，人心效顺"之意赐名"泰顺"，治罗阳，隶浙江布政使司温州府。清代，隶属未变。宣统三年（1911），辛亥革命爆发，浙江光复，泰顺属温州军政分府管辖。民国时期，一度划归第六行政督察区（今丽水）。1936 年复划归第五区（今温州）行政公署。

1949 年 8 月后，泰顺先后隶属温州专员公署、温州地区革命委员会、温州地区行政公署。1981 年 9 月至今，隶属温州市，县城在罗阳镇。[③]

---

① 参见：泰顺县人民政府网，http://www.ts.gov.cn，2022 年 8 月 11 日获取。
② 参见：《2020 年浙江统计年鉴》，http://tjj.zj.gov.cn/col/col1525563/index.html，2022 年 8 月 11 日获取。
③ 泰顺县志编委会. 泰顺县志. 杭州：浙江人民出版社，1998：5-6.

3. 方言分布

泰顺境内的方言种类较多，包括罗阳话（吴语）、莒江话（吴语）、蛮讲（闽东话）、彭溪话（闽南话）、百丈口话（吴语）、汀州话（客家话）。

罗阳话主要分布在县城，少量分布在司前、竹里等乡镇，称"司前话"，属吴语上丽片丽水小片，使用人口约 5 万。莒江话受温州文成话影响较大，使用人口近 5 万。蛮讲主要分布在泰顺南部广大地区，使用人口约 18 万（按其内部差异可分为北蛮讲和南蛮讲：筱村、下洪、南院等乡镇及其以北地区说北蛮讲，受吴语影响较大；以南地区说南蛮讲）。彭溪话分布在东南角的彭溪、峰文、月湖等乡镇，使用人口约 3 万。百丈口话系方言岛，是文成话变体，使用人口不详。汀州话主要分布在上排、林垟、大岗背、下塔等村，使用人口约 2 千，大多为中老年人。①

畲族人内部通行畲话，与汉族人一般用泰顺吴语或蛮讲等汉语方言交流。

4. 地方曲艺

提线木偶戏是泰顺地方传统戏剧，始于南宋。保存至今的木偶戏除提线木偶戏外，尚有药发木偶戏、布袋木偶戏。木偶戏表演时以木偶作为道具，再由演员操纵，加以音乐、台词等表演形式。泰顺木偶以"雕工精细简练、机巧构思巧妙、开相文静秀美、脸谱描绘简洁朴素、粉彩工艺细致讲究、木偶人物性格各异"著称。2011 年，泰顺提线木偶戏被列入国家级非物质文化遗产代表性项目名录。②

二、方言发音人

1. 方言老男

卢亦挺，1948 年 12 月出生于泰顺罗阳镇，一直在本地生活和工作，教师，本科文化程度，说泰顺吴语和不太标准的普通话。父母均为泰顺罗阳人，说泰顺吴语。

2. 方言青男

胡昌敏，1987 年 12 月出生于泰顺罗阳镇，一直在本地生活和工作，基层干

---

① 泰顺县志编委会 . 泰顺县志 . 杭州：浙江人民出版社，1998：675-720.
② 泰顺县志编委会 . 泰顺县志 . 杭州：浙江人民出版社，1998：613-614.

部，本科文化程度，说泰顺吴语和不太标准的普通话。父母均为泰顺罗阳人，说泰顺吴语。

3. 口头文化发音人

卢亦挺，男，1948 年 12 月出生于泰顺罗阳镇，一直在本地生活和工作，教师，本科文化程度，说泰顺吴语和不太标准的普通话。父母均为泰顺罗阳人，说泰顺吴语。

林美春，男，1973 年 5 月出生于泰顺罗阳镇，一直在本地生活和工作，教师，本科文化程度，说泰顺吴语和普通话。父母均为泰顺罗阳人，说泰顺吴语。

魏杨，女，1985 年 4 月出生于泰顺罗阳镇，一直在本地生活和工作，教师，本科文化程度，说泰顺吴语和普通话。父母均为泰顺罗阳人，说泰顺吴语。

赖晓珍，女，1953 年 4 月出生于泰顺罗阳镇，一直在本地生活和工作，职工，初中文化程度，说泰顺吴语和不太标准的普通话。父母均为泰顺罗阳人，说泰顺吴语。

贰　声韵调

一、声母（20 个，包括零声母在内）

p 八兵爬病	pʰ 派片	m 麦明味问	f 飞风副蜂肥灰
t 多东甜毒张竹	tʰ 讨天	n 脑南	l 老蓝连路
ts 早租茶争装纸	tsʰ 刺草寸拆抄		s 坐丝三祠山十
tɕ 酒柱主九共权	tɕʰ 清抽车春轻	ȵ 年泥热软月	ɕ 想床船手书城
k 高	kʰ 开	ŋ 熬	x 好
Ø 饭活县王云用药			

说明：

古全浊声母逢阳上、阳去和阳入有时读类似清音浊流的声母，但不稳定，这里统一记作清声母。

二、韵母（54 个，包括自成音节的[m]在内）

ɿ 师丝试戏	i 猪米二飞	u 武	y 雨
a 排鞋		ua 快	
œ 短寸			
ɛ 南半根灯	iɛ 盐	uɛ 肝	yɛ 权
ɔ 茶牙		uɔ 过瓦	yɔ 靴写
o 歌坐			
ø 苦五		uø 壶	
ɑɔ 宝饱	iɑɔ 笑桥		
æi 开赔对		uæi 鬼	
əu 豆走	iəu 油		
ã 山硬争	iã 年响	uã 官横	
ɔ̃ 糖讲	iɔ̃ 床王双用		
əŋ 心深新	iŋ 升病星	uəŋ 滚	
oŋ 东	ioŋ 春云兄	uoŋ 坟	
ɣʔ 直尺锡	iʔ 笔	uʔ 谷	
aʔ 白		uaʔ 刮	
ɛʔ 盒北色	iɛʔ 接热	uɛʔ 骨国	yɛʔ 月出
œʔ 掇			
ɔʔ 塔鸭法辣八	iɔʔ 贴节药	uɔʔ 活	
oʔ 托郭壳学	ioʔ 绿局		
əiʔ 十急七		uəiʔ 佛	
əuʔ 六	iəuʔ 竹		
m 母			

说明：

（1）[œ]韵母的舌位略靠后。

（2）[ɛ][ɛʔ]两组韵母中的[ɛ]舌位略高，接近[ɛ]。

（3）[o]韵母舌位略高，接近[ʊ]。

（4）[iəu]中的[ə]舌位略低，接近[ɤ]。

（5）[a][ã][aʔ]三组韵母中的[a]实际读音为[ʌ]。

（6）［iŋ］韵实际读音接近［iɲ］。

（7）［əi］韵中的［ə］舌位略靠前。

（8）零声母音节中，合口呼韵母中的［u］通常读作［ʋ］。

（9）［u］介音在拼非圆唇元音时的实际音值是［ʋ］；［əu］的韵尾也是［ʋ］，唇形不很圆。

三、声调（8个）

阴平	213	东该灯风通开天春
阳平	53	门龙牛油铜皮糖红
阴上	55	懂古鬼九统苦讨草买老五有
阳上	21	动罪近后
阴去	35	冻怪半四痛快寸去
阳去	22	卖路硬乱洞地饭树
阴入	5	谷百搭节急哭拍塔切刻
阳入	2	六麦叶月毒白盒罚

说明：

（1）阴平降的部分幅度较小。

（2）阴上有时听起来像［455］，有时又有降尾，像［551］。

（3）入声均为短促调。

叁　连读变调

一、两字组连读变调表

泰顺方言两字组的连读变调规律见下表。表中首列为前字本调，首行为后字本调。每一格的第一行是两字组的本调组合；第二行是连读变调，若连读调与单字调相同，则此行空白；第三行为例词。同一两字组若有两种以上的变调，则以横线分隔。具体如下。

泰顺吴语两字组连读变调表

后字\前字	阴平 213	阳平 53	阴上 55	阳上 21	阴去 35	阳去 22	阴入 5	阳入 2
阴平 213	213 213 / 22 天星 213 213 天光	213 53 / 22 清明	213 55 / 22 烧酒 213 55 生好	213 21 / 22 兄弟 213 21 / 22 欺负	213 35 / 22 菠菜 213 35 天气	213 22 豇豆	213 5 / 22 钢笔	213 2 / 22 山峡 213 2 中药
阳平 53	53 213 / 21 雷公	53 53 / 21 岩头 53 53 前年	53 55 / 21 牙齿	53 21 / 21 徒弟	53 35 油菜	53 22 田岸	53 5 / 21 时节	53 2 / 21 勤力 53 2 农历
阴上 55	55 213 / 22 点心	55 53 / 22 水田 55 53 后年	55 55 / 22 水果 55 55 否管	55 21 / 22 赶市 55 21 火着	55 35 / 22 韭菜	55 22 / 22 保佑 55 22 肯定	55 5 / 22 水窟 55 5 晓得	55 2 / 22 水栗 55 2 后日
阳上 21	21 213 坐车	21 53 肚脐	21 55 稻秆	21 21 道士	21 35 肚泻	21 22 部队	21 5 道德	21 2 动物
阴去 35	35 213 / 22 衬衫	35 53 / 22 菜头 35 53 去年	35 55 / 22 沸水	35 21 / 22 制造	35 35 / 22 种菜	35 22 / 22 算命	35 5 / 22 教室	35 2 / 22 放学
阳去 22	22 213 / 21 汗巾 22 213 夜间	22 53 / 21 烂泥	22 55 / 21 露水	22 21 / 21 味道	22 35 / 21 地震	22 22 / 21 饭箸	22 5 / 21 第一	22 2 / 21 大麦 22 2 认着

续表

后字 前字	阴平 213	阳平 53	阴上 55	阳上 21	阴去 35	阳去 22	阴入 5	阳入 2
阴入 5	5 2　213 杀　猪	5 2　53 插　田	5 2　55 阿　姊	5 2　21 割　稻	5 2　35 出　嫁 5　35 出　去	5 2　22 柏　树 5　22 插　定	5 2　5 隔　壁	5 2　2 吃　药
阳入 2	2　213 蜜　蜂	2　53 日　头	2　55 麦　秆	2　21 活　动	2　35 镬　灶	2　22 月　亮	2　5 白　鸽	2　2 着　力

二、两字组连读变调规律

泰顺吴语两字组的语音变调有以下几个特点：

（1）阴平〔213〕作前字一般读作〔22〕调，或不变调。

（2）阳平〔53〕作前字时一般读作〔21〕。

（3）阴上〔55〕作前字时一般读作〔22〕，或不变调。

（4）阳上〔21〕作前字时不变调，仍读〔21〕。

（5）阴去〔35〕作前字时一般读作〔22〕。

（6）阳去〔22〕作前字时一般读作〔21〕。

（7）阴入〔5〕作前字时一般读作〔2〕。

（8）阳入〔2〕作前字时不变调，仍读〔2〕。

肆　异读

一、新老异读

泰顺吴语中，新老派方言的语音差异主要表现在以下方面。

1. 音系

（1）阳入调，老派读〔2〕，促声；新派读〔21〕，舒声。新派阳入归阳上，韵母也相应发生变化。例如：

例字	老派	新派
叶	iɛʔ²	iɛ²¹
捏	n̠ioʔ²	n̠iɛ²¹

（2）流摄一等和效摄一、二等，老派大都相分，分别读［əu］和［ɑɔ］韵，而新派则合并为［ɑɔ］韵。另外，个别效摄一等字老派读如流摄一等，读作［əu］韵。例如：

例字	老派	新派
好	xəu⁵⁵	xɑɔ⁵⁵
走	tsəu⁵⁵	tsɑɔ⁵⁵

（3）新派［ɛ］韵母逢［k］组读［iɛ］，老派不变。例如：

例字	老派	新派
该	kɛ²¹³	kiɛ²¹³

2. 其他

其他方面的新老异读情况较少，主要表现在个别字韵母的差异上。例如：

例字	老派	新派
眉	mi²¹³	mæi⁵³
讨	tʰø⁵⁵ ~饭	tʰɑɔ⁵⁵ ~饭
母	m⁵⁵ 丈~奶：岳~	mø⁵⁵ 丈~
蹲	təŋ²¹³	tœ²¹³
坟	uoŋ⁵³	uəŋ⁵³

二、文白异读

泰顺吴语中，文白异读现象较少。下文中"／"前为白读，后为文读。

（1）个别效摄开口一、二等字白读为［ø］韵母，文读为［ɑɔ］韵母。例如：讨 tʰø⁵⁵／tʰɑɔ⁵⁵。

（2）个别蟹摄开口四等字白读为［æi］韵，文读为［i］韵母。例如：梯 tʰæi²¹³／tʰi²¹³。

（3）个别通摄合口三等字白读为［ɔ̃］韵，文读为［ioŋ］韵母，声母也随之有所改变。例如：中 tɔ̃²¹³／tɕioŋ²¹³。

（4）其他。例如：产 sã⁵⁵ / tsʰã⁵⁵。

伍　小称

泰顺吴语小称主要包括变调型、鼻尾–变调型、鼻化–变韵（调）型等类型，意思上并不表小。

（1）变调型小称，读中平调［33］。例如：

猫 mɑɔ²¹³⁻³³ | 坑溪 kʰã²¹³⁻³³

（2）鼻尾–变调型小称。例如：

李儿李子 li⁵⁵—liŋ³³

（3）鼻化–变韵（调）型小称。例如：

泡儿柚子 pʰɑɔ²¹³—pʰã²¹³ | 粟儿谷子，子实是小米 ɕioʔ⁵—ɕiɔ̃³³

第七十四节 温州方音

壹 概况

一、调查点

1. 地理人口

温州市位于浙江省东南沿海，辖鹿城、龙湾、瓯海、洞头4区，瑞安、乐清2市（县级）和永嘉、平阳、苍南、文成、泰顺5县。[①]

本调查点是鹿城区，隶属温州市，是温州市人民政府所在地，位于温州市中西部，东接龙湾区，南连瓯海区，西临青田县，北瀕瓯江。全区总面积294.38平方公里。[②]辖2镇12街道，分别是：藤桥镇、山福镇、五马街道、七都街道、滨江街道、南汇街道、松台街道、双屿街道、仰义街道、大南街道、蒲鞋市街道、南郊街道、广化街道、丰门街道。截至2015年年底，鹿城区户籍人口为74.69万。[③]当地居民主要为汉族，少数民族人口极少。

2. 历史沿革

鹿城旧属永嘉县地，相传东晋太宁元年（323）置永嘉郡筑城时有白鹿衔花之瑞，故名，为历代郡、州、专区、县治所在地。中华人民共和国成立后，成立温州市。1981年地市合并，原市区改设区，名温州市城区。1984年更名为鹿城区。[④]

3. 方言分布

鹿城区境内的方言主要是温州话，属吴语瓯江片。

---

① 方言采样时的行政区划现已有变动。
② 参见：《温州市鹿城区志》，http://daj.lucheng.gov.cn/lcfz/lcqz/2016/08/25/7756.html，2022年8月9日获取。
③ 参见：《2016年浙江统计年鉴》，http://tjj.zj.gov.cn/col/col1525563/index.html，2022年8月9日获取。
④ 参见：鹿城区人民政府网，http://www.lucheng.gov.cn/col/col1506229/index.html，2022年8月9日获取。

4. 地方曲艺

温州地方曲艺主要有温州鼓词、温州莲花、龙船儿、快板、弹词等。主要曲种为温州鼓词，用瑞安方言演绎。其他曲种几近衰微。

二、方言发音人

1. 方言老男

潘亮，1947 年 1 月出生于温州鹿城区，一直在本地生活和工作，基层干部，现已退休，中专文化程度，说温州话和不太标准的普通话。父母均为温州鹿城区人，说温州话。

2. 方言青男

郑重，1988 年 12 月出生于温州鹿城区，主要在本地生活和工作，方言调查时为温州大学在读研究生，研究生文化程度，说温州话和比较标准的普通话。父母均为温州鹿城区人，说温州话。

3. 口头文化发音人

潘亮，男，1947 年 1 月出生于温州鹿城区，基层干部，现已退休，中专文化程度，说温州话和不太标准的普通话。

陈海娅，女，1975 年 1 月出生于温州鹿城区，基层干部，中专文化程度，说温州话和不太标准的普通话。

金寿金，男，1941 年 5 月出生于温州鹿城区，职工，现已退休，初中文化程度，说温州话和不太标准的普通话。

贰　声韵调

一、声母（声母 27 个，包括零声母）

p 八兵	pʰ 派片	b 爬病<u>肥</u>	m 麦明味<u>问</u>	f 飞副灰	v <u>肥</u><u>问</u>饭
t 多东	tʰ 讨天	d 甜毒	n 脑南		l 老蓝连路

ts 资早租争	tsʰ 刺初草清	dz 茶柱争		s 丝三酸山书	z 坐祠谢事十
tɕ 酒张竹九	tɕʰ 抽春轻	dʑ 共权	ȵ 年泥热软月	ɕ 想双手响	
k 高	kʰ 开	g 厚	ŋ 熬	h 风蜂好	
∅ 全床顺活					

说明：

（1）全浊声母是清音浊流。

（2）零声母实际带有轻微喉塞[ʔ]，逢阳调类时前头带有同部位的摩擦。

（3）[m][n][ȵ][ŋ][l][v]六个浊声母有阴调。[v]配阴调类时实际音值是半元音[ʋ]。

二、韵母（30 个，包括自成音节的[m][n][ŋ]）

ɿ 师丝试戏	i 盐年响接贴热节	u 歌过苦雨谷	y 靴鬼权月出
a 排鞋快山塔鸭辣白	ia 药		
ɛ 杏	iɛ 笑桥硬争横		
e 开色			
ʒ 宝			
		uɔ 坐饱糖讲	yɔ 床王双用
o 茶牙法八活郭学绿	io 局		
ø 南半短官根寸盒骨			
ai 赔对十七北国	iai 急一橘		
ei 写猪米飞直尺锡			
au 走	iau 油		
ɤu 豆六	iɤu 育		
aŋ 心深新滚灯	iaŋ 英		
əŋ 升病星			
oŋ 东	ioŋ 春云兄		
m̩ 无			
n̩ 唔			
ŋ̍ 五二			

说明：

（1）［i］［y］介音发音短促，带有辅音性。介音［i-］只在［iɛ］中较长，为元音性。

（2）［y］实际发音唇形较展。

（3）［e］实际发音舌位稍高。

（4）单韵母［u］和韵尾［u］实际发音为唇齿性的［ʋ］。

（5）［ɤu］［iɤu］二韵中的［ɤ］舌位略前略低。

（6）［əŋ］中的［ə］实际发音舌位略高。

三、声调（8个）

阴平	33	该开春天灯东通风
阳平	31	皮牛油门糖铜红龙
阴上	25	古苦鬼讨草九懂统
阳上	14	五买罪老后有近动
阴去	51	去怪快四半寸冻痛
阳去	22	路树卖地乱饭硬洞
阴入	323	搭塔急节刻百拍谷
阳入	212	盒叶罚月白麦毒六

说明：

（1）平上去入依声母清浊区分阴阳，处理为四声八调。

（2）阳平前面有升调头，但是当地人的音感是［31］，且没有音位价值，所以记为［31］。

（3）入声念降升型曲折调，阴入［323］前面的调头和后面的调尾有时不到［3］。阳入［212］前面的调头和后面的调尾有时略低于［2］。入声读快了只降不升。

叁　连读变调

一、两字组连读变调表

温州方言两字组的连读变调规律见下表。表中首列为前字本调，首行为后字本调。每一格的第一行是两字组的本调组合；第二行是连读变调，若连读调与单字调相同，则此行空白；第三行为例词。同一两字组若有两种以上的变调，则以横线分隔。具体如下。

温州方言两字组连读变调表

前字＼后字	阴平 33	阳平 31	阴上 25	阳上 14	阴去 51	阳去 22	阴入 323	阳入 212
阴平 33	33　33 33 金　瓜	33　31 33　223 芝　麻	33　25 42 烧　酒 ――― 33　25 3 生　好	33　14 42 鸡　卵	33　51 33　25 香　菜 ――― 33　51 3 烧　配	33　22 33　14 街　路	33　323 45 天　色	33　212 45 生　日
阳平 31	31　33 22 梅　花	31　31 22　223 蚊　虫 ――― 31　31 　　21 排　球	31　25 苹　果 ――― 31　25 2 爬　起	31　14 朋　友	31　51 22　25 球　菜	31　22 22　14 蚕　豆	31　323 24 依　客	31　212 24 前　日
阴上 25	25　33 42 手　巾 ――― 25　33 3 打　针	25　31 33　223 板　锄 ――― 25　31 42　21 枕　头	25　25 42 水　果 ――― 25　25 3 走　转	25　14 42 哑　佬	25　51 42　21 韭　菜	25　22 42 煮　饭	25　323 45 喜　鹊	25　212 45 小　麦
阳上 14	14　33 31 老　公 ――― 14　33 2 坐　车	14　31 22　223 范　围 ――― 14　31 31　21 鲤　鱼 ――― 25　31 2 上　坟	14　25 31 老　鼠	14　14 31 道　士 ――― 14　14 2 犯　罪	14　51 31　21 断　气 ――― 14　51 2 受　气	14　22 31 眼　泪	14　323 24 稻　鏾	24　212 24 满　月

续表

后字 前字	阴平 33	阳平 31	阴上 25	阳上 14	阴去 51	阳去 22	阴入 323	阳入 212
阴去 51	51　33 42 睏　间 51　33 3 唱　歌	51　31 33　223 酱　油 51　31 3 拜　年	51　25 42 对　比 51　25 3 进　口	51　14 42 泻　肚	51　51 42　21 布　帐 51　51 3 做　戏	51　22 42 对　面	51　323 45 教　室	51　212 45 正　月
阳去 22	22　33 31 面　巾	22　31 31　223 旧　年 22　31 31　21 面　孟 22　31 2 为　人	22　25 31 外　转 22　25 电　影	22　14 31 大　旱	22　51 31　21 事　干 22　51 2 拉　屁	22　22 31 雾　露	22　323 24 自　觉	22　212 24 闹　热
阴入 323	323　33 3 结　婚	323　31 33　223 插　田 323　31 3 刷　牙	323　25 3 脚　底	323　14 3 百　五	323　51 3　51 合　算	323　22 3　22 吃　饭	323　323 3 一　百	323　212 3 吃　药
阳入 212	212　33 2 月　光	212　31 22　223 木　头 212　31 2 落　凡	212　25 2 白　纸	212　14 2 十　五	212　51 2　51 镬　灶	212　22 2 绿　豆	212　323 2 蜡　烛	212　212 2 白　白

说明：

（1）阴入阳入为后字时读得快会只降不升，或升不到调尾的高度。

（2）上声和去声为后字时实际调值要稍低稍短一些。

二、两字组连读变调规律

温州方言两字组的连读变调有以下几个特点：

（1）温州方言两字组连读变调前字变化明显，平上去字在入声字前面依阴阳分别变为［45］和［24］。阳平字在平声去声前由［31］变为［22］。阴上阳上字在非入声字前面由升调变为降调。阳去字在非入声字前面由［22］变为［31］。入声为前字时大部分依阴阳变为短促的［3］和［2］。

（2）阳平字为后字时有三种变体［223］［31］和［21］。

（3）存在语法变调现象，有一部分动宾结构前字变成短促的［3］或［2］。例如：打潮 tie$^{25\text{-}3}$dzie^{31} | 拉屁 la$^{22\text{-}2}$p^{h}e^{51}。一部分中补结构前字也变成短促的［3］或［2］。例如：生好 sie$^{44\text{-}3}$hγ^{25} | 爬起 bo$^{31\text{-}2}$ts^{h}l^{25}。

肆　异读

一、新老异读

温州方言的新老异读主要体现在声母和韵母方面。

（1）东韵三等的"宫弓躬"老派读［tɕ］组声母，新派读［k］组声母。

（2）蟹摄字与舌根音相拼时老派读［e］韵，新派读音接近高元音［i］。

二、文白异读

温州方言的文白异读主要体现在声母和韵母方面。下文中" / "前为白读，后为文读。

1. 声母

（1）日母白读［ȵ］声母，文读［z］声母。例如：人 ȵian^{31} / zaŋ^{31}。

（2）非组白读［b］声母，文读［v］声母。例如：肥 bei^{31} / vei^{31}。

（3）微母白读［m］声母，文读［v］声母。例如：未 mei^{22} / vei^{22}。

（4）鱼韵见系字白读［k］组声母，文读［tɕ］组声母。例如：去 k^{h}ei^{51} / tɕ^{h}y^{51}。

2. 韵母

（1）覃韵部分字白读［aŋ］韵母，文读［ø］韵母。例如：含 gaŋ^{31} / ø^{31}。

（2）桓韵舌齿音字白读［aŋ］韵母，文读［ø］韵母。例如：断 daŋ^{14} / dø^{14}。桓韵入声字白读［ai］，文读［ø］。例如：夺 dai^{212} / dø^{212}。

（3）魂韵部分字白读［aŋ］韵母，文读［y］韵母。例如：温 vaŋ^{33} / y^{33}。

（4）支韵部分字白读［ei］韵母，文读［ɻ］韵母。例如：刺 ts^{h}ei^{51} / ts^{h}ɻ^{51}。

（5）德韵部分字白读［ei］韵母，文读［e］韵母。例如：得 tei^{323} / te^{323}。

（6）真谆登韵部分字白读［əŋ］韵母，文读［aŋ］韵母。例如：新 səŋ^{33} / saŋ^{33}。

伍　小称

1.“儿”尾型

温州方言里“儿”是阳平字，读［ŋ^{31}］，本义“儿子”。

（1）［ŋ^{31}］变为［ŋ^{1}］。例如：鸟儿 tiɛ$^{25\text{-}42}$ŋ$^{31\text{-}1}$。

（2）［ŋ^{31}］变为［ŋ^{12}］。例如：孙儿 sø^{33}ŋ$^{31\text{-}12}$。

（3）［ŋ^{31}］变为［ŋ^{5}］。例如：盒儿 ø$^{212\text{-}13}$ŋ$^{31\text{-}5}$。

（4）［ŋ^{31}］变为［ŋ^{323}］，与阴入相同，是“儿儿”的合音①。例如：猪儿 tsei$^{33\text{-}45}$ŋ$^{31\text{-}323}$。

（5）［ŋ^{31}］与前字韵母合音为鼻尾韵，声调变随前字。例如：角落儿 ko^{323}lo^{212}ŋ^{31}—ko^{25}loŋ^{212}。

2. 变调型

单字声调变为阴平，多为鼻边音声母字。例如：卵 laŋ$^{14\text{-}33}$。

陆　其他音变

温州方言中还存在一些特殊语流音变现象，例如（读音特殊的字加下画线）：

侬儿书_{小人书} niɛ^{34}ŋ^{22}sʅ^{33}（aŋ ＞ iɛ）

用着_行 uɔ^{22}dʑia^{223}（yɔ ＞ uɔ）

一些时间名词的变调不合常规。例如：每日 mai^{14}ne^{21}（212 ＞ 21）。

---

①　郑张尚芳. 温州方言志. 北京：中华书局，2008：173–174.

第七十五节　永嘉方音

壹　概况

一、调查点

1. 地理人口

永嘉县隶属浙江省温州市，位于浙江省东南部，温州市北部，东邻乐清市，南与温州市区隔江相望，西接青田县、缙云县，北连仙居县、黄岩区，距温州城区约 25 公里。全县面积 2677.64 平方公里，辖 11 镇 4 乡 7 街道，分别是：桥头镇、桥下镇、岩头镇、沙头镇、枫林镇、岩坦镇、大若岩镇、碧莲镇、巽宅镇、鹤盛镇、金溪镇，云岭乡、茗岙乡、溪下乡、界坑乡，东城街道、南城街道、北城街道、瓯北街道、乌牛街道、黄田街道、三江街道。截至 2017 年年底，全县户籍人口为 97.84 万。[①] 当地居民主要为汉族，少数民族人口极少。

2. 历史沿革

永嘉建县于汉顺帝永和三年（138），古称永宁，县治设在贤宰乡（今瓯北罗浮一带）。隋开皇九年（589）改称永嘉县，撤安固、横阳、乐成入永嘉，属括州，治括苍，一直沿用至今。

1949 年 5 月永嘉全境解放，置双溪县，9 月双溪县复称永嘉县。1981 年 10 月，地市合并，由市管县。[②]

3. 方言分布

永嘉境内的方言主要为永嘉话，属吴语瓯江片。与台州、丽水交界的部分村庄分别说台州话和丽水话。

---

① 参见：《2018 年浙江省统计年鉴》，http://tjj.zj.gov.cn/col/col1525563/index.html，2022 年 8 月 10 日获取。
② 参见：永嘉县人民政府网，https://www.yj.gov.cn/col/col1229565909/index.html，2022 年 8 月 10 日获取。

4. 地方曲艺

永嘉昆曲是有名的地方戏曲，是昆曲的一派，但是并不用当地方言演绎。使用永嘉方言表演的曲艺主要有莲花、道情、乱弹和唱词（温州鼓词）等，其中唱词最为流行，但是由于发源地在瑞安，主要使用的方言为瑞安方言。而其他曲艺形式受唱词影响较大，演唱的方言也受到影响。

二、方言发音人

1. 方言老男

杜培飞，1953 年 12 月出生于永嘉上塘镇浦东村，一直在本地生活和工作，木工，小学文化程度，说永嘉上塘话和不太标准的普通话。父母均为当地人。

2. 方言青男

叶疆明，1990 年 4 月出生于永嘉上塘镇浦东村，主要在本地生活和工作，基层干部，本科文化程度，说永嘉上塘话和标准的普通话。父母均为当地人。

3. 口头文化发音人

孙秀姆，女，1954 年 6 月出生于永嘉上塘镇浦东村，一直在本地生活和工作，教师，中师文化程度，说永嘉上塘话和不太标准的普通话。父母均为当地人。

贰　声韵调

一、声母（27 个，包括零声母在内）

p 八兵	pʰ 派片	b 病爬肥	m 麦明味问	f 飞副灰	v 饭肥问
t 多东	tʰ 讨天	d 甜毒	n 脑南		l 老蓝连路
ts 资早租争 装纸主	tsʰ 刺草寸拆 抄初车	dz 茶柱		s 丝三酸山 书	z 字贼坐祠 谢事十
tɕ 酒张竹装九	tɕʰ 清抽春轻	dʑ 共权	ȵ 年泥热软月	ɕ 想双手响	
k 高官	kʰ 开困	g 厚衔	ŋ 熬眼	h 风蜂好	

∅ 全床船活

温王云用

说明：

（1）浊音声母发音较低沉，带有明显的浊流。

（2）[n]声母和[ȵ]声母互补分布。

（3）舌尖音[ts]组声母和舌面音[tɕ]组声母互补分布。

（4）[tɕ]组声母拼[ieŋ]韵母时带有明显的舌叶色彩。

（5）声母[v]配阴调类时，实际音值为半元音[ʋ]。

（6）阳调类的零声母带有较强的浊流。

二、韵母（34 个，包括自成音节的[m][ŋ]）

ɿ 写猪师试戏直尺锡	i 盐年接热节	u 歌过苦雨谷	y 官权刮月骨出
ʮ 靴鬼			
a 排鞋快山塔鸭辣白	ia 药着		
ɛ 硬争横	iɛ 响抢		
e 开色			
ø 南半短根寸盒			
ə 宝			yə 笑桥贴
ɔ 糖讲		uɔ 饱	yɔ 床王双用
o 坐茶牙法活郭学绿			yo 局
ai 赔对十七北国	iai 急橘		
ei 米飞			
au 走愁	iau 油九		
əu 豆六	iəu 酒竹		
ɘɯ 路			
aŋ 心深新滚灯	iaŋ 境轻		
eŋ 病	ieŋ 升星		
oŋ 东	ioŋ 春云兄		
m̩ 磨动			
ŋ̍ 五二			

说明：

（1）韵母［u］唇形扁，发音时唇部较松，实际音值接近［ɯ］。

（2）韵母［o］与帮组声母相拼时，前有个过渡音［u］。

（3）韵母［ə］舌位偏后，偏低。

（4）韵母［yə］［yɔ］［yo］中的［y］较低，实际为［ʏ］。

（5）韵母［uɔ］中的［u］就是介音［u］。

（6）韵母［ei］［ai］［iai］的韵尾［i］舌位较低，实际为［ɪ］。

（7）韵母［ɯœ］的例字很少，且有时跟韵母［uœ］相混，在青男音系中已经合并。

（8）韵母［ieŋ］中的［e］舌位较低，接近［ɛ］。

（9）韵母［ŋ］和鼻尾［ŋ］的发音不到位，舌根较放松。

三、声调（8个）

阴平	44	东该灯风通开天春
阳平	31	门龙牛油铜皮糖红
阴上	45	懂古鬼九统苦草
阳上	13	买老五有动罪近后
阴去	53	冻怪半四痛快寸去讨
阳去	22	卖路硬乱洞地饭树
阴入	423	谷百搭节急哭拍塔切刻
阳入	213	六麦叶月毒白盒罚

说明：

（1）在语图上阳平［31］有一个上升的调头，实际上为［231］，但是在听感上是一个降调，且该片区的语料基本都记做一个降调，因此我们也处理为一个降调。

（2）阴入［423］先降后升，以降为主，有时后升不明显。

（3）阳入［213］先降后升，有时调尾略低，为［2］；有时类似低平调。

叁　连读变调

　　永嘉方言两字组的连读变调规律见下表。表中首列为前字本调，首行为后字本调。每一格的第一行是两字组的本调组合；第二行是连读变调，若连读调与单字调相同，则此行空白；第三行为例词。同一两字组若有两种以上的变调，则以横线分隔。具体如下。

永嘉方言两字组连读变调表

前字＼后字	阴平 44	阳平 31	阴上 45	阳上 13	阴去 53	阳去 22	阴入 423	阳入 213
阴平 44	44 44 33 天光	44 31 33 21 芝麻	44 45 33 高考	44 13 53 兄弟	44 53 33 45 相信	44 22 33 13 山洞	44 423 45 中国	44 213 45 蜂蜜
	44 44 43 阿哥	44 31 43 阿爷	44 45 43 阿嫂	44 13 43 阿弟		44 22 43 阿妹	44 323 43 阿伯	44 213 43 阿侄
		44 31 33 13 番茄						
阳平 31	31 44 21 床单	31 31 22 21 墁尘	31 45 门口	31 13 朋友	31 53 22 45 群众	31 22 22 21 蚕豆	31 423 13 头发	31 213 13 同学
							31 423 0 红色	
阴上 45	45 44 53 火车	45 31 53 21 水平	45 45 53 保险	45 13 53 表演	45 53 53 43 打算	45 22 53 姊妹	45 423 改革	45 213 小学
		45 31 43 以前	45 45 43 走好	45 13 0 好像	45 53 43 写信		45 423 0 晓得	
阳上 13	13 44 31 老师	13 31 31 21 市场	13 45 31 户口	13 13 31 道理	13 53 31 43 野菜	13 22 31 后代	13 423 幸福	13 213 满月
	13 44 21 养鸡	13 31 21 养牛	13 45 21 受苦	13 13 21 犯罪	13 53 21 买菜	13 22 21 有利		

续表

后字 前字	阴平 44	阳平 31	阴上 45	阳上 13	阴去 53	阳去 22	阴入 423	阳入 213
阴去 53	53 44 33 汽 车	53 31 33 21 酱 油	53 45 对 比	53 13 对 象	53 53 43 告 诉	53 22 态 度	53 423 45 建 设	53 213 45 教 学
		53 31 21 证 明	53 45 43 倒 水	53 13 43 送 礼	53 53 43 眙 戏		53 423 0 退 出	53 213 0 汉 族
		53 31 43 拜 年						
阳去 22	22 44 31 外 甥	22 31 31 21 地 球	22 45 31 字 典	22 13 31 运 动	22 53 31 43 饭 店	22 22 31 面 貌	22 423 13 外 国	22 213 13 事 业
	22 44 21 电 灯	22 31 21 共 同	22 45 21 命 苦	22 13 21 卖 米	22 53 21 电 线			
		22 31 健 康	22 45 21 问 好					
		22 31 21 卖 鱼						
阴入 423	423 44 43 浙 江	423 31 43 刷 牙	423 45 43 出 口	423 13 43 博 士	423 53 43 发 票	423 22 43 法 院	423 423 43 叔 伯	423 213 43 角 落
		423 31 0 作 文	423 45 0 屋 底				423 423 0 法 国	423 213 0 雪 白
阳入 213	213 44 21 学 生	213 31 21 入 门	213 45 21 白 纸	213 13 21 白 米	213 53 21 白 菜	213 22 21 绿 豆	213 423 21 及 格	213 213 21 学 习
		213 31 22 21 白 糖		213 13 0 六 倍		213 22 31 力 量	213 423 绿 色	
						213 22 0 力 大		

　　永嘉方言两字组连读变调有以下几个特点：

（1）以前字变调为主。但后字也有不少变调现象，主要见于后字为阳平［31］和阴去［53］时。

（2）前字阴上［45］和阴去［53］除在阳平调前，连读变调模式基本一样，前字阳上［13］和阳去［22］在各调之前的连读变调模式也基本一样，呈现合流趋势。

（3）后字的变调产生新的调值［21］［43］。

（4）阴调类和阳调类的变调有趋同性，但仍以声调阴阳为区别，阴调类一组，阳调类一组，界限分明。

（5）永嘉方言存在语法变调。动宾结构具有专门的变调规律，动词读为［43］调。

肆　异读

一、新老异读

老派的音系中韵母［ɯe］的例字很少，且有时跟韵母［ɘu］相混，但在新派音系中两者已经合并为［ɘu］。

二、文白异读

永嘉方言的文白异读现象主要有以下几条。下文中"／"前为白读，后为文读。

1. 声母

（1）非组声母白读塞音［p］［b］［m］，文读擦音［f］［v］。例如：反 pa^{45} ／ fa^{45} ｜晚 ma^{13} ／ va^{13} ｜肥 bei^{31} ／ vei^{31} ｜问 $maŋ^{22}$ ／ $vaŋ^{22}$ 。

（2）匣母白读［g］声母，文读［v］声母或零声母。例如：怀 ga^{31} ／ va^{31} ｜含 $gaŋ^{31}$ ／ $aŋ^{31}$ 。

2. 韵母

（1）果摄开口一等部分字白读［a］韵，文读［o］韵。例如：拖 t^ha^{44} ／ t^ho^{44} 。

（2）山摄合口一等阴声韵部分字白读［aŋ］韵，文读［ø］韵。例如：断 $daŋ^{13}$ ／

dø¹³ | 暖 naŋ¹³ / nø¹³。山摄合口一等入声韵部分字白读[ai]韵，文读[ø]韵。例如：脱 tʰai⁴²³ / tʰø⁴²³ | 夺 dai²¹³ / dø²¹³。

（3）宕摄开口三等部分字白读[yɔ]韵，文读[ɔ]韵。如：装 tɕyɔ⁴⁴ / tsɔ⁴⁴ | 壮 tɕyɔ⁵³ / tsɔ⁵³。

3. 其他

破 pʰa⁵³ / pʰu⁵³ | 去 kʰei⁵³ / tsʰ ʅ⁵³ | 人 ȵiaŋ³¹ / zaŋ³¹ | 日 ne²¹³ / ȵiai²¹³ / za²¹³ | 蚁 ŋa¹³ / ȵi¹³ | 侧 tsʅ⁴²³ / tsʰe⁴²³ | 鸟 tyɔ⁵³ / ȵia¹³。

伍　小称

永嘉方言的小称音变较为简单。永嘉方言中"儿"[ŋ³¹]本义为儿子，加在前一词语后面构成儿尾。例如：

猫儿 muɔ⁴⁴⁻³³ŋ³¹⁻⁰	羊儿 iɛ³¹⁻²²ŋ³¹⁻⁰	李儿 lei¹³⁻³¹ŋ³¹⁻⁰	鸟儿 tyɔ⁴⁵⁻⁵³ŋ³¹⁻⁰
虾儿 ho⁴⁴⁻³³ŋ³¹⁻⁰	桃儿 dɘ³¹⁻²²ŋ³¹⁻⁰	辫儿 bi²²⁻³¹ŋ³¹⁻⁰	枣儿 tsɔ⁴⁵⁻⁵³ŋ³¹⁻⁰
兔儿 tʰɯ⁵³⁻³³ŋ³¹⁻⁰	茄儿 tsʅ³¹⁻²²ŋ³¹⁻⁰	囡儿 na¹³⁻³¹ŋ³¹⁻⁰	橘儿 tɕiai⁴²³⁻⁵³ŋ³¹⁻⁰
细儿 sʅ⁵³⁻³³ŋ³¹⁻⁰	蚕儿 zø³¹⁻²²ŋ³¹⁻⁰		兔儿 tʰɯ⁵³ŋ³¹⁻⁰
雀儿 tɕiɛ⁴²³⁻³³ŋ³¹⁻⁰			

加上"儿"尾之后，变调规律主要有两种：

（1）前字为阴平、阴去和阴入时变调为[33]，前字为阳平、阳上和阳入时变调为[22]，"儿"轻声。

（2）前字为阳上、阳去时变调为[31]，前字为阴上时变调为[53]，前字为阴去时不变调，"儿"轻声。

上述轻声的"儿"尾表小的功能已经磨损，但仍带有亲昵的情感色彩。

永嘉方言中表小的功能由读阳入[213]的"儿"来承担。[ŋ²¹³]应该是"儿"的儿化。例如：猫儿儿小猫 muɔ⁴⁴⁻⁴⁵ŋ²¹³ | 猪儿儿小猪 tsʅ⁴⁴⁻⁴⁵ŋ²¹³。

第七十六节　乐清方音

壹　概况

一、调查点

1. 地理人口

乐清市隶属浙江省温州市，位于浙江东南沿海，温州市北部，东临乐清湾，与玉环、洞头隔海相望；南以瓯江为界，与温州鹿城隔江相望；西与永嘉毗邻；北与台州黄岩接壤；东北与温岭为邻。距温州市 63 公里。全市陆域面积 1286.90 平方公里，辖 14 镇 3 乡 8 街道，分别是：柳市镇、北白象镇、虹桥镇、淡溪镇、清江镇、芙蓉镇、大荆镇、仙溪镇、雁荡镇、磐石镇、蒲岐镇、南岳镇、南塘镇、湖雾镇、岭底乡、智仁乡、龙西乡，乐成街道、城东街道、城南街道、盐盆街道、翁垟街道、白石街道、石帆街道、天成街道。[①] 截至 2016 年年底，全市人口 129.59 万。全市常住人口以汉族人口为主，少数民族只占极小比重。[②]

2. 历史沿革

乐清，古瓯越地。晋孝武宁康二年（374）析永嘉郡之永宁县置乐成县，乐清建县从此开始，属永嘉郡。隋文帝开皇九年（589）废永嘉郡立处州，乐成属吴州处州。开皇十二年（592）改处州为括州，乐成县并入永嘉县。此后，乐成历经并入永嘉和分出永嘉的多次变迁。五代后梁开平二年（908）为避梁太祖父朱诚之讳，改县名为乐清，属吴越国温州，乐清之名由此始。1949 年 5 月，乐清县解放，隶属浙江省第五专区。10 月，第五专区改名为温州专区，乐清县属之。此后乐清县一直归温州市管辖。1993 年 9 月 18 日民政部经国务院批准同意撤消乐清县，设立乐清市（县级），由省直辖，由温州市人民政府代管。[③]

---

① 参见：乐清市人民政府网，http://www.yueqing.gov.cn/col/col1322054/index.html，2022 年 8 月 8 日获取。
② 参见：《2017 年浙江统计年鉴》，http://tjj.zj.gov.cn/col/col1525563/index.html，2022 年 8 月 8 日获取。
③ 参见：乐清市人民政府网，http://www.yueqing.gov.cn/col/col1347835/index.html，2022 年 8 月 8 日获取。

3. 方言分布

乐清境内的方言主要为乐清话，属吴语瓯江片。与台州交界的雁荡、大荆、仙溪、湖雾 4 镇和龙西、智仁 2 乡的方言属于吴语台州片。

4. 地方曲艺

乐清地方曲艺主要有莲花（道情）、快板、鼓词等。

二、方言发音人

1. 方言老男

周滇生，1949 年 9 月出生于乐清乐成街道，一直在本地生活和工作，教师，现已退休，大专文化程度，说乐清话和不太标准的普通话。父母均为乐清城里人，说乐清城关话。

2. 方言青男

李浩，1987 年 5 月出生于乐清乐成街道，主要在本地生活和工作，主持人，本科文化程度，说乐清话和比较标准的普通话。父母均为乐清城里人，说乐清城关话。

3. 口头文化发音人

周滇生，男，1949 年 9 月出生于乐清乐成街道，一直在本地生活和工作，教师，现已退休，大专文化程度，说乐清话和不太标准的普通话。父母均为乐清城里人，说乐清城关话。

孔珊珊，女，1955 年 9 月出生于乐清乐成街道，一直在本地生活和工作，播音员，现已退休，中专文化程度，说乐清话和不太标准的普通话。父母均为乐清城里人，说乐清城关话。

陈其松，男，1930 年 6 月出生于乐清乐成街道，一直在本地生活和工作，农民，文盲，说乐清话，不会说普通话。父母均为乐清城里人，说乐清城关话。

贰　声韵调

一、声母（27个，包括零声母在内）

p 八兵	pʰ 派片	b 病爬肥	m 麦明味问	f 飞风副蜂灰	v 饭肥问活
t 多东	tʰ 讨天	d 甜毒	n 脑南		l 路老蓝连
ts 资子	tsʰ 刺	dz 迟治		s 书丝手三山 酸想双	z 坐谢字祠 十船床城
tɕ 租主纸酒争 九张装竹	tɕʰ 车初草 抄刺春 拆清轻	dʑ 茶住权 争共	ȵ 泥热年软月	ɕ 血响	
k 高官	kʰ 开看	g 厚倚	ŋ 熬眼	h 好汉	
∅ 安县温云 药王用					

说明：

（1）全浊声母是清音浊流。

（2）零声母阴调类实际带有轻微喉塞[ʔ]，逢阳调类时前头带有同部位的摩擦。

（3）[v]摩擦不很重。

（4）[m][n][ȵ][l][ŋ]五个浊声母有阴调。

二、韵母（45个，包括自成音节的[m][n][ŋ]在内）

ɿ 师丝试	i 写米飞尺锡	u 过苦谷六	y 靴雨鬼
a 饱塔鸭辣活硬	ia 响药争	ua 阔刮	
	iɛ 产		
ɛ 山	iɛ 盐接热年节	uɛ 关	yɛ 权月出
e 开排鞋南根白	ie 菜摘	ue 快	
ɔ 糖讲	iɔ 王用		
o 歌坐牙瓦郭壳	io 茶局		

ø 短托	iø 寸		
ɤ 宝笑十北色	iɤ 桥急七一橘	uɤ 官骨	
ɯ 半			
ai 赔对	iai 翠	uai 国	
au 狗	iau 走油		
	iu 豆		
ɯʌ 贴八	iɯʌ 张	uɯʌ 床双	yɯʌ 重
aŋ 心深新灯	iaŋ 云	uaŋ 滚	
eŋ 升病星	ieŋ 正		
oŋ 东	ioŋ 春兄		
m̩ 磨母			
n̩ 唔=			
ŋ̍ 五二			

说明：

（1）单韵母［u］和作为介音的［u-］实际发音上齿轻触下唇。

（2）［y］实际发音双唇略展。

（3）［ɤ］实际发音舌位稍低稍前，在［u］后面时受其后高舌位的影响有时发成［ɯ］。

（4）［ɯʌ］的［ʌ］较短。

（5）［i-］介音的各韵母中只有［iɛ］［iu］的［i］介音是元音性的，其他都是辅音性的短［ĭ］。但有少数几个韵母为［iu］的入声字如"筑、竹、粥、祝"与［tɕ］组声母相拼时介音读短［ĭ］，不与长介音［i］构成对立，故合为同一韵母［iu］。

（6）［e］稍微有点滑向［i］的动程，但还构不成复合元音。

（7）［ø］实际发音舌位稍后。

（8）［eŋ］的［e］实际发音舌位稍高。

三、声调（8个）

阴平	44	该开春天灯东通风
阳平	31	皮牛油门糖铜红龙
阴上	35	古苦鬼讨草九懂统
阳上	24	五买罪老后有近动

阴去	41	去怪快四半寸冻痛
阳去	22	路树卖地乱饭硬洞
阴入	323	搭塔急节刻百拍谷
阳入	212	盒叶罚月白麦毒六

说明：

（1）平上去入依声母清浊区分阴阳，处理为四声八调。

（2）阳平前面有升调头，但是当地人的音感是［31］，且没有音位价值，所以记为［31］。

（3）入声念降升型曲折调，阴入［323］前面的调头和后面的调尾有时不到3。阳入［212］前面的调头和后面的调尾有时略低于［2］。入声读快了只降不升。

叁　连读变调

一、两字组连读变调表

乐清方言两字组的连读变调规律见下表。表中首列为前字本调，首行为后字本调。每一格的第一行是两字组的本调组合；第二行是连读变调，若连读调与单字调相同，则此行空白；第三行为例词。同一两字组若有两种以上的变调，则以横线分隔。具体如下。

乐清方言两字组连读变调表

前字＼后字	阴平 44	阳平 31	阴上 35	阳上 24	阴去 41	阳去 22	阴入 323	阳入 212
阴平 44	44　44 金　瓜	44　31 　　223 芝　麻	44　35 42 烧　酒 ─── 44　35 3 生　好	44　24 42 鸡　卵	44　41 35 香　菜	44　22 35　31 街　路	44　323 35 天　色	44　212 35 生　日
阳平 31	31　44 22 梅　花	31　31 22　223 蚊　虫 ─── 24　31 22 排　球	31　35 31 苹　果 ─── 31　35 2 爬　起	31　24 31 朋　友	31　41 24 球　菜	31　22 24　31 蚕　豆	31　323 24 依　客	31　212 24 前　日

续表

后字／前字	阴平 44	阳平 31	阴上 35	阳上 24	阴去 41	阳去 22	阴入 323	阳入 212
阴上 35	35　44 42 手　巾	35　31 44　223 板　锄 35　31 44 枕　头 35　31 3 打　雷	35　35 42 水　果 35　35 3 走　转	35　24 42 哑　佬	35　41 42　21 韭　菜 35　41 3 写　信	35　22 42 煮　饭	35　323 喜　鹊	35　212 小　麦
阳上 24	24　44 31 老　公	24　31 22　223 范　围 24　31 22 鲤　鱼 24　31 2 买　牛	24　35 31 老　鼠	24　24 31 道　士 24　24 2 买　马	24　41 31　21 断　气 24　41 2 买　菜	24　22 31 眼　泪	24　323 稻　鑤	24　212 满　月
阴去 41	41　44 42 瞓　间	41　31 44　223 酱　油 41　31 3 拜　年	41　35 42 跳　蚤	41　24 42 泻　肚	41　41 42　21 布　帐 41　41 3 照　相	41　22 42 对　面	41　323 35 教　室	41　212 35 正　月
阳去 22	22　44 31 面　巾 22　44 电　灯	22　31 223 旧　年 22　31 面　盂	22　35 31 外　转 22　35 2 电　影	22　24 31 大　旱	22　41 31　21 事　干	22　22 31 雾　露	22　323 24 自　觉	22　212 24 闹　热
阴入 323	323　44 3 结　婚	323　31 44　223 插　田	323　35 3 脚　底	323　24 3 百　五	323　41 3 合　算	323　22 42 吃　饭	323　323 3 一　百	323　212 3 吃　药
阳入 212	212　44 2 月　光	212　31 22　223 木　头 212　31 2 入　门	212　35 2 木　耳	212　24 2 十　五	212　41 2 镀　灶	212　22 31 绿　豆	212　323 2 蜡　烛	212　212 2 白　白

说明：

（1）上声为后字时实际调值要稍短、稍低。

（2）阴入阳入为后字时保持曲折调，读得快时只降不升，或升不到调尾的高度。

二、两字组连读变调规律

乐清方言两字组的连读变调有以下几个特点：

（1）变调现象比较复杂，前后字都会变调，以前字变调为主。非入声字在入声前都变为升调，入声字为前字时大都变为短促调。上声字在非入声字前面时都变为降调。

（2）后字也有不少变调现象：阳平为后字时增加了一种变体［223］。阴去在上声和去声后面增加一种变体［21］。阳去在平声后面增加一种变体［31］。

（3）存在语法变调现象，有一部分动宾结构两字组合，主要以阳平和阴去为后字时，前字调值变为短促的［3］或［2］，后字不变。例如：打雷 $ta^{35-3}lai^{31}$ | 写信 $si^{35-3}saŋ^{41}$。有一部分中补结构的两字组合，主要以阴上为后字时，前字调值变为短促的［3］或［2］，后字不变，如：生好 $sa^{44-3}hɤ^{35}$ | 爬起 $buɯʌ^{31-2}tɕʰi^{35}$。

肆　异读

一、新老异读

乐清方言的新老异读主要体现在韵母方面。

（1）山摄桓韵帮母老派读［ɯ］韵，新派读［ɤ］韵。

（2）效摄萧韵端系字老派读［iɯʌ］韵，新派读［ɯʌ］韵，丢失了［i］介音。

（3）流摄侯韵定母字老派读［iu］韵，新派有的读［u］韵。

（4）通摄东韵入声来母、知系字，老派读［u］韵或［ĭu］韵，新派读［iu］韵。

二、文白异读

乐清方言的文白异读主要体现在声母和韵母方面。下文中"／"前为白读，后为文读。

1. 声母

（1）日母个别字白读[n̠]声母，文读[z]声母。例如：人 n̠ian^{31} / zaŋ^{31}。

（2）非组个别字白读[b]声母，文读[v]声母。例如：肥 bi^{31} / vi^{31}。

（3）微母个别字白读[m]声母，文读[v]声母。例如：未 mi^{22} / vi^{22}。

2. 韵母

（1）见系鱼韵部分字白读[i]韵，文读[y]韵。例如：去 tɕʰi^{41} / tɕʰy^{41}。

（2）覃韵部分字白读[aŋ]韵，文读[ø]韵。例如：含 gaŋ^{31} / ø^{31}。

（3）桓韵舌齿音白读[aŋ]韵，文读[ø]韵。例如：断 daŋ^{24} / dø^{24}。桓韵入声白读[ɤ]韵，文读[ø]韵。例如：夺 dɤ^{212} / dø^{212}。

（4）魂韵部分字白读[aŋ]韵，文读[uɤ]韵。例如：温 uaŋ^{44} / uɤ^{44}。

（5）支韵个别字白读[i]韵，文读[ɿ]韵。例如：刺 tɕʰi^{41} / tsʰɿ^{41}。

（6）哈韵部分字白读[i]韵，文读[e]韵。例如：来 li^{31} / le^{31}。

（7）真谆登韵部分字白读[eŋ]韵，文读[aŋ]韵。例如：新 seŋ^{44} / saŋ^{44}。

伍　小称

1. "儿尾"型

乐清方言里"儿"是阳平字，读[ŋ^{31}]，本义"儿子"。

（1）[ŋ^{31}]变为阴上[ŋ^{35}]。例如：猪儿 tɕi^{42}ŋ^{35}。

（2）[ŋ^{31}]变为阴入[ŋ^{323}]，是"儿儿"的合音。[①] 例如：刀儿 tɤ^{35}ŋ^{323}。

（3）[ŋ^{31}]与前字韵母合音为鼻尾韵，声调变随前字。例如：角落儿 ko^{323}lo^{212}ŋ^{31}—ko^{35}loŋ^{212}。

2. 变调型

（1）单字声调变为入声。例如：布头 diu$^{31-212}$。

（2）单字声调变为阴平，多为鼻边音声母字。例如：妹 mai$^{22-44}$ | 卵 laŋ$^{24-44}$。

---

① 　郑张尚芳. 温州方言志. 北京：中华书局，2008：173–174.

3. 变调变韵型

单字声调变为阴调类，同时韵母发生变化。例如：阿娘_{奶奶} n̠iɯʌ³¹—n̠ia³³。

陆　其他音变

乐清方言中还存在一些特殊语流音变现象。例如（读音特殊的字加下画线）：

走去 tɕiau³⁵dʑi⁰(tɕʰ > dʑ)

算否定 sø⁴²vu⁰deŋ²²(f > v)

包粱粟 pa³la²⁴so³²³(iɯʌ > a)

后日 au²⁴ne⁴¹(212 > 41)

第七十七节　瑞安方音

壹　概况

一、调查点

1. 地理人口

瑞安市隶属浙江省温州市，位于浙江省东南沿海，东临东海，西连文成县，南接平阳县，北邻瓯海区、龙湾区，西北界青田县，北距温州市区 34 公里。全市面积 1350 平方公里，辖 9 镇 2 乡 12 街道，分别是：塘下镇、陶山镇、桐浦镇、湖岭镇、林川镇、马屿镇、曹村镇、高楼镇、平阳坑镇，芳庄乡、北麂乡，安阳街道、玉海街道、锦湖街道、潘岱街道、东山街道、上望街道、莘塍街道、汀田街道、飞云街道、云周街道、仙降街道、南滨街道。截至 2017 年年底，全县户籍人口 123.51 万。当地居民主要为汉族，少数民族占极少比重。[①]

2. 历史沿革

三国吴赤乌二年（239），析永宁县大罗山（泉山）南境置罗阳县，属会稽郡，设县治于北湖鲁岙（西岙、河埭桥一带），为瑞安建县之始。唐天复二年（902），一作天复三年，安固县改瑞安县，一直沿用至今。

1949 年 9 月 5 日，瑞安县人民政府正式成立。1987 年 4 月 15 日撤县设市（县级），置瑞安市人民政府，管辖范围不变。2001 年仙岩镇、丽岙镇划属温州市瓯海区，塘下镇的梅头办事处划属温州市龙湾区。[②]

3. 方言分布

瑞安市境内的方言主要为瑞安话，属吴语瓯江片。

---

① 参见:《2017 年浙江省统计年鉴》，http://tjj.zj.gov.cn/col/col1525563/index.html，2022 年 8 月 10 日获取。

② 参见: 瑞安人民政府网，http://www.ruian.gov.cn/art/2020/8/21/art_1229230397_54752451.html，2022 年 8 月 10 日获取。

4. 地方曲艺

瑞安的曲艺主要有温州鼓词、莲花、道情等。温州鼓词历史悠久，源远流长。关于它的具体形成时代，一说始于南宋，另一说认为温州鼓词始于明代。温州鼓词用瑞安方言演唱。温州鼓词有唱有说，以唱为主，其基本曲调有慢板、流水、紧板等几十个板式。温州鼓词演唱用的主要乐器有扁鼓、三粒板、牛筋琴、小抱月等，主要曲目有《高机与吴三春》《王十朋中状元》《陈十四收妖》《九美图》《粉妆楼》《二度梅》《岳传》《七侠五义》《封神榜》等。2006 年 5 月 20 日，温州鼓词经国务院批准被列入第一批国家级非物质文化遗产代表性项目名录。

二、方言发音人

1. 方言老男

徐金川，1959 年 5 月出生于瑞安锦湖街道，一直在本地生活和工作，农民，没有正式上过学，自学识字，相当于小学文化程度，说瑞安话和不太标准的普通话。父母均为瑞安城关人。

2. 方言青男

许可，1985 年 9 月出生于瑞安玉海街道，主要在本地生活和工作，教师，本科文化程度，说瑞安话和标准的普通话。父母均为瑞安城关人。

3. 口头文化发音人

林爱棉，女，1957 年 6 月出生于瑞安玉海街道，一直在本地生活和工作，职工，现已退休，小学文化程度，说瑞安话和不太标准的普通话。父母均为瑞安城关人。

夏锡桃，男，1957 年 8 月出生于瑞安锦湖街道，一直在本地生活和工作，工商业者，文盲，说瑞安话和不太标准的普通话。父母均为瑞安城关人。

阮爱兰，女，1964 年 9 月出生于瑞安锦湖街道，一直在本地生活和工作，文艺工作者，初中文化程度，说瑞安话和不太标准的普通话。父母均为瑞安城关人。

贰　声韵调

一、声母（27个，包括零声母在内）

p 八兵	pʰ 派片	b 病爬肥	m 麦明味问	f 飞风副蜂灰	v 饭肥问
t 多东	tʰ 讨天	d 甜毒	n 脑南		l 老蓝连路
ts 资早租酒 竹争纸主	tsʰ 刺草清抽 拆初车春	dz 茶柱		s 丝三酸山手 书	z 字贼祠谢 事顺十城
tɕ 张装九	tɕʰ 轻吃	dʑ 共权	ȵ 年泥热软月	ɕ 想双响	
k 高官	kʰ 开困	ɡ 厚衔	ŋ 熬眼	h 好海	
∅ 全床船王 云用活温					

说明：

（1）浊音声母发音较低沉，带有明显的浊流。

（2）舌尖音［ts］组声母和舌面音［tɕ］组声母互补分布。

（3）声母［v］配阴调类时，实际音值为半元音［ʋ］。

（4）阳调类的零声母带有较强的浊流。

二、韵母（31个，包括自成音节的［ŋ］）

ɿ 师丝试	i 戏盐年接热节	u 八绿	y 笑桥官权月骨出
a 鞋快硬争横十七白	ia 急一橘		
ɛ 宝刀	iɛ 响抢		
e 开南盒一北色国			
ø 半短根寸托			
ɤ 雨鬼			
ɔ 饱山塔鸭法辣	iɔ 药着	uɔ 贴活刮	
o 坐茶牙糖讲郭壳学			yo 床王双用局
ɯ 歌过苦谷			
ai 赔对			

ei 写猪米飞直尺锡

au 走愁　　　　　　　　iau 油九

əɯ 土赌岁水

ou 豆六　　　　　　　　iou 靴

aŋ 心深新滚灯　　　　　iaŋ 云金

əŋ 升病星　　　　　　　iŋ □谁

oŋ 春东　　　　　　　　ioŋ 兄雄

ŋ 五二

说明：

（1）韵母［ʏ］［ɯ］［u］［o］［ɔ］互相对立。例如：锯名［kʏ⁵³］≠过～来［kɯ⁵³］≠挂［ku⁵³］≠架［ko⁵³］≠教［kɔ⁵³］。

（2）老派韵母［ʏ］和［y］在舌面音后对立。例如：贵［tɕʏ⁵³］≠照［tɕy⁵³］，柜［dʑʏ²²］≠传～记［dʑy²²］，新派已经合并。

（3）韵母［a］舌位偏后，但不到［ɑ］。

（4）韵母［ʏ］带有唇齿的摩擦。

（5）韵母［y］与舌根音声母相拼时，前有过渡音［ø］。

（6）韵母［ɯ］［əɯ］中的［ɯ］舌位偏低，开口度较小，且发音时带有摩擦；

（7）韵母［ei］［ai］中［i］舌位偏低。

（8）韵母［ou］中［o］的舌位偏低，但不到［ɔ］。

（9）韵母［yo］中［y］的舌位偏低。

（10）韵母［ŋ］和鼻尾［ŋ］的发音不到位，舌根较放松。

（11）韵母［iŋ］只出现在合音中。

三、声调（8个）

阴平	44	东该灯风通开天春
阳平	31	门龙牛油铜皮糖红
阴上	35	懂古鬼九统苦草
阳上	13	买老五有动罪近后
阴去	53	冻怪半四痛快寸去讨
阳去	22	卖路硬乱洞地饭树

阴入	323	谷百搭节急哭拍塔切刻
阳入	212	六麦叶月毒白盒罚

说明：

（1）阴平［44］实际音值稍高，但不到［55］。

（2）在语图上阳平［31］有一个上升的调头，实际上为［231］，但是在听感上是一个降调，且该片区的语料基本都记做一个降调，因此我们也处理为一个降调。

叁　连读变调

瑞安方言两字组的连读变调规律见下表。表中首列为前字本调，首行为后字本调。每一格的第一行是两字组的本调组合；第二行是连读变调，若连读调与单字调相同，则此行空白；第三行为例词。同一两字组若有两种以上的变调，则以横线分隔。具体如下。

瑞安方言两字组连读变调表

后字 前字	阴平 44	阳平 31	阴上 35	阳上 13	阴去 53	阳去 22	阴入 323	阳入 212
阴平 44	44　44 33 飞　机	44　31 33　21 冰　糖	44　35 53 高　考	44　13 53 兄　弟	44　53 33　35 相　信	44　22 33　13 山　洞	44　323 35 中　国	44　212 35 蜂　蜜
	44　3 阿　哥	44　3 阿　爷	44　3 阿　嫂	44　3 阿　弟		44　3 阿　妹	44　3 阿　伯	44　3 阿　侄
								44　212 33　0 京　剧
阳平 31	31　44 22 茶　杯	31　31 22　21 平　时	31　35 存　款	31　13 牛　奶	31　53 22　35 迟　到	31　22 22　13 蚕　豆	31　323 13 颜　色	31　212 13 同　学
							31　323 0 红　色	

续表

前字 ＼ 后字	阴平 44	阳平 31	阴上 35	阳上 13	阴去 53	阳去 22	阴入 323	阳入 212
阴上 35	35 44 / 53 / 火车 ‖ 35 44 / 0 / 打开	35 31 / 53 21 / 水平 ‖ 35 31 / 3 / 以前	35 35 / 53 / 保险 ‖ 35 35 / 3 / 走好	35 13 / 53 / 表演 ‖ 35 13 / 3 / 以后 ‖ 35 13 / 0 / 可以	35 53 / 53 42 / 打算 ‖ 35 53 / 3 / 讲究	35 22 / 53 / 姊妹	35 323 / 改革 ‖ 35 323 / 0 / 晓得	35 212 / 小学
阳上 13	13 44 / 31 / 老师	13 31 / 31 21 / 市场	13 35 / 31 / 户口	13 13 / 31 / 道理	13 53 / 31 42 / 野菜 ‖ 13 53 / 受气	13 22 / 31 / 后代	13 323 / 31 / 幸福	13 212 / 31 / 满月
阴去 53	53 44 / 汽车	53 31 / 33 21 / 酱油 ‖ 53 31 / 3 / 拜年	53 35 / 对比	53 13 / 对象	53 53 / 42 / 告诉 ‖ 53 53 / 3 / 胎戏	53 22 / 态度 ‖ 53 22 / 3 / 算命	53 323 / 35 / 建设 ‖ 53 323 / 0 / 退出	53 212 / 35 / 教学 ‖ 53 212 / 0 / 汉族
阳去 22	22 44 / 31 / 外甥 ‖ 22 44 / 3 / 电灯	22 31 / 31 21 / 共同 ‖ 22 31 / 212 / 旧年	22 35 / 31 / 字典 ‖ 22 35 / 3 / 电表 ‖ 22 35 / 命苦 ‖ 22 35 / 0 / 愿讲	22 13 / 31 / 运动	22 53 / 31 42 / 地震 ‖ 22 53 / 3 / 电线	22 22 / 命运	22 323 / 13 / 外国	22 212 / 13 / 事业
阴入 323	323 44 / 3 / 浙江	323 31 / 3 / 出门 ‖ 323 31 / 0 / 作文	323 35 / 3 / 出口 ‖ 323 35 / 0 / 屋底	323 13 / 3 / 博士 ‖ 323 13 / 八里	323 53 / 发票	323 22 / 3 / 法院	323 323 / 3 / 叔伯 ‖ 323 323 / 35 / 隔壁	323 212 / 3 / 角落 ‖ 323 212 / 0 / 雪白

续表

后字 前字	阴平 44	阳平 31	阴上 35	阳上 13	阴去 53	阳去 22	阴入 323	阳入 212
阳入 212	212　44 2 学　生	212　31 2 入　门	212　35 2 白　纸	212　13 2 落　雨	212　53 2 学　费	212　22 2 绿　豆	212　323 2 及　格	212　212 2 学　习
		212　31 22　21 白　糖		212　13 六　倍	212　53 达　到		212　323 0 绿　色	212　212 22 日　食
				212　13 0 合　拢				

瑞安方言两字组连读变调有以下几个特点：

（1）以前字变调为主。但后字也有不少变调现象，主要见于后字为阳平［31］和阴去［53］时。

（2）前字阴上［35］和阴去［53］除在阳平调前，连读变调模式基本一样，阳上［13］和阳去［22］在各调之前的连读变调模式基本一样，呈现合流趋势。

（3）后字的变调产生新的调值［21］［42］。

（4）阴入、阳入在做前字时会变为短调［3］［2］。

（5）阴调类和阳调类的变调模式有趋同性，但仍以声调阴阳为区别，阴调类一组，阳调类一组，界限分明。

（6）瑞安话存在语法变调。例如：剃头 $t^hei^{53-3}dou^{31}$ | 做媒 $tsou^{53-3}me^{31}$ | 胎戏 $ts^h\eta^{53-3}\varphi i^{31}$。

（7）瑞安方言中部分表示时间的名词，连读变调不符合规律。例如：明年 $ma\eta^{31-22}\eta i^{31-22}$ | 后年 $au^{13}\eta i^{31-21}$ | 旧年 $d\varphi iau^{31-22}\eta i^{31-212}$ | 前年 $i^{31-22}\eta i^{31-212}$。

肆　异读

一、新老异读

（1）老派韵母［ɣ］和［y］在舌面音后对立，例如：贵 $t\varphi\gamma^{53}$ ≠ 照 $t\varphi y^{53}$ | 柜 $d\varphi\gamma^{22}$ ≠ 传~记 $d\varphi y^{22}$，新派已经合并为［y］。

（2）新老派在个别词的读音的选择上有所不同，如"鸟"的读音，老派惯用［ $cu\mathfrak{o}^{35}$ ］，而新派则使用［ $\eta i\mathfrak{o}^{13}$ ］。

二、文白异读

瑞安方言的文白异读现象主要有以下几条。下文中"／"前为白读，后为文读。

1. 声母

（1）非组声母白读塞音［p］［b］［m］，文读擦音［f］［v］。例如：粪 paŋ⁵³／faŋ⁵³｜反 pɔ³⁵／fɔ³⁵｜肥 bei³¹／vei³¹｜问 maŋ²²／vaŋ²²。

（2）匣母白读［g］声母，文读［v］声母或零声母。例如：怀 ga³¹／va³¹｜厚 gau¹³／au¹³。

2. 韵母

（1）果摄开口一等部分字白读［a］韵，文读［ou］韵。例如：拖 tʰa⁴⁴／tʰou⁴⁴｜大 da²²／dou²²。

（2）山摄合口一等阴声韵部分字白读［aŋ］韵，文读［ø］韵。例如：断 daŋ¹³／dø¹³｜暖 naŋ¹³／nø¹³｜卵 laŋ¹³／lø¹³｜遁 daŋ²²／dø²²。山摄合口一等入声韵部分字白读［a］韵，文读［ø］韵。例如：脱 tʰa³²³／tʰø³²³｜夺 da³²³／dø³²³。

（3）宕摄开口三等部分字白读［yo］韵，文读［o］韵。例如：装 tɕyo⁴⁴／tso⁴⁴｜壮 tɕyo⁵³／tso⁵³。

3. 其他

蛾 me³¹／ŋ³¹｜阿 a⁴⁴／ɯ⁴⁴｜茄 ga³¹／dʑi³¹｜波 pu⁴⁴／pɯ⁴⁴｜破 pʰa⁵³／pʰɯ⁵³｜差 tsʰou⁴⁴／tsʰa⁴⁴｜车 tsʰei⁴⁴／tsʰo⁴⁴｜谱 pɣ³⁵／pʰɣ³⁵｜模 mɣ³¹／mu³¹｜素 səɯ⁵³／sou⁵³｜梳 sɿ⁴⁴／sou⁴⁴｜去 kʰe⁵³／tɕʰɣ⁵³｜戴 ta⁵³／te⁵³｜刺 tsʰ ei⁵³／tsʰɿ⁵³｜狮 sa⁴⁴／sɿ⁴⁴｜脂 tsei⁴⁴／tsɿ⁴⁴｜驶 sa³⁵／sɿ³⁵｜挥 fai⁴⁴／ɕy⁴⁴｜贪 tʰe⁴⁴／tʰø⁴⁴｜心 səŋ⁴⁴／saŋ⁴⁴｜绊 pɔ⁵³／bø¹³｜泼 pʰø³²³／pø³²³｜人 ȵiaŋ³¹／zaŋ³¹｜日 ne³²³／ȵia³²³／za³²³｜蚁 ŋa¹³／ȵi¹³｜啄 ta³²³／tɕyo³²³｜侧 tsei³²³／tsʰe³²³｜仲 zoŋ²²／dʑioŋ²²｜龙 lu³¹／loŋ³¹｜醉 tsai⁵³／tsəɯ⁵³｜鸟 tuɯ³⁵／ȵio¹³。

伍　小称

瑞安方言的小称音变较为简单。瑞安方言中"儿"［ŋ³¹］本义为儿子，加在前一词语后面构成儿尾。例如：

猫儿 mɔ$^{44\text{-}33}$ ŋ$^{31\text{-}0}$　　　　刀儿 tɛ$^{44\text{-}33}$ ŋ$^{31\text{-}0}$　　　　网儿 mo$^{13\text{-}31}$ ŋ$^{31\text{-}0}$

兔儿 t^{h}ø$^{53\text{-}33}$ ŋ$^{31\text{-}0}$　　　　盆儿 bø$^{31\text{-}22}$ ŋ$^{31\text{-}0}$　　　　兔儿 t^{h}ø^{53} ŋ$^{31\text{-}0}$

羊儿 iɛ$^{31\text{-}22}$ ŋ$^{31\text{-}0}$　　　　篮儿 lɔ$^{31\text{-}22}$ ŋ$^{31\text{-}0}$　　　　辫儿 bi$^{22\text{-}31}$ ŋ$^{31\text{-}0}$

虾儿 ho$^{44\text{-}33}$ ŋ$^{31\text{-}0}$　　　　碟儿 duɔ$^{212\text{-}22}$ ŋ$^{31\text{-}0}$　　　　棒儿 bɔ$^{13\text{-}31}$ ŋ$^{31\text{-}0}$

细儿 sei—e$^{53\text{-}33}$ ŋ$^{31\text{-}0}$　　　　带儿 ta$^{53\text{-}33}$ ŋ$^{31\text{-}0}$　　　　细儿 sei—e^{53} ŋ$^{31\text{-}0}$

奶儿 na$^{13\text{-}22}$ ŋ$^{31\text{-}0}$　　　　男儿 ne$^{31\text{-}22}$ ŋ$^{31\text{-}0}$　　　　奶儿 na$^{13\text{-}31}$ ŋ$^{31\text{-}0}$

加上"儿"尾之后，变调规律主要有两种：

（1）前字变为平调。前字为阴平、阴上、阴去和阴入时变调为[33]，前字为阳平、阳上和阳入时变调为[22]，"儿"轻声。

（2）前字变为降调。前字为阴上时变调为[53]，阴去时不变，前字为阳上、阳去时变调为[31]，"儿"轻声。

若同一词有两种变调模式，有些有不同的意义。例如：奶儿 na$^{13\text{-}22}$ ŋ$^{31\text{-}0}$_{女孩} / na$^{13\text{-}31}$ ŋ$^{31\text{-}0}$_{女儿}。

少数韵母还存在变韵的现象。例如：细儿 sei—e$^{53\text{-}33}$ ŋ$^{31\text{-}0}$ / sei—e^{53} ŋ$^{31\text{-}0}$。

此外，还有少数"儿"尾进一步虚化，与前字形成合音。例如：瓶儿 bəŋ^{212} | 手指头儿 sou^{22}tsɿ^{35}doŋ^{212}。

上述"儿"尾表小的功能已经磨损，但仍带有亲昵的情感色彩。

瑞安方言中表小的功能由读阳入[212]的"儿"来承担。"儿[ŋ^{212}]"应该是"儿"的儿化。按照瑞安方言两字组连读变调的规律，变调的结果为[22-21]，如果快读类似阳入[212]。例如：猫儿儿_{小猫}mɔ$^{44\text{-}35}$ŋ^{212} | 刀儿儿_{小刀}tɛ$^{44\text{-}35}$ŋ^{212} | 厂儿儿_{小厂子}tɕ^{h}iɛ^{35}ŋ^{212} | 店儿儿_{小店}tiɛ$^{53\text{-}35}$ŋ^{212} | 橘儿儿_{小橘子}tɕia$^{323\text{-}35}$ŋ^{212}。

陆　其他音变

（1）瑞安方言的趋向补语通过变调来区别意义：

意义	瑞安方言	读音	意义	瑞安方言	读音
上得去	走上	tsau^{3}iɛ^{13}	上去	走上	tsau^{35}iɛ^0
下得来	走落	tsau^{3}lɔ^{212}	下来	走落	tsau^{35}lɔ^0
进得去	走底	tsau^{3}tei^{35}	进去	走底	tsau^{35}tei^0

意义	瑞安方言	读音	意义	瑞安方言	读音
出得来	走出	tsau^{3}tɕ^{h}y^{323}	出来	走出	tsau^{35}tɕ^{h}y^0
回得来	走来	tsau^{3}lei^{31}	来	走来	tsau^{35}lei^0
过得去	走去	tsau^{3}k^{h}e^{53}	去	走去	tsau^{35}k^{h}e^0

（2）瑞安方言叠音字的变调规律主要是前字按阴阳变为相应的短调，阴调类读［3］，阳调类读［2］。例如：兜兜口袋 tau^{3}tau^{44}｜□□抖发抖 gɔ^{2}gɔ^{31}tau^{35}。

（3）三字组连读变调规律

根据词表的三字组词语粗略归纳了瑞安方言三字组连读变调规律，基本上三字组后两字按两字组连读变调规律先变，首字根据中间字的调类的不同，有不同的变化。基本上中间字若是非平调，首字则为平调，中间字若为平调，首字则为非平调。

（4）瑞安方言中有部分字的单字音除了本调之外，还会变读为高平调44，读同阴平，多为鼻音声母字。包括亲属称谓、名词、动词等。例如：

本字	意义	本调	变调
娘	姑姑	n̠iɛ^{31}	n̠iɛ^{44}
奶	母亲	na^{13}	na^{44}
妹	小孩	me^{22}	me^{44}
猫	猫	mɔ^{31}	mɔ^{44}
烤	烤制	k^{h}ɛ^{35}	k^{h}ɛ^{44}
蚑	蠕动	n̠iɔ^{13}	n̠iɔ^{44}

我们认为瑞安方言中变读高平调现象可能是一种小称变调，有待深入研究。

第七十八节　平阳方音

壹　概况

一、调查点

1. 地理人口

平阳县东临东海，南接苍南，西接文成、泰顺，北连瑞安。陆地面积 1051 平方公里，海域面积 3.7 万平方公里。辖 14 镇 2 乡，分别是昆阳镇、鳌江镇、水头镇、萧江镇、腾蛟镇、山门镇、顺溪镇、南雁镇、万全镇、海西镇、南麂镇、麻步镇、凤卧镇、怀溪镇，青街畲族乡、闹村乡。截至 2021 年年底，户籍人口 87.87 万。民族有汉族和畲族。[①]

2. 历史沿革

西汉时属东海国，后历属回浦县、章安县、永宁县、罗阳县、安阳县、安固县等。晋武帝太康四年（283），析安固南横屿船屯地置始阳县，这是平阳单独建县的开始。后也称罗阳县。不久，"取横屿及横江之义"，改名横阳，仍隶扬州临海郡。东晋明帝太宁元年（323）分临海郡设永嘉郡，横阳属之。

五代十国时期为吴越国辖地，改名为平阳。自宋朝起，一直延续县级建制。

1981 年开始，将平阳县的矾山镇和宜山、钱库、金乡、灵溪、桥墩、矾山、马站 7 个区析出，另建苍南县，这是平阳建县以来县境的最大一次变迁。

3. 方言分布

方言有平阳话和闽南话。平阳话以昆阳镇为代表，主要分布在昆阳镇、万全镇、鳌江镇、海西镇、萧江镇、顺溪镇，怀溪镇也有少部分讲平阳话。闽南话主要分布在水头镇、山门镇、腾蛟镇、青街乡。闹村乡、凤卧镇、麻步镇、南雁镇、南麂镇、顺溪镇、怀溪镇大部分人讲闽南话。少数民族语言主要是畲话，分布于青街畲族乡，截至 2016 年，使用人口为 1.2 万。

---

① 参见：平阳县人民政府网，http://www.zjpy.gov.cn/，2022 年 8 月 3 日获取。

4. 地方曲艺

方言曲艺有温州鼓词、平阳卖技、和剧。温州鼓词为国家级非物质文化遗产，平阳卖技（又名道情）为省级非物质文化遗产。温州鼓词还有一定市场，平阳卖技现已凋零。和剧源于平阳鳌江镇梅溪社区，用平阳话演唱，现为浙江省非物质文化遗产。

二、方言发音人

1. 方言老男

刘昌馀，1962 年 5 月出生于平阳昆阳镇，一直在本地生活和工作，职工，初中文化程度，说平阳话和普通话。父母均为平阳昆阳镇人，说平阳话。

2. 方言青男

施世俊，1987 年 7 月出生于平阳昆阳镇，一直在本地生活和工作，职工，大专文化程度，说平阳话和普通话，现在主要说平阳话。父母均为平阳昆阳镇人，说平阳话。

3. 口头文化发音人

叶来旺，男，1950 年 11 月出生于平阳昆阳镇，一直在本地生活和工作，文艺工作者，初中文化程度。

胡玉燕，女，1964 年 3 月出生于平阳昆阳镇，一直在本地生活和工作，文艺工作者，初中文化程度。

陈斌，男，1962 年 10 月出生于平阳昆阳镇，主要在本地生活和工作，基层干部，本科文化程度。

贰　声韵调

一、声母（31个，包括零声母在内）

p 八兵	pʰ 派片	b 病爬	m 麦明 味问	f 飞风副 蜂灰	v 饭肥活云
t 多东	tʰ 讨天	d 甜毒	n 脑南		l 老蓝连路
ts 资	tsʰ 刺	dz 池		s 丝三酸 山书手	z 字贼坐祠 谢顺城蛇
tʃ 早酒租张 竹争装九	tʃʰ 草抽拆抄 初车春轻	dʒ 茶共		ʃ 双	
tɕ 租张纸主	tɕʰ 取	dʑ 柱权	ȵ 年泥 热软	ɕ 想响	
k 高官	kʰ 开看	ɡ 共葵	ŋ 熬	x 好烘	
∅ 全床船县 温云用药					

说明：

（1）开口呼零声母音节前有［ʔ］。

（2）［tʃ］类声母传统记音记为［tɕ］组，韵母为开口呼。这类音发音时舌尖不抵下齿背，舌尖中间部分拱起，更接近舌叶音。

（3）［f］在圆唇元音前为［ɸ］。

二、韵母（28个，包括自成音节的［ŋ］在内）

ɿ 师丝试	i 写猪米戏飞直尺锡	u 歌过靴苦谷菊毒	y 雨鬼
ʌ 鞋硬横十七北白百	iʌ 一		
ɛ 宝			
e 开色	ie 盐年响接热节		ye 笑官权贴 月骨出国
ɔ 饱山塔鸭法辣活刮	iɔ 药		

o 坐茶牙糖讲八郭学		uo 双绿局	yo 床王用
ɵ 南半短根盒寸			
ʉ 书路			
	iu 肉育		
ai 赔对			
au 走	iau 油		
ɛu 豆六			
aŋ 心深新滚灯	iaŋ 印引音迎影		
ɵŋ 春云			
eŋ 病星升			
oŋ 兄东	ioŋ 雄荣		
ŋ 五二耳儿			

说明：

（1）韵母［i］有时为［ei］，为［i］的自由变体。

（2）韵母［ye］中的［e］有圆唇色彩，有时为［ø］。

三、声调（8个）

阴平	55	东该灯风通开天春
阳平	242	门龙牛油铜皮糖红
阴上	45	懂古鬼九统苦讨草买老五有
阳上	23	动近罪
阴去	53	冻怪半四痛快寸去
阳去	33	卖路硬乱洞地饭树
阴入	34	谷百搭节急哭拍塔切刻
阳入	12	六麦叶月毒白盒罚

说明：

（1）阴平［55］实际音值略低，也可以记为［44］。

（2）阳平［242］实际音值为［342］。

（3）阴入［34］实际调值［334］，阳入［12］实际调值为［112］。

叁　连读变调

一、两字组连读变调表

平阳方言两字组的连读变调规律见下表，表中首列为前字本调，首行为后字本调。每一格的第一行是两字组的本调组合；第二行是连读变调，若连读调与单字调相同，则此行空白；第三行为例词。同一两字组若有两种以上的变调，则以横线分隔。具体如下。

平阳方言两字组连读变调表

后字 前字	阴平 55		阳平 242		阴上 45		阳上 23		阴去 53		阳去 33		阴入 34		阳入 12	
阴平 55	55 33 天	55 　 光	55 33 该	242 35 年	55 33 开	45 35 水	55 33 新	23 13 妇	55 33 香	53 45 菜	55 33 车	33 35 站	55 45 猪	34 13 血	55 45 山	13 21 峡
阳平 242	242 21 台	55 　 风	242 21 池	242 13 塘	242 13 洪	45 35 水	242 33 油	23 13 皂	242 21 芹	53 45 菜	242 21 田	33 35 岸	242 35 毛	34 13 笔	242 13 茶	12 13 叶
阴上 45	45 33 水	55 　 沟	45 33 水	242 42 田	45 33 雨	45 35 伞	45 　 捣	23 13 臼	45 35 矮	53 33 凳	45 　 保	33 13 佑	45 13 喜	34 　 鹊	45 33 指	12 13 壳
阳上 23	23 13 士	55 13 兵	23 13 市	242 42 场	23 13 户	45 35 口	23 21 道	23 13 士	23 13 淡	53 　 菜	23 21 社	33 13 会	23 35 动	34 13 作	23 35 被	12 13 褥
阴去 53	53 45 戒	55 13 刀	53 33 太	242 35 阳	53 33 戒	45 35 指	53 33 气	23 13 道	53 33 布	53 42 帐	53 45 笑	33 13 话	53 35 教	34 13 室	53 35 快	12 13 乐
阳去 33	33 　 地	55 13 方	33 　 地	242 42 雷	33 　 字	45 35 典	33 21 豆	23 13 腐	33 13 地	53 　 震	33 42 大	33 13 树	33 21 大	34 13 伯	33 35 闹	12 13 热
	33 21 电	55 　 灯					33 　 会	23 13 市								

续表

后字 前字	阴平 55	阳平 242	阴上 45	阳上 23	阴去 53	阳去 33	阴入 34	阳入 12
阴入 34	34　55 21 浙　江	34　242 33　35 鲗　鱼 　 34　242 45　45 窟　窿	34　45 21 屋　顶	34　23 21　13 接　受	34　53 33 百　货	34　33 45　13 柏　树	34　34 45　13 叔　叔	34　12 45　13 积　极
阳入 12	12　55 21 月　光 　 12　55 21　45 历　书	12　242 21　13 石　头	12　45 21 着　火	12　23 21　45 活　动	12　53 13　42 鼻　涕 　 12　53 33　42 镬　灶	12　33 35　55 绿　豆	12　34 35　13 白　鸽	12　12 13　13 月　食

二、两字组连读变调规律

平阳方言两字组的连读变调有以下几个特点：

（1）既有前字变调，也有后字变调。

（2）阴平作前字时，后字为阴入和阳入时变[45]，后字为其余声调时变[33]。阴平作后字时，逢阴平、阳平、阴上不变，逢阳上、阴去、阳去变[13]。

（3）阳平作前字，后字为阴平、阳平、阴去、阳去时变[21]；阳平作后字，阴上作前字，后字为阳平、阴上、阳去、阳入时变[33]，后字为阴平、阳上、阴入时变[45]。阴上作后字，一般变[35]，在阴入、阳入后变[45]。

（4）阳上作前字，后字为阴平、阳平、阴上、阴去时变[13]，后字为阳上、阳去时变[21]，后字为阴入、阳入时变[35]。阳上作后字，一般变[13]，阳入后变[45]。

（5）阴去作前字，后字为阴平、阳去时变[45]，后字为阳平、阴上、阳上时变[33]，后字为阴入、阳入时变[35]。阴去作后字，逢阴平、阳平变[45]，逢阴上变[33]，逢阴去、阳去、阳入变[42]，逢阳上、阴入不变。

（6）阳去作前字，后字为阴平、阳平、阴上、阳上时一般仍读[33]，后字为阴去时变[13]，后字为阳去时变[42]，后字为阴入时变[21]，后字为阳入时变[35]。阳去作后字，前字为阴平、阳平时变[33]，前字为阴上、阳上、阴去、阳去、阴入变[13]，前字为阳入变[55]。

（7）阴入作前字，后字为阳平、阴上、阳上时变［21］，后字为阴平、阴上、阳上时变［21］。后字为阴去时变［33］，后字为阳去、阴入、阳入变［45］。阴入作后字，统一变［13］。

（8）阳入作前字，后字为阴平、阳平、阴上、阳上时变［21］，后字为阴去时变［13］，后字为阳去、阴入时变［35］，后字为阳入时［13］。阳入作后字，前字为阴平时变［21］，在其余声调后变［13］。

肆　异读

一、新老异读

平阳方言的新老异读主要体现在韵母上。下文中"/"前为老派，后为新派。

（1）深臻曾梗的阳声韵字的韵尾老男为［ŋ］尾，青男为［n］尾。例如：心新 saŋ^{55} / san^{55}，星 seŋ^{55} / sen^{55}。

（2）老男的［yø］青男为［ye］。例如：桥 dʑyø^{242} / dʑye^{242}。

二、文白异读

平阳方言的文白异读现象较少，主要体现在声母和韵母方面。下文中"/"前为白读，后为文读。

1. 声母

（1）微母白读［m］声母，文读［v］声母。例如：万 mɔ^{33} / vɔ^{33}。

（2）从母白读擦音，文读塞擦音。例如：字 zɹ̩^{33} / ｜ 钱 / dʑie^{242}。

（3）崇母、船母、禅母白读擦音，文读塞擦音。例如：坐 zo^{23} / ｜ 徐 / dzi^{242}。

2. 韵母

（1）蟹摄和止摄合口三四等韵母白读［y］［ʉ］，文读［ai］。例如：桂 tɕy^{53} / ｜ 岁 sʉ^{53} / ｜ 亏 / k^{h}ai^{55}。

（2）钟韵三等与东韵三等白读有别，文读无别。例如：重 dʒuo^{23} / ｜ 拥 ioŋ^{45} / ｜ 浴 yo^{12} / ｜ 育 iu^{12} / 。

伍　小称

平阳方言有小称，小称在韵母后直接加"儿"〔ŋ〕。例如：

桃儿 dɛŋ¹³　　　　　　李儿 liŋ⁵³　　　　　　　　鸟儿 tyɵŋ⁴²

舅爷儿 dʒau¹³iŋ¹³　　　蚕儿 zɵn¹³

陆　其他音变

平阳方言有少量的合音现象。例如：〔去罢〕kʰɔ⁵³｜〔弗会〕fai³³。

第七十九节　文成方音

壹　概况

一、调查点

1. 地理人口

文成县辖 12 镇 5 乡，分别是大峃镇、珊溪镇、玉壶镇、南田镇、黄坦镇、巨屿镇、百丈漈镇、峃口镇、西坑畲族镇、周壤镇、二源镇、铜铃山镇，周山畲族乡、平和乡、双桂乡、公阳乡、桂山乡。截至 2021 年年底，户籍总人口为 40.67 万。[①]

2. 历史沿革

文成县春秋战国时期属瓯越地。秦统一六国后，废封国，设郡县，文成属闽中郡。西汉惠帝三年（前 192）文成属东瓯国。

西汉始元二年（前 85）以东瓯地回浦乡建立回浦县，文成为回浦县辖地。后依次为章安县、永宁县、罗阳县、安阳县、安固县、瑞安县等的辖地。

1946 年 12 月，行政院核准以瑞安、青田、泰顺三县边区析置文成县。

中华人民共和国成立后，文成县先后隶属浙江省第五专区、浙江省温州专区、浙江省温州地区革命委员会、浙江省温州地区。1981 年 9 月，温州地、市合并，实行市管县体制，文成县归属温州市管辖。

3. 方言分布

语言方面，该县主要说汉语，方言有文成话、南田话、福建话和畲话。文成话，以县城大峃镇为中心。南田话，属吴语上丽片丽水小片，分布在西北部南田、黄寮、石垟、下垟四个乡镇。福建话，分布在东南角原峃口区平和、公阳、双桂、周山 4 乡与平阳县相邻的部分村落，以及原大峃区樟台、峃口区塔山、玉壶区大壤、珊溪区黄龙等乡的部分村落。畲话，中樟、里阳、雅梅、黄坪等地畲

---

① 参见：文成县人民政府网，http://www.wencheng.gov.cn/，2022 年 8 月 3 日获取。

民对内使用。

4. 地方曲艺

地方曲艺有畲山民歌，畲族人人会唱。

二、方言发音人

1. 方言老男

周安定，1953 年 11 月出生于文成大峃镇，一直在本地生活和工作，职工，小学文化程度，说文成话和普通话，现在主要说文成话。父母均为文成大峃镇人，说文成话。

2. 方言青男

吴朝杰，1987 年 12 月出生于文成大峃镇，主要在当地生活和工作，教师，研究生文化程度，说文成话和普通话，现在主要说文成话。父母均为文成大峃镇人，说文成话。

3. 口头文化发音人

赵凤柳，女，1960 年 8 月出生于文成大峃镇，职工，高中文化程度。
季慧聪，女，1977 年 7 月出生于文成大峃镇，基层干部，高中文化程度。
赵玲玲，女，1971 年 4 月出生于文成大峃镇，工商业者，初中文化程度。

第二部分　声韵调

一、声母（32 个，包括零声母在内）

p 八兵	pʰ 派片	b 病爬	m 麦明味问	f 飞风副	v 饭肥活
			蜂灰		
t 多东	tʰ 讨天	d 甜毒	n 脑南		l 老蓝
					连路

ts 资	tsʰ 刺	dz 池	s 丝三酸 z 字贼坐祠 　山书手　　谢顺城蛇
tʃ 早酒租张 　竹争装九	tʃʰ 草抽拆抄 　初车春轻	dʒ 茶共	ʃ 双
tɕ 租张纸主	tɕʰ 取	dʑ 柱权　ȵ 年泥热软	ɕ 想响　ʑ 全船
k 高官	kʰ 开看	g 共葵　ŋ 熬	x 好烘
∅ 温云用药			

说明：

（1）端母、帮母有时为内爆音，但是不稳定。

（2）浊擦音［z］［v］［ʑ］是真浊音。

（3）［f］逢合口呼实际发音为［ɸ］。

（4）［v］声母有时摩擦不强，逢［u］韵母摩擦强。

（5）阴调类零声母音节前有［ʔ］，阳调类有［ɦ］。

二、韵母（35 个，包括自成音节的［n］在内）

ɿ 师丝试	i 猪直尺锡	u 课布	y 鬼
a 怕硬争横刮急	ia 一	ua 刮	
ɛ 宝			
ɔ 排鞋快辣塔鸭		uɔ 关	
e 开南盒北色笔	ie 盐		
ø 短半贪孙出		uø 官根骨国	yø 笑桥权月
o 茶牙饱糖郭壳学局	io 野	uo 讲双	yo 床王
ʉ 雨			
ai 赔对			
ei 写飞戏米			
au 走偷	iau 油		
ou 坐五	iou 头豆		
ɵy 书路			

øn 春裙滚		yøn 云
aŋ 新径	iaŋ 行认银	
eŋ 心深		
oŋ 东	ioŋ 兄	
n 儿		

说明：

（1）[ɔ]韵实际是[oɔ]。

（2）[ai]韵主元音比较高、央。

（3）[aŋ]韵主元音比较高、央。

（4）[eŋ]韵实际上是[əŋ]。

（5）[ø]逢[p]组声母有介音[u]。

三、声调（8个）

阴平	55	东该灯风通开天春
阳平	113	门龙牛油铜皮糖红
阴上	45	懂古鬼九统苦讨草
阳上	224	买老五有动罪后近
阴去	33	冻怪半四痛快寸去
阳去	424	卖路硬乱洞地饭树
阴入	34	谷急哭刻百搭节拍塔切
阳入	12	六麦叶月毒白盒罚

说明：

（1）阴平[55]近[544]，以平为主，记为[55]。

（2）阳平[113]有时为[11]，以平为主。

（3）阴入调值为[334]，记为[34]。

（4）阳入调值为[112]，记为[12]。

叁　连读变调

一、两字组连读变调表

文成方言两字组的连读变调规律见下表，表中首列为前字本调，首行为后字本调。每一格的第一行是两字组的本调组合；第二行是连读变调，若连读调与单字调相同，则此行空白；第三行为例词。同一两字组若有两种以上的变调，则以横线分隔。具体如下。

文成方言两字组连读变调表

后字 ／ 前字	阴平 55	阳平 113	阴上 45	阳上 224	阴去 33	阳去 424	阴入 34	阳入 12
阴平 55	55 55 33 33 飞 机	55 113 33 33 高 楼	55 45 33 高 考	55 224 33 33 兄 弟	55 33 33 菠 菜	55 424 33 21 山 洞	55 34 33 13 猪 血	55 12 33 13 山 峡 —— 55 12 33 21 猪 肉
阳平 113	113 55 21 33 床 单	113 113 21 33 皮 球	113 45 33 存 款	113 224 21 13 朋 友	113 33 21 蒲 扇	113 424 21 21 蚕 豆	113 34 35 13 头 发	113 12 35 13 同 学
阴上 45	45 55 33 33 广 州	45 113 33 13 党 员	45 45 33 小 姐	45 224 33 13 小 米	45 33 33 打 算 —— 45 33 33 13 韭 菜	45 424 33 21 草 帽	45 34 33 13 粉 笔	45 12 33 13 小 麦
阳上 224	224 55 242 33 后 腰	224 113 33 33 老 人	224 45 242 稻 草	224 224 242 33 道 理	224 33 242 罪 过	224 424 242 21 后 代	224 34 242 13 道 德	224 12 242 13 动 物
阴去 33	33 55 42 33 教 师	33 113 42 13 菜 园	33 45 42 信 纸	33 224 42 13 报 社	33 33 42 唱 片	33 424 42 21 笑 话	33 34 42 21 建 筑	33 12 42 13 泡 沫
阳去 424	424 55 42 33 路 灯	424 113 42 33 树 苗	424 45 42 字 典	424 224 42 35 大 雨	424 33 21 大 蒜	424 424 21 21 大 树	424 34 42 13 大 雪	424 12 42 13 树 叶

续表

前字＼后字	阴平 55		阳平 113		阴上 45		阳上 224		阴去 33		阳去 424		阴入 34		阳入 12	
阴入 34	34 21	55 33	34 21	113 13	34 21	45 45	34 21	224 33	34 21	33	34 33	424 21	34 21	34 13	34 33	12 13
	浙	江	竹	篮	铁	锁	伯	父	百	货	革	命	法	则	骨	肉
阳入 12	12 21	55 33	12 21	113 33	12 21	45	12 21	224 35	12 33	33	12 21	424 21	12 21	34 21	12 21	12 13
	辣	椒	食	堂	局	长	白	米	白	菜	绿	豆	绿	色	毒	药

二、两字组连读变调规律

文成方言两字组的连读变调有以下几个特点：

（1）既有前字变调，也有后字变调。

（2）阴平作前字和后字变［33］。

（3）阳平作前字变［21］，作后字时逢阴调类变［33］，逢阳调类变［13］。

（4）阴上作前字变［33］，作后字时不变。

（5）阳上作前字时主要变［242］，作后字时有的为［33］，有的变［13］，有的变［35］。

（6）阴去作前字时变［42］，作后字时一般不变。

（7）阳去作前字时一般变［42］，后字为阴去、阳去变［21］。

（8）阴入作前字时一般变［21］，后字为阳去变［33］。

（9）阳入作前字时一般变［21］，作后字时一般变［13］。

肆　异读

一、新老异读

文成方言中存在比较明显的新老异读现象。下文中"／"前为老派，后为新派。

（1）老派［uø］新派读为［ue］，如：官 kuø⁵⁵／kue⁵⁵。

（2）非零声母音节老派［yø］新派为［ye］，零声母音节老派［yø］新派为［ue］。例如：桥 dʑyø¹¹³／dʑye¹¹³｜腰 yø⁵⁵／ue⁵⁵。

（3）老派有舌叶音声母，韵母为洪音；新派读成舌面前音，韵母为细音，如：走 tʃau⁴⁵ / tɕiau⁴⁵。

二、文白异读

文成方言的文白异读主要体现在声母和韵母方面。下文中"／"前为白读，后为文读。

1. 声母

日母白读［ȵ］，文读［z］。例如：热 ȵie¹² /｜任 ／ zaŋ⁴²⁴｜入 ／ za¹²。

2. 韵母

（1）钟韵白读［uo］，与东韵有差别；文读［oŋ］，与东韵合流。例如：肿 tʃuo⁴⁵ /｜冲 ／ tʃʰoŋ⁵⁵。对比：中 ／ tʃoŋ⁵⁵。

（2）深摄、臻摄三等入声韵白读与曾梗三四等有别，文读没有分别。

伍　其他音变

文成方言有少量的合音。例如：［弗会］fai³³｜［唔有］nau⁴⁵。

第八十节 苍南方音

壹 概况

一、调查点

1. 地理人口

苍南县隶属于浙江省温州市，位于浙江省最南端，东与东南濒临东海，西南毗连福建福鼎，西邻泰顺，北与平阳、文成接壤，距温州市区81公里。全县面积1261.08平方公里，辖16镇2乡，分别是灵溪镇、宜山镇、钱库镇、藻溪镇、桥墩镇、金乡镇、矾山镇、赤溪镇、马站镇、望里镇、炎亭镇、大渔镇、莒溪镇、南宋镇、霞关镇、沿浦镇、凤阳畲族乡、岱岭畲族乡。截止2018年年底，全县户籍人口134.94万。[①] 当地居民主要为汉族，有畲、回等37个少数民族。苍南县是浙江省少数民族人口最多的县，全县少数民族人口呈"大分散、小聚居"分布，有2个民族乡和46个民族村，人口3.2万，占总人口3.2%，其中畲族人数最多。畲族使用接近汉语客家方言的语言，通用汉文。

2. 历史沿革

苍南县解放后一直属平阳县辖域，于1981年独立设县。因地处玉苍山之南，取县名为苍南。建县前，今苍南地，春秋时为东越瓯人地。战国时属越。秦统一六国后，属闽中郡。汉高祖五年（前202）于闽中故地置闽越国，属闽越国。惠帝三年（前192）立驺摇为东海王，都东瓯（今温州），世称东瓯王，为东海王辖地。武帝（前40—前87）时，东瓯举国内迁江淮间，国除。昭帝始元二年（前85），今苍南地属回浦县。此后历属章安、永宁、罗阳、安阳、安固、始阳、横阳、永嘉、平阳等县。[②]

① 参见：《2019年浙江统计年鉴》，http://tjj.zj.gov.cn/col/col1525563/index.html，2022年8月5日获取。
② 参见：苍南县人民政府网，http://www.cncn.gov.cn/col/col1255437/index.html，2022年8月7日获取。

3. 方言分布

苍南县境内主要有 5 种方言。浙南闽语，主要分布在中部、西部和南部，说浙南闽语的约有 57.4 万人，占全县总人口 54.4%。土语，通称蛮话，主要分布在东部。说蛮话的约有 27 万人，占全县总人口 25.6%。瓯语，也叫温州话。苍南的瓯语，主要分布在东北部。说"瓯语"的约有 17 万人，占全县总人口的 16.2%。金乡语，今称金乡话，使用人数 3 万左右，主要分布在金乡镇城内（不包括城外的湖里、老城、郊外 3 个办事处所辖居民）。畲话，是指畲族所使用的语言。苍南县境内的畲族人，说的都是汉语，主要分布在民族乡岱岭（属马站区）、凤阳（属赤溪区）等地。本章苍南方音主要记录苍南的温州话。

4. 地方曲艺

苍南地方戏主要有八仙戏、提线木偶戏、单档布袋戏，曲艺主要有渔鼓（类似道情、莲花）、唱卖技、道情等。八仙戏，俗称打八仙，以前在春节及办喜事时要打八仙。用温州话演绎的曲艺主要有卖技、道情等，卖技在沪山一带比较流行，正月初一至初三晚上会演出。

二、方言发音人

1. 方言老男

陈舜远，1958 年 9 月出生于苍南灵溪镇，一直在本地生活和工作，教师，大专文化程度，说沪山话、浙南闽语和不太标准的普通话。父母均为当地人。

2. 方言青男

黄康定，1991 年 5 月出生于苍南灵溪镇，读大学之前在本地生活，职工，本科文化程度，说沪山话、标准的普通话和一点浙南闽语。父母均为当地人。

3. 口头文化发音人

陈舜远，男，1958 年 9 月出生于苍南灵溪镇，一直在本地生活和工作，教师，大专文化程度，说沪山话、浙南闽语和不太标准的普通话。父母均为当地人。

周美凤，女，1955 年 7 月出生于苍南灵溪镇，一直在本地生活和工作，教师，现已退休，中专文化程度，说沪山话、不太标准的普通话和一点浙南闽语。父母均为当地人。

　　黄康定，男，1991 年 5 月出生于苍南灵溪镇，读大学之前在本地生活，职工，本科文化程度，说沪山话、标准的普通话和一点浙南闽语。父母均为当地人。

　　黄兴安，男，1964 年 6 月出生于苍南灵溪镇，一直在本地生活和工作，手艺人，初中文化程度，说沪山话、浙南闽语和不太标准的普通话。父母均为当地人。

贰　声韵调

一、声母（27 个，包括零声母在内）

p 帮兵	pʰ 派片	b 病爬肥	m 麦明问	f 飞	v 肥
t 多东	tʰ 讨天	d 甜毒	n 脑南		l 老蓝连路
ts 资早酒竹装	tsʰ 刺草清抽抄初车春	dz 城		s 丝三酸山手	z 字贼坐祠茶事顺十
tɕ 租张争纸主九	tɕʰ 拆车轻床船权	dʑ 全谢柱	ȵ 年泥热软月	ɕ 想双书响	
k 高官	kʰ 开困	g 厚衔	ŋ 熬眼	h 风副蜂好灰	
Ø 饭问活温王云用药					

　　说明：

　　（1）浊声母实际为清音浊流。

　　（2）声母［v］只拼韵母［i］。

　　（3）声母［ɕ］与韵母［i］［y］相拼时，类似复辅音［sɕ］。

　　（4）声母［ȵ］和声母［n］对立，如昂 nia³¹ ≠ 尧 ȵia³¹。

二、韵母（32 个，包括自成音节的［ŋ］）

ɿ 师丝试	i 写猪米戏飞直尺锡	u 歌过靴苦五谷	y 雨鬼
a 饱山塔鸭辣	ia 排鞋快硬争贴药白	ua 法活刮	ya 横
ε 宝十急七橘	iε 盐年响接热节一	uε 佛	yε 官权根月骨出国
e 开南一北色			

ø 半短寸盒托		
o 坐茶牙糖讲郭壳学	uɔ 八	yɔ 笑桥床王双 用绿局
ai 赔对	uai 灰	
au 走愁	iau 油九	
ɘɯ 土赌岁水		
ɛɯ 豆六	iou 肉	
aŋ 心深新灯	iaŋ 根	uaŋ 滚
eŋ 升病星		ueŋ 春云
oŋ 东	ioŋ 兄雄	
ŋ 二		

说明：

（1）韵母［i］与声母相拼时前有过渡音［ɪ］。

（2）韵母［u］唇形较扁，较松。

（3）韵母［o］的舌位较低，高于［ɔ］。

（4）韵母［y］［ya］［yɛ］拼零声母时摩擦较强。

（5）韵母［eŋ］［ueŋ］中的［e］舌位靠后，较低。

（6）韵母［ŋ］和鼻尾［ŋ］的发音部位靠前。

三、声调（8个）

阴平	44	东该灯风通开天春
阳平	31	门龙牛油铜皮糖红
阴上	53	懂古鬼九统苦讨草买老五有后
阳上	24	动罪近
阴去	42	冻怪半四痛快寸去
阳去	11	卖路硬乱洞地饭树
阴入	223	谷百搭节急哭拍塔切刻
阳入	112	六麦叶月毒白盒罚

说明：

（1）阴平［44］略高于［33］。

（2）阳平［31］在语图上前有调头，实际为［231］，听感上为降调，与瓯江片其他点如瑞安、永嘉等地相同，我们处理为［31］。

（3）阴上［53］的起点在听感上高亮，超出［5］的范围。

（4）阳上［24］有时末尾略降。

（5）阳去［11］低沉。

（6）阴入［223］和阳入［112］同为前平后升调型，阳入较阴入低。

叁　连读变调

一、两字组连读变调表

苍南方言两字组的连读变调规律见下表，表中首列为前字本调，首行为后字本调。每一格的第一行是两字组的本调组合；第二行是连读变调，若连读调与单字调相同，则此行空白；第三行为例词。同一两字组若有两种以上的变调，则以横线分隔。具体如下。

苍南方言两字组连读变调表

后字 前字	阴平 44	阳平 31	阴上 53	阳上 24	阴去 42	阳去 11	阴入 223	阳入 112
阴平 44	44　44 33 天　光	44　31 33　21 灰　尘	44　53 42 开　水	44　24 42 师　父	44　42 天　气	44　11 街　路	44　223 天　色	44　112 山　峡
阳平 31	31　44 11 台　风 31　44 门　先	31　31 11　24 洪　潮 31　31 门　前	31　53 洪　水	31　24 长　远	31　42 11 棉　裤	31　11 11　24 田　岸 31　11 河　岸	31　223 11 时　节 31　223 0 红　色	31　112 11 黄　历
阴上 53	53　44 42 水　沟	53　31 42 水　泥 53　31 33　21 酱　油	53　53 42　24 耳　朵 53　53 42 冷　水 53　53 33　0 可　以	53　24 软　柿	53　42 水　凼	53　11 42 闪　电	53　223 33 指　甲 53　223 0 晓　得	53　112 33 水　渎 53　112 33　0 普　及

续表

后字 前字	阴平 44	阳平 31	阴上 53	阳上 24	阴去 42	阳去 11	阴入 223	阳入 112
阳上 24	24 44 31 动 车	24 31 31 稻 田	24 53 31 肚 底	24 24 31 道 士	24 42 31 罪 过 24 42 肚 痛	24 11 31 旱 地	24 223 11 道 德	24 112 11 动 物
阴去 42	42 44 33 戒 刀	42 31 33 24 太 阳 42 31 3 拜 年 42 31 透 明	42 53 背 后	42 24 泄 肚	42 42 布 帐 42 42 3 过 世	42 11 燥 地 42 11 3 做 寿	42 223 33 裤 脚 42 223 0 退 出	42 112 33 放 学
阳去 11	11 44 31 外 公 11 44 事 先	11 31 31 滥 泥 11 31 24 旧 年	11 53 露 水	11 24 31 会 市 11 24 病 重	11 42 31 事 干 11 42 胃 痛	11 11 31 命 运 11 11 命 大	11 223 饭 粥	11 112 大 麦
阴入 223	223 44 3 结 婚 223 31 33 112 缩 寻	223 31 3 出 门	223 53 3 角 子	223 24 3 割 稻	223 42 3 合 算 223 42 脚 痛	223 11 3 插 田	223 223 3 法 国	223 112 3 搭 脉 223 112 0 雪 白
阳入 112	112 44 11 月 光	112 31 11 入 门 112 31 11 112 石 条	112 53 11 落 雨	112 24 11 活 动	112 42 11 日 昼	112 11 31 月 亮 112 11 力 量	112 223 11 蜡 烛 112 223 0 绿 色	112 112 11 学 习 112 112 六 十

二、两字组连读变调规律

苍南吴语两字组连读变调有以下几个特点：

（1）以前字变调为主。后字变调主要见于阳平［31］。

（2）前字阴上［53］和阴去［42］在各调之前连读变调模式基本一样，阳上［24］和阳去［11］在各调之前的连读变调模式基本一样，呈现合流趋势。

（3）变调产生新的调值［33］［21］。

（4）阴调类和阳调类的变调有趋同性，但仍以声调阴阳为区别，阴调类一组，阳调类一组，界限分明。

（5）苍南吴语存在语法变调。动宾结构具有专门的变调规律，动词读为［42］调。

肆　异读

一、新老异读

苍南吴语的新老异读差异不大。

二、文白异读

苍南方言的文白异读主要表现为以下几点。下文中"／"前为白读，后为文读。

1. 声母

非组声母白读为［p］［b］［m］，文读为擦音［h］［v］或零声母，如：反 pa^{53} / hua^{53} ｜肥 bi^{31} / vi^{31} ｜问 $ma\eta^{11}$ / $ua\eta^{11}$。

2. 韵母

（1）果摄开口一等部分字白读［ia］韵，文读［o］韵，例如：拖 t^hia^{44} / t^ho^{44}。

（2）山摄合口一等部分字白读［a\eta］韵，文读［ø］韵，例如：断 $da\eta^{24}$ / $dø^{24}$ ｜暖 $na\eta^{53}$ / $nø^{53}$。

（3）宕摄开口三等部分字白读［y\mathrm{o}］韵，文读［o］韵，例如：壮 $t\mathrm{\textccommatailz}y\mathrm{o}^{42}$ / tso^{42}。

3. 其他

破 p^hia^{42} / p^hu^{42} ｜车 $t\mathrm{\textcommatailz}^hi^{44}$ / ts^ho^{44} ｜脱 $t^h\varepsilon^{223}$ / $t^hø^{223}$ ｜人 $\mathrm{n}ia\eta^{31}$ / $za\eta^{31}$ ｜日 ne^{112} / $\mathrm{n}i\varepsilon^{112}$ / $z\varepsilon^{112}$ ｜侧 $t\mathrm{\textcommatailz}i^{223}$ / ts^he^{223} ｜鸟 $ty\mathrm{o}^{53}$ / $\mathrm{n}ia^{53}$。

伍　小称

苍南吴语的儿化主要有三种情况。

第一种情况是方言中"儿"[η^{31}]本义为儿子，加在前一词语后面构成儿尾，此时"儿"已无实义。例如：桃儿桃子 $da^{31\text{-}11}\eta^{31\text{-}0}$ | 茄儿茄子 $dz\varepsilon^{31\text{-}11}\eta^{31\text{-}0}$ | 钵儿坛子 $p\emptyset^{223\text{-}33}$ $\eta^{31\text{-}0}$ | 铁锤儿锤子 $t^hi^3dzu^{31\text{-}11}\eta^{31\text{-}0}$。

第二种情况是"儿"尾进一步虚化，与前字形成合音。这种情况也较普遍。例如：羊儿羊 $ia\eta^{112}$ | 虾儿虾 $fe\eta^{223}$ | 兔儿兔子 $t^hue\eta^{223}$ | 瓶儿瓶子 $be\eta^{112}$ | 指头儿手指 $ts\eta^{53\text{-}33}$ $de\eta^{112}$ | 妹儿婴儿 $ma\eta^{223}$。

第三种情况是"儿"的儿化，表小的功能由读阳入[112]的"儿"来承担。例如：妹儿儿小孩 $ma\eta^{223\text{-}33}\eta^{112}$ | 猪儿儿小猪 $t\varphi i^{44\text{-}33}\eta^{112}$ | 手巾儿手绢 $seu^{33}t\varphi ia\eta^{44}\eta^{112}$。

第一种情况中，加上"儿"尾之后，变调规律主要是前字为阴平、阴去和阴入时变调为[33]，前字为阳平、阳上和阳入时变调为[11]，"儿"轻声。此外，还有些例外情况，例如：前字为阳上、阳去时变调为[31]，前字为阴上时变调为[53]，前字为阴去时不变调。

第八十一节 建德方音

壹 概况

一、调查点 [1]

1. 地理人口

建德市隶属于浙江省杭州市，位于浙江省西部，钱塘江上游，东连杭州，南接金华、义乌，西通衢州。全市地域面积 2321 平方公里，辖 12 镇 1 乡 3 街道，分别是梅城镇、寿昌镇、大同镇、乾潭镇、三都镇、杨村桥镇、下涯镇、大慈岩镇、航头镇、李家镇、大洋镇、莲花镇，钦堂乡，新安江街道、更楼街道、洋溪街道。截至 2016 年年底，全市共有 17.13 万户，总人口 50.87 万。[2] 其中汉族占绝大多数，少数民族主要为畲族，共一两千人，散居在境内各地。

2. 历史沿革

建德市现辖原建德、寿昌两县地。建德古为百越地。秦王政二十五年（前 222）于原吴国、越国地置会稽郡（郡治在今江苏苏州）。新莽时改富春为诛岁，东汉初复为富春。汉永建四年（129），分会稽郡置吴郡，富春县属吴郡。三国吴黄武四年（225），分富春置建德县，县城在今梅城，建德之名自此始。

1949 年建德、寿昌相继解放。同年 5 月设立第四专署，后改建德专署，建德、寿昌属之。1950 年撤销建德专署，建德、寿昌改属金华专署。1955 年重设建德专署，建德、寿昌回属。1958 年撤销寿昌县，并入建德县。1959 年撤销建德专署，建德县划属金华专署。1963 年建德县划属杭州市。1992 年 4 月建德撤县置市，市治新安江镇（今新安江街道）。

---

① 参见：曹志耘. 徽语严州方言研究. 北京：北京语言大学出版社，2017：100-101；建德市人民政府网，http://www.jiande.gov.cn/art/2022/6/29/art_1229535246_59116239.html，2022 年 8 月 13 日获取。
② 参见：《2016 年浙江统计年鉴》，http://tjj.zj.gov.cn/col/col1525563/index.html，2022 年 8 月 13 日获取。

3. 方言分布

建德境内的方言主要有寿昌话和建德话，寿昌话分布于旧寿昌县，建德话主要分布于原建德县境内，一般一个镇一种口音，例如梅城、三都、大洋等。市区新安江通行普通话。北部乾潭、钦堂部分地区说桐庐话（属吴语太湖片）。罗村、南峰有安庆话，罗村还有福建话（闽语或客家话未详），千鹤等地有温州话，百塘垄、后山二村有青田话，檀村一带说兰溪话。

4. 地方曲艺

当地主要流行婺剧和越剧。

二、方言发音人

1. 方言老男

胡尚武，1942 年 12 月出生于建德梅城镇，一直在本地生活和工作，职工，现已退休，小学文化程度，说梅城话、乾潭话和不太标准的普通话。父母均为梅城人，父亲说梅城话和不太标准的绍兴话，母亲说梅城话。

2. 方言青男

丁勋，1980 年 11 月出生于建德梅城镇，主要在本地生活和工作，教师，本科文化程度，说梅城话和不太标准的普通话。父母均为梅城人，父亲说梅城话，母亲说梅城话和普通话。

3. 口头文化发音人

胡蔼云，女，1948 年 9 月出生于建德梅城镇，教师，现已退休，高中文化程度，说梅城话和普通话。

贰　声韵调

一、声母（20个，包括零声母在内）

p 八兵爬　　　　pʰ 派片病　　　　m 麦明问　　　　f 飞风副蜂肥饭味

t 多东甜毒　　　tʰ 讨天　　　　　n 脑南蓝连　　　　　　　　　　l 老路

ts 早租张量茶争　tsʰ 草寸抽拆抄　　　　　　　　　s 坐三酸祠床山手十
　　装纸　　　　　　　初

tɕ 酒竹柱主九权　tɕʰ 清春轻　　　　ȵ 年泥热软县　　ɕ 全想谢船顺书响
k 高共　　　　　kʰ 开苦　　　　　ŋ 熬安王　　　　h 好灰
ø 月活温云用药

说明：

（1）不送气的清音声母逢低调（［213］［12］），音值近吴语中常见的浊音（清音浊流）。

（2）［ȵ］声母拼齐齿韵时，有时有零声母异读，如"日"字［ȵieʔ¹²］［ieʔ¹²］异读。拼［y］韵时，有时读作［ɲ］，如"女"。

（3）［ŋ］声母发音较弱，舌位略前。

二、韵母（39个，包括自成音节的［m］［n］在内）

ɿ 猪师丝试资　　　i 米戏飞接热　　　u 歌坐过苦壳学壶　y 靴雨月
a 排鞋白尺子　　　ia 夜药脚　　　　ua 快外　　　　　　ya 抓
o 茶糖塔鸭辣八活托
ɔ 宝饱高　　　　　iɔ 笑桥
ɛ 开南山半短硬争晚　iɛ 烟痒　　　　　uɛ 官横关
e 赔对　　　　　　ie 写盐年全响贴节　ue 灰鬼　　　　　ye 水砖权
ɤɯ 豆走　　　　　iɤɯ 酒油
ɛ̃ 感　　　　　　　iɛ̃ 显全文　　　　uɛ̃ 完晚　　　　　yɛ̃ 员
ən 深根寸灯升　　　in 心新病星　　　uen 滚温　　　　　yn 春云
ɑŋ 党　　　　　　　iɑŋ 像　　　　　　uɑŋ 旺

oŋ 兄东	ioŋ 浓用		
eʔ 十北直色六绿	iɐʔ 急节七一锡	uɐʔ 活骨郭国谷	yeʔ 出橘局
m̩ 母无			
n̩ 五二			

说明：

（1）[i]韵略有摩擦。

（2）[u][y]二韵唇形较展；[u]韵带[ɸ]色彩，与[ts]组、[n l]相拼时近[ᵝu]。

（3）[o]韵舌位较高，唇形从圆到展。

（4）[e]韵略有动程，近[eˈ]。

（5）[ɔ][iɔ]二韵中的[ɔ]舌位较高。

（6）[ən]韵中的[ə]有时近[e]，与[p][t][k]组相拼时尤其明显。

（7）[-n]及自成音节的[n]舌位较前，而且音色较模糊。

（8）[ɑŋ]韵鼻尾较弱。

（9）[oŋ][ioŋ]二韵唇形较展，末尾双唇接近闭合；[ioŋ]韵鼻尾较弱。

三、声调（7个，包括文读专用调［211］）

阴平	53	东该灯风通开天春
阳平	33	门龙牛油铜皮糖红冻怪半四痛快寸去
上声	213	懂古鬼九统苦讨草买老有动罪近后麦叶月白盒罚
去声	55	路硬乱洞地饭树百搭节塔切
阴入	5	谷节急哭拍刻
阳入	12	六毒
阳平文读	211	华言完

说明：

（1）阴平［53］偶尔读作［533］或［534］。

（2）上声［213］降幅不到一度。

（3）去声［55］略升，近［45］，而且比较短促，末尾略带紧喉色彩。

（4）阴入［5］较短促。

（5）阳入［12］短促调，前头略降。

叁　连读变调

一、两字组连读变调表

建德方言两字组的连读变调规律见下表，表中首列为前字本调，首行为后字本调。每一格的第一行是两字组的本调组合；第二行是连读变调，若连读调与单字调相同，则此行空白；第三行为例词。同一两字组若有两种以上的变调，则以横线分隔。具体如下。

建德方言两字组连读变调表

前字 ＼ 后字	阴平 53	阳平 33	上声 213	去声 55	阴入 5	阳入 12
阴平 53	53　53 开　车 ─── 53　53 　　55 飞　机	53　33 开　门 ─── 53　33 　　55 清　明	53　213 工　厂	53　55 军　队	53　5 中　国	53　12 生　日
阳平 33	33　53 农　村	33　33 农　民 ─── 33　55 21 酱　油	33　213 牙　齿 ─── 33　213 　　55 城　市 ─── 33　55 　　33 徒　弟	33　55 名　字	33　5 毛　笔	33　12 粮　食
上声 213	213　53 55 火　车 ─── 213　53 21 打　针 ─── 213　53 55　33 老　师	213　33 55 草　鞋 ─── 213　33 21 写　信	213　213 55 手　表 ─── 213　213 21 动　手 ─── 213　213 13 远　近	213　55 21 写　字	213　5 55 粉　笔 ─── 213　5 21 赌　博	213　12 55 伙　食 ─── 213　12 21 老　实

续表

前字＼后字	阴平 53		阳平 33		上声 213		去声 55		阴入 5		阳入 12	
去声 55	55 地	53 方	55 问	33 题	55 代	213 表	55 大	55 路	55 外	5 国	55 大	12 栗
			55 21 大	33 55 门								
阴入 5	5 国	53 家	5 出	33 名	5 黑	213 板	5 3 决	55 定	5 3 出	5 国	5 复	12 习
			5 3 骨	33 55 头								
阳入 12	12 立	53 冬	12 日	33 头	12 十	213 五	12 立	55 夏	12 墨	5 汁	12 十	12 六
					12 21 日	213 子						

二、两字组连读变调规律

建德方言两字组的语音变调有以下几个特点：

（1）连读变调比较简单。

（2）以前字变调为主。后字变调主要见于后字为阴平［53］和阳平［33］时。

（3）前字上声［213］、去声［55］以及阳平［33］有一定程度的合流现象。

（4）后字的变调调值只有［55］和［33］。

（5）建德方言存在语法变调现象，主要表现在述宾结构常具有专门的变调规律。

不符合表的词有：

尿片（尿布）$\varphi i^{21} p^h i e^{55}$ | 棺材 $k u \varepsilon^{21} s \varepsilon^{55}$

蹩脚（质量）差 $p i e ?^{12} t \varphi i e ?^{12}$

肆　异读

一、新老异读

建德方言中的新老异读主要体现在以下几个方面。下文中"／"前为老派，后为新派。

（1）泥来母部分字老派相混，新派不混。例如：老派中，南泥＝蓝来 nɛ³³；新派中，南泥 nɛ³³ ≠ 蓝来 lɛ³³。

（2）老派读［ŋ］声母的字（主要为影疑母开口一二等字和个别匣云母字），新派读零声母。例如：安 ŋɛ⁵³／ɛ⁵³｜恶善~ ŋu⁵⁵／u⁵⁵｜熬 ŋɔ³³／ɔ³³｜眼 ŋɛ²¹³／ɛ²¹³｜王 ŋo³³／uaŋ²¹¹｜黄 ŋo³³／o³³。

二、文白异读

建德方言中文白异读现象比较丰富。下文中"／"前为白读，后为文读。部分例字只有白读或文读。

1. 声母

（1）微母部分字白读［m］声母，文读零声母。例如：晚 mɛ⁵⁵／uɛ̃⁵⁵｜万 mɛ⁵⁵／｜问 mən⁵⁵／。

（2）从邪字白读［s］［ɕ］声母，文读［ts］［tɕ］声母。例如：造 sɔ²¹³／tsɔ²¹³｜集 ɕiɛʔ¹²／tɕiɛʔ¹²｜席 ɕiɛʔ¹²／tɕiɛʔ¹²。

（3）见晓组（疑母字除外）开口二等字白读多为［k］组声母，文读为［tɕ］组声母。例如：减 kɛ²¹³／tɕiɛ²¹³｜奸 kɛ⁵³／tɕie⁵³｜项 ho⁵⁵／ɕiaŋ²¹³。

2. 韵母

（1）咸山宕江梗开二摄部分古入声字，白读开尾韵，文读塞音尾韵。例如：节 tɕie⁵⁵／tɕiɛʔ⁵｜脱 tʰi⁵⁵／tʰeʔ⁵｜活 o²¹³／uaʔ¹²｜缺 tɕʰy⁵⁵／tɕʰyeʔ⁵｜削 ɕia⁵⁵／ɕiɛʔ⁵｜额 ŋa²¹³／ŋɛʔ¹²。

（2）咸山宕江梗开二摄部分古阳声韵字，白读开尾韵，文读鼻化韵（咸山摄）或鼻尾韵（宕江梗开二摄）。例如：监 kɛ⁵³／tɕiɛ̃³³｜全 ɕie³³／tɕʰiɛ̃²¹¹｜章 tsɛ⁵³／tsaŋ³³｜

项 ho^{55} / ɕiaŋ^{213} | 生 sɛ^{53} / sən^{33} | 省 / sən^{213} | 硬 ŋɛ^{55} / | 梗 kuɛ^{213} / kən^{213}。

3. 声调

建德方言具有文白两套声调系统，在调类和调值上均各有异同。调类方面的不同有：

（1）古全浊上声：白读归上声，文读归去声。

（2）古清去：白读归阳平，文读归上声。

（3）古咸山宕江四摄和梗摄部分清入字：白读归去声，文读归阴入。

（4）古咸山宕江四摄和梗摄部分浊入字：白读归上声，文读归阳入。

调值方面，只有古全浊上声、除咸山宕江四摄和部分梗摄以外的入声字文白调值相同，其他字的文白调值均不相同。

（5）文读系统中的阳平［211］不见于白读系统。

伍　小称

建德方言小称形式是在原词后加上自成音节的"儿"［n］。加上后，"儿"字前一音节声韵母均不发生变化。"儿"字及前一音节的声调可能发生变化，具体如下表。

前字声调	中古调类	"儿"字声调	例词
阴平 53	清平	213	歌儿 ku^{53}n^{213}	躲猫儿捉迷藏 tu^{21}mɔ^{53}n^{213}
阳平 33	浊平	暂未见例词	
	清去	55	兔儿 tʰu^{33}n^{55}	筷儿 kʰuɑ^{33}n^{55}	盖儿 kɛ^{33}n^{55}	扣儿 kʰɤɯ^{33}n^{55}
上声 213	清上、次浊上	0	鸟儿 tiɔ$^{213-55}$n^{0}	鬼儿男孩 kuɛ$^{213-55}$n^{0}	网儿 mo$^{213-55}$n^{0}、枣儿 tsɔ$^{213-55}$n^{0}	花蕊儿 ho^{53}y$^{213-55}$n^{0}	饺儿 tɕiɔ$^{213-55}$n^{0}
	全浊上	55	柿儿 sɿ$^{213-21}$n^{55}	辫儿 pie$^{213-21}$n^{55}
	全浊入		盒儿 ho$^{213-21}$n^{0}
去声 55	浊去	55	纸鹞儿风筝 tsɿ^{21}iɔ^{33}n^{55}
	清入	0	桌儿 tsu^{55}n^{0}

第八十二节　寿昌方音

壹　概况

一、调查点

1. 地理人口

寿昌隶属于浙江省建德市，位于浙江西部，建德市西南部，东和东南与大慈岩毗邻，南连龙游，西、西南与航头相连，西北与淳安接壤，北邻新安江。全镇行政区域面积 143 平方公里，距建德市政府驻地 14 公里，辖西湖、望江、东昌、横山 4 个社区和 23 个行政村。截至 2014 年，总人口为 4.59 万，其中汉族占绝大多数，少数民族主要为畲族，共一两千人，散居在寿昌各地。①

2. 历史沿革

原寿昌县古为越国地。秦汉时属会稽郡（后属吴郡）富春县。三国吴黄武四年（225），析富春县地置新昌县，属吴郡。晋太康元年（280），改名寿昌县，寿昌之名始此。唐至德年间（756—758），寿昌县治从白艾里迁万松镇，此后，这里一直为寿昌县治，至 1958 年并入建德县时止。1992 年 4 月，原卜家篷乡、陈家乡并入寿昌镇。2005 年 3 月，原寿昌镇和原童家乡合并，成立新寿昌镇。②

3. 方言分布

主要方言有：寿昌话，分布于旧寿昌县，属徽语严州片；建德话，主要分布于原建德县境内，一般一个镇一种口音，如梅城、三都、大洋等；北部乾潭、钦堂等地方言属于吴语太湖片；罗村、南峰有安庆话；罗村还有福建话；千鹤等地有温州话；百塘垄、后山二村有青田话；石屏、童家有南丰话；航头镇航头、溪沿二村有广丰话；檀村一带说兰溪话。

---

① 参见：寿昌镇志编纂委员会. 寿昌镇志. 杭州：西泠印社出版社，2016：1.
② 参见：寿昌镇志编纂委员会. 寿昌镇志. 杭州：西泠印社出版社，2016：1.

4. 地方曲艺

寿昌流传的剧种主要是越剧和婺剧。

二、方言发音人

1. 方言老男

邓双林，1951 年 5 月出生于建德寿昌镇，一直在本地生活和工作，职工，现已退休，小学文化程度，说寿昌话和不太标准的普通话。父母是寿昌镇人，说寿昌话。

2. 方言青男

林子傑，1992 年 10 月出生于建德寿昌镇，大部分时间在本地生活和工作，教师，本科文化程度，说寿昌话和不太标准的普通话。父母都是寿昌镇人，说寿昌话。

3. 口头文化发音人

邓双林，男，1951 年 5 月出生于建德寿昌镇，一直在本地生活和工作，职工，现已退休，小学文化程度，说寿昌话和不太标准的普通话。父母是寿昌镇人，说寿昌话。

邵素云，女，1963 年 3 月出生于建德寿昌镇，一直在本地生活和工作，职工，初中文化程度，说寿昌话和不太标准的普通话。父母是寿昌镇人，说寿昌话。

邵素娥，女，1965 年 10 月出生于建德寿昌镇，一直在本地生活，工商业者，初中文化程度，说寿昌话和不太标准的普通话。父母是寿昌镇人，说寿昌话。

贰　声韵调

一、声母（20 个，包括零声母在内）

p 八兵便	pʰ 派片爬病肥	m 麦明问	f 飞风副蜂肥饭
t 多东	tʰ 讨天甜毒特	n 脑南	l 老蓝连路任 人日能

ts 资早租张争　ts^h 刺草抽拆抄　　　　　　　s 字贼三祠事手
　纸装嘴　　　　　初垂窗　　　　　　　　　　十城
tɕ 酒竹装主九　tɕ^h 清全茶车春　ȵ 年泥热软月　ɕ 酸谢床山船书
　交甲件　　　　　轻权床　　　　　　　　　　响校
k 高共　　　　　k^h 开　　　　　ŋ 熬　　　　x 好灰
Ø 味活温王云
　用药眼

说明：

（1）不送气的清音声母逢低调时，在听感上接近南部吴语古全浊声母"清音浊流"的特点。

（2）[tɕ]组声母与[i][y]相拼时有舌叶音倾向。

（3）[k]组声母拼细音韵母[iɛ]时接近[c]组。

（4）根据曹志耘《徽语严州方言研究》，寿昌方言有一个独立的声母文读系统，因语保调查字数有限，现将所调查到的声母文读音字穷尽性列举在音系中，以双下画线表示。

二、韵母（43个，包括自成音节的[m][n]在内）

ɿ 猪师丝试　　　i 米戏飞盐年接热　u 歌坐过苦拖个初　y 雨
ɑ 排鞋拉　　　　iɑ 夜爷茄校要　　ua 快化华话挖　　yɑ 叫
æ 台　　　　　　iæ 赔对南半短　　uæ 会灰
　　　　　　　　iɛ 写开贴节

　　　　　　　　　　　　　　　uei 鬼嘴吕水　　　yei 靴月
　　　　　　　　　　　　　　　uə 牙官盒塔鸭辣　yə 茶山
　　　　　　　　　　　　　　　　活刮

ɤ 法八　　　　　iɤ 笑桥
əɯ 二宝饱豆走　iəɯ 油
ã 糖讲　　　　　iã 响　　　　uã 王　　　　yã 床双
æ̃ 硬争贪衫占单　　　　　　　uæ̃ 横善完惯传
　　　　　　　　iɛ̃ 延言减签验险　　　　　　yɛ̃ 春云院园全
en 深根寸灯升争省　ien 心新病星行明　uen 滚　　　yen 俊

ɔŋ 东猛棚	iŋ 兄用		
əʔ 十北直色白尺	iəʔ 急七一锡	uəʔ 骨国	yəʔ 出橘局
ɔʔ 托郭壳学谷六绿粥	iɔʔ 药叔	uɔʔ 物	
m̩ 母			
n̩ 儿五耳			

说明：

（1）［i］与［p］［pʰ］相拼或者读零声母时带舌尖色彩。

（2）［u］实际舌位略低，但不到［o］。

（3）［iɛ］中的［ɛ］舌位略低，但不到［æ］。

（4）［ien］中的［e］实际读音为［ɪ］，这里记作［e］。

（5）来自通摄的［ɔŋ］韵母字，部分实际读音为［ɔm］，如"红""冻"。这里统一记作［ɔŋ］。

（6）根据曹志耘《徽语严州方言研究》，寿昌方言有一个独立的韵母文读系统，因语保调查字数有限，现将所调查到的韵母文读音字穷尽性列举在音系中，以双下画线表示。

三、声调（8个）

阴平	112	东该灯风通开天春螺牙祠顽权园
阳平	52	门龙牛油铜皮糖红
阴上	24	懂古鬼九统苦讨草户父住币二寺
阳上	534	买老五有动罪近后
去声	33	冻怪半四痛快寸去卖路硬乱洞地饭树靴翁
阴入甲	55	谷百搭节急谱吕许耳感化汉
阴入乙	3	哭拍塔切刻
阳入	31	六麦叶月毒白盒罚

说明：

（1）阴平［112］以平为主。

（2）阴上［24］起始部分有时先略降，即［324］，但以升为主，这里记作［24］。

（3）阳上［534］有时上升部分不明显，以降为主。

（4）阳入［31］是短促调，末尾有时略升，近于［312］，这里记作［31］。

（5）根据曹志耘《徽语严州方言研究》，寿昌方言有一个独立的声调文读系统，因语保调查字数有限，现将所调查到的声调文读音字穷尽性列举在音系中，以双下画线表示。

叁　连读变调

一、两字组连读变调表

寿昌方言两字组的连读变调规律见下表，表中首列为前字本调，首行为后字本调。每一格的第一行是两字组的本调组合；第二行是连读变调，若连读调与单字调相同，则此行空白；第三行为例词。同一两字组若有两种以上的变调，则以横线分隔。具体如下。

寿昌方言两字组连读变调表

前字＼后字	阴平 112	阳平 52	阴上 24	阳上 534	去声 33	阴入甲 55	阴入乙 3	阳入 31
阴平 112	112 112 11 飞机	112 52 11 开门	112 24 11 工厂	112 534 11 55 公里	112 33 11 车票	112 55 11 冰雹	112 3 11 钢笔	112 31 11 中药
	112 112 33 东西	112 52 11 55 清明	112 24 11 55 身体	112 534 11 112 家里	112 33 11 55 书记			112 31 11 3 生日
		112 52 33 112 工人			112 33 11 24 车站			
阳平 52	52 112 11 良心	52 52 11 33 皮鞋	52 24 11 门口	52 534 11 朋友	52 33 11 难过	52 55 11 头发	52 3 11 毛笔	52 31 11 农业
	52 112 11 33 农村	52 52 11 112 农民	52 24 11 55 团长	52 534 11 24 城市	52 33 11 55 同意			52 31 33 同学
	52 112 骑车		52 534 33 112 牛奶	52 33 11 24 排队			

续表

后字／前字	阴平 112	阳平 52	阴上 24	阳上 534	去声 33	阴入甲 55	阴入乙 3	阳入 31
阴上 24	24 112 / 33　点心 24 112　打针	24 52 / 33　水池 24 52 / 55 112　检查	24 24 / 33　水果 24 24 / 55 55　厂长	24 534 / 33　水稻 24 534 / 33 24　改造 24 534 / 55 55　管理 24 534 / 55 55　水库	24 33 / 33　海带 24 33　写信 24 33 / 33 24　准备	24 55 / 33　指甲	24 3 / 33　粉笔 24 3　洗脚	24 31 / 33　死活
阳上 534	534 112 / 33　坐车 534 112 / 24 33　棒冰 534 112 / 55 33　老师	534 52 / 33　坐船 534 52 / 53 55　后年 534 52 / 24 112　象棋 534 52 / 33 112　后头	534 24 / 33　老虎 534 24 / 33 55　老板 534 24 / 33 33　雨伞 534 24 / 11 55　市长	534 534 / 33　道理 534 534 / 53　远近	534 33 / 33　买票 534 33 / 53　近路 534 33 / 33 24　马路 534 33 / 11 55　社会	534 55 / 33　犯法	534 3 / 33　满足	534 31 / 33　老实 534 31 / 53　每日
去声 33	33 112　汽车 33 112 / 24 33　卫生 33 112 / 55 33　退休	33 52　酱油 33 52 / 24 112　问题	33 24　报纸 33 24 / 55　政府 33 24 / 11 55　字典	33 534　送礼 33 534 / 24　制造 33 534 / 55　跳舞	33 33 / 55　饭店 33 33 / 11 55　电话 33 33 / 55　会计	33 55　办法	33 3　建设	33 31　大麦
阴入甲 55	55 112　锁车	55 52 / 33　发财 55 52 / 33 55　铁门	55 24　跌斗	55 534　割稻	55 33　节气 55 33 / 33 55　铁路	55 55 / 33　哥哥	55 3　发福	55 31　搭脉

续表

前字＼后字	阴平 112	阳平 52	阴上 24	阳上 534	去声 33	阴入甲 55	阴入乙 3	阳入 31
阴入乙 3	3 112 结婚	3 52 出名	3 24 发火	3 534/55 谷雨	3 33 织布	3 55 出血	3 3 出国	3 31 节日
		3 52/55 骨头	3 24/55 黑板	3 534/24 发动	3 33/24 速度			
阳入 31	31/3 112 读书	31/3 52 学堂	31/3 24 石板	31/3 534 十五	31/3 33 白菜	31/3 55 落雪	31/3 3 蜡烛	31/3 31 学习
			31/3 24/55 墨水	31/3 534/55 物理	31/3 33/24 实现			
				31/3 534/24 活动				

二、两字组连读变调规律

寿昌方言两字组的连读变调有以下几个特点：

（1）同一调类的前字在不同调类的后字之前往往读为一种或几种共同的调值，例如阴平［112］字在各调类的后字之前均读作［11］。

（2）不同调类的前字的连读调有归并的趋势。例如，阴平［112］字、阳平［52］字在各调类的后字之前均读作［11］；上声（阴上［24］、阳上［534］）字和去声［33］字在各调类的后字之前均读作［33］；阳入［31］作前字时读作［3］，与阴入乙［3］同；等等。

（3）阴上［24］、阳上［534］作前字时，前后字都变调的情况比较多。

（4）去声［33］、阴入甲［55］、阴入乙［3］作前字时，前后字往往都不变调。

肆　异读

一、新老异读

寿昌方言中的新老异读可归纳为声母异读、韵母异读、声母和韵母都异读三种类型。

1. 声母异读

例字	老派	新派
递	tʰi³³	ti³³
肥	pʰi⁵²洋~皂：~皂	fi¹¹²~皂
踏	təʔ³¹	tʰəʔ³¹
业	ȵiəʔ³¹	iəʔ³¹
原	ȵyɛ̃¹¹²	yɛ̃¹¹²

2. 韵母异读

例字	老派	新派
靴	çyei¹¹²	çyɛ³³
莲	li¹¹²	liɛ̃¹¹²
现	çi³³	çiɛ̃²⁴

3. 声母和韵母都异读

例字	老派	新派
袖	səɯ⁵⁵衫~：~子	çiəɯ²⁴~子
岩	ŋuə⁵²	iɛ̃¹¹²

二、文白异读

寿昌方言中存在少量文白异读现象，声母和韵母方面都有所体现。下文中"∕"前为白读，后为文读。

1. 声母方面

（1）部分非组字白读为[p]组声母，文读为[f]组声母（微母文读为零声母）。例如：肥 pʰi⁵²洋~皂：肥皂 ∕ fi⁵²化~ | 晚 mɤ³³~娘：继母 ∕ uæ̃⁵⁵~会。

（2）部分见组二等字白读为[k]组声母，文读为[tç]组声母，韵母也随之有所改变。例如：交 kɤ¹¹²~朋友 ∕ tçiɑ¹¹²~通 | 甲 kuə⁵⁵指~ ∕ tçiəʔ³~乙丙丁。

2. 韵母方面

（1）个别果摄开口一等字白读为［ɑ］韵母，文读为［u］韵母。例如：拖 tʰɑ¹¹²～: 动词 / tʰu¹¹²～拉机。

（2）个别蟹摄合口二等字白读为［u］韵母，文读为［uɑ］韵母。例如：话 u³³ 笑～ / uɑ⁵⁵ 电～。

（3）个别流摄开口三等字白读为［ɯɯ］韵母，文读为［iɯɯ］韵母。例如：袖 sɯɯ⁵⁵ 衫～: ～子 / ɕiɯɯ²⁴ 领～。

（4）个别咸摄开口二等字白读为［yə］韵母，文读为［æ̃］韵母，声母也随之有所改变。例如：衫 ɕyə¹¹² ～袖: 袖子 / sæ̃³³ 衬～。

（5）个别山摄开口三等字白读为［i］韵母，文读为［iɛ̃］韵母。例如：便 pʰi³³ ～当: 方～ / piɛ̃²⁴ 方～面。

（6）个别山摄合口三等字白读为［yei］韵母，文读为［yɛ̃］韵母。例如：园 yei⁵² 菜～ / yɛ̃¹¹² 公～。

三、其他异读

在口头文化发音人邵素云所说的歇后语"冬瓜棚牵西瓜棚——牵东攀西"中，"棚"读作［pʰæ̃⁵⁵］，而老男和青男分别读作［pʰɔŋ¹¹²］和［pʰen⁵²］。

伍　小称

寿昌方言小称主要包括"鼻化 + 变调"型和"儿缀"型两种。具体如下：

1. "鼻化 + 变调"型

个别动物名儿化，一般表现为"儿"音［n⁵²］与其前面的音节相融合而发生鼻化音变现象，调值很高。例如：

鸟儿：［鸟儿］tiɑ̃⁵² = 鸟 tiɤ²⁴ + 儿 n⁵²

麻雀儿：麻［雀儿］tsæ̃⁵⁵ = 麻雀 tɕiəʔ³ + 儿 n⁵²

部分亲属称谓儿化，一般表现为"儿"音［n⁵²］与其前面的音节相融合而发生鼻化或鼻尾音变现象。例如：

细叔儿叔儿排行最小的叔父 ɕie³³ɕiɔŋ⁵⁵ɕiɔŋ⁵⁵

姑夫儿 ku^{11}fɔŋ^{55}

伯儿母_{妯娌} pæ̃^{11}m^{55}

2.“儿缀”型

个别副词儿化，儿［n^{52}］舌面化自成音节［ȵi^{55}］，表示程度。例如：

慢慢儿 mɤ^{33}mɤ^{33}ȵi^{55}

第八十三节　淳安方音

壹　概况

一、调查点

1. 地理人口

淳安县隶属于浙江省杭州市，位于浙江省西部，杭州市西南部丘陵山区，东邻桐庐、建德，南连衢江、常山，西南与开化接壤，西与安徽休宁、歙县为邻，北与临安毗连，距杭州市区 151 公里。全县面积 4417.48 平方公里，辖 11 镇 12 乡，分别是千岛湖镇、文昌镇、石林镇、临岐镇、威坪镇、姜家镇、梓桐镇、汾口镇、中洲镇、大墅镇、枫树岭镇，里商乡、金峰乡、富文乡、左口乡、屏门乡、瑶山乡、王阜乡、宋村乡、鸠坑乡、浪川乡、界首乡、安阳乡。县人民政府驻千岛湖镇。[①] 截至 2019 年年底，全县共有 14.66 万户，总人口 45.87 万。[②] 居民以汉族为主，有少数畲族人。[③]

2. 历史沿革

淳安历史悠久，早在新石器时代就有人类活动。春秋时属吴、越。战国时属楚。秦汉为歙县地，属鄣郡、丹阳郡。东汉建安十三年（208），孙权遣威武中郎将贺齐击山越，平黟、歙，分歙之东乡置始新县、歙之南乡置新定县，此为原淳安、遂安建县之始。隋开皇九年（589），始新县易名新安县。此后七易其名，宋绍兴元年（1131）定名淳安。新定县于西晋太康元年（280）易名遂安县，至 1958 年撤销建制，与淳安县合并。1963 年始，淳安隶属于杭州市。[④]

---

① 参见：淳安县人民政府网，http://www.qdh.gov.cn/art/2022/2/22/art_1289581_31968830.html，2022 年 8 月 13 日获取。

② 参见：《2020 年浙江统计年鉴》，http://tjj.zj.gov.cn/col/col1525563/index.html，2022 年 8 月 13 日获取。

③ 参见：《2018 年淳安统计年鉴》，http://www.qdh.gov.cn/art/2019/3/17/art_1229117734_47412785.html，2022 年 8 月 13 日获取。

④ 淳安县志编纂委员会. 淳安县志（1986～2005）[M]. 北京：汉语大词典出版社，2014：67.

3. 方言分布

淳安的方言主要为淳安话，属徽语严州片。此外还有安庆话、歙县话等。因原淳安县县城淳城于 1959 年因建新安江水库而被淹没，遂在排岭新建淳安县城（今千岛湖镇），今千岛湖镇以普通话为本地共同语，淳城话基本只限于原淳城人在家里使用。县北部瑶山乡老庵基村说安徽安庆话，县西北部临安徽的严家乡同乐庄村及相邻一些村庄说接近歙县的方言，但一般也会说严家一带的淳安话。

4. 地方曲艺

本地流行淳安三脚戏及婺剧。淳安三脚戏是采茶戏传入浙西后，与民间歌舞竹马班结合而成的，因早期演出只有旦、生、丑三个角色而得名。婺剧，又称"金华戏"，是高腔、昆腔、乱弹、徽戏、滩簧、时调六种声腔的合班。

二、方言发音人

1. 方言老男

应陶明，1950 年 3 月出生于原淳安淳城，一直在本地生活和工作，基层干部，现已退休，初中文化程度，说淳城话和不太标准的普通话。父母均为原淳安淳城人，说淳城话。

2. 方言青男

任蔚江，1988 年 9 月出生于江西抚州市宜黄县东陂镇，为新安江水库移民后代，1999 年全家回迁至淳安县千岛湖镇，主要在本地生活和工作，基层干部，本科文化程度，说淳城话和普通话。父母均为原淳安淳城人，说淳城话。

3. 口头文化发音人

胡小马，男，1954 年 9 月出生于淳安宋家坞村，农民，高中文化程度，说淳城话和不太标准的普通话。

贰　声韵调

一、声母（19个，包括零声母在内）

p 八兵	pʰ 派片爬病肥	m 麦明问	f 飞副肥饭灰	v 味问软月县温云
t 多东	tʰ 讨天甜毒			l 脑南老蓝连路
ts 早竹争装纸	tsʰ 草拆茶春城 　　共权		s 坐三祠床山 　　船手十	z 认
tɕ 租酒主九	tɕʰ 清柱初轻		ɕ 全想谢书响	
k 高国	kʰ 开苦共		h 风蜂好	
Ø 年熬王用药 　热认				

说明：

（1）[f][h]声母与[uoʔ][on]两韵相拼时，有时可自由变读。目前所见规律为：古晓母字在[uoʔ]韵前，常[f][h]自由变读；古非组字在[on]韵前，有的读[f]声母，有的读[h]声母，个别则[f][h]自由变读。

（2）[v]声母实际接近[ʋ]。

（3）[l]声母有时为[ⁿl]。

（4）[ts]声母与[ue]韵相拼时，带舌面色彩。

（5）[tɕ][tɕʰ][ɕ]声母与[ie]韵相拼时，有时分别读作[ts][tsʰ][s]。

（6）开口呼零声母字前有较强的摩擦成分。

二、韵母（49个，包括自成音节的[n]在内）

ɿ 师丝试	i 米戏飞	u 歌坐过	y 举裕
a 师试二耳	ia 五	ua 古苦	ya 猪雨
ɑ 排鞋	iɑ 借写	uɑ 快外	
o 茶牙瓦			
		ui 鬼跪	
e 位胃	ie 陪对	ue 亏贵	ye 追最

ɤ 宝饱	iɤ 桥笑		
ɯ 豆走	iɯ 酒油		yɯ 靴局
ã 南半短寸	iã 盐年	uã 船权	
ɑ̃ 山糖床硬争	iɑ̃ 响亮	uɑ̃ 官王横	
en 深根云灯升	in 心新病星	uen 滚春军	yen 俊军
on 双讲兄东	ion 浓用		
ɤʔ 虱塞	iʔ 急七一锡		yʔ 橘
ɑʔ 鸭辣活学白尺六局	iɑʔ 贴药肉	uɑʔ 活刮	
		ueʔ 骨国	
əʔ 十月北直色	iəʔ 接热节	uəʔ 刷出	yəʔ 血曲
oʔ 郭壳谷		uoʔ 握屋	
n̩ 尔			
əl 二耳			

说明：

（1）［i］韵与［tɕ］组声母相拼时略有摩擦。

（2）［a］［ua］［ya］［ã］［iã］［uã］六韵中的［a］舌位较高；［iã］韵中的［a］舌位尤高，接近［ɛ］。

（3）［ɑ］［iɑ］［uɑ］三韵中的［ɑ］接近［ɒ］；［ɑʔ］［iɑʔ］［uɑʔ］三韵中的［ɑ］有时读为［ɒ］。

（4）［e］［ie］［ue］［ye］四韵中的［e］实际音值为［ɛ］；［ie］韵实际音值为［ⁱɛ］。

（5）［ɤ］［iɤ］二韵中的［ɤ］位于［ə］［ɤ］之间。

（6）［en］韵中的［e］舌位有时较低、较后。

（7）［on］［ion］二韵末尾双唇基本闭合，接近［om］［iom］。

（8）［iʔ］韵中的［i］实际音值为［iɪ］；［yʔ］韵中的［y］实际音值为［yʏ］。

（9）［ueʔ］韵实际音值为［uieʔ］。

（10）［əʔ］［uəʔ］［yəʔ］三韵中的［ə］舌位有时较低；［iəʔ］韵中的［ə］舌位有时较前。

三、声调（6个）

阴平	24	东该灯风通开天春冻怪半四痛快寸去
阳平	435	门龙牛油铜皮糖红
上声	55	懂古鬼九统苦讨草马老有动罪近后
阳去	53	卖路硬乱洞地饭树买
阴入	5	谷搭节急哭拍塔切刻
阳入	13	六麦叶月毒白盒罚

说明：

（1）阴平［24］前头略降，但不到一度。

（2）阳平［435］末尾常常不到［5］。

（3）上声［55］实际较低，接近［44］。

（4）阳去［53］有时为［52］。

（5）阴入［5］为短促调。

（6）阳入［13］为半短调。

叁　连读变调

一、两字组连读变调表

淳安方言两字组的连读变调规律见下表，表中首列为前字本调，首行为后字本调。每一格的第一行是两字组的本调组合；第二行是连读变调，若连读调与单字调相同，则此行空白；第三行为例词。同一两字组若有两种以上的变调，则以横线分隔。具体如下。

淳安方言两字组连读变调表

前字 ＼ 后字	阴平 24	阳平 435	上声 55	阳去 53	阴入 5	阳入 13
阴平 24	24·21 飞　24·55 机 24 开　24 车 24·53 会　24·21 计	24 清　435·21 明 24 开　435 门 24·21 今　435·55 年	24·21 工　55 厂 24 身　55·21 体	24 军　53·21 队 24·21 生　53 病	24·21 钢　5 笔	24 生　13·21 日 24 开　13 学 24·21 中　13 药
阳平 435	435·43 农　24 村	435·43 眉　435·24 毛 435·43 农　435·53 民	435·43 牙　55·24 齿 435·43 门　55 口 435·43 徒　55·53 弟	435·43 名　53 字 435·43 排　53·24 队	435·43 头　5 发	435·43 农　13·53 业 435·43 同　13 学
上声 55	55 火　24·55 车 55·21 比　24 方 55 坐　24 车	55 水　435 池 55 草　435·21 鞋	55 厂　55·21 长 55 手　55 表 55·24 市　55·21 长 55·43 起　55 码 55·33 底　55 下	55 手　53·21 艺 55 写　53 字	55 粉　5 笔	55 体　13·21 育 55 死　13 活

续表

后字＼前字	阴平 24	阳平 435	上声 55	阳去 53	阴入 5	阳入 13
阳去 53	53地 24/55方	53/55大 435门	53代 55表	53寿 53/21命	53办 5法	53树 13叶
	53认 24真	53问 435题	53县 55/21长	53大 53路		53大 13/21麦
	53饭 24/21店	53/55调 435/21查				
阴入 5	5国 24/55家	5骨 435/21头	5黑 55板	5铁 53/21路	5节 5约	5作 13/21业
	5结 24亲	5铁 435门	5谷 55雨	5决 53定	5/3答 5复	5结 13合
	5节 24/21气					
阳入 13	13读 24书	13麦 435田	13日 55/53子	13立 53夏	13蜡 5烛	13目 13录
	13力 24/53气	13石 435/24头	13墨 55水			13越 13/5剧

说明：

（1）[21＋55]中的前字[21]，降得不太明显，有时为[22]。

（2）[5＋55][5＋5]中的前字[5]，实际调值为[54]（短促调）。

（3）[13＋24]的前字[13]，实际调值为[21]（短促调）。

二、两字组连读变调规律

淳安方言两字组的语音变调有以下几个特点：

（1）前后字均变调。

（2）连读变调模式存在趋同现象。

一方面，同一调类的前字在不同调类的后字之前往往读为一种或两种相同的调值。例如阳平字在各调类的后字之前均读作[43]调。

另一方面，不同调类的后字也往往读作相同的调值。例如"阴平 + 阴平"和"阴平 + 上声"的两字组中，后字均可读[55]；阴平字在阴平、上声、阳去、阴入字之后均可读[55]。

肆　异读

一、新老异读

主要体现在声母和韵母方面。下文中"／"前为白读，后为文读。

1. 声母

主要区别在于：部分见系字老派白读[ts]组声母，文读[tɕ]组声母；新派只读[tɕ]组声母。例如：

例字	老派	新派
军	tsuen^{24} / tɕyen^{24}	tɕyen^{24}
圈	tsʰuã^{24}	tɕʰyã^{24}
权	tsʰuã^{435}	tɕʰyã^{435}
凶	son^{24}	ɕion^{24}
熊	son^{435}	ɕion^{435}

2. 韵母

（1）假蟹摄合口二等字以及"抓甲挖"等字老派读[o]韵，新派读[uo]韵。

（2）山摄合口三四等见系舒声字老派读[uã]韵，新派读[yã]韵。

二、文白异读

淳安方言文白异读主要体现在声母和韵母方面。[①] 下文中"／"前为白读，后为文读。

---

① 由于调查字数有限，目前发现的文白异读现象仍比较零碎。

1. 声母

（1）个别非组字白读［pʰ］［m］声母，文读［f］［v］［Ø］声母。例如：肥 pʰi⁴³⁵ / fi⁴³⁵ | 蚊 men⁴³⁵ / | 问 men⁵³ / ven⁵³ | 网 mon⁵⁵ / uã⁵⁵。

（2）止摄开口三等日母字白读［l］声母，文读零声母。例如：儿 la⁴³⁵ / əl⁴³⁵ | 耳 la⁵⁵ / əl⁵⁵ | 二 la⁵³ / əl⁵³。

（3）见晓组（疑母字除外）开口二等字白读多为［k］组声母，文读为［tɕ］组声母。例如：减 kã⁵⁵ / tɕiã⁵⁵ | 间 kã²⁴ / | 监 / tɕiã²⁴ | 孝 hɤ²⁴ / ɕiɤ²⁴ | 限 hã⁵³ / 。

（4）部分见系字白读［ts］组声母，文读［tɕ］组声母。例见上文"一、新老异读"。

（5）其他：鸟 tiɤ⁵⁵ / iɤ⁵⁵ | 厚 kʰɯ⁵⁵ / hɯ⁵⁵ | 侧 tsəʔ⁵ / tsʰəʔ⁵ | 城 sen⁴³⁵ / tsʰen⁴³⁵ | 铅 kʰã²⁴ / tɕʰiã²⁴。

2. 韵母

（1）遇蟹止摄部分合口字、流开三部分非组字白读［a］［ya］韵，文读［u］［y］韵。例如：步 pʰa⁵³ / pʰu⁵³ | 杜 tʰa⁵³ / tʰu⁵³ | 鱼 ya⁴³⁵ / y⁴³⁵ | 许 ɕya⁵⁵ / ɕy⁵⁵ | 水 ɕya⁵⁵ / ɕy⁵⁵ | 富 fa²⁴ / fu²⁴。

（2）止摄开口三等部分字白读［a］韵，文读［ɿ］［əl］韵。例如：知 tsa²⁴ / tsɿ²⁴ | 子 tsa⁵⁵ / tsɿ⁵⁵ | 治 tsʰa⁵³ / tsʰɿ⁵³ | 儿 la⁴³⁵ / əl⁴³⁵ | 耳 la⁵⁵ / əl⁵⁵。

（3）宕江摄部分舒声字白读［on］韵，文读［ã］［uã］韵。例如：装 tson²⁴ / tsã²⁴ | 疮 tsʰon²⁴ / | 床 / sã⁴³⁵ | 棒 pʰon⁵⁵ / pʰã⁴³⁵ | 网 mon⁵⁵ / uã⁵⁵。

伍　小称

小称现象不太丰富，目前仅见数例：后日儿 hɯ⁵⁵in⁵⁵ | 大后日儿 tʰu⁵³hɯ⁵⁵in⁵⁵ | 昨日儿 sɑʔ¹³in⁵⁵ | 前日儿 ɕiã⁴³in²⁴ | 大前日儿 tʰu⁵³ɕiã⁴³in⁵⁵ | 奶儿奶儿 lã⁵⁵lã⁵⁵

上述几例的变化规律为："日"字读作［n］尾韵，"奶"字则读作鼻化韵。

第八十四节　遂安方音

壹　概况

一、调查点

1. 地理人口

遂安为旧县，现为淳安县的一部分。淳安县隶属于浙江省杭州市，距杭州市区 151 公里。东邻桐庐、建德，南连衢江、常山，西南与开化接壤，西与安徽休宁、歙县为邻，北与临安毗连。[①] 截至 2019 年年底，淳安县户籍人口 45.87 万。[②] 因修建新安江水库，原遂安县城狮城被淹没，原狮城人于 1959 年搬迁至现淳安县姜家镇姜家居委会，即现在的姜家镇的城镇居民户。

2. 历史沿革

东汉建安十三年（208），置新定县，故治在今淳安县汾口镇，属新都郡。西晋太康元年（280），改名遂安县，属新安郡。隋开皇九年（589），遂安县并入新安县，属婺州。仁寿三年（603），遂安县复置，属睦州（治新安县，今浙江淳安）。唐武德四年（621），遂安县治迁狮城（今淳安县姜家镇东 8 公里）。此后，遂安县治一直在狮城。1949 年，遂安县解放，属建德专区。1950 年改属金华专区，1955 年复属建德专区。1958 年 10 月，遂安并入淳安县。

3. 方言分布

遂安话指的是原遂安县城狮城的方言。据《中国语言地图集》，遂安话属于徽语严州片方言。遂安县 1958 年 10 月并入淳安县。淳安县域内现有淳安话、遂安话两种方言。淳安话分布在千岛湖、威坪、石林、梓桐、文昌、临岐、里商、屏门、王阜、瑶山、宋村、鸠坑、左口、金峰、富文 15 个乡镇，使用人口约 28 万；遂安话分布在汾口、姜家、中州、大墅、枫树岭、浪川、安阳、界首 8 个乡

[①] 参见：淳安县人民政府网，http://www.qdh.gov.cn/，2022 年 8 月 10 日获取。
[②] 参见：《2020 年浙江统计年鉴》，http://tjj.zj.gov.cn/col/col1525563/index.html，2022 年 8 月 10 日获取。

镇，使用人口约 18 万。

4.地方曲艺

淳安县的地方曲艺是睦剧，用淳安话进行表演。

二、方言发音人

1.方言老男

毛立忠，1962 年 2 月出生于淳安姜家镇，主要在当地生活和工作，职工，高中文化程度，说遂安话和不太标准的普通话。父母均为原遂安县狮城镇人，说遂安话。

2.方言青男

刘英俊，1986 年 1 月出生于淳安姜家镇，主要在当地生活和工作，职工，高中文化程度，说遂安话和普通话。父母均为原遂安县人，说遂安话。

3.口头文化发音人

李雯钰，女，1983 年 7 月出生于淳安姜家镇，主要在当地生活和工作，基层干部，大专文化程度，说遂安话和普通话。父母均为原遂安县人，说遂安话。

徐姣娉，女，1998 年 12 月出生于淳安汾口镇，本科在读，读大学前一直在当地生活。父母均为原遂安县人，说遂安话。

贰 声韵调

一、声母（18 个，包括零声母在内）

p 八兵	pʰ 派片爬病	m 麦明问	f 飞风副饭	v 味软月活
		船顺灰		县温王云
t 多东	tʰ 讨天甜毒			l 脑南老蓝
				连路用

ts 资早租竹争装	tsʰ 刺草祠拆	s 字贼三酸
纸	茶抄初车	事床山双
tɕ 酒张主九	tɕʰ 清抽柱春	ɕ 全想谢手
	城轻权	书十响
k 高	kʰ 开共	x 好
∅ 年泥热熬安药		

说明：

（1）声母［n］［l］为自由变体，记为［l］。

（2）声母［m］后有闭唇动作。

二、韵母（37 个，包括自成音节的［m］［n］在内）

ɿ 师丝试戏锡	i 飞一	u 苦谷六绿局	y 猪雨
a 排鞋白尺		ua 快	
ɑ 瓦茶盒塔鸭法辣八	iɑ 药	uɑ 活刮	
ɛ 来月色	iɛ 写雪野接十热七直		
e 米			ye 出橘
ə 鸽			
ɔ 托壳学	iɔ 笑桥		
o 宝饱郭			
ei 笔			
əu 走	iu 豆油		
əɯ 坐开赔对二北		uəɯ 歌过鬼骨国	
ã 硬争横			
ɑ̃ 南山	iɑ̃ 响	uɑ̃ 官	
ɛ̃ 靴	iɛ̃ 盐年		yɛ̃ 权
	in 心深新云升病星		yn 春
əŋ 半短根寸灯东用		uəŋ 滚	
oŋ 糖床王双讲	ioŋ 兄		
m̩ 亩母			
n̩ 五			

说明：

（1）韵母［a］偏后，音值接近［ʌ］。

（2）韵母［u］有摩擦。

（3）韵母［o］舌位较低。

（4）韵母［ɔ］舌位略低，音值接近［ɒ］。

（5）韵母［iɔ］中的［ɔ］舌位略低，音值接近［ɒ］。

（6）韵母［əŋ］中的［ŋ］偏前。

三、声调（6个）

阴平	534	东该灯风通开天春
阳平	33	门龙牛油铜皮糖红
阴上	213	懂古鬼九统苦讨草六麦叶月毒白盒罚
阳上	43	老五有动罪近后冻怪半四痛快寸去
阳去	52	卖路硬乱洞地饭树买
阴入	24	谷百搭节急哭拍塔切刻

说明：

部分阴入调［24］时长略短。

叁 连读变调

一、两字组连读变调表

遂安方言两字组的连读变调规律见下表，表中首列为前字本调，首行为后字本调。每一格的第一行是两字组的本调组合；第二行是连读变调，若连读调与单字调相同，则此行空白；第三行为例词。同一两字组若有两种以上的变调，则以横线分隔。具体如下。

遂安方言两字组连读变调表

前字 ＼ 后字	阴平 534	阳平 33	阴上 213	阳上 43	阳去 52	阴入 24
阴平 534	534 534 / 55 213 / 天 星 534 534 / 55 / 花 苞 534 534 / 52 52 / 阴 天	534 33 / 55 55 / 天 晴 534 33 / 灰 尘	534 213 / 55 21 / 天 狗	534 43 / 55 213 / 山 坳 534 43 / 51 / 冬 至	534 52 / 52 / 松 树	534 24 / 52 / 猪 脚
阳平 33	33 534 / 33 / 台 风	33 33 / 洋 油	33 213 / 33 / 田 埂 33 213 / 52 / 年 底	33 43 / 棉 絮 33 43 / 油 菜	33 52 / 33 / 时 候	33 24 / 33 / 麻 雀
阴上 213	213 534 / 21 33 / 水 沟	213 33 / 21 24 / 日 头 213 33 / 21 / 水 泥	213 213 / 21 24 / 雹 落 213 213 / 33 33 / 昨 日 213 213 / 24 / 白 果	213 43 / 21 / 落 雨	213 52 / 21 / 月 亮	213 24 / 21 / 蜡 烛
阳上 43	43 534 / 55 33 / 牡 丹	43 33 / 55 / 后 年	43 213 / 55 / 老 早 44 213 / 55 33 / 后 日 44 213 / 33 33 / 冷 水	43 43 / 21 / 以 后	43 52 / 55 / 对 面	43 24 / 55 / 裤 脚
阳去 52	52 534 / 24 52 / 夜 边	52 33 / 55 / 面 前	52 213 / 55 21 / 露 水	52 43 / 55 213 / 地 震	52 52 / 55 21 / 位 置	52 24 / 24 33 / 画 桌
阴入 24	24 534 / 33 / 结 婚	24 33 / 客 人	24 213 / 33 / 吸 口	24 43 / 粟 米	24 52 / 得 梦	24 24 / 33 / 割 谷

二、两字组连读变调规律

遂安方言两字组连读变调规律如下：

（1）两字组连读时，前字调值变得较多，后字调值变得较少。

（2）同一调类的前字在不同调类的后字之前往往读为一种或几种共同的调值。

肆　异读

新老异读

遂安方言中的新老异读主要体现在声母、韵母和声调方面。

1. 声母方面

部分古日母、疑母、匣母、影母字，老派今读[v]声母，新派今读零声母。例如：软、月、县、温，老派均读为[v]声母，新派均读为零声母。

2. 韵母方面

（1）部分古深摄入声字，老派今读[iɛ]韵母，新派今读[i]韵母，例如：十、一。

（2）部分古山摄入声字，老派今读[ɛ]韵母，新派今读[ye]韵母，例如：月。

（3）部分古臻摄入声字，老派今读[iɛ]韵母，新派今读[iei]韵母，例如：七。

（4）部分古通摄入声字，老派今读[u]韵母，新派今读[y]韵母，例如：局。

3. 声调方面

古阳去字，老派今读为高降调，调值为[52]，新派今读为升降调，调值为[341]。

第八十五节　苍南闽语方音

壹　概况

一、调查点

1.地理人口

苍南县隶属于浙江省温州市，位于浙江省最南端，东与东南濒临东海，西南毗连福建福鼎，西邻泰顺，北与平阳、文成接壤，距温州市区 81 公里。全县面积 1261.08 平方公里，辖 16 镇 2 乡，分别是灵溪镇、宜山镇、钱库镇、藻溪镇、桥墩镇、金乡镇、矾山镇、赤溪镇、马站镇、望里镇、炎亭镇、大渔镇、莒溪镇、南宋镇、霞关镇、沿浦镇、凤阳畲族乡、岱岭畲族乡。截止 2018 年年底，全县户籍人口 134.94 万。[①] 当地居民主要为汉族，有畲、回等 37 个少数民族。苍南县是浙江省少数民族人口最多的县，全县少数民族人口呈"大分散、小聚居"分布，有 2 个民族乡和 46 个民族村，人口 3.2 万，占总人口 3.2%，其中畲族人数最多。畲族使用接近汉语客家方言的语言，通用汉文。

2.历史沿革

苍南县解放后一直属平阳县辖域，于 1981 年独立设县。因地处玉苍山之南，取县名为苍南。建县前，今苍南地，春秋时为东越瓯人地。战国时属越。秦统一六国后，属闽中郡。汉高祖五年（前 202）于闽中故地置闽越国，属闽越国。惠帝三年（前 192）立驺摇为东海王，都东瓯（今温州），世称东瓯王，为东海王辖地。武帝（前 40—前 87）时，东瓯举国内迁江淮间，国除。昭帝始元二年（前 85），今苍南地属回浦县。此后历属章安、永宁、罗阳、安阳、安固、始阳、横阳、永嘉、平阳等县。[②]

---

① 参见：《2019 年浙江统计年鉴》，http://tjj.zj.gov.cn/col/col1525563/index.html，2022 年 8 月 5 日获取。

② 参见：苍南县人民政府网，http://www.cncn.gov.cn/col/col1255437/index.html，2022 年 8 月 7 日获取。

3. 方言分布

该县方言有浙南闽语、温州话、蛮话、金乡话、蒲门话、畲话。浙南闽语，属闽南方言，分布于原龙港镇、灵溪镇、矾山镇、马站镇、藻溪镇、赤溪镇等；温州话，又称瓯语，属吴语瓯江片，分布于原龙港镇、宜山镇、灵溪镇；蛮话，属闽东方言，分布于钱库镇、原龙港镇、炎亭乡等；金乡话，属吴语太湖片，分布于金乡镇；蒲门话，是江淮方言岛，分布于蒲壮所城；畲话，分布于凤阳畲族乡、岱岭畲族乡。苍南县没有少数民族语言。

4. 地方曲艺

苍南地方戏主要有八仙戏、提线木偶戏、单档布袋戏，曲艺主要有渔鼓（类似道情、莲花）、唱卖技、道情等。八仙戏，俗称打八仙，以前在春节及办喜事时要打八仙。用温州话演绎的曲艺主要有卖技、道情等，卖技在沪山一带比较流行，正月初一至初三晚上会演出。

二、方言发音人

1. 方言老男

宋显炸，1960年10月出生于苍南灵溪镇，一直在当地生活和工作，农民，小学文化程度，说苍南话和不标准的普通话，现在主要说苍南闽语。父亲是灵溪镇人，说苍南闽语。母亲是藻溪镇人，说苍南话闽语。

2. 方言青男

黄节安，1984年12月出生于苍南灵溪镇，自由职业者，本科文化程度，主要在当地生活，说苍南闽语和普通话，现在主要说苍南闽语。父母均为灵溪镇人，说苍南闽语。

3. 口头文化发音人

赖陈香，女，1950年8月出生于苍南灵溪镇，一直在当地生活和工作，农民，文盲。说苍南闽语和普通话，现在主要说苍南闽语。

周小春，女，1985年12月出生于苍南灵溪镇，主要在当地生活和工作，工商业者，大专文化程度。说苍南闽语和普通话，现在主要说苍南闽语。

贰　声韵调

一、声母（22 个，包括零声母在内）

p 八兵爬病飞　　pʰ 派片蜂　　b 明麦味问　　m 棉

t 东甜毒茶张竹　　tʰ 讨天抽拆　　　　　　　n 脑年泥软　　　　　　　l 南老蓝
　　　　　　　　　　　　　　　　　　　　　　　　　　　　　　　　连路

ts 早租坐全纸　　tsʰ 刺草寸贼　　dz 热　　　　　　　　　　　s 三酸祠事山
主船书　　　　　　初床春　　　　　　　　　　　　　　　　顺十城

tɕ 酒争　　　　　tɕʰ 清抄车手　　dʑ 热　　　　　　　　　　　ɕ 想谢城

k 高九共权县　　kʰ 开轻　　　　g 月　　　　　ŋ 熬　　　　　h 风副好灰云

ø 活温安王用药

说明：

（1）全浊声母［b］［dz］［dʑ］［g］前有较重的同部位的鼻辅音。

（2）齐齿呼零声母音节前有较重的浊擦音［j］，开口呼和合口呼零声母音节前有较重的喉塞音［ʔ］。

二、韵母（42 个）

	i 米丝试戏二	u 雾柱
ɯ 猪徐书师		
a 饱盒塔鸭百	ia 靴写瓦锡	ua 歌辣活刮
ɔ 苦五雨	iɔ 局	
ɤ 壳北托谷六		
ə 飞		uə 骨出法
o 锣婆	io 笑桥药	
e 茶牙白	ie 七一直色六绿	ue 鞋八洗
		ui 对梯
ai 败		uai 怪快
au 豆走	iau 条	

	iu 油	
	ĩ 年硬争	ũĩ 横
ã 胆三	ĩã 兄	ũã 山半官线
ãĩ 店		
õ 脑		ũ 奴
ãũ 闹	iãũ 猫	
	ĩũ 姜样	
an 东	ian 盐	uan 权
ən 根	in 新	un 寸滚春云
ɯŋ 秧		
ɑŋ 讲动	iɑŋ 响冲	

说明：

（1）[e][ue]韵母有时为[ei][uei]；[uei]与[ui]很近，有时难以听出区别。

（2）鼻音声母[m][n][ŋ]会使得后接韵母鼻化。

（3）[ɑŋ][iɑŋ]韵母主要元音鼻化。

（4）[ie]韵母主元音偏央，也可以记为[iə]。

三、声调（5个）

阴平	55	东该灯风通开天春
阳平	24	门龙牛油铜皮糖红六麦叶月毒白盒钊
阴上	43	懂古鬼九统苦讨草买老五有谷百搭节急哭拍塔切刻
阳上	32	动罪后近
去声	21	冻怪半四痛快寸去卖路硬乱洞地饭树

说明：

（1）阴平[55]有时为[445]。

（2）阳上[32]与去声[21]十分接近，不仔细辨别会弄错。

叁　连读变调

一、两字组连读变调表

　　苍南闽语方言两字组的连读变调规律见下表，表中首列为前字本调，首行为后字本调。每一格的第一行是两字组的本调组合；第二行是连读变调，若连读调与单字调相同，则此行空白；第三行为例词。同一两字组若有两种以上的变调，则以横线分隔。具体如下。

苍南闽语方言两字组连读变调表

前字＼后字	阴平 55		阳平 24		阴上 43		阳上 32		去声 21	
阴平 55	55	55	55	24	55	43	55	32	55	21
	24		33		33		33		24	
	中	央	萧	梨	沙	团	猪	母	天	气
阳平 24	24	55	24	24	24	43	24	32	24	21
	21		21		21		21		21	
	台	风	麻	油	芦	笋	城	市	芹	菜
阴上 43	43	55	43	24	43	43	43	32	43	21
	33		33		33		33		24	
	手	巾	枕	头	铰	剪	狗	母	韭	菜
阳上 32	32	55	32	24	32	43	32	32	32	21
	21		21		33		21		21	
	项	规	被	笼	母	狗	老	母	五	脏
去声 21	21	55	21	24	21	43	21	32	21	21
	24		33				24			
	衬	衣	拜	堂	翅	牯	契	母	妹	婿
	21	55			21	43				
					24					
	豆	浆			袖	袄				

二、两字组连读变调规律

苍南闽语方言两字组的连读变调有以下几个特点：

（1）前字变调，后字一般不变调。

（2）阴平做前字时，后字为阴平或去声时，前字变[24]；后字为阳平或上声时，前字变[33]。

（3）阳平作前字时，一律变[21]。

（4）阴上声作前字时，在阴平、上声、阳平前为[33]，在去声前为[24]。

（5）去声作前字时，在阴平、上声、去声前一般为[21]，在阳平前为[33]。

肆　异读

一、新老异读

苍南闽语方言的新老异读差异不大。

二、文白异读

苍南闽语方言有丰富的文白异读。下文中"/"前为白读，后为文读。

1. 声母

（1）非敷奉母白读[p]组，文读[h]。例如：飞 pə⁵⁵ /｜费 / hui²¹。

（2）知组白读[t]组，文读[ts]组或[tɕ]组。例如：治 ti²¹ /｜罩 ta²¹ /｜抽 tɕʰiu⁵⁵。

2. 韵母

（1）蟹摄二等白读为[ue]，文读[ai]。例如：街 kue⁵⁵ /｜解 / kai⁴³。

（2）咸摄和山摄卅口字白读鼻化韵，文读鼻尾韵。例如：单 tũã⁵⁵ /｜难 / lan²⁴。

（3）山摄合口三四等白读[ɯŋ]，文读[uan]。例如：砖 tsɯŋ⁵⁵ /｜转 / tuan⁴³。

（4）宕摄一等阳声韵白读[ɯŋ]，文读[ɑŋ]。三等白读[ɯŋ][ĩũ][ia]，文读[iɑŋ]。例如：汤 tʰɯŋ⁵⁵ /｜糠 kʰɯŋ⁵⁵ /｜党 / tɑŋ⁴³｜床 tsɯŋ²⁴ /｜想 / ɕĩũ⁴³｜长 tiũ²⁴ /｜壮 / tsɑŋ²¹｜伤 / ɕiɑŋ⁵⁵。

（5）江摄白读[an][ɐ]，文读[ɑŋ][o]。例如：双 san⁵⁵ /｜讲 / kɑŋ⁴³｜桌 / to⁴³｜壳 kʰɐ⁴³ /。

（6）曾摄一等白读[in][ie]，文读[ən][ɐ]。例如：能 lin²⁴ /｜得 tie⁴³ /｜肯 / kən⁴³｜贼 / tsʰɐ²⁴。

（7）梗摄阳声韵白读鼻化韵母［ĩ］［ĩa］，文读鼻尾韵［in］。例如：坑 kʰĩ⁵⁵ / |
命 mĩa²¹ / | 耕 / kin⁵⁵ | 轻 / kʰin⁵⁵·。

（8）通摄白读［an］［in］［ɐ］［ie］，文读［ɑŋ］［iɑŋ］［iɔ］。例如：东冬 tan⁵⁵ / |
穷 kin²⁴ / | 用 in²¹ / | 木目 bɐ²⁴ / | 竹 tie⁴³ / | 绿 lie²⁴ / ; 宋 / sɑŋ²¹ | 共 kiɑŋ²¹ | 肉
hie²⁴ / | 烛 tɕie⁴³ / | 畜 / tʰiɔ⁴³ | 玉 gie²⁴ / iɔ²⁴ / 。

伍　其他音变

苍南闽语方言有少量合音现象，如：［无会］bue²¹。

第八十六节　泰顺闽语方音

壹　概况

一、调查点

1. 地理人口[①]

泰顺县隶属于浙江省温州市，位于浙江南部，温州市西南部，东毗苍南，东北临文成，东南界福建福鼎和柘荣，西南侧接福建福安和寿宁，西北接丽水景宁，距温州城区 207 公里。全县总面积 1761.5 平方公里，地势西北高东南低，东西长 62 公里，南北宽 57 公里，山区约占全县总面积的 90%。全县辖 12 镇 7 乡（其中 1 个畲族镇、1 个畲族乡），分别是：罗阳镇、司前畲族镇、百丈镇、筱村镇、泗溪镇、彭溪镇、雅阳镇、仕阳镇、三魁镇、南浦溪镇、龟湖镇、西旸镇，包垟乡、东溪乡、凤垟乡、柳峰乡、雪溪乡、大安乡、竹里畲族乡。截至 2019 年年底，全县户籍人口 37.29 万，其中以汉族为主，少数民族主要是畲族，约有 2 万余人。[②]

2. 历史沿革

明景泰三年（1452），朝廷派兵镇压了浙闽边境以邓茂七、叶宗留为首的农民起义队伍，遂析瑞安县 5 都 12 里和平阳县 3 都 6 里置县，以"国泰民安，人心效顺"之意赐名"泰顺"，治罗阳，隶浙江布政使司温州府。清代，隶属未变。宣统三年（1911），辛亥革命爆发，浙江光复，泰顺属温州军政分府管辖。民国时期，一度划归第六行政督察区（今丽水）。1936 年复划归第五区（今温州）行政公署。

1949 年 8 月后，泰顺先后隶属温州专员公署、温州地区革命委员会、温州地区行政公署。1981 年 9 月至今，隶属温州市，县城在罗阳镇。[③]

---

① 参见：泰顺县人民政府网，http://www.ts.gov.cn，2022 年 8 月 11 日获取。
② 参见：《2020 年浙江统计年鉴》，http://tjj.zj.gov.cn/col/col1525563/index.html，2022 年 8 月 11 日获取。
③ 泰顺县志编委会. 泰顺县志. 浙江人民出版社，1998：5-6。

3. 方言分布

泰顺境内的方言种类较多，包括罗阳话（吴语）、莒江话（吴语）、蛮讲（闽东话）、彭溪话（闽南话）、百丈口话（吴语）、汀州话（客家话）。

罗阳话主要分布在县城，少量分布在司前、竹里等乡镇，称"司前话"，属吴语上丽片丽水小片，使用人口约 5 万。莒江话受温州文成话影响较大，使用人口近 5 万。蛮讲主要分布在泰顺南部广大地区，使用人口约 18 万（按其内部差异可分为北蛮讲和南蛮讲：筱村、下洪、南院等乡镇及其以北地区说北蛮讲，受吴语影响较大；以南地区说南蛮讲）。彭溪话分布在东南角的彭溪、峰文、月湖等乡镇，使用人口约 3 万。百丈口话系方言岛，是文成话变体，使用人口不详。汀州话主要分布在上排、林垟、大岗背、下塔等村，使用人口约 2 千，大多为中老年人。①

畲族人内部通行畲话，与汉族人一般用泰顺吴语或蛮讲等汉语方言交流。

4. 地方曲艺

提线木偶戏是泰顺地方传统戏剧，始于南宋。保存至今的木偶戏除提线木偶戏外，尚有药发木偶、布袋木偶戏。木偶戏表演时以木偶作为道具，再由演员操纵，加以音乐、台词等表演形式。泰顺木偶以"雕工精细简练、机巧构思巧妙、开相文静秀美、脸谱描绘简洁朴素、粉彩工艺细致讲究、木偶人物性格各异"著称。2011 年，泰顺提线木偶戏被列入国家级非物质文化遗产代表性项目名录。

泰顺畲族民歌以"对歌"（俗称"盘歌"）应景为主要形式。每逢婚嫁喜庆，或有客自远方来，畲民们就要聚拢灶房或厅堂对歌，以歌对话，以歌会友，以歌传情。泰顺畲族民歌于 2009 年列入第三批浙江省省级非物质文化遗产代表性项目名录，2011 年列入第三批国家级非物质文化遗产代表性项目名录。②

二、方言发音人

1. 方言老男

董直善，汉族，1963 年 12 月出生于泰顺仕阳镇严山村，一直在本地生活和工作，基层干部，现已退休，本科文化程度，说泰顺蛮讲和不太标准的普通话。

---

① 参见：泰顺县志编委会. 泰顺县志. 浙江人民出版社，1998：675-720.
② 参见：泰顺县志编委会. 泰顺县志. 浙江人民出版社，1998：613-614.

父母均为泰顺仕阳镇人。

2. 方言青男

张亚凤，汉族，1987年5月出生于泰顺三魁镇庵前村，一直在本地生活和工作，教师，本科文化程度，说泰顺蛮讲和不太标准的普通话。父母均为泰顺三魁镇人。

3. 口头文化发音人

赖淑楠，女，汉族，1991年1月出生于泰顺三魁镇彭家堡，一直在本地生活和工作，教师，本科文化程度，说泰顺蛮讲和不太标准的普通话。父母均为泰顺三魁镇人。

包旺旭，女，汉族，1958年9月生于泰顺东溪乡积库桥头村，一直在本地生活和工作，教师，现已退休，中专文化程度，说泰顺蛮讲和不太标准的普通话。父母均为泰顺东溪乡人。

贰　声韵调

一、声母（19个，包括零声母在内）

p 八兵爬病飞	pʰ 派片蜂	m 麦明味问	f 风灰云
t 多东甜毒竹茶	tʰ 讨天张抽拆柱	n 脑南年泥软	l 老蓝连路
ts 资早租争装主	tsʰ 刺草寸初床春		s 坐三酸事船十
tɕ 酒字全纸	tɕʰ 手车		ɕ 丝谢书响城
k 高九共权	kʰ 开轻	ŋ 熬月	
			x 好
∅ 活县安温王用药			

说明：

（1）[ts]组声母与[ieŋ][yeŋ]韵拼合时，发音部位接近舌页。

（2）[x]的发音部位靠后，近[χ]。

二、韵母（47个，包括自成音节的［n］［v］在内）

ɿ 师

	i 米丝二	u 苦宝	y 猪
a 茶牙饱白	ia 写	ua 瓦	
o 寸糖床讲	io 像	uo 王	yo 响
ɛ 灯	ie 盐年		ye 权
ai 开		uai 怪	
ei 排鞋快试		uei 鬼	
au 闹	iɐu 笑桥		
øu 镯	iøu 油		
ou 歌过雨宝			
ɔi 坐赔对飞		uɔi 碗	
øi 靴茄尺绿			
eu 鸟条			
æŋ 南山硬争病横	iæŋ 半兄	uæŋ 官	
	ieŋ 心深新升星		yeŋ 跟春
əŋ 云双东	iəŋ 用	uəŋ 滚	
ɛʔ 甲法	ieʔ 热	uɐʔ 阔	yɛʔ 卒歇
øʔ 谷六读		uøʔ 国	
	iiʔ 积		yɿʔ 肉
ɐʔ 各	iɒʔ 足		
n 午牛			
v 户			

说明：

（1）［ai］［ɔi］韵的韵尾［i］开口度较大，近［ɪ］。

（2）［a］组韵中［a］的舌位靠后，近央元音［ʌ］。

（3）［y］韵与［k］组声母拼合时，舌位略低，近［ø］。

（4）［ieŋ］韵中的韵头［i］舌位较低，近［ɪ］。

（5）［v］韵只与［f］声母相拼，与［u］韵互补。

（6）鼻韵尾［ŋ］都较弱，闭塞不明显。

三、声调（7个）

阴平	213	东该灯风通开天春
阳平	22	门龙牛油铜皮糖红
上声	344	懂古鬼九统苦讨草
阴去	53	冻怪半四痛快寸去
阳去	31	动罪近后卖路硬乱洞地饭树
阴入	5	谷百搭节急哭拍塔切刻
阳入	3	六麦叶月毒白盒罚

说明：

（1）上声［344］，先中升后平，平的部分略短，实际调值近［34］。

（2）阴入［5］，实际调值为一个不太明显的高升调，近［45］。

（3）阳入［3］，实际调值略降，近［32］。

（4）口语中部分入声字舒化，清入读同阴去，浊入读同阳去。

叄　连读变调

一、两字组连读变调表

泰顺闽语方言两字组的连读变调规律见下表，表表中首列为前字本调，首行为后字本调。每一格的第一行是两字组的本调组合；第二行是连读变调，若连读调与单字调相同，则此行空白；第三行为例词。同一两字组若有两种以上的变调，则以横线分隔。具体如下。

泰顺闽语方言两字组连读变调表

前字＼后字	阴平 213	阳平 22	上声 344	阴去 53	阳去 31	阴入 5	阳入 3
阴平 213	213　213 21 飞　机	213　22 21 清　明	213　344 21 山　水	213　53 21 青　菜	213　31 22 公　社	213　5 21 东　北	213　3 21 工　业
阳平 22	22　213 21 农　村	22　22 21 眉　毛	22　344 21 牙　齿	22　53 21 难　过	22　31 21 城　市	22　5 21 头　发	22　3 21 零　食

续表

前字＼后字	阴平 213	阳平 22	上声 344	阴去 53	阳去 31	阴入 5	阳入 3
上声 344	344 213 22 火　车	344 22 21 水　池	344 344 21 手　表	344 53 21 水　库	344 31 21 水　稻	344 5 21 粉　笔	344 3 21 体　育
阴去 53	53 213 34 汽　车	53 22 34/22 酱　油	53 344 21 报　纸	53 53 21 变　化	53 31 21 制　造	53 5 21 政　策	53 3 21 副　业
阳去 31	31 213 22 坐　车	31 22 21 象　棋	31 344 22/21 22/21 动　手	31 53 21 位　置	31 31 22/21 犯　罪	31 5 21 办　法	31 3 21 树　叶
阴入 5	5 213 插　秧	5 22 角　螺	5 344 煞　尾	5 53 噗　喙	5 31 乞　食	5 5 渴　得	5 3 七　月
阳入 3	3 213 日　间	3 22 石　榴	3 344 木　耳	3 53 月　半	3 31 日　昼	3 5 墨　笔	3 3 十　六

说明：

部分轻声与阳入同，为表示区别，一律记为"0"调值。词汇中出现的轻声不列入上表。

二、两字组连读变调规律

泰顺闽语方言两字组的连读变调有以下几个特点：

（1）两字组连读变调比较简单，一般前字变调，后字不变调。

（2）阴平、阳平、上声、阴去、阳去两两相配，前字都变调；阴入、阳入无论前字还是后字，与其他调类的字组合，都不变调。

（3）变调会产生两个新调值，即［21］［34］。

（4）阴去做前字，后字为阴平、阳平字时，前字变［34］调；其他变调情况前字大多变［21］调，少数变［21］［22］调。

肆　异读

一、新老异读

泰顺闽语方言中，新老异读主要表现在声母和韵母方面。下文中"/"前为老派，后为新派。

1. 声母

新派[v]声母字，老派为合口呼零声母，例如：活王。

2. 韵母

（1）老派方言[ɛ]韵母与[ie][ye]两韵母，新派方言为一组韵母，且增加了[uɛ]韵母，形成[ɛ][uɛ][iɛ][yɛ]四呼俱全的一套韵母。

（2）老派方言的[oi]韵母，新派方言为[ø]韵母，例如：飞 pɔi²¹³ / pø²¹³。

（3）老派方言的[øi]韵母，新派方言为[oi]韵母，例如：初 pøi²¹³ / poi²¹³｜茄 køi²² / koi²²。

（4）新派方言的"恨恩"为[ŋe]韵母，老派方言归入[əŋ]韵母，与"嫩粪棚东"等韵母相同。

（5）老派方言的[ieŋ]韵母，新派方言为[ɪeŋ]韵母。

（6）老派方言的[iɪʔ]韵，新派归入[iɛʔ]韵，例如：力、逼。

（7）老派方言的[yɪʔ]韵，新派归入[yøʔ]韵，例如：肉。

（8）老派方言多了[iɪʔ][yɪʔ]两韵母，新派多了[uɛ][eŋ]两韵母。

二、文白异读

下文中"/"前为白读，后为文读。

（1）非组部分字白读[p]组声母，文读[f]声母，例如：飞 pɔi²¹³ / fɔi²¹³。

（2）知组部分字白读[t]组声母，文读[ts]组或[tɕ]组声母，例如：柱 tʰiøu³¹ / tɕy³¹。

（3）效摄字，白读[eu]韵，文读[au][iɐu]韵，例如：鸟　/ teu³⁴⁴｜校 / xau³¹｜表 / piɐu²²。

（4）梗摄字，白读［æŋ］组韵，文读［əŋ］［ieŋ］组韵，例如：生 / sæŋ²¹³ | 棚 / pəŋ²² | 兵 / pieŋ²¹³。

伍　小称

泰顺蛮讲小称主要用团尾表示，在两字组末尾一般读［ki²²］，在三字组末尾一般读［ki³⁴］。

第八十七节　洞头方音

壹　概况

一、调查点

1.地理人口

洞头区属温州市，其区域面积2892平方公里，其中陆地面积153.3平方公里，现辖6街道1镇1乡，分别是北岙街道、东屏街道、霓屿街道、元觉街道、灵昆街道、昆鹏街道，大门镇，鹿西乡。户籍人口15.31万。[①]该区有汉族、畲族、黎族、藏族、回族，他们均说汉语方言。

2.历史沿革

早在3000多年前，洞头列岛就有人类活动。春秋战国洞头为瓯越之地，秦属闽中郡，西汉属回浦县，东汉属永宁县。此后属地多次变更。唐高宗上元二年（675），分括州置温州，设州治于永嘉，载初元年（689），复置乐成县，隶温州，今洞头县境为乐成县地。后梁开平二年（908）改乐成为乐清，今洞头县境为乐清县地，仍属温州。清雍正六年（1728）置玉环厅，隶温州府。今洞头县境划玉环厅第二十都。

1953年6月10日，中央人民政府批准洞头置县，隶浙江省温州地区专员公署。2015年7月23日，国务院批准温州市洞头县撤县设区。[②]

3.方言分布

该区的汉语方言主要有闽南方言和吴方言。洞头闽南方言分布于洞头列岛中的洞头、半屏、南策、大瞿、胜利岙、花岗、青山等岛和霓屿岛的东半部，以及状元岙岛的南北两部分，使用人口约7.3万。洞头吴方言主要是温州话，分布于大门岛、小门岛、鹿西、大三盘、屿仔等5个住人岛和霓屿岛和西半部，以及状

---

①　参见：洞头区人民政府网，http://www.dongtou.gov.cn/col/col1253533/index.html，2022年8月9日获取。

②　参见：洞头区人民政府网，http://www.dongtou.gov.cn，2022年8月9日获取。

元岙岛的大部，使用人口约 5.3 万。

4. 地方曲艺

方言曲艺或地方戏不详。

二、方言发音人

1. 方言老男

林忠营，1958 年 8 月出生于洞头北岙街道，基层干部，现已退休，高中文化程度，说洞头话和普通话，现在主要说洞头话。父母均为北岙街道人，说洞头话。

2. 方言青男

韩一剑，1991 年 8 月出生于洞头北岙街道，职工，本科文化程度，说洞头话和普通话，现在主要说洞头话。父母均为北岙街道人，说洞头话。

3. 口头文化发音人

林姿婷，女，1985 年 11 月出生于洞头北岙街道望海路，职工，高中文化程度，说洞头话和普通话，现在主要说洞头话。父母均为北岙街道人，说洞头话。

陈爱雪，女，1963 年 2 月出生于洞头北岙街道北岙村，农民，小学文化程度，说洞头话和普通话，现在主要说洞头话。父母均为北岙街道人，说洞头话。

贰　声韵调

一、声母（22 个，包括零声母在内）

p 八兵爬病肥	pʰ 派片蜂	b 麦明	m 命	
t 多东甜毒张竹茶	tʰ 讨天抽拆		n 脑年泥软	l 南老蓝连路
ts 早租装柱床纸书全	tsʰ 刺草寸贼抄初春	dz 热		s 酸祠山双

tɕ 酒争	tɕʰ 刺清车手	dʑ 字热		ɕ 想丝谢成
k 高九共权县	kʰ 开轻	g 月	ŋ 熬	h 好响
Ø 活安温王用药				

说明：

全浊声母［b］［dz］［dʑ］［g］前有较重的同部位的鼻辅音。

二、韵母（韵母56个）

ɿ 资	i 米丝试戏二	u 雾
ɯ 猪		
a 盒塔鸭饱	ia 靴瓦锡	ua 歌热刮辣
ɐ 曝		
ɔ 苦五雨		
ə 坐过赔飞月短		
e 茶牙白格	ie 接贴	ue 鞋八
o 宝		
	iu 树酒	
ai 排师		uai 快
au 豆走	iau 要料	
	ieu 笑桥药石	
		ui 对梯鬼
	ĩ 年硬争病星	
	ĩũ 抢	ũĩ 煤
ã 三	ĩã 兄	ũã 山半官
ɔ̃ 奴		
õ 摸		
ãĩ 店肩		ũãĩ 横县
ãũ 闹	ĩãũ 猫	
	in 心新	un 根寸滚春云
an 南	ian 盐	uan 权
aŋ 双东	iaŋ 中	uaŋ 风

	ieŋ 升灯用	
oŋ 王讲动封	ioŋ 响冲	
ɯŋ 唐床		
ɐ 十栗		
ət 末	iet 灭节	uət 法骨出
ot 刷		
ɐk 壳北		
ɔk 鹿族服脱国	iɔk 局	
	iek 绿笛	

说明：

（1）元音［e］有时为［ɪ］。

（2）［oŋ］韵母主要元音偏低，也可记为［ɔŋ］。

（3）［ian］韵母主要元音偏高，也可记为［iɛn］。

（4）［un］为［uən］，［in］为［iən］。

（5）［ieŋ］韵母主要元音较高，也可记为［iiŋ］。

（6）塞音尾［t］［k］比较清晰，［k］尾偏前。

三、声调（7个）

阴平	33	东该灯风通开天春
阳平	113	门龙牛油铜皮糖红
上声	53	懂古鬼九统苦讨草谷百搭塔买
去声	21	老五有动罪近后冻怪半四痛快寸去卖路硬乱洞地饭树
阴入	5	哭拍切接吉刻
阳入白	241	六麦叶月
阳入文	24	毒白盒罚

说明：

（1）阴平［33］调值略高，也可以记为［44］。

（2）上声［53］调值略低。

（3）阳平［113］有时为［11］。

（4）阳入文［24］为短调。

叁 连读变调

一、两字组连读变调表

洞头方言两字组的连读变调规律见下表，表中首列为前字本调，首行为后字本调。每一格的第一行是两字组的本调组合；第二行是连读变调，若连读调与单字调相同，则此行空白；第三行为例词。同一两字组若有两种以上的变调，则以横线分隔。具体如下。

洞头方言两字组连读变调表

前字＼后字	阴平 33	阳平 113	上声 53	去声 21	阴入 5	阳入白 241	阳入文 24
阴平 33	33 33 天光 — 33 33 24 35 金瓜	33 113 24 猪条 — 33 113 212 梳头 — 33 113 24 24 番茄	33 53 212 开水 — 33 53 冬节	33 21 天气	33 5 24 膏笔	33 241 中药	33 24 生日
阳平 113	113 33 212 台风 — 113 33 212 年初 — 113 33 212 棉花	113 113 212 24 眠床	113 53 212 年底	113 21 21 河岸 — 113 21 212 53 棉絮 — 113 21 24 蚊罩	113 5 212 毛笔	113 241 21 荣箬	113 24 21 农历
上声 53	53 33 33 点心	53 113 33 24 水泥	53 53 21 水果	53 21 33 拍算	53 5 33 水笔	53 241 33 24 小麦	53 24 212 屎盒

续表

后字 前字	阴平 33	阳平 113	上声 53	去声 21	阴入 5	阳入白 241	阳入文 24
去声 21	21 33 33 21 右 边 21 33 55 背 心 21 33 33 做 猜	21 113 33 24 菜 头	21 53 212 露 水 21 53 24 21 雨 伞	21 21 33 尿 布	21 5 33 自 杀 21 5 212 后 叔	21 241 212 24 大 麦 21 241 212 21 记 着	21 24 闹 热
阴入 5	5 33 21 出 丧	5 113 24 鲫 鱼	5 53 客 鸟	5 21 24 蜀 在	5 5 拍 折	5 241 乞 食	5 24 国 历
阳入白 241		241 113 212 24 月 娘 241 113 21 24 石 头	241 53 21 麦 稿	241 21 24 绿 豆	241 5 212 蜡 烛	241 241 21 食 药	241 24 21 着 力
阳入文 24	24 33 21 蜜 蜂	24 113 21 24 学 堂 24 113 21 日 时	24 53 21 木 耳	24 21 21 墨 砚	24 5 21 熟 悉	24 241 5 食 月	24 24 5 食 日

二、两字组连读变调规律

洞头方言两字组的连读变调有以下几个特点：

（1）主要是前字变调，也有少量的后字变调。

（2）阴平作前字，一般不变调。阴平作后字，一般不变调。

（3）阳平作前字，一般变［212］。阳平作后字，一般不变调。

（4）上声作前字变［33］，作后字一般不变调。

（5）去声作前字变［33］，作后字一般不变调。

（6）阴入作前字和后字一般都不变调。

（7）阳入白作前字一般变［21］，作后字有的不变，有的变［24］。

（8）阳入文作前字一般变［21］，作后字不变调。

肆　异读

一、新老异读

洞头方言的新老异读现象比较突出。主要体现为如下两点：

（1）新派清声母入声与上声合并，老派不合并。

（2）老派有入声韵母，而且入声韵母类型丰富。新派无入声韵母。

二、文白异读

洞头方言有丰富的文白异读，主要体现在声母和韵母两方面。下文中"／"前为白读，后为文读。

1. 声母

（1）微母白读[b]，文读零声母。例如：晚 $buã^{42}$ 太~ / 晚 $uã^{42}$ ~会。

（2）知组白读[t]组，文读[tɕ]组或[ts]组。例如：罩 ta^{21} / $tsau^{21}$。

2. 韵母

（1）咸摄和山摄开口字白读鼻化韵，文读鼻尾韵。例如：岸 $hũã^{21}$ / an^{21}。

（2）山摄合口三四等阳声韵白读[uɯŋ]，文读[uan]。例如：砖 $tsuɯŋ^{33}$ / $tsuan^{33}$。

（3）宕摄一等和江摄白读[ɯŋ][ɐ]，文读[oŋ][o]。三等白读[ɯŋ][ĩũ]，文读[ioŋ]。例如：糖 $tuɯŋ^{113}$ / ｜党 / $toŋ^{42}$ ｜长 $tsuɯŋ^{113}$ / ｜唱 $tɕʰĩũ^{21}$ / 。

（4）梗摄白读鼻化韵母，文读鼻尾韵。例如：生 $ɕĩ^{33}$ / $ɕieŋ^{33}$。

（5）通摄一等白读[aŋ][in]，文读[oŋ][ioŋ]。例如：公 $kaŋ^{33}$ / $koŋ^{33}$。

第八十八节　景宁畲话方音

壹　概况

一、调查点

1. 地理人口

景宁畲族自治县隶属浙江省丽水市，位于浙江省西南部，东邻青田县、文成县，南衔泰顺县和福建省寿宁县，西接庆元县、龙泉市，北毗云和县，东北连莲都区，距离丽水市 80 公里。县域面积 1950 平方公里，辖 2 个街道 4 个镇 15 个乡，分别是：红星街道、鹤溪街道、英川镇、渤海镇、东坑镇、沙湾镇、景南乡、澄照乡、毛垟乡、秋炉乡、大地乡、梅岐乡、郑坑乡、大均乡、梧桐乡、大漈乡、标溪乡、家地乡、鸬鹚乡、雁溪乡、九龙乡。① 截至 2018 年年底，全县户籍人口 17.10 万。②

2. 历史沿革

景宁在西周至春秋时属越地，三国时属临海郡，隋开皇九年（589）废永嘉、临海二郡，置处州（古丽水地区）设立括苍县（含景宁地域）。明景泰三年（1452）设立景宁县，属处州府，景宁地名取"景泰辑安"之意。1949 年 5 月 12 日景宁解放，6 月 15 日景宁县人民政府成立，属丽水专区。1952 年丽水专区撤销，改属温州专区，1960 年并入丽水县。1963 年 5 月复设丽水专区，景宁归属云和县。1984 年 6 月 30 日，经国务院批准，析云和县以原景宁县地域建立景宁畲族自治县。如今，景宁是全国唯一的畲族自治县，也是华东地区唯一的少数民族自治县。③

---

① 参见：景宁畲族自治县人民政府网，http://www.jingning.gov.cn/col/col1376092/index.html，2022 年 8 月 12 日获取。

② 参见：景宁畲族自治县人民政府网，http://www.jingning.gov.cn/col/col1376092/index.html，2022 年 8 月 9 日获取。

③ 参见：景宁畲族自治县人民政府网，http://www.jingning.gov.cn/col/col1376092/index.html，2022 年 8 月 12 日获取。

3.方言分布

景宁畲话分布于11个乡镇，绝大多数畲族同胞使用的畲话，畲族自称为"山哈话"，汉族人一般称之为"畲民话""畲话"或"畲客话"。景宁畲话内部差异不大，所调查的畲话属于景宁县城所在地鹤溪镇使用的畲话，该地畲话现已作为景宁广播电台及电视台方言类节目所使用的语言。景宁县内通行吴语，属于丽衢片的处州小片，汉族人口分布在县内23个乡镇街道和管理区。汉族一般都能讲程度不同的普通话。该县内吴语差别不大，可以彼此交流。畲族同胞大多也会讲当地的吴语和程度不同的普通话。

4.地方曲艺

景宁地区流行婺剧、越剧和畲族民歌。景宁畲族民歌多为七字一句，四句一首，讲究押韵。曲调可分为山歌调和师公调两大类，有独唱、对唱和齐唱等形式，多唱假声，很少伴随动作和音乐。传唱内容广泛，有叙事歌、杂歌、婚丧仪式歌等。

二、方言发音人

1.方言老男

雷松林，畲族，1950年9月出生于景宁西乡学田吴宅岗村，教师，现已退休，一直在本地生活和工作，中专文化程度，会讲景宁畲话、当地吴方言和普通话。父母均为景宁县畲族人。

2.方言青男

蓝旭忠，畲族，1980年7月出生于景宁澄照乡金丘村，教师，本科文化程度，目前在景宁金丘小学担任教师，一直在本地生活和工作，会讲景宁畲话、当地吴方言和普通话。父母均为景宁县畲族人。

3.口头文化发音人

蓝仙兰，女，畲族，1963年10月出生于景宁鹤溪镇东弄村，文艺工作者，小学文化程度，一直在本地生活和工作，会讲景宁畲话和不太标准的普通话。父母均为景宁县畲族人。

蓝木昌，男，畲族，1958 年 8 月出生于景宁鹤溪镇东弄村，农民，小学文化程度，一直在本地生活和工作，会讲景宁畲话和不太标准的普通话。父母均为景宁县畲族人。

贰 声韵调

一、声母（20 个，包括零声母在内）

p 八兵飞风	pʰ 派片饭爬病	m 麦明味问	f 副灰
t 多东毒	tʰ 天甜	n 脑南年泥	l 老蓝连路
ts 资早租	tsʰ 草寸拆坐茶床		s 三酸山祠
tɕ 酒浆竹	tɕʰ 字春车除	ȵ 热日软月	ɕ 想谢船书全
k 高九共	kʰ 开柜	ŋ 牙瓦	x 好号
Ø 活温王云用药			

二、韵母（58 个，包括自成音节的［ŋ］在内）

ɿ 资紫治	i 二皮	u 师苦	y 鱼书树
a 哈	ia 写谢夜		
ɔ 茶牙马有		uɔ 华画话	
o 多歌号	io 茄靴	uo 禾	
e 嘅	ie 戏移	uei 碎块卫飞鬼	
ai 财改海	iai 街鸡斜		
ɔi 大个带		uɔi 外怪怀拐	
oi 来杯对盖			yoi 岁嘴吹
au 宝饱牛锁	iau 猫爪绕		
əu 够藕	iəu 靠表料		
	in 兵林灯明		yn 根准军运闰
an 剑山钱	ian 店尖眼		
ɔn 南暗三敢饭		uɔn 弯欢惯	
on 乱官		uon 碗岸	yon 赚全船近

ən 能	ien 盐言染县	uən 门盆吞轮云	
oŋ 东梦双红			yŋ 穷熊风龙
aŋ 朋争星硬	iaŋ 病贫片		
ɔŋ 糖翁床光网江	iɔŋ 向章秧帐	uɔŋ 黄王旺	
	iʔ 北直食十	uʔ 骨佛毒	yʔ 六竹菊出
aʔ 八插甲	iaʔ 削尺石	uaʔ 刮划	
əʔ 鸽物特	ieʔ 折叶立灭		
eiʔ 黑			
ɔʔ 鸭法搭盒蜡		uɔʔ 活滑	yɔʔ 绝月越
oʔ 读烛角学木薄	ioʔ 脚绿赎勺药曲		
ŋ 吴五			

说明：

有些入声字保留[t]尾，有时也发成[ʔ]，例如："一""七""橘"等，这里暂作[ʔ]。

三、声调（6个）

阴平	44	东该灯风通开天春，冻怪半四痛快寸去
阳平	22	门龙牛油铜皮糖红
上声	325	懂古鬼九统苦草，老五买
去声	51	卖路硬乱洞地饭树，动罪后
阴入	5	谷急刻百搭节塔
阳入	2	麦叶月毒白盒罚

说明：

（1）阴平[44]，部分字收尾时略降。

（2）阳平[22]有时读为[33]。

（3）阴入[5]实际音值略低于[5]。

叁　连读变调

一、两字组连读变调表

　　景宁畲话方言两字组的连读变调规律见下表，首表中首列为前字本调，首行为后字本调。每一格的第一行是两字组的本调组合；第二行是连读变调，若连读调与单字调相同，则此行空白；第三行为例词。同一两字组若有两种以上的变调，则以横线分隔。具体如下。

景宁畲话两字组连读变调表

前字＼后字	阴平 44		阳平 22		上声 325		去声 51		阴入 5		阳入 2	
阴平 44	44	44	44	22	44	325	44	51	44	5	44	2
	天	气	清	明	鸡	卵	松	树	猪	血	正	月
阳平 22	22	44	22	22	22	325	22	51	22	5	22	2
	毛	衣	便	宜	茶	米	肥	皂	菩	萨	阳	历
上声 325	325 55	44	325 55	22	325 55	325	325 55	51	325 55	5	325 55	2
	剪	刀	女	人	口	水	眼	泪	跛	脚	小	麦
去声 51	51	44	51	22	51	325	51	51	51	5	51	2
	地	方	大	门	尿	桶	电	筒	自	戮	面	食
阴入 5	5	44	5	22	5	325	5	51	5	5	5	2
	发	烧	铁	锤	脚	爪	柏	树	隔	壁	结	实
阳入 2	2	44	2	22	2	325	2	51	2	5	2	2
	镬	灶	学	堂	白	酒	石	磨	十	八	食	药

说明：

　　景宁畲话两字组连读基本不变调，唯有上声［325］作前字时会产生变读，且不论后字调类，一律变读为［55］，变调后出现一个新调值［55］。

肆 异读

一、新老异读

1. 声母

（1）个别古匣母二等字，老男为零声母，而青男为 [f]。例如："华"老男读为 [uɔ²²]，青男读为 [fɔ²²]。

（2）个别古心母三等字，老男为 [ɕ]，青男为 [s]。例如："岁"老男读为 [ɕyoi⁵¹]，青男读为 [suoi⁵¹]。

（3）个别古疑母一等字，老男为零声母，青男为 [ŋ]。例如："熬"老男读为 [au²²]，青男读为 [ŋɑu²²]。

2. 韵母

（1）部分古止摄合口三等，字老男为 [uei]，青男为 [uoi]。例如："类、醉、龟、位、飞、尾、贵、围、胃"等。

（2）部分咸摄开口三、四等入声字，老男为 [aʔ]，青男为 [auʔ]。例如："贴、碟、接"等。

（3）部分山摄合口三等入声，老男为 [ɔʔ]，青男为 [ɑʔ]。例如："发、罚、袜"等。

（4）部分通摄合口一等和三等字，老男为 [oŋ]，青男为 [əŋ]。例如："翁、统、脓、松、缝、松、恭"等。

3. 声调

声调方面，老男和青男差异主要表现在入声是否消失，如果某一方消失的话，则同一个字的声调两人读音不相同。例如："削（药）、力（职）、息（职）、浴（烛）"等字，老男为 [ɕiaʔ⁵][liʔ²][ɕiʔ⁵][ioʔ⁵]，青男为 [ɕia⁴⁴][li²²][ɕi⁴⁴][io⁴⁴]。

二、文白异读

1. 声母

（1）部分古见系开口三等字白读为[k]，文读为[tɕ]组声母。例如："脚"白读为[kioʔ⁵]，文读为[tɕioʔ⁵]；"局"白读为[kioʔ²]，文读为[tɕioʔ⁵]。

（2）部分古晓母字白读为[ŋ]声母，文读为零声母。例如："歪"白读为[ŋɑu³²⁵]，文读为[uɑi³²⁵]。

（3）部分古溪母字白读为[f]，文读为[kʰ]。例如："苦"白读为[fu³²⁵]，文读为[kʰu³²⁵]；"开"白读为[foi⁴⁴]，文读为[kʰoi⁴⁴]。

（4）部分古定母字白读为[t]，文读为[tʰ]。例如："条"白读为[tiau²²]，文读为[tʰau⁴⁴]，韵母、声调均有变化。

2. 韵母和声调

（1）景宁畲话文白异读韵母产生差异时，往往声调也随之变化。例如：部分古"假开二平麻生"的"沙"，白读为[sɔ⁵¹]，文读为[sa⁴⁴]；古"遇合三上鱼生"的"所"，白读为[so³²⁵]，文读为[su⁴⁴]。

（2）入声类声调一般不变，例如：古"山合三入月云"的"越"，白读为[yoʔ²]，文读为[iaʔ²]。

（3）个别文白异读只是声调有变化，但例字很少，例如：古"遇合一上模定"的"杜"，白读为[tu⁵¹]，文读为[tu⁴⁴]。

伍　小称

景宁畲话的小称音变主要体现为变调，共有[445][55][325][51]四个小称调。具体规律如下：

（1）阴平[44]、阳平[22]、阴入[5]变为高升调[445]，单字例如：翁、哥、孙、猫等，词语例如：衬衫、外甥、花生、菜头、角角粽子等。

（2）上声[325]变成高平调[55]，单字例如：娘、姆、嫂、姊等，词语例如：洞崽窟窿、左手、手指崽、叔崽、细崽等。

（3）去声[51]、阳入[2]变读为降升调[325]，单字例如：弟、豆等，词语例如：娘舅、绿豆。

（4）部分阳平字［22］变为高降调［51］，单字例如：盐、绳、钱、鱼、蝉等，词语例如：如：鲤鱼、姆婆、篾笟、本钱、跳绳等。